失敗しない！

家族が安らぐ「いい家」がほしい！

住宅のプロが教える

マイホームの建て方・買い方 第2版

株式会社スタイリッシュハウス
代表取締役社長
佐藤秀雄 著

ナツメ社

はじめに

「成功する家づくり」とは、どんな家づくりでしょうか？

たとえば、それは「夏涼しく、冬暖かい、地震に強い家」。お気に入りのデザインで、使い勝手のよい間取りの家を建てることなのかもしれません。もちろん、そのどれもが大切であることは言うまでもありません。

しかし、それと同時に忘れてはならないことが三つあると思うのです。

ひとつ目は〝ムリのない予算で建てること〟

いくら立派な家を建てたとしても、ローン返済に追われ、引越ししてからの生活にムリがくるようでは本末転倒で、なんのために家を建てたのかわからなくなってしまいます。一生に一度だからとキバリすぎて、予算オーバーにならないように注意しましょう。何事もバランスが大切です。

二つ目は〝思い出づくり〟

家づくりは情報収集から、すでにスタートしています。家族みんなで出かけるモデルハウスやショールーム、実際の生活をイメージしてのプランニング、機器の選定や壁紙選びなど、さまざまな要望をまとめていく過程は、時に夫婦ゲンカや親子ゲンカになることもあります。

しかし、家族全員で〝最高の家を建てる！〟この目標に向かってすごす時間は、最高の思い出にもなるはずです。

「こうして、家を建てられるのもお父さんのお蔭。」「みんなが健康なのもお母さんのお蔭。」「私たちの子どもに生まれてくれてありがとう」。こんなお互いの感謝とともに、一生の思い出をつくっていけたら、心のこもった最高の家！　ができあがりますよね。

三つ目は〝絆を深める〟

家づくりには、たくさんの人たちがかかわってきます。パートナーとなる住宅会社のスタッフさん、現場で作業する職人さん、銀行の方や司法書士さんなどなど……。その誰もが一丸となって、この「家づくりプロジェクト」を成功に導いてくれる大切なメンバーです。家族の絆を深めると同時に、たくさんの人たちと出会うことができるのも〝家づくり〟の楽しいところです。

「一生涯のお付き合い」をモットーにされている住宅会社も多いですが、建て主側もその精神を大切に〝絆〟を築いていく心がけも大切だと思うのです。

本書では、単に家の建て方のレクチャーをするだけでなく、二つ目・三つ目にあげたような〝心の部分〟も全体を通したテーマとしてお伝えしています。なぜならば、家づくりは、ただ単に家という箱を建てることではなく、「家族が幸せに暮らすこと」それが最大の目的だからです。そのためには、みんなの心がかようことが大切だと思います。

私は、読者の皆様に「成功する家づくり」をしていただくため、家を建てる際に必要な基礎知識を成功談や失敗談も交えながら、わかりやすく解説することを念頭において執筆しました。

本書が、皆様の家づくりを成功に導く一助になれば幸いです。

なお、この本の制作にあたり、ナツメ社の皆様を始め、編集制作会社パケットのスタッフ&中村蒔絵さん、各協力会社様、そして、いつも私を支えてくれるスタイリッシュグループスタッフの皆さん、本当にお世話になりました。この場をお借りして、心より御礼申し上げます。

株式会社スタイリッシュハウス
代表取締役社長
佐藤秀雄

目次

プロローグ1 家を買う、ということ

プロローグ2 今どきの住宅の考え方

PART 1 信頼できる住宅会社選びのポイント

PART 2 マイホーム購入の資金計画&ローン

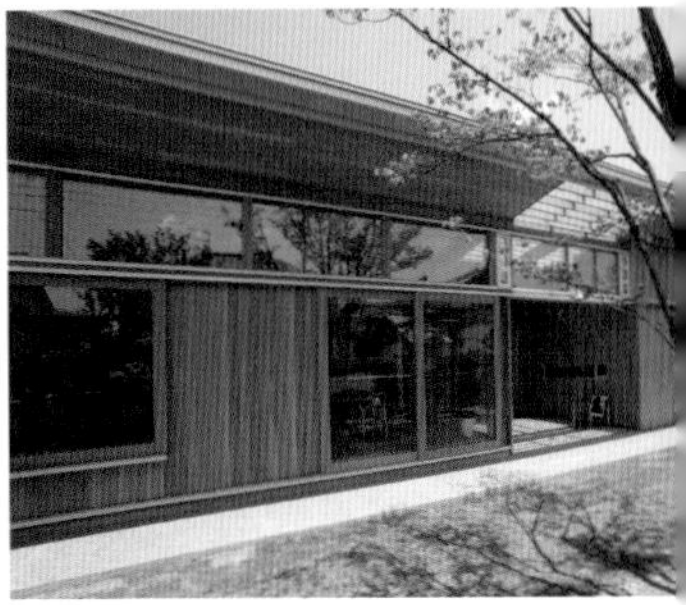

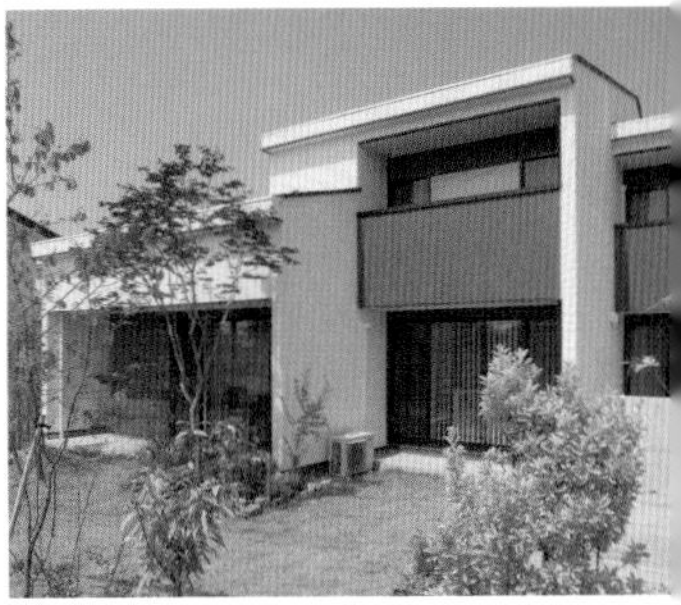

PART 3 マイホームのための土地選び

PART 4 建物の工法や形について

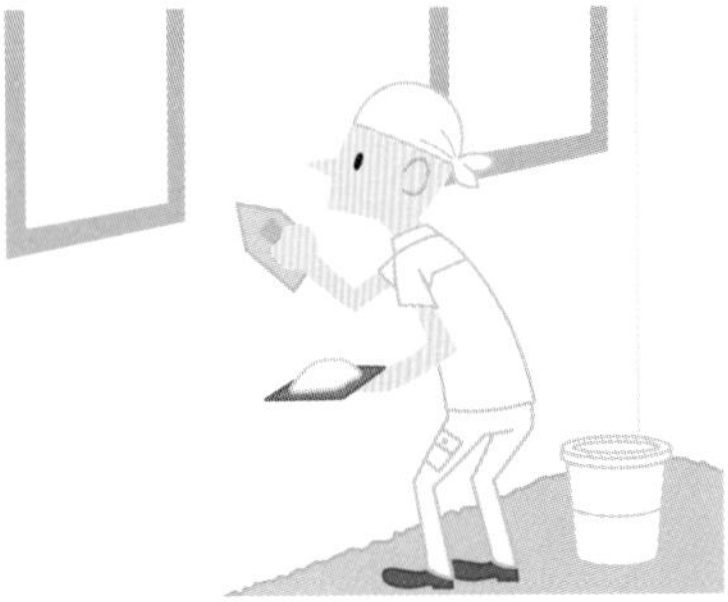

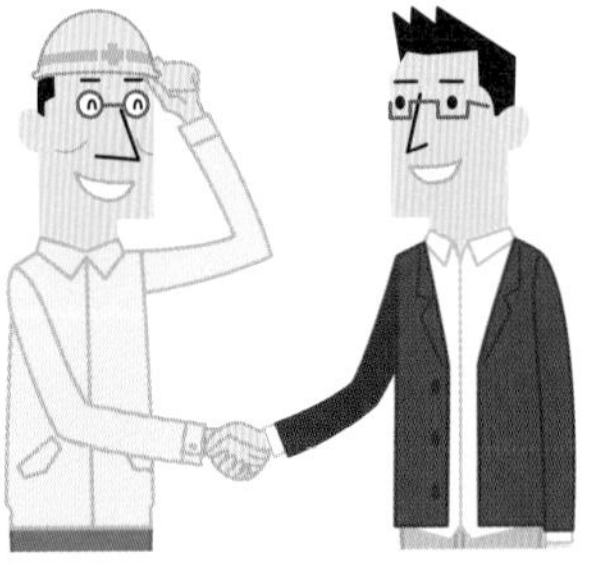

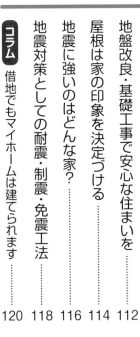

PART 5 マイホームの設計プラン

PART 6 外構計画について

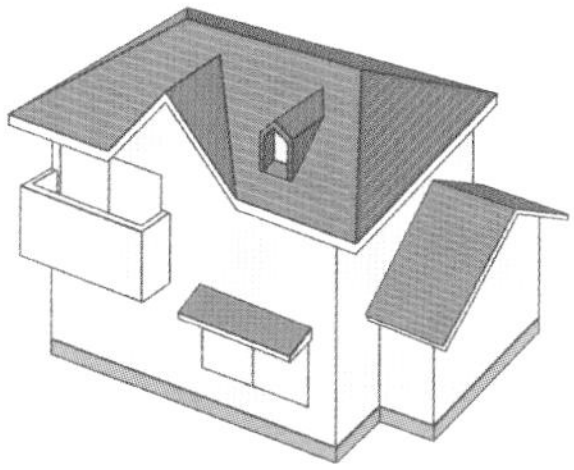

PART 7 ゾーンごとの設計のポイント

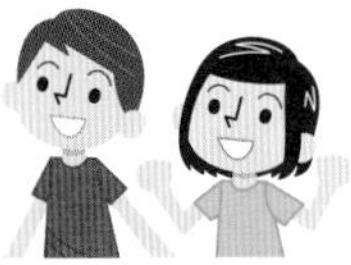

PART 8 仕様や材料を選ぶ

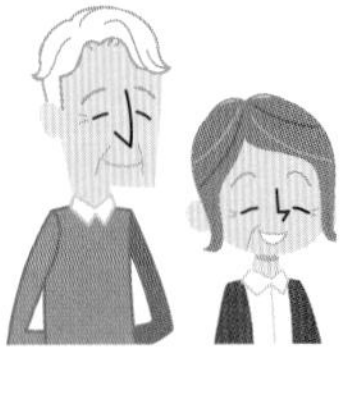

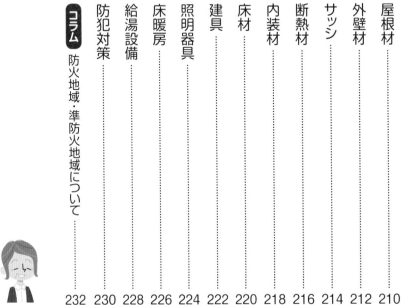

PART 9 設備設計について

PART 10 建物着工から完成までの工事

PART 11 工事着工から完成まであれこれ

PART 12 中古住宅を購入する

STAFF
執筆協力／中村時絵
本文デザイン・DTP／株式会社ウエイド
イラスト／株式会社ウエイド
編集協力／パケット
編集担当／伊藤雄三・山路和彦（ナツメ出版企画）

プロローグ 1

家を買う、ということ

"一生に一度"かもしれない家づくり

お金や見た目だけにとらわれず、家族の将来を見据えた家づくりを！

家づくりの本当の目的は「家族が幸せに暮らすこと」にある！

家づくりは、人生の中でもっとも大きなプロジェクトのひとつ。それだけに、家を建てること＝夢をかなえることだ、と考える人も多いかもしれません。でも家づくりの本当の目的は「家族が幸せに暮らすこと」。無理な住宅ローンに生活が圧迫されたり、今だけ満足できる間取りや表面だけ整えたデザインの家では、将来後悔することにもなりかねません。

一昔前は「家は3回建てて初めて満足のいくものが建つ」と言われていましたが、しっかりとした知識をもち、信頼できる住宅会社と取り組めば、1軒目でも満足のいく家づくりができます。家づくりは「家が欲しい」と思ったときから始まります。計画段階での取り組みもよい思い出になるよう、楽しんでいきましょう！

どんなマイホームにしたい？

家づくりは人生そのもの。「家を建てて本当によかった！」と実感できるような家づくりの準備を始めよう。

■家づくりは、建ててからの生活を考えて

間取りで後悔したAさんの10年　壁も採光も見た目重視で決めてしまったら…

おしゃれな曲線のアール壁にしたら、うまく家具が置けず、収納が足りない…。

トップライト（天窓）の汚れが気になり始めた。自分で掃除ができる高さの窓にしておけばよかった…。

子どもが女の子２人だから同じ部屋でいいと思ったら、個室を欲しがるようになった。動かせる壁にしておけばよかったな…。

ローン返済で後悔したBさんの10年　ローンの早期返済を重視してしまったら…

ローンは早く終えたい。共働きだし、がんばれるよね！

妻が妊娠・退職。収入が減り、繰上げ返済も全然できない…。

子どもにお金がかかり始めて生活は厳しくなるばかり。家族旅行にも行けません。

専門家からひとこと！

ライフスタイルは変化するものです

人生には予期できる変化も、できない変化もやってきます。長いスパンでのライフスタイルを考慮しなければならないのがマイホーム購入の難しさであり、醍醐味《だいごみ》ですね。そうは言っても、将来のことはなかなか想像がつきにくいかもしれません。そんなときこそ、上のAさんやBさんのような後悔をしないよう、私たちのような家づくりのプロをうまく利用してください！

あなたは持ち家派？ それとも賃貸派？

重視したい「心の満足度」。それぞれのメリット・デメリットを考える！

住まいに求める条件を書き出してみよう

賃貸と持ち家との比較では、お金に関する話が中心になることが多いですよね。でも、現在の住宅ローンの金利の低さを考えると、総支払額は実はそれほど変わりません。それなら、心の満足度についてもっと考えてみませんか？

たとえば、賃貸の最大の利点は、フットワークの軽さ。仕事での転勤やライフスタイルの変化による引越しやご近所関係のトラブルにも柔軟に対応できます。

一方、持ち家は「一国一城の主《あるじ》」としての満足感が魅力。老後の住まいが確保できる、家族に家を残せるなどの安心感もポイントでしょう。

いずれにしても「住まいになにを求めるか」が大切。次ページにそれぞれのメリット・デメリットをまとめましたので、将来のことも視野に入れて、家族で話し合ってみてください。

■持ち家と賃貸

●持ち家（一戸建て）

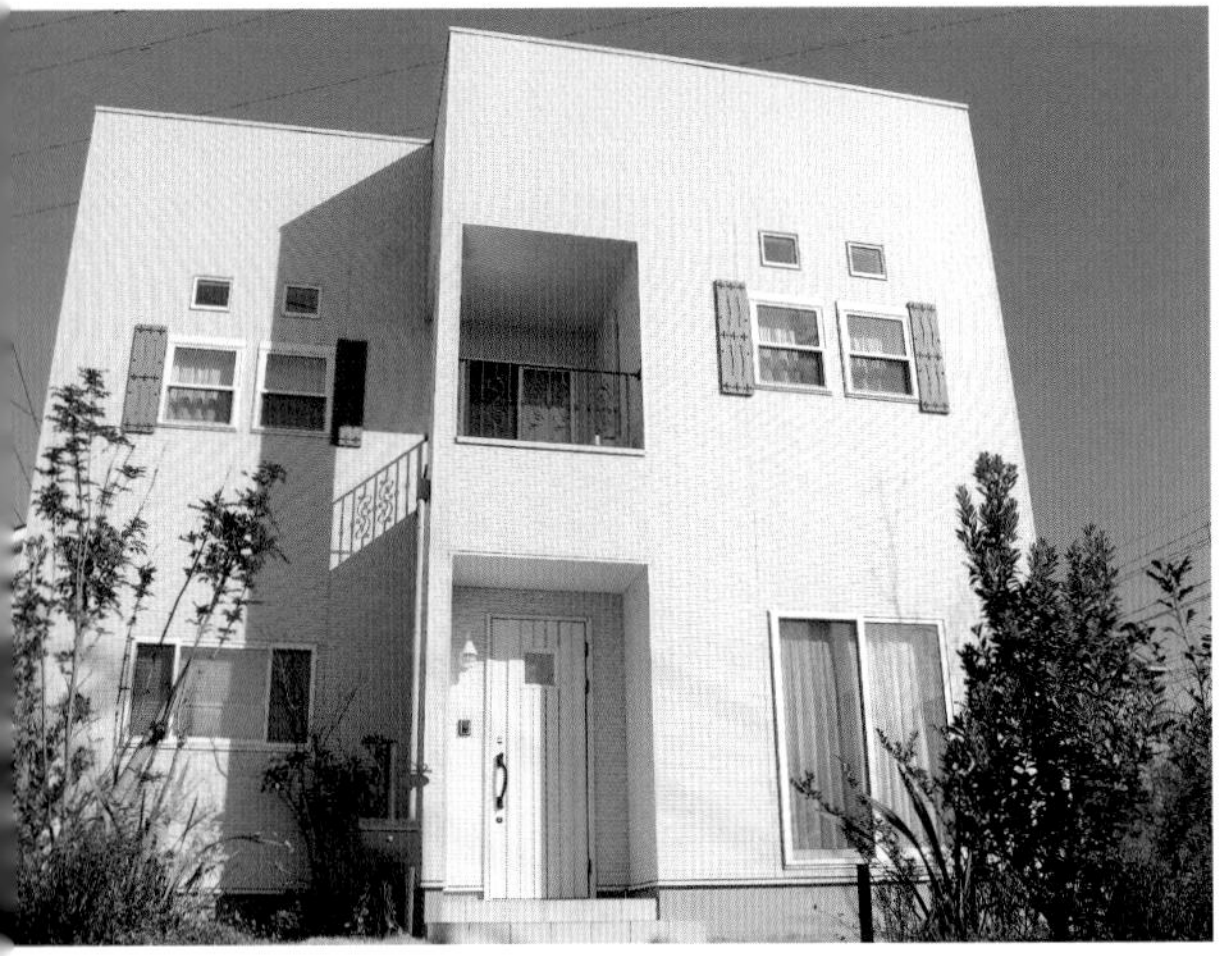

●賃貸

持ち家と賃貸にはそれぞれメリットもあれば、デメリットもある。どちらにするかは、お金に関することだけでなく、「住まいになにを求めるか」を考えることが大切。

■賃貸と持ち家のメリット・デメリット

	持ち家	賃貸
満足感・安心感	○ 一国一城の主としての満足感と、一生涯の住まい確保の安心感を得られる。	△ 高齢になると保証人の条件が厳しくなるなど、老後は不安がある。
リフォーム・間取りなど	○ 家族に合った住み心地のよいデザインや間取りでの生活ができ、リフォームも可能。庭をもつ喜びがある。	△ リフォームは簡単にはできない。
社会的信用度	○ 社会的信用度が高まる。	△ 社会的信用が得られにくい。
資産としての価値	○ 他人に賃貸することができる。 ○ 家族に家を残せて、資産になる（団体信用生命保険に加入していれば、被保険者が亡くなった場合にローンの負担がない）。	△ 資産にはならない。引越し費用、敷金・礼金など住み替えに費用がかかる。
住み替え	△ 立地などに不便を感じたり、近所付き合いが悪くなっても住み替えが困難。	○ 住み替えがしやすい（転勤、両親との同居の予定、家族が増える、隣人トラブル、子どもの独立などに対応しやすい）。
ローン、税金、維持費	△ 住宅ローンや、維持費、税金などの負担が大きい。売却を考えたときに、借金が残るかもしれないという不安がある。	○ ローンを組む必要がなく、金利や土地や建物の価格変動のリスクの悩みがない。不動産にかかる税金や維持費の負担がない。
その他	近所付き合い、地域社会との関係が深くなる。	近所付き合い、地域社会との結びつきは薄い。

専門家からひとこと!

持ち家と賃貸、支出に違いが出るのはローン返済後です!

持ち家の場合は、購入時に何百万円かの諸経費がかかります。この支出は賃貸では発生しません。その代わり、賃貸では一定の期間ごとに更新料がかかり、さらに引越す場合は引越し費用、新たな敷金、礼金、仲介料などが必要です。

一方、持ち家の場合は建物の修繕費やリフォーム費用がかかりますが、この段階では支出自体にそれほどの差は出てきません。違いが出てくるのは、持ち家のローン返済後です。返済が終われば持ち家派の支出はストップ。ここから持ち家派の逆転が始まります。

私たちはこうしました

共働き夫婦・Aさん

今は会社のある都心で暮らしたいけれど、子どもが生まれたら、夫の実家を二世帯住宅に建て替えて住む予定。それまでは賃貸で、貯金することにしました。

3人家族・Bさん

ガーデニングが趣味だし、犬も飼いたい。思い切って、庭のスペースがある程度確保できる持ち家にしました！

自分にとって理想の家とは？ ①考え方編

まずは「今の生活」と「理想の生活」の違いを知ることから！

「不満」と「その理由」を書き出してみる

「世界にひとつ、自分たちだけの理想の家が欲しい」と思っても、それがどんな家なのか、最初から具体的に思い浮かべるのは難しいですよね。より具体的にするために、身近なところから考えていきましょう。

まずは、今の住まいへの不満を書き出してみます。「日当たりが悪い」「冬場、極端に寒い部屋がある」「収納スペースがない」など、家族で話しながら進めていくと、いろいろな視点からの不満が集まります。

ここでのポイントは、「なぜそれが不満なのか」という理由もいっしょに考えること。たとえば「キッチンが狭い」という不満なら、狭いことで「料理がしにくい」のか、「収納が足りない」のか、その理由によって解決方法も変わってきます。

「要望」にはバランス感覚が大切

次に新しい住まいへの要望をあげていきます。不満を解消する要望に加え、「らせん階段が欲しい」「バーベキューができる広々した庭が欲しい」などの夢もどんどん出してみましょう。

もちろん、広い土地と膨大な予算でもない限り、すべてを取り入れるのは不可能です。家づくりを成功させるコツは、「土地・建物・資金」の三つを同時に考えて進めること。理想の建物を求めすぎて予算オーバー、立地にこだわりすぎて希望の間取りができない、などに陥らないためには、バランス感覚が大切です。

要望をひとつに絞り切れない場合は「絶対に必要」「できれば欲しい」「余裕があればやりたい」と、3段階くらいに分けて優先順位をつけてみると、整理しやすくなります。

専門家からひとこと!

不満の解決には「理由」が重要!

不満に思う理由によって解決策は違ってきます。単純に「収納スペースが足りないから納戸をつくれば解決できる」とも限らないのです。なぜ不満に思っているのかの理由を考え、それを解消できる方法を見つけないと、せっかく新しい家を建てても、今の生活と同じような不満をもつことにもなりかねません。

家族の不満点とその解決策をあげてみよう

書き込む!

　理想の家をイメージするために、まずは家族それぞれの不満点を書き出してみましょう。子どもの不満点は各人でも、きょうだいまとめてでもOKです。一番下の欄は、家全体に関することなど、自由に使ってみてください。

	不満点	解決策
父	例）静かに読書する場所がない	例）小さくてもいいから書斎が欲しい
母	例）キッチンが狭くて料理しにくい	例）作業スペースの広いシステムキッチンで料理したい
子1	例）お友達を家に呼べない	例）個室が欲しい
子2	例）おもちゃが片づかない	例）広い収納スペースが欲しい
[　　]	例）全体的に収納スペースが少ない 夏は暑すぎ、冬は寒すぎ	例）クローゼットや床下・屋根裏収納があるといい 冷暖房がちゃんと効く家がいい

自分にとって理想の家とは？ ②機能編

家族の要望を実現するさまざまな機能を考える

理想の光景を実現するには？

次に、前項「①考え方編」で出た要望を、機能面から考えてみます。

新築の家で楽しそうに料理をする奥様。子犬といっしょに庭で走り回る子どもたち。それをリビングでコーヒーを飲みながらゆったりと見つめるご主人。そんな幸せな光景のためには、デザイン面だけでなく、家族が安心してすごせる機能面を充実させることが第一です。

まず暮らしの基本である毎日の快適と安全を守るためには、「夏涼しく、冬暖かい、地震に強い家」であることは絶対条件でしょう。

その上で、冒頭の光景を実現するために、たとえば犬を飼っても室内ににおいがこもらない工夫や、犬の足にも優しい床材、キッチンの広さや設備などに目を向けていくのです。

どんなふうに暮らしたいか？を考える

さらに「理想の家」を明確にしていくには、「こんなふうにすごしたい」→「そのためには、どんな設備、機能がいるだろうか」と考えてみましょう。

たとえば共働きのご夫婦なら、朝の身支度や日々の家事効率をどれだけよくできるかで、毎日の快適さは全然違ってきます。

また、修繕や清掃など、さまざまなメンテナンスが必要な一戸建てだからこそ、その負担が少なければ手間もかからず経済的にもかなり楽になるでしょう。光熱費の節約も長い目で見れば大きなメリットになります。詳しくは「わが家に合った間取りを決める」の項（→128ページ）で述べますが、家族構成やライフスタイルの変化に柔軟に対応できる間取りなども、満足度を長く持続させる大きな要素です。

経験者の失敗

日当たりだけで暖かさは判断できない！

南向きに広くとったリビングは、吹き抜けからの光もたっぷり。ハウスメーカー側の「この日当たりなら冬場でもTシャツ一枚ですごせますよ！」といった言葉にひかれて契約！

でも、実際に住んでみると、吹き抜けって寒い〜！　特に冬は足元がスースー。冷え性の私は、結局今年の冬も靴下2枚履きです。契約前に、断熱性能と使用暖房機器をチェックするべきでした…。

大きな窓は光を取り入れると同時に外気温も室内に伝える。じょうずに対策をとりたい。

■理想を実現するための解決策

理想の家を実現させるための機能を考えてみましょう。忙しい毎日の時短を可能にする機能、暮らしやすさを生み出す機能や設備など、主なものを紹介します。

●ゆとりある洗面所・トイレ

どうしても家族同じ時間帯になるのが朝の身支度。洗面所とトイレが2カ所あれば渋滞も解消。

洗面所は2カ所とれなくても、広い洗面台と大きな鏡があれば、家族が同時に使用できる。

●明るいダイニングルーム

東南など、太陽光の入るダイニングに大きな窓を。朝日が差し込む部屋で朝食が楽しめる。

明るい色を基調にした内装にすれば、光を反射して部屋全体が明るくなる。

●料理が楽しくなるキッチン

広く機能的なキッチンで料理を効率よく。オープンタイプにすれば家族が手伝うことも可能。食品庫など収納スペースも充実させて、すっきり気持ちのよい空間に。

広さ、設備、システムキッチンのタイプなどなど、わが家に合ったキッチンを考えてみよう。

●「片づかない」を解消する収納

クローゼットなどを部屋ごとに設ける。また、廊下や意外と収納品のあるリビングにも収納スペースがあると使い勝手もよく、片づけもしやすい。

廊下や床下、小屋裏の収納スペースなども便利。

自分にとって理想の家とは？ ③コミュニケーションとデザイン編

コミュニケーションもデザインも、「自分らしさ」の基準をもって！

家族の交流が自然と生まれる家って？

それまでの小さなアパートや団地から、家族それぞれに個室があるような大きな家に住み替えると、どうしても家族が顔を合わせる機会が減ってしまいます。コミュニケーションも、幸せに暮らしていくための大事な要素。家族が自然に交流できる工夫や、人が集まりやすい間取りについても考慮が必要です。

代表的なものが、リビングに階段を設ける「リビング階段」。2階に個室があることが多い家では、帰宅した子どもやその友人は必ずリビングを通過して自室へ行くことになるので、リビングやキッチンにいる家族と否が応でも顔を合わせることになります。

子どもが小さいうちは、リビングに「子どもコーナー」を設け、そこで遊ばせる方法もあるでしょう。

来客の多い家には、オープンタイプのキッチンが多く見られます。招いた側がキッチンにこもりきりにならず、お茶を入れながらでも会話できるようなタイプのキッチンなら、肩に力の入らないおもてなしができます。

また、玄関にちょっと座れるスペースをつくると、立ち寄ったご近所さんとおしゃべりもはずみます。

ただし、「人が集まる」＝「プライバシーが保ちにくくなる」という一面も。リビング階段ならリビング、オープンキッチンならキッチンがいつでも人に見られてしまう、というプレッシャーもついてきます。さらに来客にとって意外と重要なのが「トイレの位置」。たとえば、リビングからドア1枚でトイレでは音が気になって入りにくいですよね。

家族の性格を見極めつつ、オープンにする場所、しない場所のバランスをとりましょう。

海外建具類を使う際はここにご注意！

日本の住宅にはない輸入住宅独特のデザインに憧れをもつ方もいらっしゃるでしょう。

ドアや窓枠などの建具類、洗面ボウルや水道の蛇口など細かなデザインをとってみても、たしかにおしゃれです。北欧や北米など、寒い地域の建具は高い断熱性能も魅力。

ただし気をつけなくてはいけないのは、修理やメンテナンスの対応です。交換するにも、海外からの取り寄せになると1カ月以上もかかったり、修理が割高になってしまうこともあります。

また、デザインにひかれて外開きの窓にしたら網戸がつけられなかった、などということもあります。事前の確認とともに、デザインと使い勝手の兼ね合いを考えて採用しましょう。

■家が広くなったら、子どもたちとの会話が減ってしまった！

今までは子どもたちが食卓で宿題をしていたり、リビングで本を読んだりしていたのに、新しい広い家に移ってからは、みんな帰ってきたら個室へ直行。どんなお友だちが遊びに来ているのかもわからなくて心配なんです。

わざわざリビングまで行くのなんてめんどくさいよ。
玄関からそのまま2階の自分の部屋に行くほうが近いんだもん。

「リビング階段」で、自然にコミュニケーション

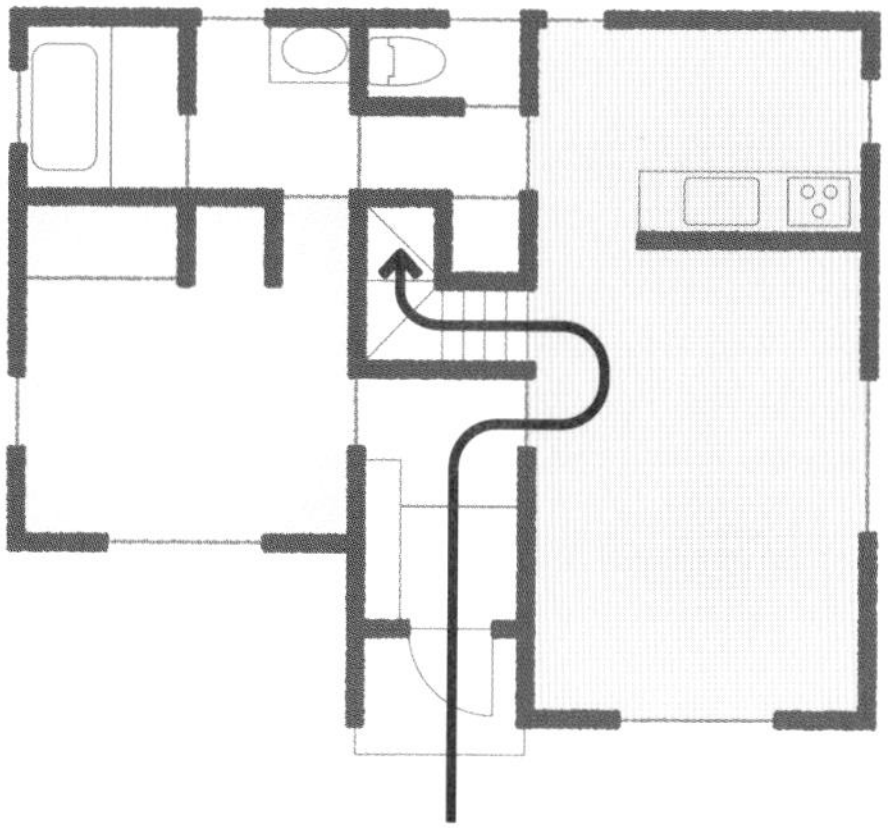

帰宅や外出で、必ず2階の自室と玄関の間にあるリビングを通るので、家族と顔を合わせる機会が多くなる。

階段がある分、リビングが開放的に感じられる。

メリット

- 子ども（家族）とコミュニケーションをとりやすい
- 廊下に階段をつくらない分、リビングを広く取りやすい
- 見た目が開放的でインテリアのようになる

デメリット

- 来客の際、階段を使いづらい
- におい・音が筒抜けになる
- 冷暖房の効率が悪いなど、空調や断熱に工夫が必要

家を建てるタイミング

いつがそのとき？ 自分たちに合った「建てどき」を見極める

ライフプランに合わせて決める

「いつかは家をもちたい」と決めてはいても、それが果たしていつなのか、建てどきを見極めるのはなかなか難しいものです。

考え方のひとつとして、ライフプランに合わせる方法があり、家族構成や家庭内の環境に変化があったときに決断する人は多いようです。子どもの入学のタイミング、第2子が誕生して家が手狭になった、子どもたちが成長して個室が必要になった、などが代表的な例です。

また、両親の年齢や状況も関係してきます。同居を前提に新築する例もありますし、両親のどちらかが亡くなった、どちらかに介護の必要性が生じた場合なども考えどころですね。土地の相続を機に決断した、という例もあります。

消費税増税や住宅ローン減税よりも金利に注目

もうひとつの考え方が、「市場の状況に合わせる」こと。建物や土地の購入代金を安く抑えても、金利が1％上がってしまったら意味がなくなってしまいますから、市場の動向は重要な要素です。

住宅購入に関する減税や控除など、お得な施策の実施期間に合わせて考え始める人も多く、これらの要素にローンの返済期間を逆算し、そろそろ…と決断するようです。

どのタイミングも間違いではありません。そして家の建てどきは人それぞれ。リタイアまでにローン返済が終わらないのが心配なら、今は頭金を増やせるように貯蓄する、という方法もあります。いずれにせよ、市場動向や年齢などであせって決断することだけは避けるべきです。

月々のローン額にかかわらず、家は高額な買い物であることを肝に銘じて決断しよう。

専門家からひとこと！

家づくりの目的をよく考えて建てどきを決めましょう

家づくりの目的が人によって違うように、家の建てどきも人それぞれ。「家の経年変化とともに子どもの成長を楽しみたい」なら若いうちの決断がベストでしょうが、「終《つい》の住処《すみか》をつくりたい」のなら、40代、50代のほうが希望の家をイメージしやすいのではないでしょうか。自分が家になにを求めているのかがわかれば、自然と建てどきも見えてきます。

■購入時期・世代別メリット・デメリット

20代

メリット

- ローン返済期間が長くとれる
- 子どもがいないうちにしっかり貯金できる

デメリット

- 子どもの有無、人数などライフプランに不確定要素が多い
- 収入・貯蓄額が少ないので、購入可能物件の上限も低くなる
- 老後を迎える前に、住宅が老朽化する可能性も

30代

メリット

- 家族構成がほぼ見えているので、それに合わせた家づくりができる
- 現役の間にローンを終えることができる

デメリット

- 子どもの教育費とローンの両立が必要
- 子どもが小さい場合、家を汚される可能性が高い

40代

メリット

- 貯蓄ができているので、頭金を多くできる
- 親と同居、介護の有無などの予想がつきやすい

デメリット

- 現役期間中のローン完済が難しい
- 賃貸に住む期間が長くなるので、それまでの家賃負担が多い

50代

メリット

- 収入・貯蓄額が高いので、短いローン期間でも高価な物件が買える
- バリアフリーなど、老後を見据えた家づくりができる

デメリット

- 長いローン期間は組みにくい・ローン審査が厳しくなる
- 老後の住宅資金が住宅ローンを圧迫させる

ローンの期間や資金繰りの貯蓄の程度、新築するまでに賃貸を利用した場合の金額、家族構成が見えるかどうか、など世代によっても家の建てどきを考えることができる。

金利1%の違いで返済額に大きな差が

特に注意したいのが、消費税増税や住宅ローン減税よりも住宅ローンの金利です。前述したように、金利は1%違うだけで返済総額も大きく違ってくるからです（下図）。「消費税が増税される前の今のうちに」「住宅ローン減税がお得」という理由だけで決めてしまうと、後々悔しい思いをすることもあるかもしれません。

資金にかなりの余裕がある、という方でない限り、家の建てどきは「消費税増税・住宅ローン減税の動向よりもまず金利」と心得ておきましょう。

■金利が1%上昇すると総返済額はこんなに変わる！

●計算条件

借入額：2,500万円
返済期間：30年
元利均等払い
金利：1.5%
（完全固定金利）

金利が1%上昇すると総利息額が1.75倍以上に！

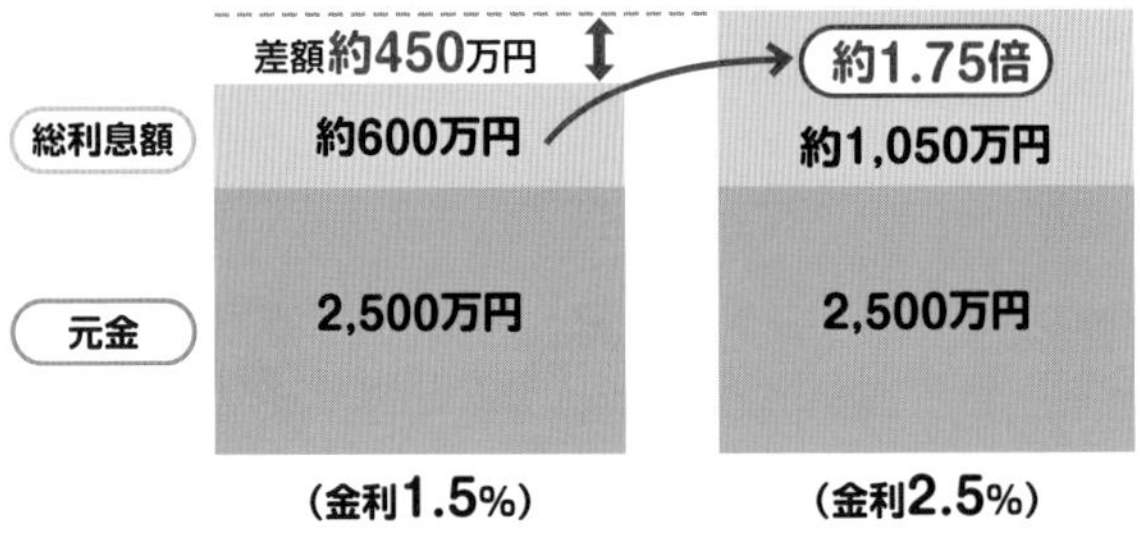

金利が1%増えると年間15万円増える計算になる（総利息の差額450万円÷30年）。1%の上昇であっても、金利は見過ごせない。

■住宅ローン減税とは？

年末のローン残高に対して、一定割合で居住開始年から10年間税金が軽減されます。なお、2019年10月から適用された消費税率10%への増税に伴い、一定の条件を満たす場合には控除期間が13年間に延長されます。一般住宅と長期優良住宅で分けられ、限度額が異なります。※

●一般住宅 減税額は、年末の住宅ローン残高（上限4,000万円）×減税率（一律1%）で計算する

居住開始年	控除期間 消費税率8%適用	年末のローン残高の限度額	年間最大減税額	10年合計の最大減税額
2014年4月～2021年12月	10年間	4,000万円	40万円	**400万円**

居住開始年	控除期間 消費税率10%適用	年間最大減税額	
2019年10月～2020年12月	13年間	1～10年目 40万円	11～13年目 次のどちらか小さい額 ・借入金年末残高（上限4,000万円）×1% ・建物購入価格（上限4,000万円）×2%÷3

※この情報は2020年10月末日現在のデータに基づいており、今後変更される可能性があります。
新しい情報は、国土交通省のホームページなどを参照してください。

プロローグ 2

今どきの住宅の考え方

平屋住宅の魅力について

自由度の高い間取りでコミュニケーションがとりやすい

平屋住宅って どんな特徴があるの?

バリアフリーの観点から〝シニア世代に人気!〟というのが、これまでの平屋のイメージでしたが、近年は若い世代にも希望する人が増えています。

平屋とは、「1階建ての家」のことで、リビング・ダイニングなど家族が集まるスペースと、寝室など個々の居室がすべて同じフロアにまとまっているのが特徴です。階段を昇り降りする手間がなく、隅々まで目が行き届くので家族間のコミュニケーションがとりやすくなります。2階建て以上の建物に比べて構造的な安定感があり、地震や風に強いという長所もあります。

また、間取りを自在に設計できるなど自由度が高いことも支持される理由のひとつといえるでしょう。中庭やウッドデッキをつくるなど屋外との距離感が近くなるのも平屋の魅力です。

平屋を建てるときに 気を付けたいデメリット

平屋には建築費用が高くなってしまうデメリットがあります。これは、平屋で2階建てと同じ広さの家にするには、相応の土地面積が必要になってしまうことや、それだけ屋根面積や基礎面積も大きくなって工事費が高くなってしまうことが主な要因です。

平屋は環境の影響を受けやすいため、土地選びには注意が必要です。密集した住宅地や道路が近い場所だと、外からの視線が気になるだけでなく、防犯対策も必要となります。

また、屋根の面積が大きく、住居スペースと屋根までの距離が近い設計の場合、屋根からの熱が多く入ってくるため、夏場は家の中がかなり暑くなって過ごしにくい空間となってしまうことも。屋根の断熱対策をしっかりと考えることも大切です。

屋外との距離が近づく平屋ならではの演出

リビングとつながったウッドデッキを設けることで、広々とした寛ぎの空間の中、自然を感じながら過ごすことができる。

■平屋住宅のメリット・デメリット

平屋は天井を2階建てよりも高くつくることができるので、勾配天井にするなどスタイリッシュな空間を演出しやすい。

日当たりを考えて、リビングなどは南側に配置するのが一般的。トイレなどの水廻りは、生活音を意識して配置する。

シンプルで開放的なつくりが特徴的な四角い間取りの「I字型」。I字型とは、長方形の平屋のこと。暮らしに合わせて自由な間取りを設計できる。

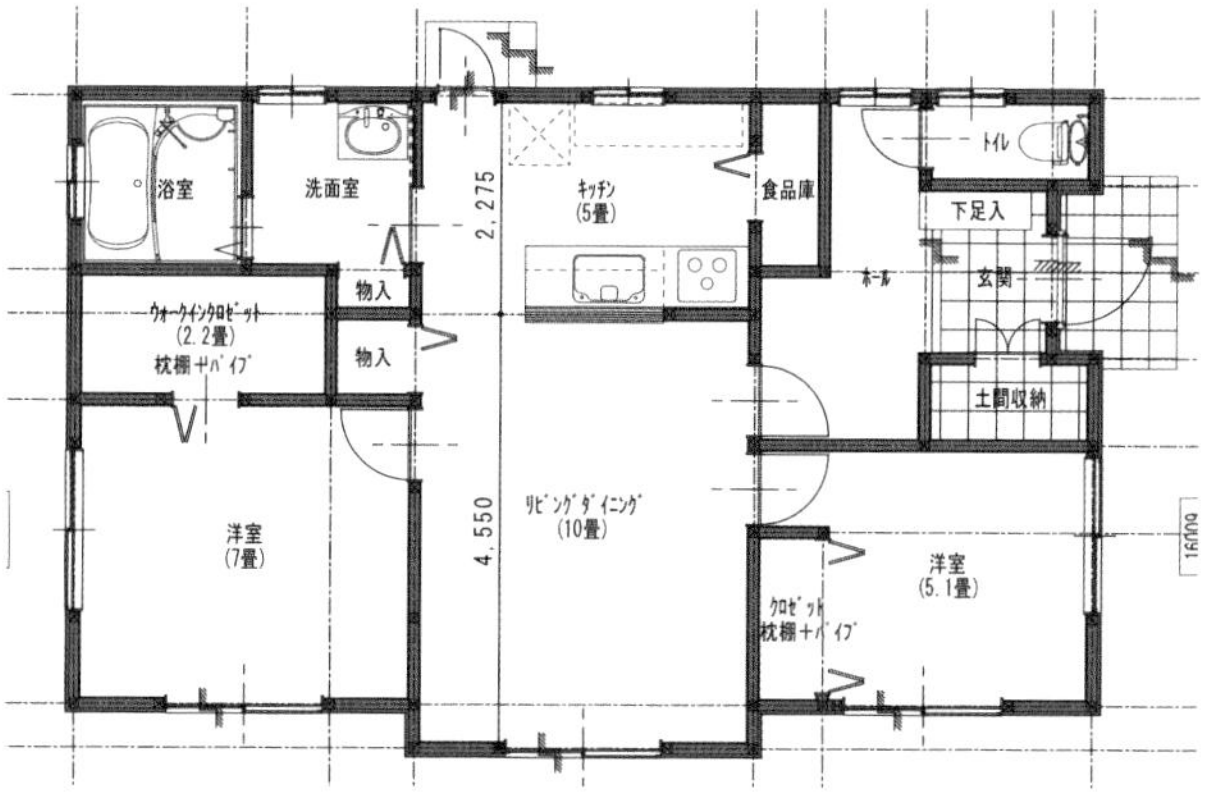

メリット

- 家の中の移動が楽
- 家族とのコミュニケーションがとりやすい
- 地震や風に強い
- 冷暖房の効率が良い
- メンテナンスのコストが安く済む
- 引越し費用が安くなる

デメリット

- 土地の広さが必要
- 建築費用が高くなる
- 防犯面の心配がある
- プライバシーが確保しにくい
- 大きな家は自然光が取りにくい

平屋の間取りでは自然光の確保に留意する

平屋の間取りは、〝自然光をどう確保するか〟が大きなポイントです。

2LDKや3LDKといった比較的コンパクトな間取りの場合は、近隣の建物の高さや将来的に大きな建物が南側に建つ恐れがないかなどを考慮します。

また、4LDK以上の大きな間取りの場合は、家の中心に自然光が入りにくくなっていないかを注意します。

対策としては、リビングなどを吹き抜けにし、高窓や天窓を設置して自然光を確保する方法や、「L字型」や「コの字型」「ロの字型」などの間取りにして中庭をつくる方法などがあります。

窓の大きさや中庭の広さによっても光の入り方は変わってきます。よく検討したうえで決めましょう。

■自然光をとりいれる工夫 ― 中庭と高窓

平屋に光をとりいれる重要な工夫が中庭であり、吹き抜けや高窓です。中庭のもつ役割や快適性は間取りによって変わってきます。それぞれの特徴を抑えておきましょう。

●中庭［コの字型の例］

三方を建物で囲まれているため、プライベートな空間を確保しやすいうえに、室内に自然光を取り入れやすいのが特徴。

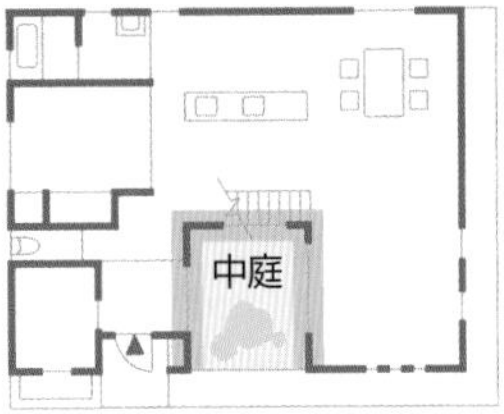

●中庭［L字型の例］

目隠し塀（フェンスやスクリーン）をつくることで周囲の視線を遮りながら、広々とした庭をつくることができる。

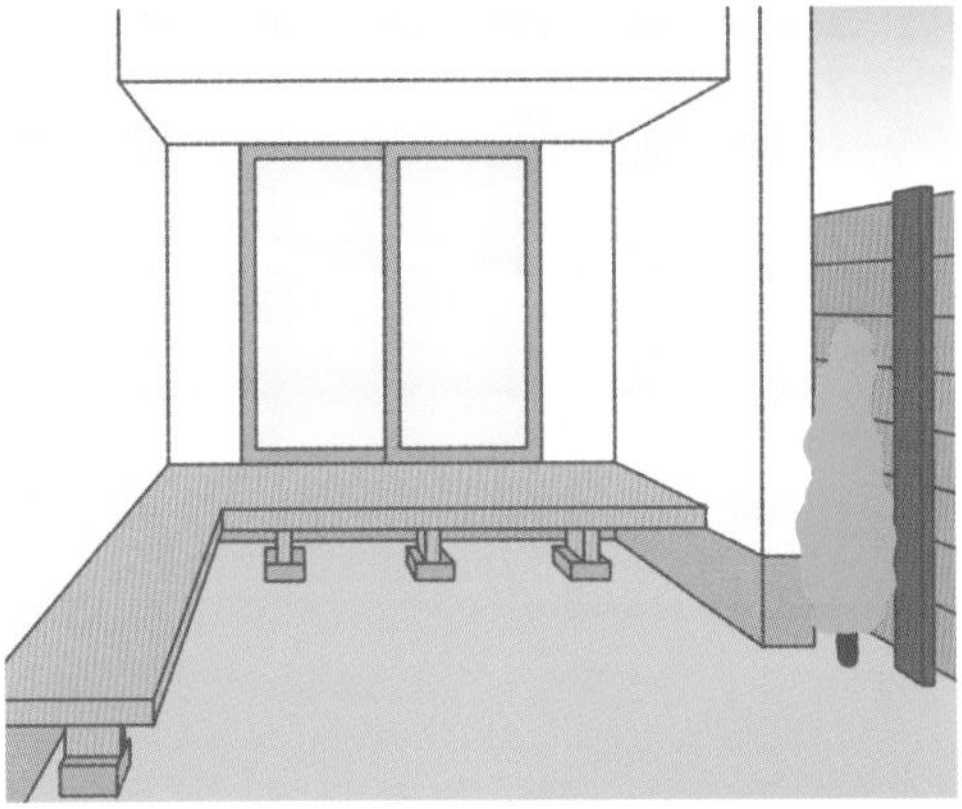

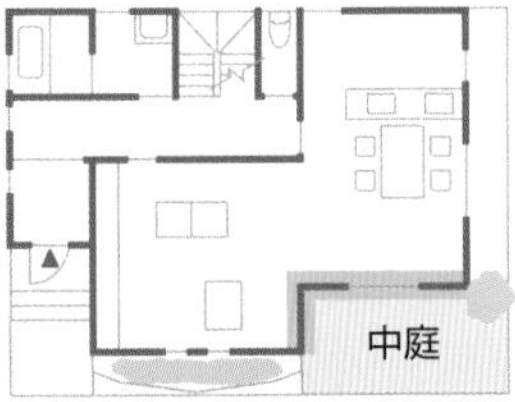

●吹き抜け＆高窓

ロフト付きのリビングに高窓を複数配置することで効果的に光が入り、リビング全体が明るい空間に。

ロフトをつくるには どれくらいの高さが必要？

平屋のメリットと、2階建てのメリットの良いとこ取りをした「ロフト付きの平屋」も人気です。

ロフトを屋根裏部屋として使ったり、普段は使わない物の収納に利用したりすることで、家に〝ゆとり〟が生まれます。

ロフト部分は天井高を1・4m以内にし、直下の部屋の2分の1以下の面積にすることで居室扱いとはならず、固定資産税の対象外にすることもできます。

以前は、ハシゴ式のロフトが主流でしたが、近年は固定式に近い収納階段などを採用したロフトも増えており、より2階建てとの中間に位置する間取りになってきています。

一方で、せっかくつくったロフトにもかかわらず、実際にはほとんど使わず、必要なかったというケースもありますので、使い方をしっかり検討したうえで設置するかどうかを考えましょう。

■平屋にロフトを取り入れてみよう

ロフトには収納スペースとして使うほかにも、寝室や子ども部屋にするなどさまざまな活用方法が考えられます。具体的なプランを立てたうえで設置を検討しましょう。

ロフトをリビングに設置することで部屋全体がより広く感じられる。開放感と実用性を兼ね備えた空間になる。

提供／ Panasonic

ロフトの条件は次のとおり。
- 天井高は1.4メートル以内
- 面積は直下の部屋の2分の1以下
- ハシゴは固定されていないこと

子ども部屋のロフト。ハシゴとしての機能だけでなく、部屋のインテリアとしてもいい。

専門家からひとこと！

ハザードマップを調べておきましょう

台風などで水害被害が出た地域では、もしもの浸水の時に2階に避難することができない平屋住まいの人のほうが早く避難しています。稀なことかもしれませんがハザードマップ（98ページ参照）を参考にして、家の高さを考えておくことも大切です。

高気密・高断熱住宅について

「なんとなくよさそう」で建てずに、メリット・デメリットを理解しよう！

高気密・高断熱住宅ってどんな家？

「高気密・高断熱住宅」とは、ごく簡単に説明すると外の気温の影響を受けず、室温を一定に保てるようにつくられた住宅のことです。通常、窓や壁から熱は逃げていきますから、高性能な断熱材を隙間なく施工し、家全体を魔法瓶のような状態にすることで室内の温度を一定に保ちます。

当然、窓も小さいほうが気密・断熱性能も高くなります。ヨーロッパの寒い地方には壁が厚くて窓の小さい家が多いですが、あれも熱を逃がさない知恵ですね。「暖房を入れても寒い」「クーラーが効きにくい」など、築年数の経過した家によく見られる悩みは、断熱・気密性能が低いことが原因です。高気密・高断熱住宅では床と天井付近、室内と廊下などの温度差が少なくなるので、窓やドアなど開口部の結露の軽減やヒートショック*の防止、冷暖房効率のアップなどの効果が期待できます。また、密閉度が高いので遮音性にも優れています。

24時間換気が必要

その反面、密閉度が高いだけに空気の汚れが気になります。生活臭や細菌、カビ菌などを排出するためには換気が必要で、24時間換気が大前提となります。建築基準法でも定められています。

また、技術的に優れた工法ですが、正しい施工をする業者を選ばないと反対にマイナスになることも。冬は暖かいけど夏は暑すぎる、乾燥しすぎる、水まわりの音が響くなど施工不良が原因と思われる話も多く聞きます。

実際にその住宅会社で建てたオーナーさんの声を聞いたり、見学だけでなく、宿泊体験ができるモデルハウスを活用し体感することもよいでしょう。

気密・断熱性能の低い家の問題点

暖房している部屋は暖かくても、廊下に出ると寒かったり、窓の近くに行くとぞくっとしたり、洗面所が寒くて毎日の洗濯がおっくうになったりしてしまう。特にリビングに吹き抜けなどがある場合、足元が寒い家になってしまうので、床暖房などを施工するなどの対策が必要です。

＊ヒートショック：急激な温度変化が身体におよぼす影響のこと。体温を一定に保つために、血管が急激に収縮し、血圧や脈拍の変動を起こすことで、心筋梗塞や脳血管障害などにつながることもある。

■高気密・高断熱の目安になる「次世代省エネルギー基準」

次世代省エネルギー基準は、住まいの「快適さ」「健康的」「省エネルギー」「耐久性」の目安として定められた基準。表の数値を基準に、小さいほど省エネである、と言えます。自分が建てたい土地の数値の目安を知っておくとよいでしょう。

下表のU_A《ユーエー》値は断熱性能の基準で建物から逃げ出す熱の上限を、η_A《イータエー》値は日射遮蔽性能の基準で建物に入り込む日射熱の上限値を定めています。

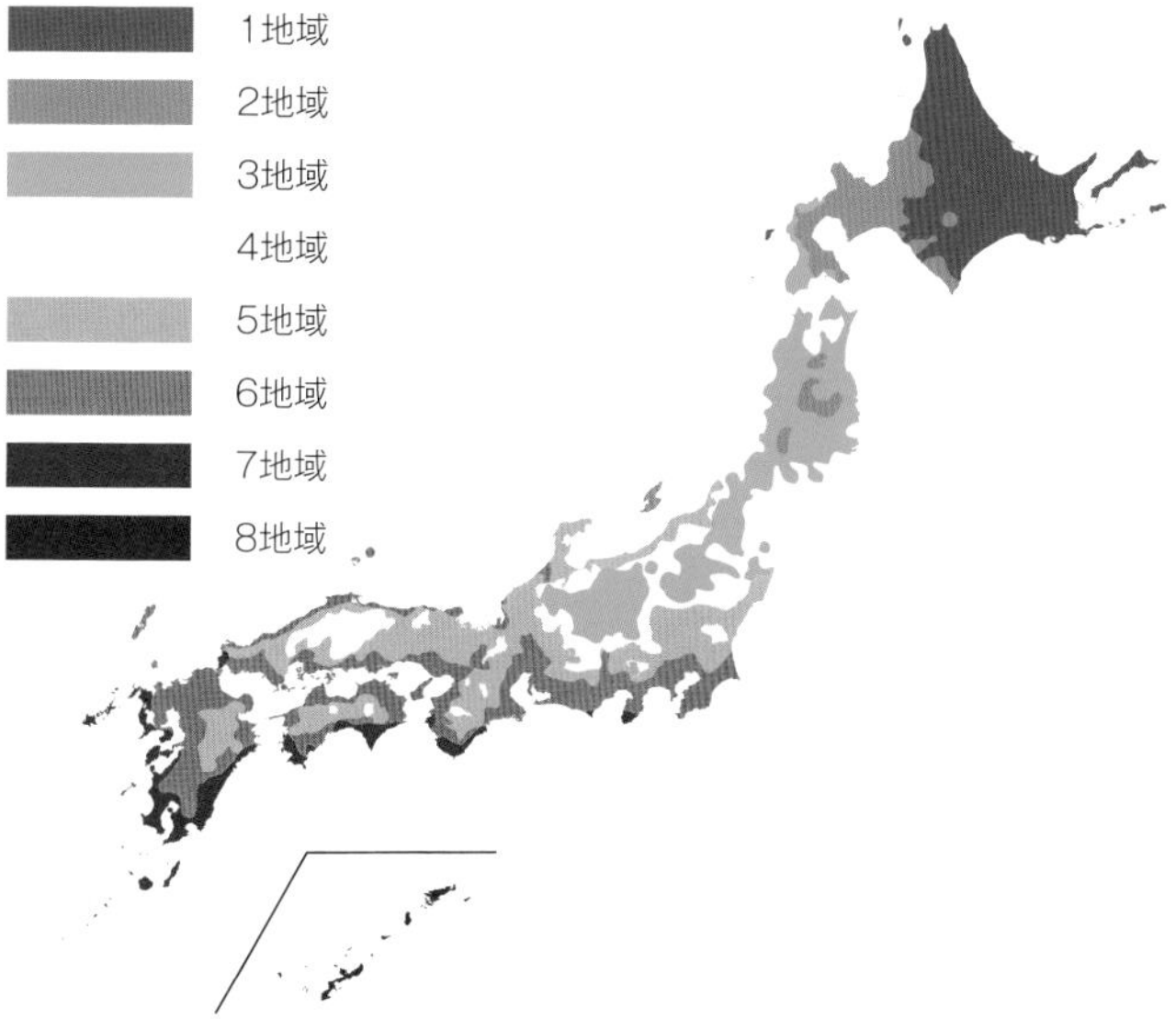

※実際の地域区分は市町村別に定められていますので、くわしくは国土交通省、または一般財団法人建築環境・省エネルギー機構のホームページなどで必ず確認してください。

●地域ごとに定められた外皮の基準値

地域区分	1	2	3	4	5	6	7	8
都道府県	北海道		青森／秋田／岩手	宮城／山形／福島／栃木／長野／新潟	茨城／群馬／山梨／富山／石川／福井／岐阜／滋賀／埼玉／千葉／東京／神奈川／静岡／愛知／三重／京都／大阪／和歌山／兵庫／奈良／岡山／広島／山口／島根／鳥取／香川／愛媛／徳島／高知／福岡／佐賀／長崎／大分／熊本		宮崎／鹿児島	沖縄
外皮平均熱貫流率の基準値［W/（m^2・K）］（U_A値）	0.46	0.46	0.56	0.75	0.87	0.87	0.87	—
冷房期の平均日射熱取得率の基準値（η_A値）	—	—	—	—	3.0	2.8	2.7	3.2

上記の表は平成25年省エネ基準による

専門家からひとこと!

「高気密・高断熱住宅」、ここに注意!

高気密・高断熱住宅ならではの問題点も報告されています。外張り断熱方式（→P.217）の場合は家全体を密閉するため、外からの音は遮っても室内の音の響きが気になったり、壁内結露の問題を指摘される方もいらっしゃいます。

お住まいの地域や家族の好み（冬を暖かくすごしたい、暑がりなので夏が快適なほうがいい、など）も考慮して、どこまでの性能が必要かを見極めましょう。

太陽光発電とスマートハウス

近年注目が集まり、さらなる進化が期待される！

光熱費が0円になる？ ゼロ・エネルギーハウス

近年、「ゼロ・エネルギーハウス」が話題となっています。

これは、太陽光発電を中心とした創エネ設備を搭載したり、断熱性や気密性を向上させ、さらに創エネ効率の高い設備（エネファーム、エコキュート、エコウィル、LED照明など）を採用したりすることで、住宅で使う光熱費を0円にする住宅です。加えて、地球温暖化の原因とされている二酸化炭素（CO_2）の排出量も抑え、環境にも優しいのが特徴です。

政府もさまざまな補助金制度を設けて、このゼロ・エネルギーハウスを推奨しています。

太陽光発電を始めとする、住宅等で発電した電力を買い取る制度も導入されていますが、電力の固定価格買取制度が終了した後は、買取価格が大幅に下がることが予想されるので、慎重に検討することが大切です。

省エネ、CO_2削減、快適性を実現するスマートハウス

このゼロ・エネルギーハウスの考え方をさらに進化させた「スマートハウス（賢い住宅）」も、大手ハウスメーカーを中心に登場しています。スマートハウスとはIT（情報技術）を使い家庭で消費されるエネルギーを最適な状態に制御する住宅です。具体的には、太陽光発電や蓄電池などのエネルギー機器、家電などをネットワーク化して、HEMS《ヘムズ》（ホームエネルギーマネジメントシステム）によって見える化しながら一元的に制御し、省エネと快適性を実現するものです。

電気自動車やプラグインハイブリッド車などの開発も進んでいることから、今後スマートハウスは不可欠のものになってくると考えられています。

再生可能エネルギーの固定価格買取制度の仕組み

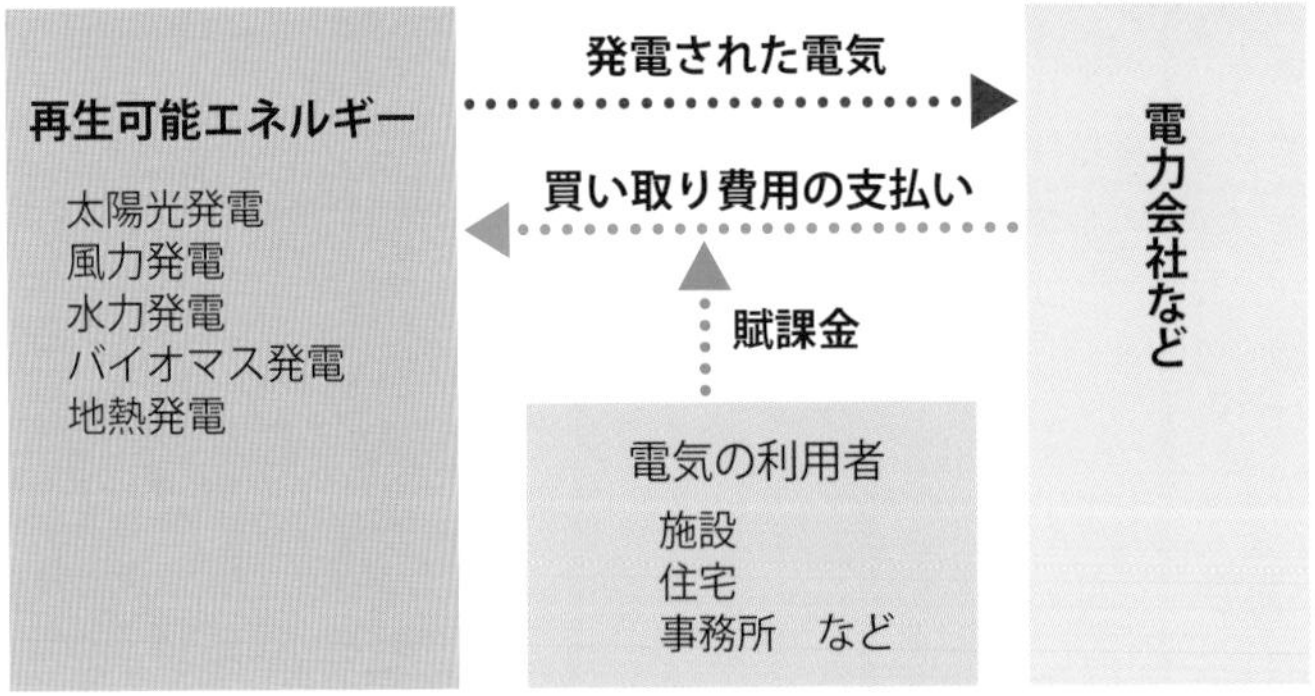

再生可能エネルギーの固定価格買取制度は再生可能エネルギーで発電した電力を電力会社が一定価格で買い取ることを国が約束する制度です。電力会社が買い取る費用は電気の利用者から賦課金という形で徴収されています。

■スマートハウスの仕組み

HEMSを通して部屋ごと・機器ごとのエネルギー（電気など）の使用状況が把握でき（見える化）、管理・操作が可能。プラグインハイブリッド車の充電も室内からHEMSで操作できる。

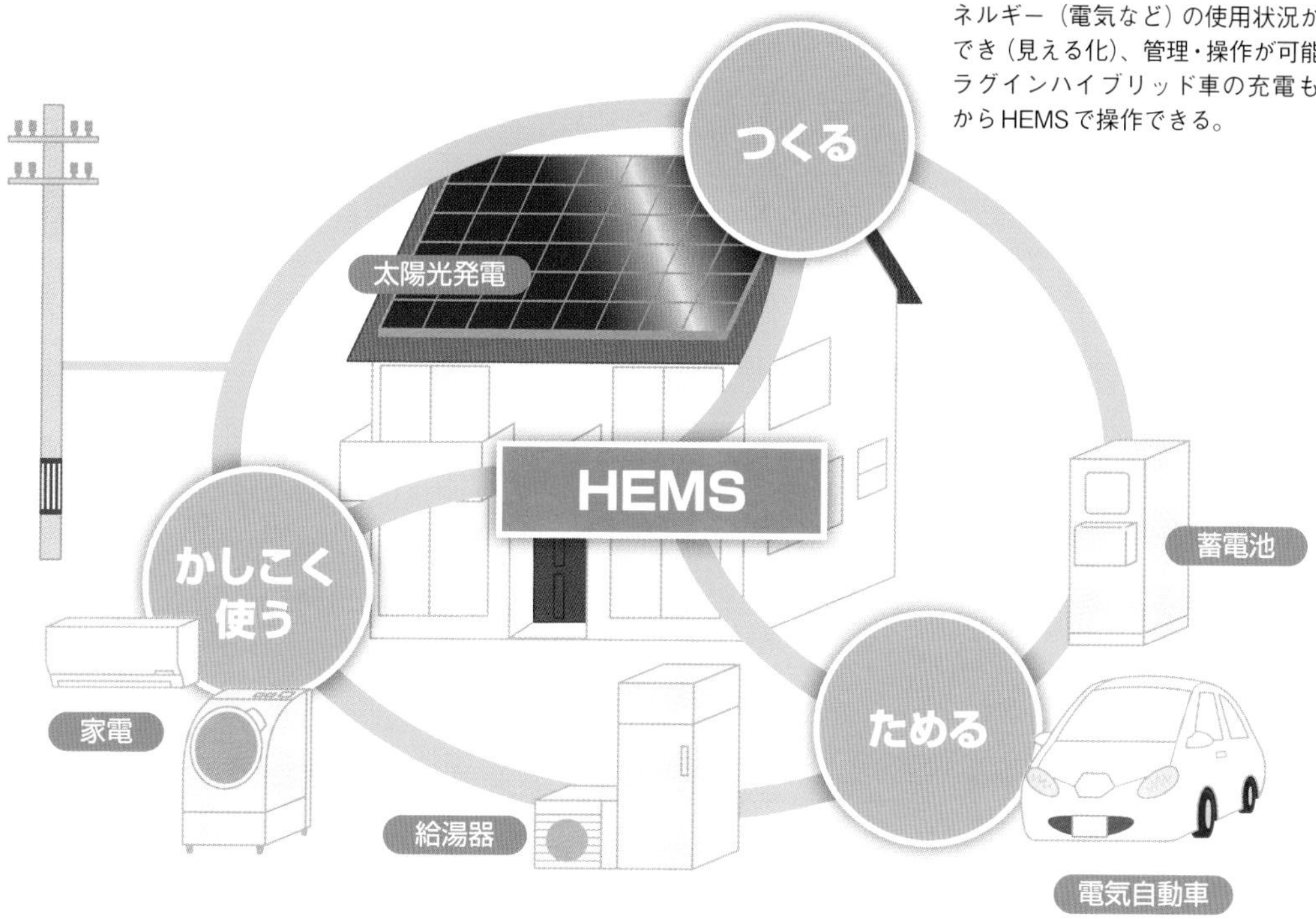

専門家からひとこと!

太陽光発電を設置する前に知っておきたい費用の知識

太陽光発電は決して安いものではありません。導入については、設置場所の状況や発電シミュレーション、初期費用（機器代、工事代、諸費用など）の目安、住んでいる自治体の補助金制度、月々の発電・売電のバランス、ローンの組み方やメンテナンス、導入の費用対効果など、正確な判断・計算が必要ですので、専門家に相談して決めることをおすすめします。

●見える化するタブレット端末

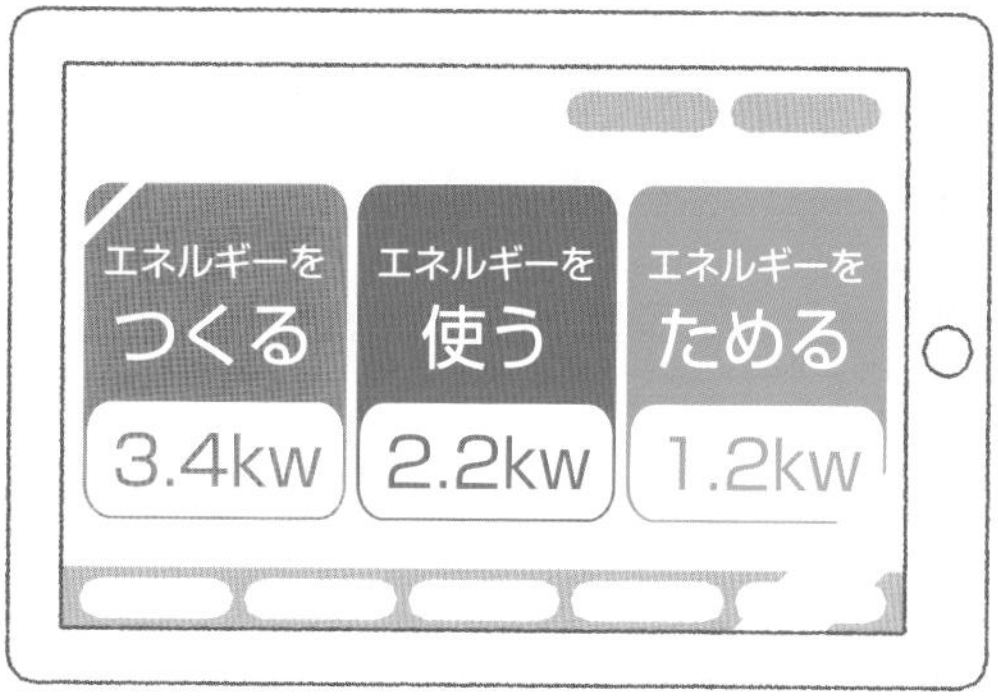

HEMSのタブレット端末に発電・消費・売電状況などを表示し、管理できる。

ZEH《ゼッチ》について

エネルギー消費量ゼロを目指す住宅

政府も積極的に取り組む自給自足のエコハウス

ZEH《ゼッチ》はNet《ネット》 Zero《ゼロ》 Energy《エネルギー》 House《ハウス》の略で、住宅の省エネ性能や断熱性能を高め、太陽光発電などによってエネルギーをつくり出し、家庭で使用するエネルギー消費量を「ネット（正味）ゼロ」にするエコ住宅です。

国もエネルギー政策の一環として積極的に推進しており、住宅については2020年までに過半数の新築住宅で、ZEHの実現を目標としています。

注目される補助金を受けるにはどうすればいい？

ZEH住宅推進のため、国は2012年から補助金制度を開始しました。補助金を受けるには、一般社団法人環境共創イニシアチブ（SII）が行っている公募に申請します。これは、住宅を新築する場合でも、中古住宅のリフォームの場合でも同じです。

対象は、申請者が常時居住する住宅で、申請者自身が所有する（新築住宅の購入予定も含む）専用住宅で、SIIが認定するZEHビルダー登録を受けている会社で建てることが前提となっています。

交付の要件としては、住宅の外皮性能が強化外皮基準以上であることや太陽光発電などを採用しているなどがあります。つまり、エネルギーの消費量と生産量がプラスマイナスゼロになるような住宅づくりが必要になります。

補助の対象となるのは、エネルギー消費を節約するための高断熱サッシや断熱材、空調設備や給湯設備、蓄電システムなどで、太陽光発電などのエネルギー生産設備については対象外となります。補助金額はZEHの要件を満たした場合、基本60万円、さらに厳しいZEH＋《プラス》Rの認定を受けると基本115万円になります（2020年度）。

詳しい内容はSIIのHPで確認してください（http://sii.or.jp/）。

ZEH仕様の住宅を建てる際に発生する制約

ZEH仕様の住宅については、次のような制約があります。

●建築会社の選択肢が限られる

ZEHビルダー登録を受けている会社でしか建てることができません。

●設備投資がかさむ

補助金の対象とならない太陽光パネルなどの設備投資が必要になります。

●開口部のダウンサイズ

密閉性を高めるため、窓やドアなどの開口部のサイズを小さくする必要があります。

●賃貸併用住宅は自宅部分のみが対象

賃貸併用住宅でも申請は可能ですが、自宅部分のみが対象で、自宅部分のみのエネルギー計測が可能なことが条件になります。

■年間で消費するエネルギー量が正味で概ねゼロ以下に

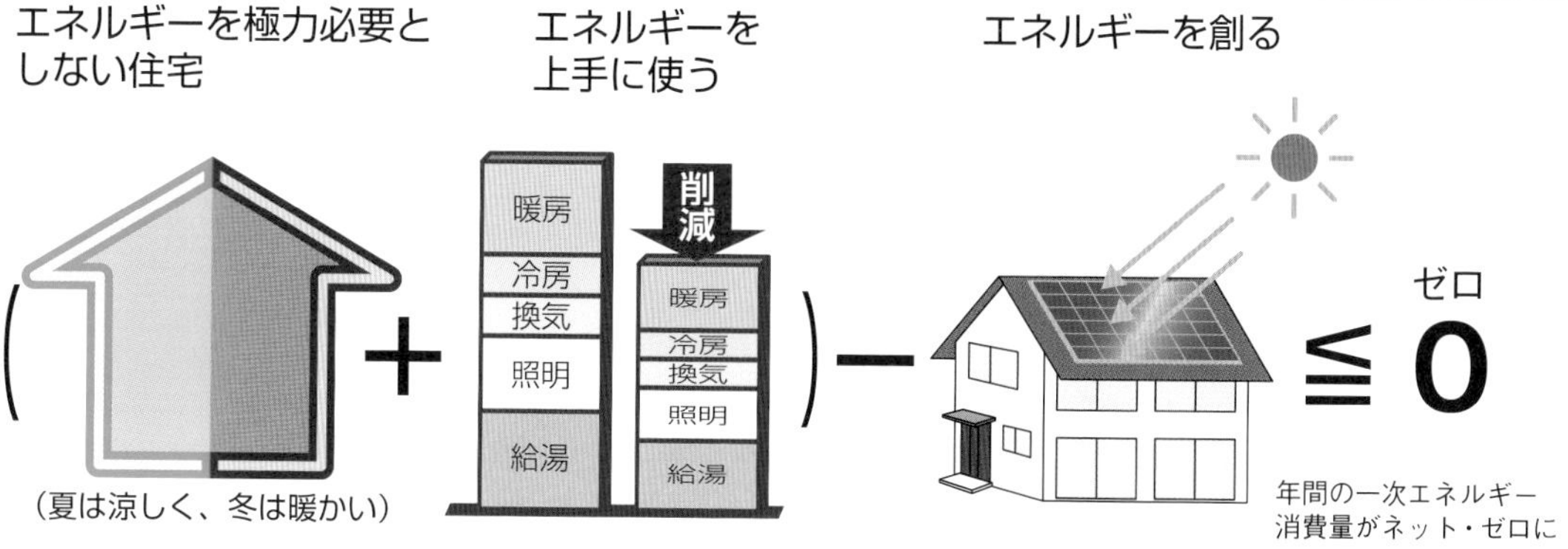

■ZEH補助金の対象となるエネルギーの節約設備

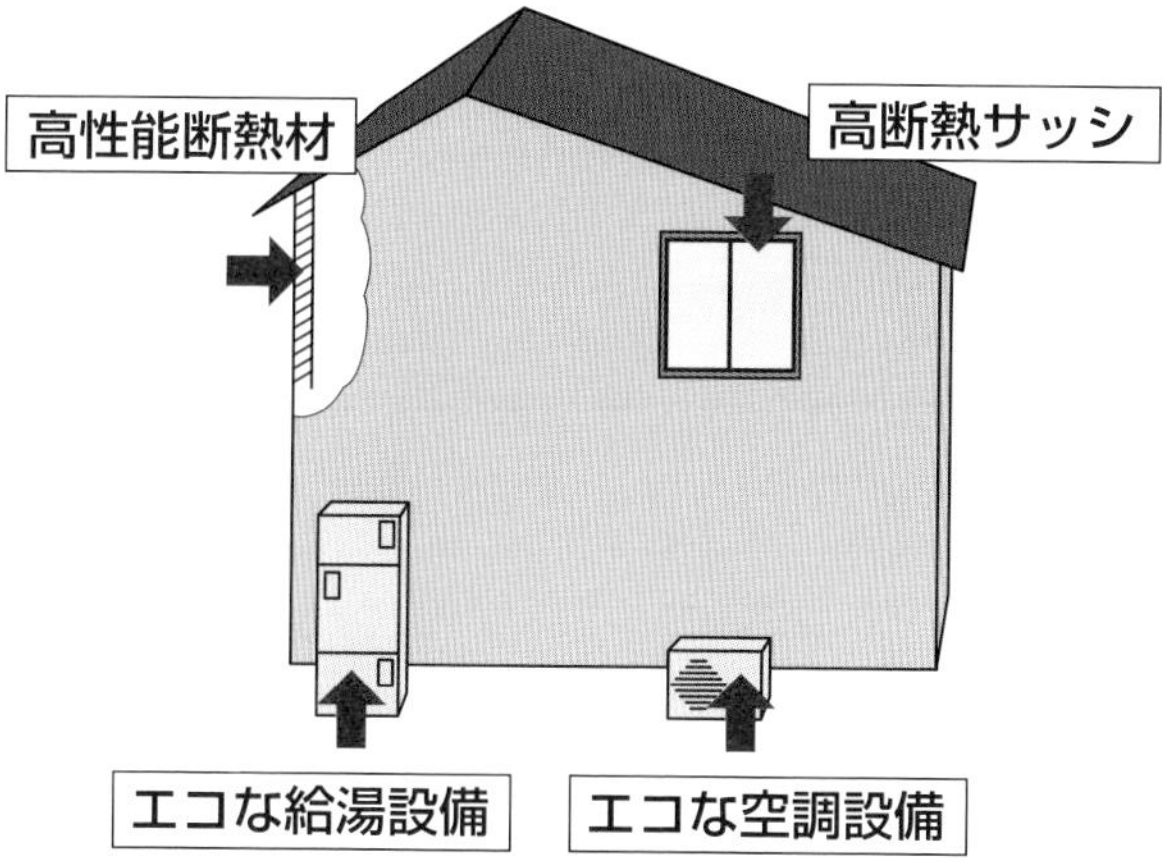

専門家からひとこと!

ZEHの補助金について※

国は現在、このZEHの普及を強く勧めており、「ZEH」を取得、あるいはZEHに改修する人に対し補助金を交付しています。補助事業は、ZEH、ZEH+、ZEH+R、先進的再エネ熱等導入支援事業の4つで構成されています。補助額はZEHの性能によって変わり、性能が高いほど補助額が高く設定されています。

補助金制度を利用したいのであれば、早めの計画が大切になります。

また、公募期間中に交付申請をし、原則として交付決定通知後に工事に着手する必要がありますので注意しましょう。

※この情報は2020年10月末日現在のデータに基づいており、今後変更される可能性があります。ZEHは、経済産業省、環境省、国土交通省の３省が関連している事業です。新しい情報は関係各省庁のホームページなどを参照してください。

健康住宅・自然環境共生住宅について

自然素材、環境に貢献…。どこまでこだわるのかを考えておこう

ポイントは「結露対策」と「換気」

「健康住宅」とは、室内空気汚染によるシックハウス症候群を防ぐ素材や建材を使った家のことです。

といっても建材に使われる化学物質（ホルムアルデヒドなど）については、現在の基準を満たす住宅であれば、ほぼ心配する必要はありません。

現在の住宅で注意するべきなのは、むしろダニやカビを増殖させないための結露対策や、換気計画です。特に結露対策は、家が建ってからでは大掛かりな工事になり、多額の費用がかかるので事前に住宅会社の取り組みを確認しておきましょう。

アレルギー体質の人は自然素材の家も有効

近年、注目されているのは自然素材をふんだんに使った家。無垢の床材、

■主な結露対策・換気計画

結露対策は断熱性の高い断熱材やサッシを選ぶことがポイントです。また、換気計画には、機械換気と自然給気を考えた方法があります。

結露対策

樹脂サッシ

遮音性、断熱性が高いが、アルミサッシに比べて強度が低い。アルミサッシの結露しやすい室内側に樹脂や木製が使われたものもある。

ペアガラス

ガラスとガラスの間に乾燥空気などが封入され、温度差を防止する。ガラス内面部に熱の伝達を抑える金属コーティングを施したLow－E複層ガラスなどもある。

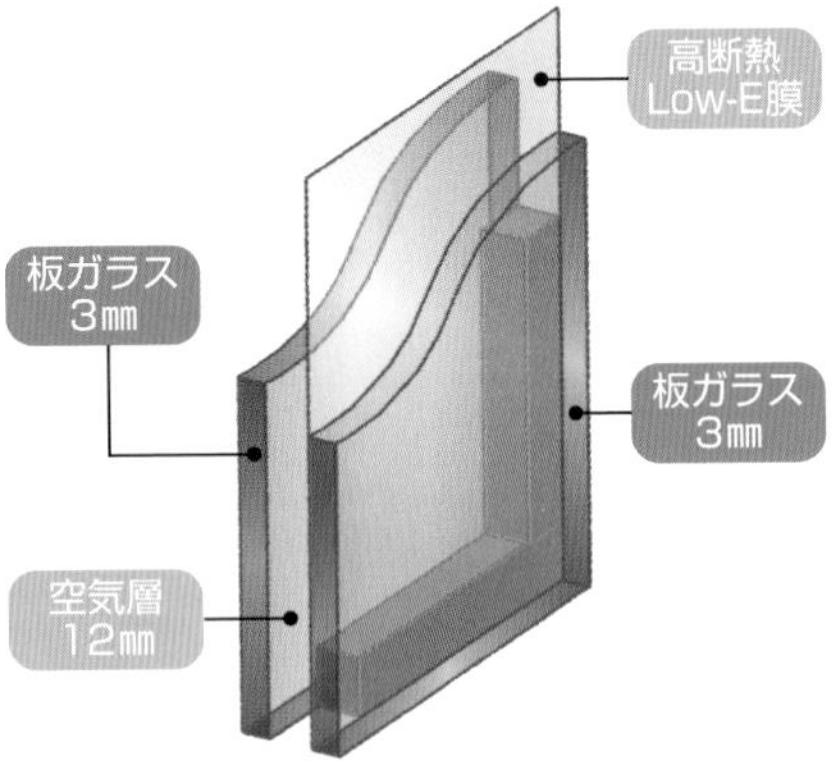

Low－E複層ガラスの仕組み

換気計画

計画換気システム

高気密・高断熱の家は、機械を使って常に給排気を行うシステムが必要で、換気方式には、機械排気と自然給気を組み合わせたものと、機械で給排気するものがある。冷暖房機器と給排気を一体化する「全館空調システム」もある。

＊**漆喰**：石灰石を主な原料とする自然素材。殺菌効果や調湿性能がある。壁に塗られた後、時間が経つにつれ乾燥して硬化していくため、耐久性が増す。

*漆喰《しっくい》や*珪藻土《けいそうど》を使った塗り壁などが代表的です。また、においに敏感な人は壁紙を貼る糊にデンプン質のものを使う、あるいは断熱材にも羊毛素材のものを使うなど、こだわればキリがないのが自然素材の世界です。

こういった家は施工に手間がかかるので、業者が限られたり、コストがかかる側面もあります。家族にアレルギー体質の人や乳幼児がいるかなど、家族の状況に合わせてどこまで必要かを判断しましょう。

孫世代の環境に配慮した「自然環境共生住宅」

家は、数十年先にはほぼ必ず取り壊されることになります。その廃材を燃やしたときに有害物質の発生を抑える素材を中心に家を建てる「自然環境共生住宅」をコンセプトにしている住宅会社もあります。天然素材や、加工されていても人や自然に害がないものを使うので、シックハウス症候群防止にもなります。

大きな意味で環境に貢献したい、という気持ちがあるなら、こういった形での配慮もありますね。

お客様の悩み **無垢材を使いたいのですが、インテリアの趣味と合うか不安です**

探す苦労はありますが、木目や色合いを選べば、モダンやシャープなインテリアの趣味でも、合うものがあります。同じ無垢材でも、傷がつきにくい堅めの木もありますし、水に強いワックスや床暖房OKのものもあります。ただ、やはり合板やビニールクロスに比べれば割高ですし、メンテナンスも手間がかかります。長所、短所を事前にしっかり理解し、納得して素材を選んでください。

経験者の成功

無垢材は欠点も込みで満足度が高いです

リビングは無垢の床＆漆喰の壁、と決めていました。無垢材は気温差で伸縮するので、500円玉の厚さくらいの隙間が空くこともあります。熱に弱くてホットカーペットやコタツもNG。水をこぼしたときは、すぐふき取らないとシミになります。壁も床も傷つきやすいです。でも、湿気の多い時期でもさらっとした足ざわりのよさ、空気の心地よさで私としてはこの欠点にも目をつぶれます。

無垢材の床

＊珪藻土：植物性プランクトンの化石が堆積した粘土状の泥土で、保湿・断熱・防露・調湿・遮音・脱臭などの機能をもつ自然素材。

長期優良住宅について

「長期優良住宅」の定義には、家づくりに大切な要素がいっぱい！

変わる住宅への考え方

これまで、日本の家は30年くらい経過すると老朽化したり、ライフスタイルの変化に対応できなかったりといった事情で、建て替えを考えることが一般的でした。ローンが終わるころには、家の資産価値はなくなっている状態だったのです。

こうした、いわば使い捨て住宅ではなく、「長持ちする家を使い続ける」という考え方に基づいて、平成21年6月に「長期優良住宅の普及の促進に関する法律」が施行されました。これは、住宅解体による廃棄物を減らすことで環境への配慮をするとともに、建て替えなどによる国民の負担を軽減するなどの目的があります。

長期優良住宅として認定されるには、下に示すような基準を満たさなければなりません。この基準は長く快適

長期優良住宅の主な認定基準

劣化対策
数世代にわたって住み継げられるような、家の骨組みや構造であること。

維持管理・更新の容易性
構造躯体に比べて耐用年数の短い内装や設備（給排水管など）の点検・補修・更新がしやすいもの。

・維持管理対策等級３相当

居住環境
各地域の街の景観に、調和していること。

耐震性
極めてまれに発生する地震があっても、変形・損傷しにくく、改修して住めるもの。

・耐震等級２以上

省エネルギー性
断熱性能などが次世代省エネルギー基準（→ P31）を満たしていること。

・省エネルギー対策等級４相当

バリアフリー性
将来のバリアフリーへの改修に対応できるスペースが確保されていること。

住戸面積
住みやすい広さ（75㎡以上）である。最低ひとつの階は40㎡以上（階段部分を除く）の広さがある。

可変性
ライフスタイルの変化に応じて間取りが変更できること。

・戸建て住宅への適用はない

住宅履歴情報の整備
長期優良住宅に認定された住宅は、その住宅のメンテナンス状況の記録を作成・保存しなければならない。

専門家からひとこと!

ハウスメーカーとの付き合い方も変わる!?

長く住むことが前提の「長期優良住宅」を選ぶ場合、ハウスメーカーとの付き合い方も変わってきます。「建てて終わり」ではなく、自分たちの住まいの履歴書を保管し、メンテナンスや修理をサポートしてくれるハウスメーカーとは長期的に良好な関係を築いていけることが理想です。ハウスメーカー選定の基準に「長期優良住宅への考え方」をプラスしてみるのもいいと思います。

に住める住宅のひとつの定義にもなるので、これから家づくりをされる人は、申請をする、しないにかかわらず一度目を通すことをおすすめします。

長期優良住宅のメリット・デメリット

長期優良住宅として認定されれば、税制面、金利面での優遇措置が受けられます。また将来、家を売却することになった際、認定を受けている家と受けていない家では売却価格に20～30％の差額が発生する可能性があるとも言われています。ただし、施行されて日の浅い法律なので、不確定要素が多いこともたしかです。

一方、一般的な住宅に比べると、さまざまなコストがかかってきます。建築工事費が1～2割ほど高くなり、長期優良住宅の認定申請に10～20万円ほど必要。定期的なメンテナンスも義務付けられています。

転売の可能性、家族が長く住み継いでいく可能性など「その家で今後どう暮らしていきたいのか」も、重要な判断材料になってきます。

■長期優良住宅の税の特例措置（戸建ての場合）

住宅ローン減税※

※この情報は2020年10月末日現在のデータに基づいており、今後変更される可能性があります。新しい情報は、国土交通省のホームページなどを参照してください。

居住開始年	年末のローン残高の限度額	年間最大減税額	10年合計の最大減税額
2014年4月～2021年12月31日	5,000万円（一般住宅4,000万円）	50万円（一般住宅40万円）	500万円（一般住宅400万円）

※2019年10月から適用された消費税率10%への増税に伴い、住宅ローンの減税制度が拡充されます。居住開始年が2019年10月～2020年12月までの場合、控除期間が13年間へと延長されます。1～10年目は消費税率8%のときと同じですが、11～13年目は「借入金年末残高（上限5,000万円）×1%」もしくは「建物購入価格（上限5,000万円）×2%÷3」のいずれか小さい額が控除されます。これにより、消費税10%への増税の負担分がおおよそ緩和されることになります。

投資型減税

2021年12月31日までに入居した者が対象

ローンを利用しない長期優良住宅に適用。住宅の構造にかかわらず、43,800円×床面積の10%相当額をその年の所得税額から控除する。

＊650万円の控除対象限度額は、当該住宅取得に係る消費税率が8%または10%の場合に限って適用される。

登録免許税

2022年3月31日までに取得した者が対象

【保存登記】

一般住宅 0.15%
↓
長期優良住宅 0.1%

【移転登記】

一般住宅 0.3%
↓
長期優良住宅 0.2%

不動産取得税

2022年3月31日までに新築された住宅が対象

一般住宅 1,200万円控除
↓
長期優良住宅 1,300万円控除

固定資産税

2020年3月31日までに新築された住宅が対象

一般住宅 1～3年目に2分の1を軽減
↓
長期優良住宅 1～5年目に2分の1を軽減

※各特別措置については、その他諸条件があります。

特集1
マイホーム購入までの流れ

計画から入居まで、次々にヤマ場がやってくる家づくり。その流れを把握しておこう。

「そろそろマイホームが欲しい」と思っても、なにから始めて、どう進めていったらいいのか、最初はわかりませんよね。ここでは、情報を集める段階から、家が完成して引っ越すまでの流れをまとめてみました。

1 情報収集

モデルハウスめぐりや広告、インターネット、不動産情報誌などから、情報を収集する。

- 多くの資料を参考に、自分たちの好みの傾向をつかんでおく。
- 最近家を建てた知り合いがいれば、話を聞いたり家を見せてもらったりする。

2 資金計画を立てる

自己資金と月々の支払い可能な金額など、住宅にかけられる金額を把握、住宅ローンを試算しておく。

- 各金融機関が提供している住宅ローンの種類・内容を調べておく。
- 両親などが資金を提供してくれる場合は、その金額を確認。

3 住宅ローンの仮申し込み

経験豊富な営業マンに依頼する。

- この時期までに、依頼する住宅会社のアタリをつけておくこと。

4 土地、建物の要望をリストアップ

希望する土地の環境、建物の雰囲気などを家族で話し合い、具体的にリストアップしておく。

- 住宅展示場で見た建物や雑誌、広告などから家族の希望に合う建物を切り抜いたり、パンフレットをそろえたりしておく。

専門家からひとこと!

情報収集では親の意向もじょうずに含めて

情報収集では、親の意向を聞くことも重要。とはいえその時期も重要で、早くても遅くても厄介なことになる可能性があります。そこで心がけたいのが「何気ない情報収集」。家づくりは家族の絆を強めるチャンスですが、一方でそれまでの関係を壊してしまう危険もあるので、慎重に進めたいですね。

経験者の失敗

やっと見つけた理想の土地。なのに…!

さんざん探してようやく理想に近い土地を見つけた私たち。見つけた土地は実家から電車で1時間半程度。ところが両親が大反対！「孫といつでも会える“スープの冷めない距離”に住んでもらいたかった。それなら資金援助も考えていたのに」と言われてしまいました。でも勤務先や子どもの学校の都合もあり、変更するにも難しく…。もう少し早く話し合っておけばよかったです。

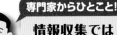

5 土地探し・売買契約

希望と予算に合う土地を探し、売買契約を結ぶ。

- 土地探しを始める段階で、両家の親に自分たちの意向を何気なく伝えておく。
- 大まかな建物のプランも土地にあてはめて考える。

6 敷地調査

住宅の建設に適した土地かどうかを調査する。

- 地盤調査を行う。
- 地盤が弱い場合は補強工事を行う。一般にこの費用は施主（建て主）負担となる。

7 建築プランを練る

ここまでに集めた資料を参考に、家の外観や間取りなどを考える。

- 土地の特徴や生活動線を考えながら、たたき台となる希望の大きさや部屋をピックアップする。
- 家の正面はどの方角か、玄関はどこかなど、土地に合わせた配置を考える。

8 見積もりをとる

予算と希望を伝えて仮の間取りを作成。見積もりを依頼する。

- 条件に合いそうな工務店、ハウスメーカー、建築事務所などに⑦でまとめた希望をもとに間取りの作成を依頼。
- その中からもっとも希望に近い間取りを選び、あらためて見積もりを依頼する。

9 請負い業者を決める

見積もりの結果や他の特色を見て請負い業者と契約を結び、手付金を支払う。

- 見積もりの金額になにが含まれているのかを見比べる。
- 金額だけでなく、工法や各社の得意分野などを合わせ、総合的に判断する。

専門家からひとこと!

親世代とのギャップを埋めましょう

親世代のころと現在の家づくりでは、プロセスや工法がかなり変わっています。親世代の家づくりは、施主様側の情報収集に限界があったため、よくも悪くも業者任せの部分が大きかった時代。「家を建てるなら近所の工務店」という考え方もありました。世代間の考え方のギャップを回避するには「私たちもよくはわからないけど最近はこうらしい」というスタンスが大事。「親の考えはもう古い！」という態度に出てしまうと、いらぬ摩擦を招きます。

10 見積もりと建築プランの調整

決定した業者と設計プランの細部を詰め、仕様を決める。

●ここで決めたプランで、建物の最終価格が決まるので、納得がいくまで打ち合わせをする。

11 建築確認申請

設計が決まったら、建築予定地がある役所に「建築確認申請」を提出する。

●この手続きは、業者が行うのが一般的。

●建築確認申請後は、基本的に間取りの変更ができない（変更した場合は、再度申請が必要となる）。

12 確認済証の交付

13 住宅ローンを申請する

各銀行のローン内容を確認し、自分たちに合ったところに申請をする。

●申請＝審査合格とは限らないので、時間には余裕をもって。

14 地鎮祭を行う

工事の無事と安全、建築後の家内安全を願って行われる儀式。

●ほとんどの人が行うが、必ずやらなければならないものではない。

●施主が手配する場合と、業者が手配する場合があるので、事前に確認を。

15 着工

工事着工。

●着工前には近隣に挨拶しておく。

16 上棟式を行う

工事の安全と職人さんへの感謝を表す儀式。

●近年は、地鎮祭を行った場合は、こちらを省略するケースも多くなっている。

専門家からひとこと!

中間検査とは?

ある程度建築が進んだ段階で、建物が建築基準法にのっとって建てられているかを検査します。行政機関と、第三者の立場にある指定検査機構が行います。ローンの種類によっては、銀行の審査が必要な場合もあります。施主様は特にすることはありませんが、この時期にしか見られない構造部分を確認していく作業なので、現場で立ち会っておくと安心感が増すでしょう。

17 中間検査

第三者機関による構造検査が行われる。

●施主としては、上棟・電気配線が終わったら「中間確認」をさせてもらうとよい。

18 工事が完了

19 完成検査

工事が完了した段階で、行政による完成検査が行われる。フラット35の場合は委託機関による検査となる。

●検査が終了すると、「検査済証」が交付される。

20 竣工および引渡し

施主、設計士、工事責任者が立ち会い、竣工検査を行う。

●「図面や仕様書通りに仕上がっているか」をチェックしていく。

●補修工事が必要な場合はこの時点で確認し、補修工事リストを作成する。

21 登記する

建物の表示登記、所有権の保存登記を行う。

●入居後、1カ月以内に行う。

●手続きを家屋調査士や司法書士に依頼する。

22 残金決済

すべての工事が完了したことを確認したら、残金を支払う。

23 入居する

入居が可能になり、引越しする。

経験者の実感

ああ、竣工検査…!

念願のマイホームが形になり、いよいよ竣工検査の日を迎えた私たち。夫は仕事の休みが取れず、私は産後1カ月でそれなりにたいへんな時期でした。両親に代理を頼む、という話も出たのですが「これで締めくくりだし、頑張ろう」とひと踏ん張りしました。すると、キッチンの窓枠部分に凹みを発見！　立ち会っていた業者さんに補修をしていただき、一件落着。たいへんだったけれど、自分の目で最終確認できたことに満足しています。

特集2 マイホーム購入までの情報収集

多すぎる情報はじょうずに活用！ 自分たちに合った情報収集を

住宅に関する情報は数多く、種類も豊富です。最初はどこから見始めればいいのか戸惑うかもしれませんが、自分に合ったアプローチの仕方、イメージしやすい方法が見つかると情報収集もスムーズにいくようになります。

収集方法 その1 住宅情報雑誌・書籍・インテリア誌・不動産広告

ジャンルを限定せず、さまざまな外観、工法の家を一冊で見られる住宅情報雑誌は、まだ自分たちの好みがわからない時期には最適です。

少しずつ家のイメージが固まってきたら、モダン・和風・プロバンスなど、その方向性に合ったインテリア誌や住宅雑誌に絞るとムダがなくていいですよ。

書籍は雑誌類に比べると、工法や建材、間取りの工夫など、住宅づくりにかかわる知識が詳しく述べられています。早い段階で一冊買っておくと、準備段階から着工後まで長く使えます。

不動産広告は、住みたい地域が近所の場合は、坪あたりの相場、最近好まれる住宅の傾向がわかります。また、大手建設会社の大規模マンションは最新の設備がついていることが多いので、その点にも注目です。

収集方法 その2 インターネットの住宅情報サイト・住宅会社ブログ・個人ブログ

地域密着型の住宅会社などでは、社長やスタッフのブログを読むのも、その会社の考え方や取り組みがわかるのでよいと思います。「お客様の声」や「施工事例」などを掲載している会社も多く、その会社の得意分野が確認できます。

インターネットには住宅会社のクチコミサイトや、施主の建築日記的なブログも公開されています。住宅会社を介さない施主のナマの意見が聞ける場としては貴重ですが、あくまで個人の見解なので、あまり振りまわされず参考程度にしておきましょう。

専門家からひとこと!

チラシ・広告の安い坪単価に惑わされないで!

大手のローコスト住宅メーカーのチラシに「坪●●万円!」という表示を見かけます。びっくりするような低価格に思わず飛びつきそうになりますが、ちょっと待って!

あまりに安い坪単価表示を鵜呑みにしてはいけません。たとえば、「坪単価25万8千円!」と謳っている30坪の住宅。広告通りなら「30坪×25万8千円=774万円」となります。しかし、実際にこの価格で住宅を一軒建てることは不可能です。この手のチラシには、外部給排水や仮設経費などの諸経費が含まれていないことが多いからです。実は、住宅業界には、価格表示に対する明確な広告規制がありません。そのため、こういう虚偽に近いような表示がまかり通っています。読み手側も知識をもって、正しく読み取れるようにしておきたいですね。

収集方法 その3

モデルハウス・住宅街散策・各種見学会

実物はできるだけたくさん見ておくことをおすすめします。イメージを固めるためでもありますが、広さを実感できる機会だからです。たとえば、同じ「12畳」でもタテヨコ比が違うだけで、広く感じたり狭く感じたりします。

現場見学会には、工事の途中段階や完成後など、さまざまな段階のものがあります。あまり早いうちに行って基礎工事などを見てもよくわからないと思いますので、自分の興味の広がりや理解度に合わせたものを選ぶといいでしょう。

住宅街散策のメリットは、現実的なサイズの、生活感のある家が外構も含めて見られること、外観の経年劣化がわかること。住宅展示場にはないリアルな家を見られるのがポイントです。

わが家のエピソード

「いきなりモデルハウス」は混乱します

「家を建てるならまずはモデルハウス!」と軽い気持ちで出かけた私たち。夢のような豪邸を見るうち、すっかりモデルハウスハイに。一日中見てまわって楽しかったけれど、肝心な部分についてはほとんど記憶に残っていないということに。2回目は事前に住宅展示場のサイトを見て、気になる家を絞ってから行って正解でした。

収集方法 その4

親戚・友人・知人

周囲に最近家を建てた人がいれば、鮮度の高い話を聞くチャンス。ぜひ詳しく聞いておきましょう。

住宅会社関連の知り合いに話を聞きに行くときには注意が必要です。他社に依頼する可能性があることもあらかじめ了解してもらいましょう。親から、昔ながらの工務店の大工さんなどを紹介してもらうときも同様です。話が合わなかったり希望がうまく伝わらなかったりすることがあるからです。

このようなことがきっかけで人間関係が壊れてしまうことがないよう、慎重に。

特集3

建て替えか？リフォームか？
建て替え時の注意点

まず現状を正しく把握してから判断を！

建て替えか、リフォームか。築年数の経過した家に住む多くの人が迷うところです。それぞれのメリット、デメリットを自分たちにあてはめて考えてみてください。

ケース その1

法律がかかわるケース

建築基準法や都市計画法の規定などによってリフォームしかできなかったり、希望の建て替えができなくなったりする場合もあります。

たとえば新耐震基準。新しい基準は、建物の倒壊を防ぐだけでなく建物内の人の安全性を守ることを主としています。１９８１年６月以前の建物は新耐震基準前なので、建て替えを前提に考えるか、耐震リフォームを検討することをおすすめします。

また、建て替えをする場合は現在の建築基準法や既存の水道管のサイズなどを確認することが必要です。現在の基準に合わせると建物を小さくしなければならなかったり、場合によっては建て替えそのものができない地域になっていたりすることもあります。水道管サイズも、周囲に住宅が増えてきたためにサイズアップが課せられることもあり、その場合は多額の追加費用がかかります。

ケース その2

家族の感情にかかわるケース

長い間暮らしてきた家には、ご家族のたくさんの思い出が詰まっていますよね。

よくあるお話としては、子ども夫婦が実家の建て替えを希望しても、お母さまが亡きご主人と暮らしていた愛着のある家を壊すことに反対で、同意してもらえないケースです。しかし、実際にリフォームとなったら費用を負担するのは若い世代。その後何十年も住むことになる家です。お母さまの気持ちを大切にしつつ、みんなの意見を調整しながら長期的な視点に立つことが大切です。

わが家のエピソード

法令の変更で建てたい家がNGに!

実家を二世帯住宅に建て直そうと計画したら、住宅会社の担当者から「その土地には、今のお住まいより小さな家しか建てられません」と言われて大ショック！　都市計画法の施行で、いつの間にか建ぺい率と容積率が変わってしまっていたんです。結局、建て替えは無期延期になってしまいました。

ケース その3

土地の名義にかかわるケース

祖父母世代から親世代に土地が相続されていた場合、親族や兄弟姉妹の何人かの名義になっていることがあります。その場合、建て替えには名義人全員の同意が必要となりますので、前もって確認しておく必要があります。

折り合いのよくない親戚が名義人になっていて、建て替えに同意してもらえずに泣く泣くリフォームするしかなかった…、なんていうこともあり得ます。

建て替えとリフォームのメリット・デメリット

	メリット	デメリット
建て替え	●新しい建物に住める満足感 ●希望の間取り、デザインにできる ●新しい設備・器具の便利さ ●建てていく様子を確認できる ●税制上のメリットが多い ●地震などに対する安全性が高い ●リフォームよりも資産価値が高い	●既存の建物の解体も必要になるので費用の負担が大きい ●完成までの間、仮住まいが必要で、引越しも２回行う必要がある。
リフォーム	●一般的に、新築よりも費用が安いのでローン期間も短く済む ●歴史ある建物の味わい、趣を残せる ●思い出を継承できる ●住みながらの工事もできるので、仮住まいが必要ない	●一般的に、新築に比べるとリフォーム後のメンテナンス費用が多くかかる ●構造的な安心度が低い ●間取りの変更に限界がある

わが家のエピソード

建て替えの同意を得るために人探しの調査費用が…

土地の名義人の１人に、他の親族と絶縁状態になっていた叔父がいました。連絡をとろうにも誰も居所を知らず、結局、調査会社を雇って現住所を突き止めました。建て替えにはあっさり同意してくれたんですが、調査費用がかかってしまいました。

column

モデルハウス見学のポイント

家づくりの情報収集では、実際の広さや設備・仕様が実感できるモデルハウス見学や完成現場見学会への参加も効果的だと述べました。でも、見学の際に注意することがあります。それは「とりあえず見るだけ」ではダメということ。

たとえば「思ったより広い」「明るい」と思うだけでなく、なぜ広いのか・明るいのか（そう感じるのか）、スタッフに質問して確認することで初めて情報収集したことになるのです。また、ドアや窓は実際に開閉してみる、勝手口があれば裏からまわって出入りしてみるなど、「見る」だけではなく「触れる」「体験する」ことをおすすめします。

さらに気に入った間取りや仕様、気になる部分は、スタッフに許可をもらった上で撮影し、家族会議の材料などにするのもよいですね。

冷やかしではないということが伝われば、スタッフもいろいろな情報を提供してくれ、大きな収穫になると思います。

複数のモデルハウスや完成した建物を見学することで、その会社の特徴や強みなどを感じとることができますよ。

PART 1

信頼できる住宅会社選びのポイント

業者選びは、それぞれの特徴をつかんでから

工務店、ハウスメーカー、設計事務所は三者三様。自分のこだわりとフィットする業者を！

業者は、いっしょに家づくりを進めるパートナー

家づくりでは、信頼できるパートナーを見つけることがとても重要です。土地探しは不動産屋、設計は設計事務所、住宅ローンは銀行、建物は住宅会社にお願いする。こんなふうにそれぞれに分けて頼むのも、もちろん間違いではありません。でも、このやり方で進めていくと壁にぶつかることが多くなります。「住宅ローンの融資時期なのに、まだ建物の確認申請がおりていないので融資が実行できない」「予算内で土地を購入したが上下水道が引き込みされていなくて追加費用がかかってしまった」…。

家づくりには、多くの要素がさまざまなタイミングでからんできます。依頼先が分散していると連携がうまくいかず、予想外の予算オーバーを招いたり工期が延びてしまったりするなどのトラブルで思った通りの家づくりができなくなることもあります。

初めて家づくりをする方におすすめなのは、家づくりを考え始めたときから引越しが完了するまで、すべてについての相談にのってくれるパートナーとなる会社を見つけること。窓口をひとつにすれば進行を一括管理でき、施主はインテリアや内装のプラン、資金計画などにゆっくりと時間をかけることができます。

■各業者の特徴

ハウスメーカーとは？

- 土地探しから家の設計、建築までを1社で担当する会社。
- 社内に建築士、インテリアコーディネーターなどを抱え、基本的に家づくりにかんするすべてのことに関わる。

工務店とは？

- 建物の設計から建築、監理までを担当する会社。
- 地元密着型の会社が多い。

設計事務所とは？

- 主に建物の設計、監理を担当する会社。
- 実際の建築は、工務店などが行う場合が多い。

専門家からひとこと！

地域の特色を活かす地元のビルダー

上記3つが代表的な依頼先ですが、最近注目されているのが「地域・地元ビルダー」の存在。簡単に説明すると限られた地域での施工を得意とし、そのエリア内だけで年間数十棟ほどの家を建てている会社で、ハウスメーカーと工務店の中間に位置します。地元のつながりを活かし、土地探しから行う会社が多く、設計、建築まで一括して依頼できます。

■ハウスメーカー・工務店・設計事務所のメリット・デメリット

	メリット	デメリット
ハウスメーカー	●最新の工法や設備を取り入れられる ●各種手続きなどを代行してもらえる ●大手企業ならではの安心感がある ●工事期間が短い会社が多い ●モデルハウスが多く、見学しやすい	●価格が高いことが多い ●社内規定があり、自由度が低いことが多い ●必要のない設備も標準でついてしまうことがある ●少々の変更にもオプション代がかかる
工務店	●入居後も気軽に相談できる ●ムダを省くなど予算削減が可能 ●職人さんとふれあう機会があり、相談しやすい ●地元での施工例を見やすい	●斬新な技術やアイディアを提案してもらえないこともある ●工期がずれ込むなど、時間がかかるケースがある ●施工以外は施主側もある程度の知識が必要
設計事務所	●オンリーワンの住まいができる ●変形地、狭小地などの難条件にも対応してくれる ●予算をかけたい部分とかけたくない部分のメリハリをつけられる	●工期が長い ●設計、施工以外には自分でもある程度の知識が必要 ●オープンハウスの見学はタイミングが合わないとできない

経験者の成功

①お任せできる安心感で、大手ハウスメーカーに決めました！

共働きで子どもも小さく、なかなか時間を割けなかったため、大手のハウスメーカーに決めました。実績が多くノウハウが蓄積されていたのでほとんどお任せしましたが、動線や将来のリフォームの可能性まで考えられた快適な家になりました。

②地元密着の好フットワークと価格で、工務店に決めました！

夫婦ともずっと地元暮らしなので、家を建てるなら近所の工務店、と思っていました。予算があまりなかった私たちの要望を細かく聞いてくれる工務店はぴったり。リフォームやメンテナンスのときも気軽に相談に行ける地元工務店でよかったです。

③「難しい注文」に応えてもらえる柔軟性で、設計事務所に決めました！

工務店、大手ハウスメーカーに「難しい」と言われた「変形の狭小地、その1階に光が入るアトリエ」という希望に応えてくれたのは設計事務所だけでした。個性的な外観、という要望にも柔軟に応えていただき、満足いく家が完成しました。

モデルハウスや現場見学会でのチェックポイント

広さや設備だけじゃない！ 現地でこそわかるあれこれ

いろいろな状態の家をイメージしてみる

家づくりを始めたら、最近できた住宅や工事中の現場は積極的に見るようにしましょう。モデルハウスなどはハイグレードすぎて参考にするのは難しいかもしれませんが、広さを実感したり最新のデザインや設備機器を見たりすることで、写真やカタログではわからない大きさ、手ざわりなどを実感できて、自分たちのイメージをより具体的に描くことができます。

理想的な見学の仕方は季節ごとの状態を見ることですが、現実には難しいと思いますので、朝昼晩、晴天の日、雨天の日に室温や日当たりの状態などを確認してみるといいですよ。

モデルハウスの日当たりはあまり参考になりませんが、「曇りの日の室内はこんな感じなんだ」など、印象はわかるはずです。

床下、裏側も要チェック

床下のチェックもおすすめします。床下には住宅会社の家づくりに対する姿勢が表れています。どの建物にも、床下の設備点検用に点検口や床下収納庫がありますので、そこから懐中電灯などを使って、床下を見せてもらいましょう。掃除が行き届いている会社もあれば、木片や釘が落ちているような会社もあります。事前に知らせず抜き打ち的に見ることで、それをチェックすることができます。

また、建物の後ろ側も見てください。イベントで使用したノボリ旗や廃材が雨ざらしになっているようでは、会社の管理体制も透けてみえてしまいます。表の顔はきれいにしていて当たり前。裏側が信頼できるかどうかも、よいパートナーを見つけるための重要なチェックポイントです。

■住宅展示場やモデルハウスの床下もチェック

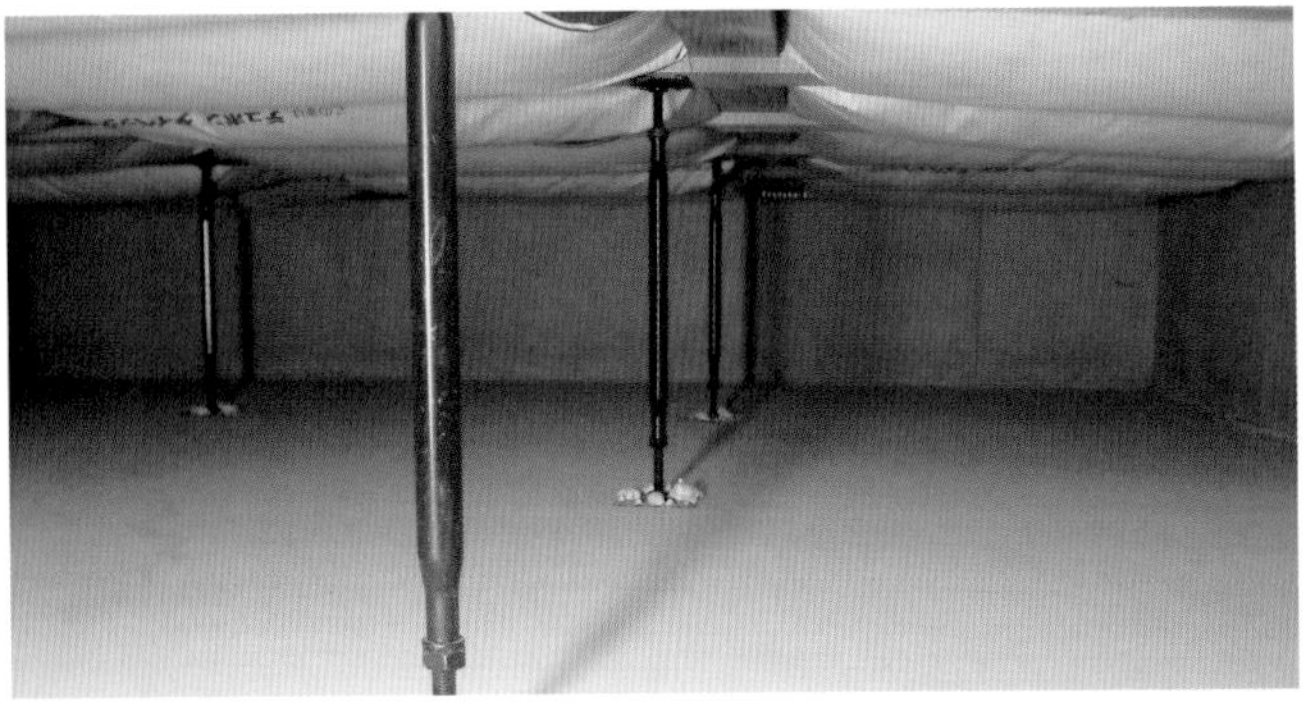

床下のチェックはその住宅会社の姿勢が表れるところ。また、給排水配管などの様子も見ることができる。

●見学時チェックリスト＆持ち物リスト

チェック!

玄関

□収納スペースは十分か

□バリアフリー対応か、また将来的に変更できそうか

□防犯対策は施されているか

寝室

□収納スペースは十分か

□遮音性はOKか（排水の音も確認）

浴室

□浴室の広さはどうか

□バリアフリー対応か

□乾燥・暖房設備の必要性は

リビング・ダイニング

□天井の高さは十分か

□計画と比べて実際の広さはどうか

子ども部屋

□成長に応じたレイアウト変更ができそうか

□遮音性はOKか

トイレ・廊下・階段

□家族の介護が必要になった場合に広さは十分か

□壁に手すりが取り付けられる強度はあるか

キッチン

□シンクの高さは身長に合っているか、変更は可能か

□設備はOKか（標準・オプションの別も確認）

□キッチンそのものと、キッチン↔洗面所↔浴室の動線は使いやすいか

□収納スペースは十分か

●持ち物リスト

□カメラ

□方位磁石

□懐中電灯

□筆記用具

□ノート

□メジャー　など

経験者の実感　「ワクワクするポイント」も探してみて！

間取りや動線、広さも大事ですが、現場でしか味わえないことに「ワクワクするポイント」があります。窓辺のコーナーやロフト、階段の踊り場など、一見無駄にも思える部分に家づくりのイメージが広がることも。

私の場合は、ひとつの部屋のようなテラス。それまでわが家のイメージは漠然としていましたが「こんなところが欲しい！」と一気に具体的になりました。空間をぜいたくに使っているモデルハウスでこそ見つけやすいものだと思うので、ぜひ探してみてください。

リビングの延長としても、独立した空間としても利用できるテラス。

経験者の失敗　営業トークにのせられ後悔！

新聞に入っていたチラシの「特別価格実施中！」の文字につられてモデルハウスへ。「残りわずか！」「決算特別価格」などのノボリ旗が林立する中で、営業さんが「この価格でご提供できるのは、残り一棟だけです！」とダメ押しのひとこと。あわてて申込金を支払いました。でも、翌日そのモデルハウスに行った友人もまったく同じセリフを言われていたんです！　今、申込金をあきらめてキャンセルするかどうか悩んでいます…。

信頼できる営業マン選びのポイント

長い付き合いになる営業マン。多角的な「相性チェック」を！

家づくりを左右する営業マン

住宅会社を決めた理由でもっとも多いのが「営業マンが気に入ったから」というもの。その一方で、「しつこい営業マンに根負けして契約してしまい、後悔している」「契約までは調子のいいことばかり言っていたのに、その後の対応は別人みたい」など、もっとも不満が多いのもまた、営業マンに関することなのです。

家づくりをいっしょに進めていく営業マンとは、出会いから引渡しまでざっくり1年近く、メンテナンスも考えれば生涯の付き合いになる可能性もあります。業者同様、営業マン選びも慎重に行いましょう。

加えて、施主側としては「自分はお客様なんだから」と尊大な態度を取らず、信頼関係を築く気持ちをもつことも大切だと思います。

こんな営業マンは要注意！

契約を急がせる営業マン

ほとんどの人にとって、家づくりは一生に一度。それを急かすようでは、それだけで営業マン失格です。

こうして見分ける!

「他社も検討しています」と言って態度が急変するか反応を見てみます。

他社を悪く言う営業マン

他社のことを客の前で悪く言うのは、自社の商品に自信がない証拠です。

こうして見分ける!

その会社と同規模程度の住宅会社の名前を出し、「○○社も検討しているのですが」と言ってみます。「○○社さんは〜に定評がありますよね」など、知識もありつつ肯定する態度なら安心。

相談にのってくれない営業マン

その会社で建てないかもしれないお客様にも、真摯で的確なアドバイスをくれるのが、よい営業マンです。

こうして見分ける!

特にその会社と関係のない、たとえば「両親と意見が分かれていて」などの話をもちかけてみます。興味なさそうな態度をとるようなら、その後の信頼関係も築けません。なんらかの対策を考えてくれるようなら、その後も協力して進められそうです。

知識がない営業マン

特に、自社の商品に関する質問にその場で答えられない営業マンは知識に問題ありです。

こうして見分ける!

その会社独自の工法などについて、「他の住宅会社とどう違うんですか？」と聞いてみます。仮にその場で答えられなくても、「調べて回答します」と返ってくればOK。「ちょっとわからないですね」で放置なら、もうその営業マンとは話さなくていいかも。

よい営業マンを見つけるための8の質問

1 今まで何棟の家を引渡ししましたか？
➡経験がどのくらいかを確認

2 ご出身と現在のお住まいはどこですか？
➡転勤がなく、長く付き合えるか確認

3 今まで、この仕事をしていてうれしかったことは？
➡人柄を知る

4 一番イヤだったお客様はどんな人でしたか？
➡人柄を知る

5 あなたの会社の一番のウィークポイントは？
➡自社の理解度・人柄を知る

6 仕事は忙しいですか？ 残業は多いですか？
➡できる営業マンか判断

7 社長のことをどう思っていますか？
➡会社への忠誠心を確認

8 御社の理念や使命はなんですか？
➡会社の成熟度を知る

経験者の失敗

決め手になった営業マンが転勤！

「この人なら大丈夫！」と思い契約したのに、着工前にその営業マンが転勤になってしまったんです！　後任の方も悪い人ではないけれど、前の人と比べるとどうしてもフィーリングがいまいち。

大手ハウスメーカーなので仕方ないことかもしれませんが、とても残念でした。前もってわかっていれば心構えもできるので、転勤の可能性を聞いておけばよかったです。

経験者の実感

センスが合う・合わないも重要です

実際に打ち合わせが始まってから重要だと思ったのは、インテリアや外観について「営業マンとセンスが合うか合わないか」です。自分たちと感覚が近い方との打ち合わせはアイディアが広がりとても楽しいのですが、何度説明してもとんちんかんな答えしか返ってこないと、疲れるし不安になりますよね。契約するまでに数社と並行して打ち合わせを行う時期があると思いますが、そのときに相手との相性も見極めておくといいですよ！

自分のイメージをじょうずにデザインしてもらう

デザイン力のある担当者を見つけよう！

家づくりでの「デザイン力」って？

「デザイン力」とは、間取りや動線、設備などとはまた別に、外観や内装についてお客様のイメージをうまく聞きだし、実現できる能力のことです。

　住宅会社のデザイン力を見極めるためには、豪華なパンフレットに掲載されているイメージパースや写真よりも、その会社の施工例をたくさん見たほうがいいですよ。

　また、実際にデザインを担当する設計士やデザイナーと直接話をして質問してくる内容を観察します。家や予算に関することばかり聞いてくる人よりも、家族の日常や生活そのものを理解しようとしてくれる人なら安心です。

イメージが浮かばないときは

間取りはなんとなくイメージできるけれど、外観や内装になると夫と妻の趣味がバラバラでどうにもうまくまとまらない…。

　そんなときはまず、自分たちの「生活スタイル」「趣味」「好きな音楽」「夢」「起床してから就寝するまでの家族の動き」「将来設計」「家族それぞれの家に対するイメージ」などを伝えてみてください。次に、そこから提案をお願いしてみて、担当者のデザイン力を確認してみましょう。

　ここで重要なのが、自分たちの希望やイメージについて「無理なものは無理」と言ってくれる担当者であることです。安心・安全な暮らしを脅かすものやメンテナンス費用がかかりすぎるもの、周辺環境を阻害するようなものは、プロとしてきっぱりと制止してほしいところです。

　現実と理想のバランスをじょうずにとってくれる会社や人を選びましょう。

経験者の失敗

デザインだけ別会社に依頼したけれど

個性的な家が希望だったので、住宅会社とは別に「デザイン設計」だけ、斬新なデザインに定評のある一級建築士事務所に依頼しました。でも、設計士さんのこだわりが強すぎて私たちの主張はあまり通りません。さらに、あくまでデザイン優先の設計士さんと、後々のメンテナンスまで視野に入れて考える施工会社の意見も合わず、打ち合わせは難航。結局、多額の追加費用が発生してしまいました。設計と施工は同じ会社にしたほうがスムーズだったかも、と後悔しています。

デザイン優先のあまり、建材が高価・メンテナンスがたいへん、といった問題が起こることもある。

■趣味や生活スタイルから広がるデザインイメージ

車・バイク

リビングから眺められる専用ガレージ

読書

書庫や、部屋の一角、階段ホールなどのフリースペースに造りつけ本棚や机を配置

アウトドア

玄関脇などに専用の用具を置くための収納庫

音楽鑑賞

地下室のスタジオ、防音効果のある小部屋

料理・ホームパーティー

大人数で作業しやすいキッチン、大勢が入れるリビング・ダイニング、ウッドデッキなどアウトドアリビング的に使えるスペース

専門家からひとこと!

最初からあきらめてしまわないで!

広いワインセラー、地下の音楽スタジオ…。「芸能人の豪邸じゃあるまいし、そんなのムリ」と思ってしまいますよね。たしかに、一般的な住宅で各居室も確保しつつ趣味のスペースを割くのは難しいことかもしれません。でも、最初からあきらめてしまうことはありません。広いワインセラーは無理でも、リビングの一角に小型のワインセラーと、ワイングラスや専用の用具を収納できるアンティークの食器棚を置くスペースをつくる。これならなんとかなりそうな気がしませんか？　独立した雰囲気のある一角にすれば、さらに「趣味のスペースがある」という満足感はアップします。

施主の夢をリアルサイズで提案してくれるのも、よいデザイン担当者の条件だと思います。

建物契約は各書類・図面を確認してから

契約は「なにがどこまで含まれているのか」を確認した後で！

契約前にじっくり検討の時間を

建物契約は、すべての仕様が決まってから押印することが大切です。

具体的に確認するものは、仕様書・平面図・立面図・配置図・電気配線図・見積書・工程表・契約書・工事請負契約約款など。これらすべてを確認してから契約を結びます。

早く着工したいから、着工の時期が迫っているから、とあわてて契約してはいけません。家づくりのトラブルでよくあることのひとつが、「建物契約にどこまで含まれていたか」で後々、施主と住宅会社の間でもめること。

そこまでいっしょに家づくりを進めてきた担当者と「言った、言わない」でもめるのは、お互いの信頼関係にも影響しますし、非常にストレスがかかります。オプション工事も含め、なにがどこまで含まれているのか必ず確認し、合意してから契約しましょう。

営業マンからのプレッシャーで、じっくり検討しにくいと思う場面もあるかもしれませんが、正当な理由なく契約を急がせる営業に合わせる必要はありません。契約書を渡されたその場で「押印を」と言われたら、「持ち帰って検討したいので時間をください」くらいは言う心構えでいてください。

材料発注の時期も要確認

現場は着工していなくても、すでに材料発注などが進んでいることが多いので、契約時には材料の発注時期についても、工程表などの書面に明記してもらってもいいでしょう。

これは、もしも契約後に契約解除したくなった場合、すでに発注してしまった材料代を支払わなくてはならないかどうかを確認する必要が出てくるからです。

後でもめることの多い要確認項目はコレだ！

- 施主が購入し、住宅会社に取り付けのみ依頼するケース（エアコンなど）
- 住宅会社が約束したサービス、値引き
- 建物完成後の保証期間
- 建物完成後のメンテナンス
- 施主指定の職人さんと住宅会社の連携
- 追加費用（オプション内容）
- 色・柄・仕様の違い
- 当初の打ち合わせ時の機種・色・柄などの廃番

■建物契約時のチェックポイント

チェック!

- □支払い条件の問題はないか
（工事の進捗に合わせた支払いになっているか。例:契約金10%、着手金30%、中間金30%、完成時30%）
- □工期や引渡し期日はあいまいでないか
- □最終打ち合わせの内容が、図面や仕様書にきちんと反映されているか
- □引渡しが大幅に遅れた場合の違約金について記載があるか
- □請負契約に含まれるものと、別途工事になるものが明確になっているか
- □工事請負契約約款の瑕疵（かし）保証に関する項目内容は十分か
- □工事中に起こった天災などの不可抗力による損害は誰が保障するのか
- □住宅ローン審査に通らなかった場合のローン特約が記載されているか

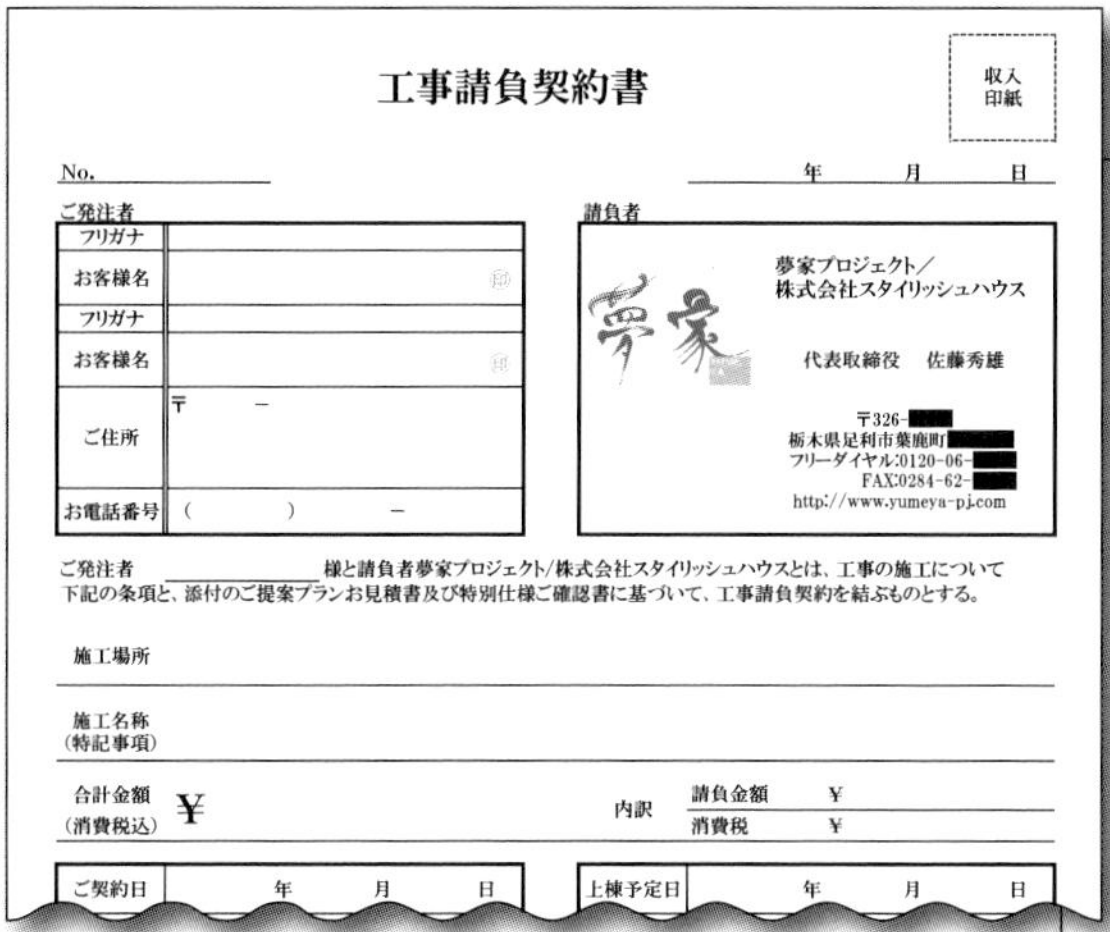
工事請負契約書

収入
印紙

No.　　　　年　　月　　日

ご発注者

フリガナ	
お客様名	
フリガナ	
お客様名	
ご住所	〒　　－
お電話番号	（　　）　　－

請負者

夢家プロジェクト／
株式会社スタイリッシュハウス
代表取締役　佐藤秀雄
〒326-[redacted]
栃木県足利市葉鹿町[redacted]
フリーダイヤル:0120-06-[redacted]
FAX:0284-62-[redacted]
http://www.yumeya-pj.com

ご発注者　　　　様と請負者夢家プロジェクト/株式会社スタイリッシュハウスとは、工事の施工について下記の条項と、添付のご提案プランお見積書及び特別仕様ご確認書に基づいて、工事請負契約を結ぶものとする。

施工場所

施工名称
（特記事項）

合計金額
（消費税込）　¥

内訳　請負金額　¥
　　　消費税　¥

ご契約日　　年　　月　　日
上棟予定日　　年　　月　　日

契約書だけでなく、約款にも十分目を通して理解しておくこと。

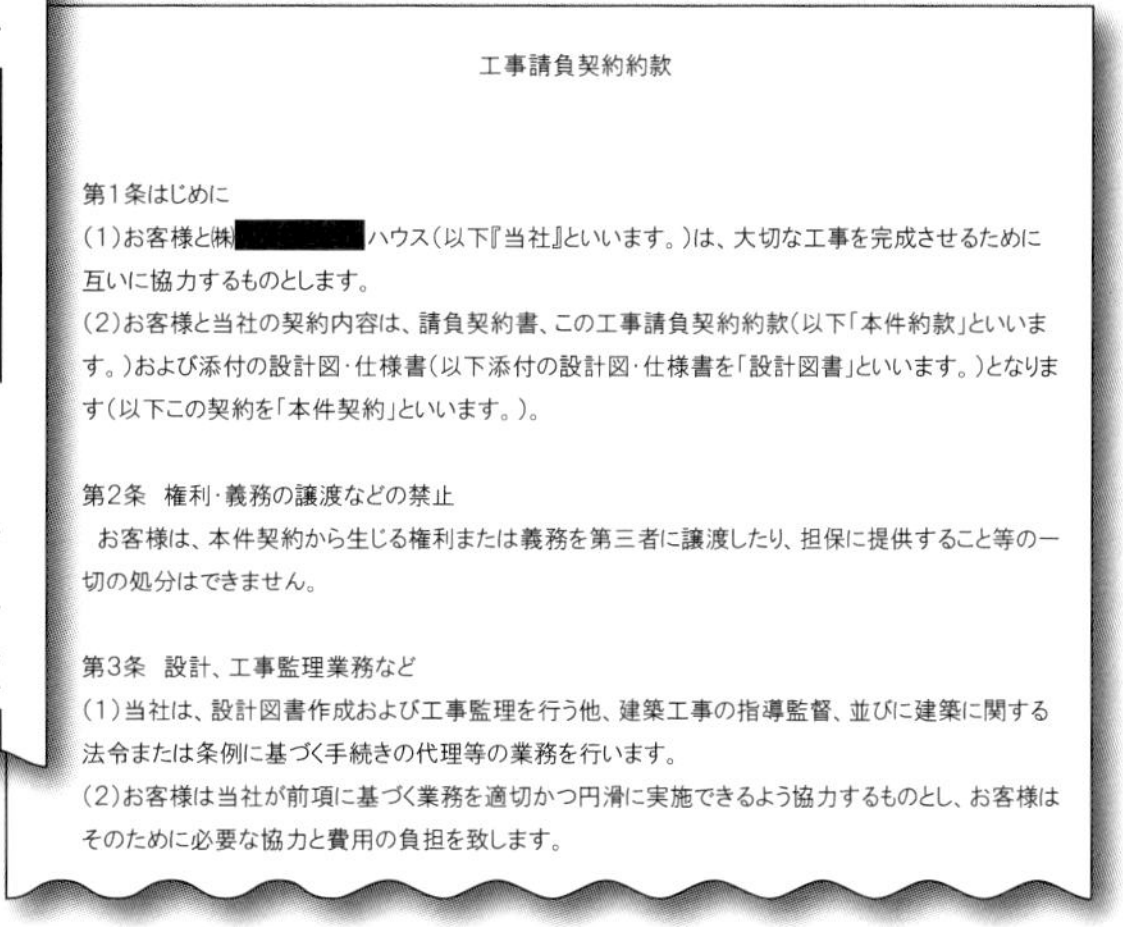
工事請負契約約款

第1条はじめに
(1)お客様と㈱[redacted]ハウス(以下『当社』といいます。)は、大切な工事を完成させるために互いに協力するものとします。
(2)お客様と当社の契約内容は、請負契約書、この工事請負契約約款(以下「本件約款」といいます。)および添付の設計図・仕様書(以下添付の設計図・仕様書を「設計図書」といいます。)となります(以下この契約を「本件契約」といいます。)。

第2条　権利・義務の譲渡などの禁止
お客様は、本件契約から生じる権利または義務を第三者に譲渡したり、担保に提供すること等の一切の処分はできません。

第3条　設計、工事監理業務など
(1)当社は、設計図書作成および工事監理を行う他、建築工事の指導監督、並びに建築に関する法令または条例に基づく手続きの代理等の業務を行います。
(2)お客様は当社が前項に基づく業務を適切かつ円滑に実施できるよう協力するものとし、お客様はそのために必要な協力と費用の負担を致します。

専門家からひとこと!

契約間際の大幅値引きには注意!

契約直前に支店長クラスが登場し、「決算が近いので」「○○（担当営業者名）を男にしてやってください」などのセリフとともに数百万円単位の値引きで契約を迫ってくることがあります。施主側にとってはうれしいことかもしれませんが「じゃあ、もとの値段はなんだったの？」と思いませんか？

最初から大幅値引き前提の値段を提示していることでもあり、お客様に対して誠実な態度とは言えません。値引きや大げさなセリフに惑わされることなく、契約内容を吟味してください！

住宅品確法を知って長持ちする家をつくる

消費者目線の「住宅品確法」を理解しておこう!

新築住宅の欠陥を10年間保証

住宅品確法は、正式名称を「住宅の品質確保の促進等に関する法律」と言います。住宅の品質向上と消費者保護を目的に制定され、「新築住宅における瑕疵担保期間10年の義務化」と、任意の「住宅性能表示制度」の2つの柱に大きく分けられます。

「新築住宅における瑕疵担保期間10年の義務化」とは、引き渡された家にもしも瑕疵担保の対象となる欠陥があった場合、住宅会社が10年間は無償で修理したり、賠償金を支払ったりすることが義務化された、ということです。保証の対象となる部分を下表にまとめておきましたので、確認してみてください。

「10年といっても、その前に住宅会社が倒産したらどうなるの?」という心配もあるかと思います。けれども国

瑕疵担保の対象となるのは基本構造部分

	基本構造	具体的部位
1	構造耐力上主要な部分	地盤、基礎、土台、柱、梁、耐力壁などの構造躯体
2	雨水の浸入を防止する箇所	屋根の仕上げ、下地、外壁、開口部、バルコニー防水など

専門家からひとこと!

住宅業界にも影響が!

10年間の瑕疵担保が完全義務化されたのは、これから家づくりをする方たちにとっては喜ばしいことでした。構造部分の検査も第三者機関によって行われることになり、欠陥住宅が市場に出回る可能性はかなり減少したと言えるでしょう。このように、消費者保護の視点に立った法律なのですが、意外にも認知度はそれほど高くありません。万が一のトラブルに備え、保証の内容や方法をチェックしておくことをおすすめします。

もしものトラブル相談窓口
住まいるダイヤル(公益財団法人 住宅リフォーム・紛争処理支援センター)

新築住宅に関する、不具合がある、修理を依頼したのに対応してくれない、などの相談や、リフォームに関する相談などを受け付けています。
http://www.chord.or.jp/

土交通大臣から指定を受けた会社の保険に加入するか、保証金を供託所に預けるかどちらかが住宅会社に義務付けられているので、もし施工をした住宅会社が倒産してしまっても、10年間は保証されるので安心です。

住宅評価に共通ルール

住宅性能表示制度に基づく「住宅性能保証」は、外観や簡単な間取り図ではわかりにくい性能を10分野・32項目（新築の場合）に分け、第三者機関が客観的に評価します。住宅の評価基準について、共通のルールを設けることで、これから家を建てる人たちが比較しやすいようにしています。

評価は、下のイラストのように複数の項目について2～5等級に分けられます。この等級によって保険料が割引になることもあります。

なお、全項目が最高等級である必要はないので、費用と希望を考慮しましょう。

ただし、現行の制度では任意であって義務ではないので、まだまだ採用されていない会社も多いのが現状です。

■住宅性能表示制度における主な評価項目

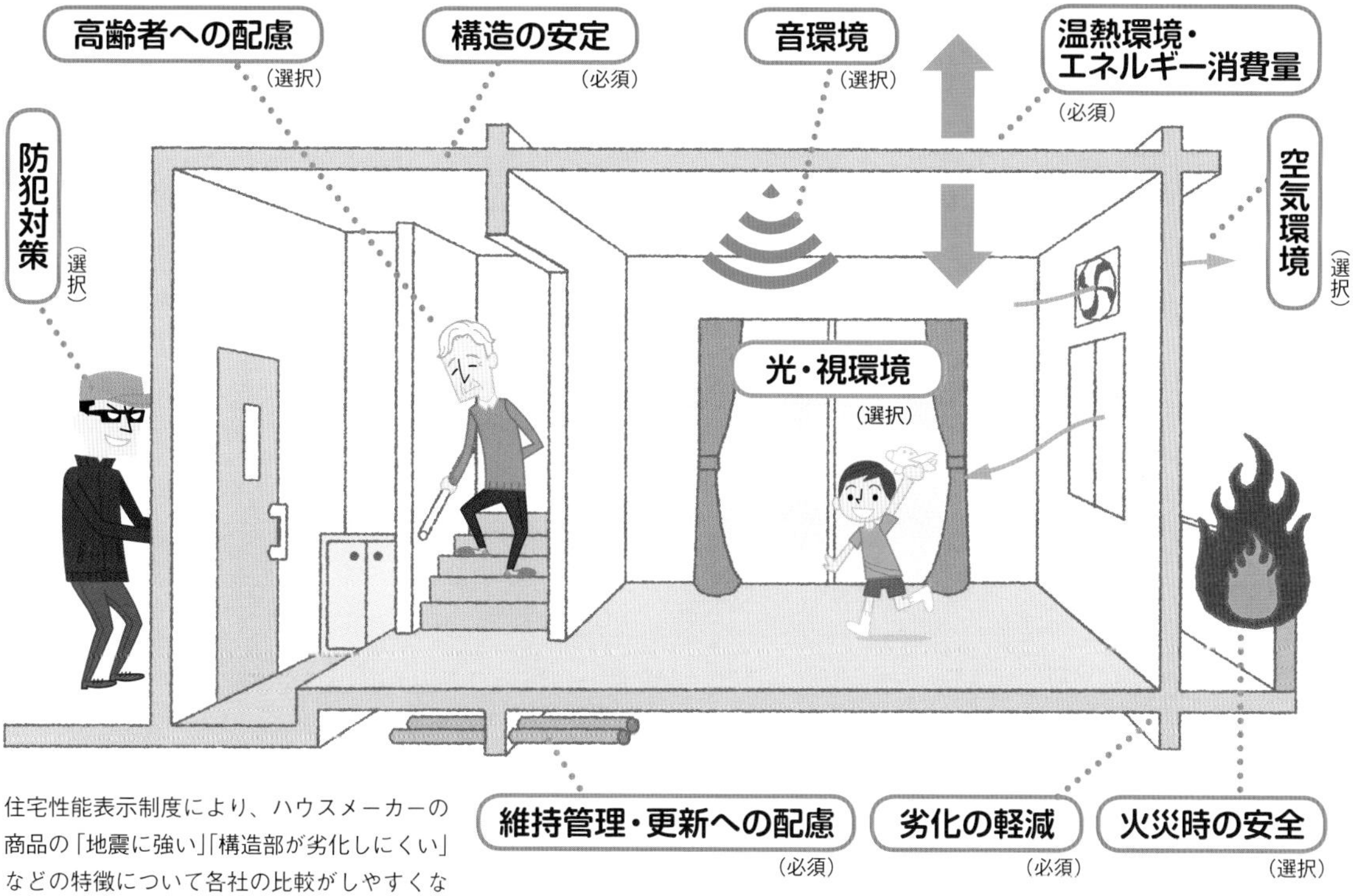

住宅性能表示制度により、ハウスメーカーの商品の「地震に強い」「構造部が劣化しにくい」などの特徴について各社の比較がしやすくなる。注文住宅の場合は耐震や耐火、省エネルギーの等級を指定して建築することが可能。

※必須項目は、住宅を購入する人の関心の高い項目や建築後では調べにくい項目を対象とする。

column

見積書もきちんと確認しましょう

見積書は、すべての仕様が決まったら確認する書類のひとつです。複数の住宅会社に見積もりを依頼した場合は、その数だけ見積書があると思います。

一般的に、見積書は表紙に続き、仕様内訳書・仕様内訳明細書となっています。住宅の見積書ともなるとちょっとした冊子のようなボリュームになりますが、面倒がらずにきちんとチェックすることをおすすめします。

まず仕様内訳書で、どのような工事が行われるのかを把握しましょう。仕様内訳明細書では工事の分類ごと（さらに部屋ごと）に、使用する材料・設備などの型番・数量・単価・工賃などが記載されていますので、平面図と照らし合わせ、不明な点があれば確認しておきます。

3LDK
1 階床面積：44.71㎡（13.50 坪）
2 階床面積：44.71㎡（13.50 坪）
延床面積：89.42㎡（27.00 坪）
施工面積：91.92㎡（27.75 坪）

【建物本体工事明細書】

No.	工事名	数量	単位	金額
1	仮設工事	1	式	200,425
2	基礎工事	1	式	647,360
3	木材	1	式	1,762,512
4	大工工事	1	式	1,124,464
5	屋根・板金工事	1	式	399,271
6	左官・タイル工事	1	式	102,743
7	外壁工事	1	式	1,061,339
8	内装工事	1	式	303,000
9	建材工事	1	式	1,274,880
10	鋼製建具工事	1	式	680,074
11	電気工事	1	式	286,000
12	内部給排水設備工事	1	式	215,000
13	設備機器類	1	式	952,000
14	雑工事	1	式	386,932
15	工事諸経費	1	式	124,000
	小計			9,520,000
	消費税	10	%	952,000
	合計			10,472,000

別途工事
外部給排水（下水道）　715,000（税込）
設計・確認申請　198,000（税込）
居室照明器具（インターホン含む）　275,000（税込）

※エアコン・カーテン代は含まれておりません。

初めて家を建てる方が見積書の内容をすべて把握することは難しいかもしれません。しかし、見積書は予算を決める大切な書類。わからないところがあれば遠慮なく担当者に説明してもらってください。

PART 2

マイホーム購入の資金計画＆ローン

マイホーム取得の総費用は？

資金計画の第一歩は「総費用の把握」から！

家づくりにかかるお金は建物代だけじゃない！

「坪単価29・8万円で30坪だから、894万円か。ん？　家って意外と安い？」家づくりの初期、誰もが一度はこんなふうに思ったのではないでしょうか？　でもこれにはカラクリがあります。

仮に建物がこの金額で建ったとしても、残念ながらそれだけでは住めないのです。家づくりには建物・土地以外にもさまざまな費用（66ページ参照）がかかります。

資金計画でもっとも重要なことは、「家づくり開始から引越し完了まで総額でいくらかかるのか」を算出し、把握すること。そこから無理なく返していける住宅ローンを考えていきます。

家づくりにかけられるお金を計算してみよう

経験者の失敗

共稼ぎ時代に組んだローン返済が不安！

夫婦共稼ぎのときに家を新築。引っ越して3年後に妻が妊娠、退職しました。

これまでは、かなり余裕の返済で生活にもゆとりがありましたが、これからは妻が職場復帰するまでは私1人の収入でやっていかなければなりません。

共稼ぎ時代に組んだローンなので、返済額は高め。正直、これからの生活が不安です…。

まず、頭金として用意できるお金の総額を出してみます。家づくりに充当できる預金、親族からの援助金などですね。それ以外に必要な資金を住宅ローンでまかなうこととなります。

ローンを組むときは、「いくら借りられるか？」ではなく、「いくらなら無理なく返せるか？」で考えます。

現在、賃貸住宅に住んでいるなら、その家賃を目安にします。実家住まいや社宅、市営住宅など住居費が極端に安い場合は、周辺の賃貸住宅の家賃相場を参考にしてください。

専門家からひとこと！

ローン返済は長いスパンで考えて！

妊娠・出産では奥様の退職だけでなく、その後の育児費用、教育費用も発生しますね。奥様の復職も、希望通りにいくかわからないので、場合によってはローンを見直したほうがいいかもしれません。個人差はありますが、一般にローンは長期間となります。ローンを組んだ年齢によっては、返済途中での転職やリタイヤもありえます。10年、20年、35年単位でライフスタイルの変化を考えて組み直すことをおすすめします。

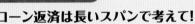

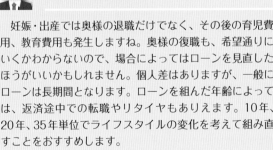

■家づくり資金計画の3本柱

書き込む!

借入金は銀行のホームページなどでシミュレーションした額などを参考にして、一度おおまかな資金計画を立ててみましょう。

総資金 ＿＿＿＿＿＿＿＿＿＿ 万円

（自己資金 ＿＿＿＿ 万円 ＋ 借入金 ＿＿＿＿ 万円）

MEMO

月々返済額 ＿＿＿＿ 万円

ボーナス時返済額 ＿＿＿＿ 万円

返済期間 ＿＿＿＿ 年

利率 ＿＿＿＿ %

3つの要素に割り振る

●建築費
●屋外給排水工事
●オプション
　●カーテン
　●家具・家電
●外構工事
●消費税　など

建物

＿＿＿＿ 万円

土地

＿＿＿＿ 万円

●土地取得費用
●地盤改良費
●上下水道引込み工事
●都市ガス引込み工事
●造成工事

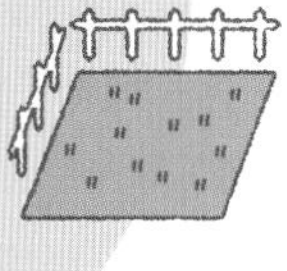

諸経費

土地・建物金額合計のおおむね10～20%が目安

＿＿＿＿ 万円

主な諸経費

●購入借入れ諸費用
●契約印紙税（土地・建物）
●登記費用（土地・建物）
●表示登記料
●土地仲介手数料
●住宅ローン保証料
●火災保険料
●引越し代
他

仮に頭金を200万円、家賃等から割り出した月々返済額を7万円、ボーナス払いは6万3千円×2回、住宅ローン金利を2.3%のフラット35で想定してみます。すると約2300万円の借入れが可能になるので、2300万円＋頭金200万円＝合計2500万円が家づくりにかけられるお金になります。

土地・建物以外にかかるお金

庭や外部の給排水、家具にカーテン。「心地よく住む」ためにはこんな予算が必要！

値引きのきかない「諸費用」、最後までわからない「別途工事費」

前項でも触れたように、家づくり初心者が見落としがちなのが「建物、土地代以外の費用」です。前ページの図中の「諸経費」の内容は、住宅ローン諸経費、登記費用、火災保険、仲介手数料、印紙代など。これらはどこの住宅会社で建ててもほぼ同じ金額です。通常は値引き、割引交渉もきかないので、節約が難しい分野とも言えます。費用の目安は土地と建物代金のおおむね10～20％くらいです。

また、「工事費」は、建売住宅は最初からわかっている、もしくは販売価格に含まれています。注文住宅では、本体の大きさや仕様などが決まらないと正しい価格は出てきませんが、それだと予算が立てられないので、初期の資金計画には「○○～○○円」というように幅をもって書かれていることも多いようです。

なお、建て替えの場合、既存の給排水管が古くて取り替えなければならないなど、家づくり後期になって思わぬ出費が発生するケースもあります。

凝るとキリがない、「外構」「家具・家電」

「外構工事費」も忘れてはいけません。外構工事費とはカーポート、玄関アプローチ、擁壁《ようへき》など、建物の外を整えるための費用です。詳しくは後の項で述べますが、ここもいくらでも凝れる＝いくらでもお金をかけられる分野ですので、全体の予算との兼ね合いが必要です。

さらに、次ページにあげたようなオプション、新調する家具やカーテン、家電の購入費も家全体で考えるとけっこうな金額になります。だいたいの間取りが固まった段階で、目安だけでもつけておきましょう。

諸経費の具体例

借入れ関係の費用

団体信用生命保険・保証料・火災保険料・ローン手数料・抵当権設定登記費用や印紙代などの事務手続き関係に要する費用。

祭典などの費用

地鎮祭・上棟式などの祭典費や近隣への挨拶・工事中の職人さんへの接待にかかる費用など。

引越しなどの費用

引越し代や建て替えの場合の仮住まい費用や雑費など。

入居後の税金

不動産を取得したときにかかる税金。

これもオプション？　意外な落とし穴

　カーテンレールなど、必需品のように思えるものが意外と多くの会社でオプションだったりと、初心者にはわかりにくかったりする「家づくりの総費用」。極端に安い価格を提示している住宅会社の中には、ほとんど「素うどん」状態の値段を言っているものもあります。

住宅会社によってオプションになる主なもの

- カーテン（カーテンレール）
- 壁の補強（額縁などをかけるため）
- 居室照明器具
- 壁付け照明工事代
- 食器棚など
- タオルホルダー
- 下駄箱
- 雨戸
- TVアンテナ
- エアコン

ニッチ*は、1か所追加するごとに費用がかかる。

壁付け照明器具を採用する場合は、配線工事代がオプションとなる。

専門家からひとこと！

火災保険は必要な補償が含まれているものを！

　火災保険には、火災による損害だけでなく、水災や風災による損害を補償するプランもあります。水災は台風や暴風雨による洪水、高潮、土砂崩れなどによる災害のほか、集中豪雨による都市型水害も含みます。風災は台風や突風、竜巻、暴風などの強い風による災害のことです。なお、補償の対象は「建物のみ」「家財のみ」「建物と家財」の3つから選ぶのが一般的です。近年、水災や風災は身近な災害となっているため、住まいの環境に合わせて補償内容を選びましょう。

経験者の失敗

諸経費の「知らなかった！」に泣かされました

　建物は設計事務所と大工さん、土地は知り合いの不動産屋さん、とバラバラに頼んでいました。進行管理はたいへんですが、試算ではかなり安くあがりそうだし、資金計画はばっちり！　と思っていたのです。

　ところが、実際に始まってみると、契約書に貼る印紙代、引越し挨拶の品、地鎮祭の神主さんへの初穂料、上棟式の職人さんへのお弁当代や寸志などなど、予期せぬ費用で何十万円もの出費！　もっとよく調べておくべきでした…。

＊ニッチ：壁の一部をくぼませた部分のこと。小物や花、絵画などの飾り棚として、空間を演出できる。

頭金は将来のことも考えて計画する

「頭金」と「手元資金」のバランスが重要！

手元資金で「思わぬ出費」に備える

頭金について考えていきます。まず、現時点で集められる資金の総額を把握しましょう。一般的にはご夫婦の預金、ご両親からの援助金などの総額です。「頭金は総予算の20％は必要」という説もありますが、このご時世、それだけ捻出できる人は少数派というデータもありますので、この割合にとらわれる必要はありません。

むしろ注意したいのは、ある程度「非常時の資金は残しておく」ということ。お子さんの教育費、親御さんの介護など、長いローン返済期間には思わぬ出費が発生する可能性もあるからです。

金利を多く払うことに抵抗があるかもしれませんが、保険料だと思って手元に残すお金に余裕をもっておきましょう。将来、余力があれば繰上げ返済をすればいいと思います。

■頭金と手元資金のバランスを考える

金利や返済期間が同じなら、頭金が多いほうが返済は楽になるのは当たり前。ですが、いざというときのお金がないのは危険です。たとえば3,000万円の住宅を購入（新築）・返済期間30年・金利3.0%のケースで、頭金と手元資金のバランスを考えてみましょう。

● **「購入価格 3,000 万円／返済期間 30 年／金利 2.0%／ボーナス払いなし」のケース**

	手元資金を多めに残したAさん	手元資金を残さなかったBさん
手元資金	300万円	0円
頭金	300万円	600万円
借入金	2,700万円	2,400万円
毎月返済額	99,797円	88,708円
支払い総額	**約3,900万円**	**約3,800万円**

支払い総額の差は約100万円。
頭金の差に比べたらあまり大差がないのに、
手元資金の差による安心感の違いは歴然！

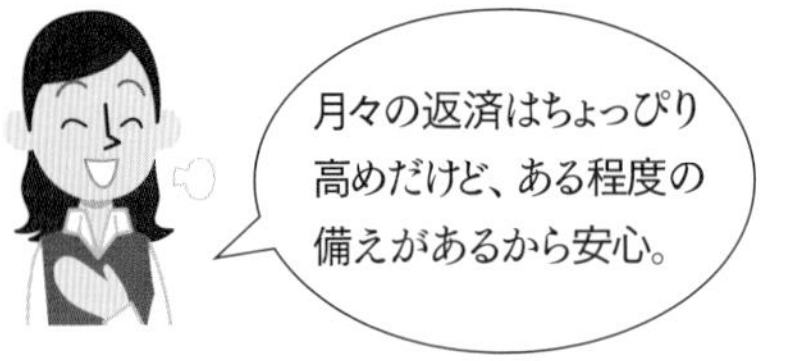

月々の返済はちょっぴり高めだけど、ある程度の備えがあるから安心。

貯蓄は全部頭金に。この先 大きな出費があったら どうしよう。

「手元資金」、どのくらい残す？

手元に残す非常時用の資金はいったいどのくらい？　少しでも多く頭金に回してローンの負担を減らしたい気持ちと、いざというときへの不安のせめぎあいで、なかなか金額を決められない方も多いと思います。ここでは、大体の目安を書いておきます。

サラリーマンの場合

手取り月収の3～4カ月分

根拠

倒産・解雇の場合は1カ月後から、自己都合退職の場合は3～4カ月後から失業手当が受給できる。勤続10年未満でも90日は受給できるため、「支給されるまで」の期間分の貯金＋失業手当受給期間で、求職に半年はかけられることになる。

自営業者の場合

手取り月収の6カ月～1年分

根拠

自営業者には失業手当がないため、転職活動中の資金も合わせて、サラリーマンよりは多めにとっておいたほうが安心。

経験者の成功

想定外の出費への備えは大切です

貯蓄が500万円になり、いよいよ住宅を購入することになったわが家。ここで迷ったのが頭金です。全額を頭金にまわそうという気持ちと、全部なくなってしまうのは不安、という気持ちの板挟みです。迷っていると、住宅会社のベテラン営業マンから「今後なにがあるかわからない。少し手元に残しておいたほうがいい」とのアドバイスをいただき、結果的に350万円を頭金に、150万円を手元に残しました。

2年後、なんと子どもが想定外の私立中学進学ということに！　手元に残しておいたお金をそちらにまわすことができました。

無理のない返済額・保険の見直し

「建てた後の生活」を詳細に想像することがポイント

持ち家はメンテナンス費用も考慮して

前述した通り、住宅ローンを組むときは「いくらまでなら借りられるか」ではなく「いくらまでなら無理なく返していけるか」で考えるのが基本です。また、数十年にわたって返済するので、ライフスタイルの変化に合わせた支出と収入も予想しながら決める必要があります。

妥当な返済額の出し方は、「家賃など現在の月々の住居費＋毎月無理なく捻出できる金額」。たとえば、現在の家賃が6万円の人が、家づくりのために毎月2万円貯金していたとします。「じゃあ、ローンの返済額は毎月8万円までOKね」と考えたくなりますが、ちょっと待って。持ち家では「メンテナンス費用」を加味する必要があるんです。

そこでおすすめなのは、たとえば返済額は7万円に設定し、残りの1万円は将来のリフォームや修繕積立金、固定資産税の支払いにあてるプラン。

大手の住宅会社は一般的なメンテナンスのスケジュール表を用意していることが多いので、住宅展示場めぐりの際にでも入手しておくといいですよ。

住宅ローンは保険見直しのチャンス！

住宅ローンは、保険を見直すいい機会でもあります。ほとんどの住宅ローンには、団体信用生命保険（団信）が自動的についてきます（ただし、住宅金融支援機構は加入義務なし）。

団信に加入すると、保険料は原則として返済金利の中に含まれていて、主たる債務者にもしものことがあった場合は、住宅ローンの残金は完済されることになります。

つまり、もしものことがあっても家族が家を追われることはないということ。債務者が団信の他に別の生命保険に入っていると住宅ローンの完済時に、さらに保険金も入ることになり経済的に安心できます。

ですが、その後も生活していける見通しがあるのならそこまでの保障は必要ないかもしれません。保険を見直すいいチャンス、というのはこういうことなのです。

生命保険は、トータルで考えると家の次に高い買い物、と言われています。手元資金も残したいけれど、頭金も少しでも多くしたい…。そんな悩みをもったら、この機会にあらためて保険の見直しをし、浮いた分の掛け金を住宅資金にまわすなどするのもひとつの方法だと思います。

団信でカバーできる死亡保障部分を減額し、その分、病気やケガで長期間働けなくなった場合の収入をカバーする所得補償保険などに加入するのもよいでしょう。

無理のない返済額を計算しよう

書き込む!

STEP1 住居費にあてられる金額を計算

現在の住居費（家賃など） 月　　万円 ＋ 現在の家計から無理なく住宅費にまわせる金額 月　　万円 ＝ 月　　万円 …①

STEP2 住宅ローン返済にあてられる金額を計算

月 ① 万円 − 将来にあてる修繕積立金 月　　万円 ＝ 月　　万円 …②

STEP3 返済できる最長返済期間を計算

65歳 − 返済開始時の年齢　　歳 ＝ 　　年 …③

STEP4 ③と現在の金利（下表）をもとに無理のない借入れ額を計算

●年間返済額 100 万円あたりの毎月返済額（元利均等返済）

単位：円

③の年数／現在の金利	15 年	20 年	25 年	30 年	35 年
1.5%	6,208	4.826	4,000	3.452	3,062
2.0%	6,436	5,058	4,239	3,696	3.313
2.5%	6,668	5,300	4,487	3,952	3,575

② ÷ 上表の数値 × 100 ＝ 無理のない借入れ額　　万円

お客様の疑問 所得補償保険ってなんですか?

ケガや病気による入院や通院、自宅療養で働くことができない状況（就業不能と言う）になった場合に、保険金額として設定した金額を受け取る保険です。就業不能になって収入がなくなっても、住宅ローン始め各種ローンの返済や日常の生活費はかかってきます。就業不能期間の収入をまかなうのが所得補償保険です。

入院・通院・自宅療養は基本的に医師の診断によります。保険金額は各人が設定した金額が補償され、一定期間、毎月一定の金額を受け取ることができます。

所得補償保険は、損保会社や生命保険会社で加入します。

住宅ローンの商品によって金利は違う

金利の特徴を知って、自分に合った返済方式を見つけよう！

長期ローン＋金利で、支払額1.5倍も

金利は、ある意味で家よりも高い買い物です。現在のような低い金利水準でも、長期のローンだと最終の支払額は借入れ額の1・5倍くらいになります。利率が上昇すると、借入れ額と同等以上の金利を支払うことになる場合もあります。金利はその後の生活に大きな影響を与えます。そもそも現金払いなら必要ない金利を払う、というのはなんだか損をした気持ちになりますので、少しでも負担を減らせるように知識を身につけましょう。

住宅ローンの金利は、大きく分けると「全期間固定金利型」「変動金利型」「固定金利選択型」の3タイプがあります。それぞれの特徴を理解していきましょう。金融機関によっては、借入れ額を変動型と固定型で組み合わせることができるものもあります。

■金利タイプのメリット・デメリット

<table>
<tr><th></th><th>全期間固定金利型</th><th>変動金利型</th><th>固定金利選択型</th></tr>
<tr><td rowspan="2">メリット</td><td rowspan="2">●借入れの段階で総返済額がわかる。
●将来、市場の金利が上がっても影響を受けない。</td><td>●固定金利型よりも金利が低めに設定される。</td><td>●一定期間の返済額は確定するので、変動金利型よりも返済計画が立てやすい。
●固定金利期間が短いほど、当初の金利は低め。</td></tr>
<tr><td colspan="2">●金利優遇キャンペーンを行っている金融機関では低金利になる場合もある。
●高金利時に借りた場合、金利が下がると返済額も下がる。</td></tr>
<tr><td>デメリット</td><td>●変動金利型より金利が高めに設定される。
●高金利時に借りると、最後まで高金利のまま。</td><td colspan="2">●借入れの段階で、総返済額がいくらになるかわからない。
●金利が上がると返済額も増える。
●変動金利型では、極端に金利が上昇した場合は未収利息が発生し、元金が減りにくくなる。
●切り替えの時期には手数料も必要。</td></tr>
</table>

■住宅ローンの金利タイプの特徴

全期間固定金利型

最初に設定した金利が完済時まで変わらない。返済額や金利が増えないのでリスクがなく、計画的に返済ができる。低金利時代にはもっともおすすめしたい方法。

こんな方におすすめ

長期にわたって安心・安定を求めたい、安定した収入が見込める、家賃感覚で返済していきたい。

変動金利型

年に2回（4月1日・10月1日）、金利の見直しが行われる。返済額そのものは5年間変更がないが、返済額の中で元金と利息額の割合が変動する。

こんな方におすすめ

短期でローンを組む予定である、金利が上がったときも手元資金で一括返済できる余裕がある、経済動向や株価、金利などに敏感。

固定金利選択型

一定期間の金利が選択できるタイプで、選択した固定期間終了後に再度金利タイプを見直す。一般に取り扱われているのが、固定金利期間が3年・5年・10年・20年などに設定されているタイプ。

こんな方におすすめ

現在、経済的に余裕があり、繰上げ返済をガンガンできそう。

専門家からひとこと!

時代・ニーズに合わせた選択を!

現在のような低金利の時代なら、長期固定金利のタイプがおすすめですが、この先金利が高くなり、定期預金の金利で生活ができるような人が出てくるような時代になれば、変動金利型のほうがメリットは高くなります。金利を予測するのはなかなか難しいことですが、専門家や最新の情報などを積極的に活用して、自分たちの生活に合ったタイプを見つけてください！

住宅ローンの種類と返済方法

民間融資は各社さまざまなサービスを展開。まずは資料請求を！

住宅ローンの種類

住宅ローンは、公的融資と民間融資に大きく分けられます。

公的融資には、財形貯蓄をしている会社員を対象にした「財形融資」と、各自治体に暮らす人のための「自治体融資」があります。

民間融資は、都市銀行や地方銀行、信用金庫、信用組合、労働金庫、ＪＡ、生命保険会社、ノンバンク、ネットバンクなどで取り扱っています。

各社とも独自の商品開発をしていて、金利や審査基準も商品によって異なります。また、民間の金融機関と住宅金融支援機構が提携して、「フラット35」という長期固定金利の住宅ローンも提供しています。

民間融資は各機関によって条件が違います。それぞれの条件を比較して、有利に進めましょう。

「元利均等」と「元金均等」の違いって？

住宅ローンの返済方法には「元利均等払い」と「元金均等払い」があります。

「元利均等払い」は、金融機関でもすすめられることが多い一般的な返済方法で、月々の返済額（元金と利息の合計額）が毎月均等になっています。毎月の返済額が一定なので、「計画的に安定した返済がしたい」という方にメリットがあります。

「元金均等払い」は、元金部分を一定の支払い回数分で払い、元金残高に応じて利息部分を算出し、その合計額を返済額とする方法です。初めのうちは利息部分が大きく、借入金（元金）残高が減っていくに伴い、利息部分も減っていく方式です。「若いうちにガンガン返してしまいたい！」という方にメリットがあります。

お客様の疑問 **フラット35Sってなに？**

フラット35は、低金利時代におすすめの全期間固定金利の住宅ローン。住宅金融支援機構が定めた技術基準の検査を通った住宅に適用されます。このフラット35の技術基準よりもさらに省エネルギー性や耐震性などに優れた住宅に適用されるのが「フラット35S」です。借入れ金利が一定期間下がるので、フラット35をお考えの方はまず建築予定の家が適合するかどうかを調べて、フラット35Sの利用も考えてみることをおすすめします。

元利均等払いと元金均等払いの違い

元利均等払い

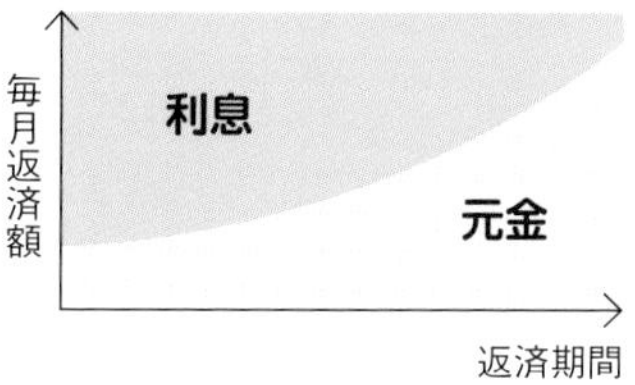

毎月返済する額（元金と利息の合計）がずっと同じ。

元金均等払い

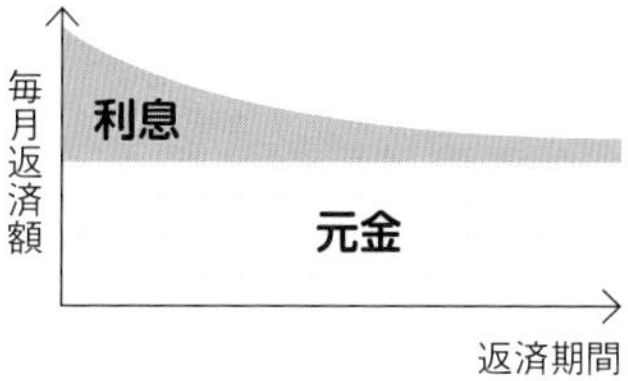

毎月返済する元金は同じ。元金が減るのに伴い利息も減るので毎月返済額は徐々に少なくなる。

モデルケースだとこうなる

モデルケース	借入金▶2,000万円 返済期間▶35年	金利▶2.0%（完全固定金利型） ボーナス返済▶なし

元利均等払いでは…

返済総額
約2,780万円

元金均等払いでは…

返済総額
約2,700万円

約80万円の違いが!

返済予定を見てみると…

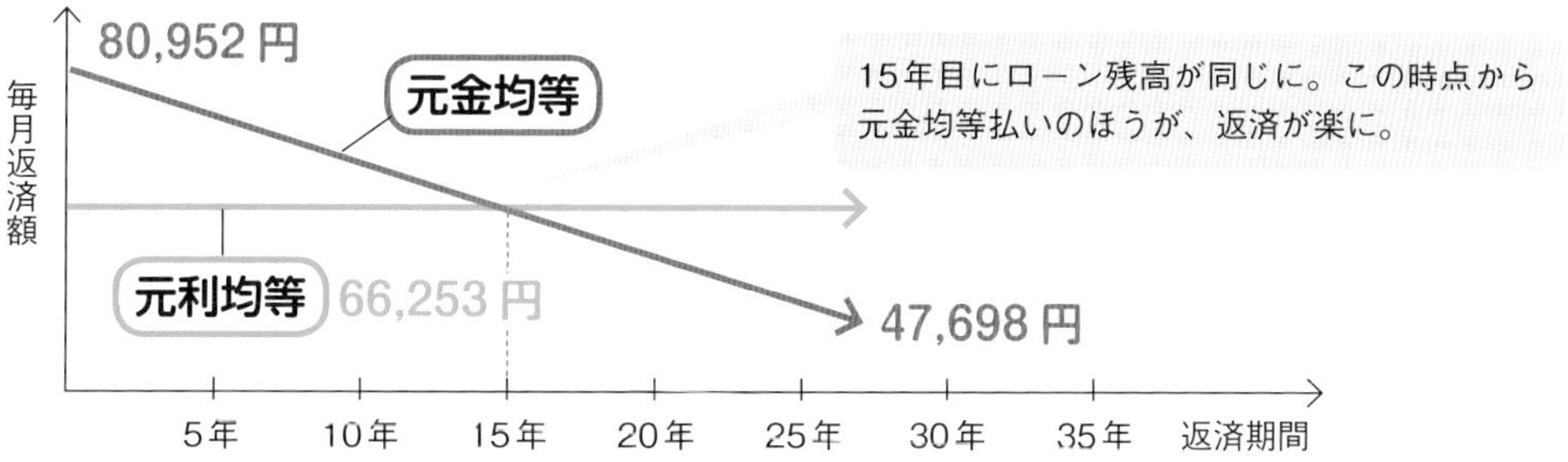

専門家からひとこと!

低金利時代におすすめの返済方法

史上最低金利と言われている現在、長期固定金利を選択される方が多くなっています。この返済方法は、返済しているすべての期間で返済額が確定していることで、人生設計も立てやすくなりますので安心です。

金融機関のじょうずな選び方

ローンで長く付き合う銀行は「使い勝手」も大事！

まずはメインバンクを検討

住宅ローンを組む金融機関とは長い付き合いをすることになります。ローンの商品を探している間は、「少しでも金利の安いところ」とばかり考えがちですが、慎重に選ぶ必要があります。

住宅ローンは、毎月銀行口座から引き落とされますので、給料振込みがされているメインバンクによい条件の商品があれば、第一候補として考えることをおすすめします。まずはメインバンクの取り扱い商品を調べてみましょう。

また、最近ではネット系銀行を利用する人も多くなってきました。ネット銀行には、一般的に店舗営業している銀行よりも金利が安いというメリットがあります。サブバンクとしてネット銀行に口座をもっていれば、そちらの商品も要チェックです。

金融商品は総合的に比較を

各金融機関の住宅ローンの商品を調べる際には、金利だけでなく、固定金利の期間・利便性・ローン保証料・団体信用生命保険料・繰上げ返済手数料などを比較検討しましょう。

ホームページで返済のシミュレーションができる金融機関も多いので、一度試してみるのもおすすめです。金融機関ごとに独自の金利優遇をする仕組みもありますので、併せて確認してみましょう。

また、住宅ローンの種類を組み合わせる、という手もあります。銀行によっては変動と固定の異なる金利タイプをミックスさせた商品を用意しているところもあるようです。このミックスローンの場合は、1本立てとは手数料などが変わってくることもありますので確認しておきましょう。

■金融機関の使い勝手を比較してみる

地元の銀行

- 以前から取引がある
- 相談しやすい
- 金利、手数料は高めの場合も

ネット銀行

- 各種手数料が安い
- 24時間・365日手続きできる
- 担当者の顔が見えない

金融機関を選ぶポイントを比較してみよう!

書き込む!

金融機関の選択は悩ましいもの。ここでは各機関を比較し、わが家に合った金融機関を選びます。

		例	地元　銀行	地元　銀行	ネット　銀行	ネット　銀行
金利	金利のタイプ	当初固定金利				
	現在の金利	5年固定:1.1%				
サービス・手数料	融資事務手数料	10万円				
	ローンの保証料	0円				
	繰上げ返済の手数料	0円				
	繰上げ返済手続きの利便性	パソコンで手続き。1円から、回数制限なし				
	団体信用生命保険料	0円				
	団体信用保険の内容	死亡・高度障害				
使い勝手	家や職場からの店舗・ATMへの距離	パソコンがあれば常時OK				
	給与振込みなどメインバンクかどうか	サブバンク				
	住宅会社の提携ローンの有無	無し				

専門家からひとこと!

住宅会社の提携ローンに注意

住宅ローンの検討時は、依頼した住宅会社の提携ローンをすすめられる場合があります。しかし、その会社の提携金融機関でローンを組まなければいけないわけではありません。

提携ローンを選択すると、諸手続きはすべて住宅会社が行ってくれる、場合によっては金利が低くなるといったメリットがありますが、実際に比較検討してみたらもっとよい条件の金融機関が見つかることも多いものです。

いずれにしても住宅会社にすすめられるままに選択するのではなく、自分で確認することが重要です。

経験者の失敗

遠い銀行はやっぱり不便!

住宅会社の営業マンに「A銀行なら弊社と提携ローンがあり、優遇金利もありますからおすすめですよ」と言われ、自宅からも会社からもちょっと遠いA銀行で住宅ローンを組みました。

ところが、いざ返済が始まってみると、給料振込みと別の銀行だったためにお金の移動(振替)手数料がかかるし、手続きが必要になったときの交通費もかかるし、時間もとられます。

この手間を考えたら、ほんの少しの金利の差なら近くのメインバンクにしておけばよかった、と後悔しています。

名義は誰にするのがいい？

夫婦共有名義のメリット・デメリットを理解しよう

「共有名義」ってなに？

家や土地を購入する際は、「名義を誰にするか」を決める必要があります。名義とは、簡単に言うと「購入した家の登記簿上の持ち主が誰か」ということです。

この名義を、夫など誰か1人の名前で登記する場合は「単独名義」、夫婦や親子など複数で登記する場合は「共有名義」と言います。一般的には、お金を出した割合に基づいて「持ち分」の割合を決めて登記します。

夫が住宅ローンを組み、妻は頭金の一部を負担したり、夫婦それぞれの名義で住宅ローンを組んだり、お互いの収入や資産に応じて決めていきます。

また、夫1人の収入では希望する借入れ額に届かない場合、妻の収入も合算することで借入れ額を増やすこともできます。

夫婦共有名義のメリット・デメリット

メリット

●贈与税がかからない

共有名義にすると、出した資金の割合に応じて所有権をもつことになるので贈与にはならず、贈与税もかからない。

●夫婦両方が住宅ローン控除を受けられる

夫婦それぞれの名義で住宅ローンを組むことになるので、2人とも住宅ローン控除を受けられる。

●借入れ額が増やせる

夫婦の収入を合算することで、どちらか一方の収入だけでは手の届かなかった借入れ金額が可能になる。

●売却時の控除を夫婦両方が受けられる

家を売却し、譲渡所得が生じた際、6,000万円まで非課税になる。

デメリット

●離婚する場合、トラブルのもとになる

住宅ローンがまだ残っている状態で離婚すると、離婚時の財産分配が複雑になる。また、売却には夫婦2人の同意が必要になるので、時間がかかることが多い。

●配偶者のどちらかが亡くなってもローンが残る

夫婦どちらかの名義の家の場合、ローン名義人が亡くなれば団体信用生命保険が採用され残債はなくなるが、夫婦別々の2本立てでローンを組んだ場合、自分の分のローンは残ることになる。
ただし、夫婦2人で加入する団信で、どちらか一方が死亡した場合などに残りのローン返済の義務が残らない商品もある（特約料は1人加入の場合の約1.5倍になる）。

●退職などでローン返済計画が狂いやすい

妻が出産などで退職した場合、登録内容の変更など、手続きが生じる。

共有名義のメリット・デメリット

注意しなければならないのは、たとえば妻が2割しかお金を出していないのに、5割の持ち分で登記してしまうと、その差額が妻への贈与とみなされて贈与税がかかってしまう可能性があることです（贈与税は原則として、年110万円を超える金額に対してかかるので、差額が110万円以下なら課税はされません）。

なお、名義を誰にするかによって、その後支払う税金にも差額が出てきます。共働きの夫婦がそれぞれローンを組んだ場合、いくつかのメリットもあります。年末のローン残高の一定割合に対して、10年間にわたって2人それぞれが控除を受けられますし、夫婦の共有名義にすることによって、財産の持ち分を分散し、夫か妻のどちらかが亡くなったときに生じた相続税の額によっては負担を軽減することができます。

なお、親からの援助金も、住宅購入が目的の場合は贈与税の特例などが受けられます。

■共有名義の仕組み（住宅ローン控除の例）

本文で説明したように、共有名義もタイプによってローン控除額が変わります。マイホーム取得総額3,000万円、年末のローン残高3,000万円、ローンを組む前の所得税が夫20万円、妻10万円の場合の共有名義のしくみを見てみましょう。

●頭金は夫婦で負担、ローンの全額を夫が負担するケース

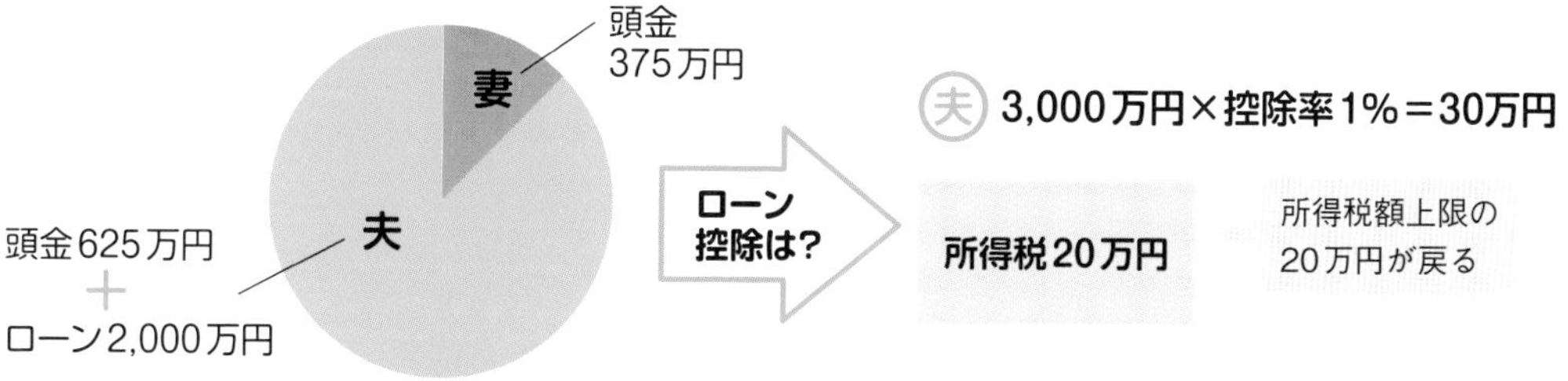

●ローンを夫婦で負担

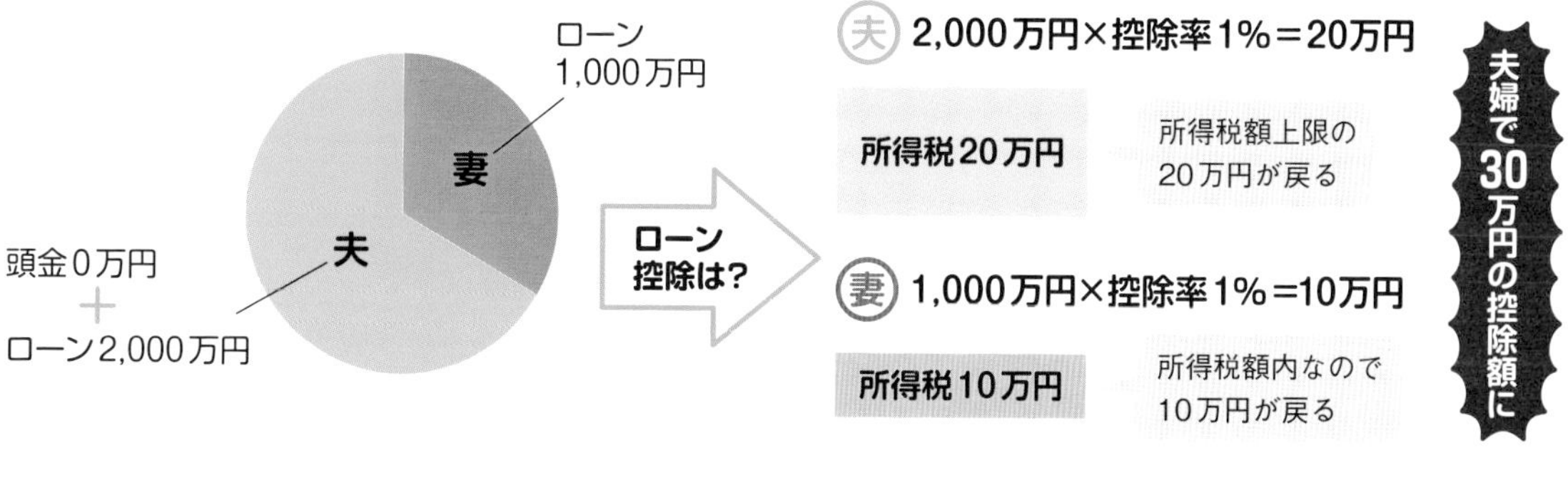

住宅ローンの審査を通すポイント

審査を通すには、安易な仮審査は避ける

一度否決されると通りにくくなる住宅ローン

住宅ローンの借入れ額や金融機関を決めた後には、そこで実際に住宅購入資金を貸してもらえるか、という審査を受ける関門が待っています。

住宅ローンの審査は、単に収入の高い・低いだけでなく、安定した継続的な収入があるかどうかが重視されます。そのため転職や独立起業した直後などの時期は、勤続年数や営業年数が少ないため、審査が通りにくいのが現実です。なお、下にもまとめましたが勤務先、家族の有無、年齢、健康状態、担保物件なども審査の対象と言われています。

「とりあえず仮審査しましょう」は危険！

住宅ローンの審査は、各金融機関が提携している保証会社が行い、そこで

住宅ローン審査基準とは

審査の対象になるのは？

- 借主の年収
- 負債（他のローンなど）があれば金融機関との取引状況
- 借主の年齢
- 健康状態
- 家族構成
- 居住先の状況
- 居住年数
- 勤務先
- 勤務先での地位
- 勤続年数

など

審査に通る一般的な最低限の基準は？

- 勤続年数１～３年以上（金融機関による）
- 年収250万～400万円以上
- 団体信用生命保険に加入できる健康状態
- 日本国籍

自分の信用情報は下記機関で開示してもらえます！

株式会社シーアイシー（CIC）
http://www.cic.co.jp/mydata/index.html

全国銀行協会 全国銀行個人信用情報センター（KSC）
http://www.zenginkyo.or.jp/pcic/open/index.html#contents1

株式会社日本信用情報機構（JICC）
http://www.jicc.co.jp/kaiji/about-kaiji/index.html

得られた情報は各金融機関で共有されます。

　ですから、仮に一度ローン審査で「否決」されてしまうと審査が通りにくくなってしまうのです。しかも、銀行の担当者は、なぜ否決されたのかを説明してくれません。最悪の場合、そこでの情報が原因で他の金融機関でもローン審査が通らなくなってしまうことも考えられます。

　銀行の窓口に行くと、「まずは仮審査してみましょう」と言われますが、勤続年数や過去の履歴に少しでも不安があるようなら、安易な仮審査は禁物です。ただし、審査基準には各機関で差があるため、1行目でダメだとしても4行目で通ることもあります。まずは、経験豊富な住宅会社の担当者などに相談し、自分の「信用情報」について調べることをおすすめします。

　ここでいう信用情報とは、クレジットやローンの契約とその取引状況のことで、きちんと返済されているか、延滞はないか、などの個人の経済的な信用を表す情報のことです。金融機関は、この情報で顧客の「信用」を判断します。

■住宅ローン審査を通すコツ

○ お金

夫1人では希望の借入れ額に届かない…

奥様のパート収入や同居予定のご両親がいれば、その収入も合算して審査してみると、借入れ額の増額が可能になります。

× カードローン

クレジットカードをたくさんもっていることは審査に関係ある?

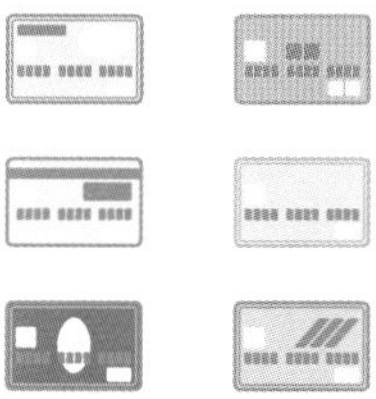

クレジットカードを多数所有していると、たとえ借入れしていなくてもカードの融資枠も審査対象になってしまいます。最低限、必要なカードだけ残して、あとはこの機会に解約するのもいいと思います。

× 自動車ローン

審査が通りやすい条件ってある?

勤続年数が3～5年以上、借入れ希望金額が年収の5倍以内、現在、他に自動車などのローンがなく、過去にも延滞などの履歴がひとつもない人であれば、審査をクリアする可能性がぐんと高くなります。

専門家からひとこと!

秘密の借金は審査前にカミングアウトを!

　多くはないケースですが、ローン審査がきっかけでご夫婦の秘密の借金がバレてしまうケースがあります。最悪の場合、それがネックとなってローン審査に通らないこともあり得ます。そればかりか夫婦仲も深刻な事態に陥りかねませんので、あらかじめご夫婦でよく話し合っておくことをおすすめします。

　家づくりはお金に関することをリセットするチャンスです。この機会に、細かな借り入れや不必要なクレジットカードなどを整理しましょう!

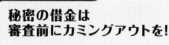

家を建てた後の費用も考えておく

意外とかかるメンテナンス費用は積み立てがおすすめ！

個人でのメンテナンス対策は不可欠

せっかく建てた家を少しでも長く、美しく、快適に保つためには定期的な点検やメンテナンスが必要です。

住宅会社でも保証期間を設けたり定期点検も行ったりしていますが、内容はまちまちで、場合によっては住宅会社から積極的に定期メンテナンス実施の通知をしないところもあるようです。そのため、施主の方から住宅会社に連絡したり、自分で計画的に対策を立てたりすることが必要となってきます。

また、長期の保証は一般的には構造や躯体といった、基本的な部分のみの場合が多くなっています。

ですから、家の外観や住み心地のよさを維持するためには、個人のメンテナンス対策は不可欠でしょう。費用もかかってくることからつい後まわしに

メンテナンスのポイント・年数・費用の目安

基礎、土台、柱、梁	シロアリ被害や腐食が気になる部分。建物寿命に直結するので、傷みが見つかったら施工業者に問い合わせを。防蟻処理の効果は5年ほど。	年数：5～6年で点検 費用：1回あたり約15～30万円
屋根	破損するとそこから雨水が入るので、建物寿命にかかわる。梁などに影響が出てからでは手遅れに。傷みが見つかったら施工業者に問い合わせを。	年数：5～6年で点検、7～10年で塗装工事、15～30年で全面葺替え検討 ※材質によって異なる。 費用：1回あたり約50～200万円
外壁	ヒビや剥がれ落ちなど、外壁が傷んでいると家は古びた印象に。外壁に多く使われる「サイディング」は耐久性に富むが、その継ぎ目に使われるコーキング剤にはそれほど耐久性はない。	年数：15～20年で塗り直し、全面補修の検討 費用：1回あたり約50～100万円 ＊コーキング5～15万円
トイレ、浴室など給排水の設備	水まわりは壊れると家へのダメージも大。定期的な点検も必要。	年数：毎年点検＋トイレは10～20年、浴室は10～20年で設備取り替えの検討 費用：1回あたり約25～150万円（部位による）
ガス設備	家族の安全にもかかわる設備なので、毎年の点検がおすすめ。	年数：10～20年サイクルで設備の取り替えの検討 費用：各ガス会社に確認

しがちですが、放置しておくと「修繕」が必要になり、メンテナンスより高くつくこともあります。下の表を参考に「何年後にどれくらいの費用がかかるか」を考えておきたいものです。

どんなリフォームが必要になるかも考えておく

長く住むうちに、家族構成や生活スタイルの変化や、老朽化の修繕、より快適な住環境を目指す、などの理由で大きなリフォーム工事が必要になるかもしれません。

リフォームで多いのは、キッチンや浴室設備の入れ替え、バリアフリーにするための段差解消や手すりの取り付け、クロスの張り替え、床暖房にする工事などです。

場合によっては外壁に穴を開けたり、工事期間に転居・家具の移動・保管などが必要になったりします。そのときになってあわてないように「長期修繕計画」をある程度頭に入れておき、分譲マンションで行われているように毎月費用を積み立てておくことをおすすめします。

■リフォームの費用の目安

リフォームの内容	基準	1回あたりの金額
クロスの張り替え	3LDK分	20～50万円
畳の交換	6畳分	5～10万円
給湯器の交換	20号	15～25万円
浴室改装工事	1坪タイプユニットバス設置、配管工事、撤去	60～150万円
キッチン改装工事	システムキッチン交換、キッチン6畳分内装工事、撤去	50～150万円
設備の改装工事	オール電化、エコキュートなどの設置	80～120万円
トイレの改装工事	便器の交換、トイレ1帖分の内装工事	25～50万円
暖房工事	8畳分を床暖房に変更	30～50万円

専門家からひとこと!

仕様を決めるときは「メンテナンス費用」も考慮を!

住宅のメンテナンス費用は、思っている以上にかかってくるものです。特に屋根や外壁は足場の設置も必要になるため、費用も大きくなってしまいます。月々のローンを返済しながら生活費とは別に捻出することになるので、負担も大きくなりがちです。

屋根や壁の材質によって、メンテナンスの手間や費用はかなり変わってきますので、各部位の仕様を決めるときは、デザインだけでなく、後々のメンテナンス費用やお手入れの手間も考慮したいものですね。

住宅会社への支払い条件

「早く・多く払いすぎ」に要注意！ 工事の進み具合に合った支払いを！

一般的な支払い条件とタイミングは？

住宅会社への支払い条件は各会社によって違いますが、支払い条件に法的な決まりはありません。

施主が注意したいのは、「工事の進捗状況に見合わない過度な支払いにならないようにすること」です。たとえば、着工もしていないのに50％もの支払いを要求する、あまりにも支払いを急かす、といった会社は要注意です。会社の資金繰りがうまくいっていない可能性があるからです。

支払い条件としては、「出来高払い＝工事終了分を支払う」ことを念頭に、契約金10％、着手金30％、中間金30％、完了金30％、が一般的です。仮契約時に10万～１００万円の申込金を支払うこともありますが、これは本契約時に契約金の一部に充当されます。

なぜ工事の進捗より支払いが進んでしまうとまずいのか。それは、もしも住宅会社が倒産してしまった場合、その後は違う会社が工事を引き継ぐことになります。でも、前の会社に過度に支払っていると資金が足りなくなってしまうからです。そのようなトラブルを避けるためにも、支払いのタイミングには留意しましょう。

融資実行と支払いのタイミング

住宅ローンを利用する場合には、支払い条件と融資実行のタイミングを考える必要があります。

土地の購入代金については、申し込み時に10％の手付金、土地の引渡し時（名義変更時）に全額支払うのが一般的です。土地の購入代金については融資が実行されますが、その際にかかる不動産会社への仲介料や司法書士に支払う登記費用、印紙代などは別に必要です。

お客様の疑問 **つなぎ融資ってなんですか？**

住宅ローンの中には上棟後や完成時に全額融資されるものもあります。つまり住宅会社への支払いに間に合わない場合もあるのです。このタイムラグを埋めるのが、住宅ローンと同時に申し込むことの多い「つなぎ融資」。タイムラグを自己資金でまかなうことができない場合に利用しますが、利用を考える際は次の注意点を参考にしてください。

- すべての金融機関がつなぎ融資を取り扱っているわけではない
- つなぎ融資にも金利は発生する
- 手続きには諸費用が必要

■費用の支払いスケジュール例

1	**業者の決定**	手付金支払い(10万～100万円)、地盤調査費用
2	**住宅ローン申し込み**	申込書類費用(無料の場合もあり)、証明書費用(住民票、所得証明書など)
3	**建築請負業者と契約**	契約金(10%)、近隣への挨拶用の手みやげ代、地鎮祭の神主への謝礼
4	**着工**	着手金支払い(30%)
5	**上棟**	中間金支払い(30%)
6	**建物完成**	登記関連諸費用、火災保険
7	**施主立ち会い検査**	補修・手直し工事後、完了金(30%)※追加工事残金についての確認も必要
8	**引渡し・入居**	

専門家からひとこと!

支払い時期の交渉も可能です

費用の支払いは、上記のケースのほか、契約時(着工時)50%、上棟時25%、完成時25%、のような支払いのケースもあるようです。

ただし、本文で述べたように支払い条件に法的な規制はないので、住宅会社との交渉で変更も可能なのです。

その会社のルール的なもの(慣習)があるため難色を示されることもありますが、契約前であれば、施主は値引きだけでなく、支払い条件も含めて交渉する権利があるのです。

住宅ローン減税とその他の補助金

さまざまな減税・補助金を知ってじょうずに利用！

住宅ローン減税とは

「住宅ローン減税」は、借入れ期間10年以上の住宅ローンを利用して、床面積など一定の基準を満たした住宅を購入した人に対して行われる、減税の制度です。

入居した年から10年間にわたって、年末のローン残高の一定割合の範囲に対して、支払った所得税の還付（または支払うべき所得税の控除）が受けられます。

控除率は、住み始めた年や、年末のローン残高、また一般住宅と長期優良住宅でも異なります。住宅ローン減税を受けたい場合、給与所得者は減税を受ける最初の年のみ、確定申告が必要ですが、翌年以降は年末調整で減税の手続きをします。自営業の方は、毎年行っている確定申告で申請します。なお、2年目以降も各自での申告が必要です。

住宅ローン減税の拡充措置

２０１９年10月の消費税増税に伴い、住宅取得者の負担を軽減するため「住宅ローン減税」の拡充が適用されました。具体的には、控除期間が10年間から13年間へと3年間延長することで、8％から10％への増税に相当する分を還元する措置が適用されます。

この拡充措置は、消費税10％で住宅を取得し、２０１９年10月～２０２０年12月までの間に居住することで適用されます。

ただ、たとえば入居が12月で融資契約が1月、のように年をまたぐ場合は、年末時点での住宅ローン残高証明が発行されないため、控除期間が1年短縮されてしまいます。

なお、各自治体で定めている補助金もありますので調べておくとよいでしょう。

自治体などによる補助金の例

自治体による新築・定住祝い金など	通常の新築、Uターンによる新築・定住、市内の建築業者による新築、県認証の木材を使用した工事などに対する補助金。
すまい給付金	消費税率引き上げによる住宅取得負担を軽減する制度で、住宅ローン減税と併せて給付される。消費税率10％の場合、収入額の目安が775万円以下の住宅取得者を対象に最大50万円給付。窓口は、すまい給付金事務局・地域の住宅業者。
合併処理浄化槽設置補助金	下水道が利用できない地域などで補助による設置を促進している。補助金額は自治体による。

■消費税率8%から10%への変更による住宅ローン減税の拡充措置

2019年10月1日から適用された消費税10%への引き上げ対策として、減税制度が拡充されます（平成31年度税制改正）。

●控除期間が3年間延長

消費税の適用区分	消費税率8%	消費税率10%
控除期間	10年間	13年間

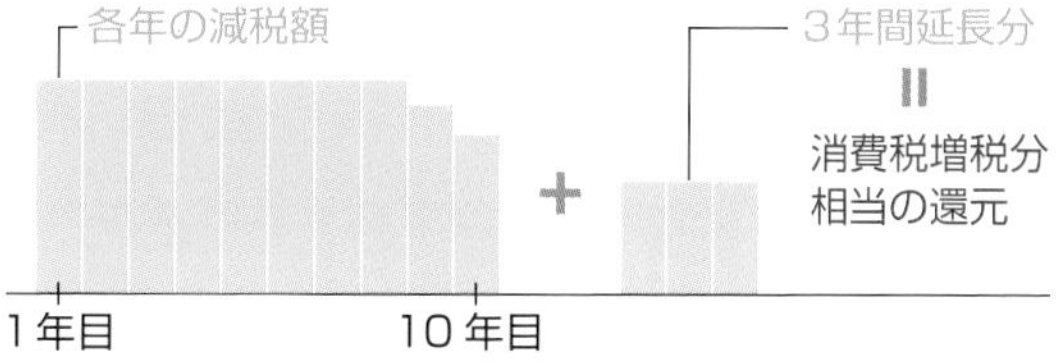

消費税増税分の相当額を、住宅ローン減税の拡充措置により還元!

●拡充措置は期間限定

※拡充措置の適用には要件があり、期間限定の措置となります。拡充措置の要件は、消費税10%で住宅を取得し、2019年10月～2020年12月までの間に居住することです。控除期間および控除額は、適用される消費税と居住する日により決定します。

●一般住宅の住宅ローン減税の控除期間および控除額

消費税の適用税率	5%適用 消費税なし	8%適用	10%適用 拡充措置適用	10%適用
居住時期	2014年4月～2021年12月までに居住		2019年10月～2020年12月までに居住	2021年1月～2021年12月までに居住
控除期間	10年間		13年間	10年間
年間控除額	借入金年末残高（上限2,000万円）×1%	借入金年末残高（上限4,000万円）×1%	1～10年目 借入金年末残高（上限4,000万円）×1%	
			11～13年目 以下のいずれか小さい額 ●借入金年末残高（上限4,000万円）×1% ●建物購入価格（上限4,000万円）×2%÷3	

※各適用税率については、その他の条件があります。

※P.86およびP.87の情報は2020年10月末日現在のデータに基づいており、今後変更される可能性があります。
新しい情報は、国土交通省のホームページなどを参照してください。

column

住宅ローンのボーナス時返済、併用する?

ボーナス時併用返済とは、年に2回あるボーナス月の返済額を多くする返済方法で、毎月の返済額を抑えたり返済期間を短縮したりすることができる返済方法です。たとえば、毎月９万円程度の返済額が、ボーナス時併用返済（15 万円／年２回）にすることで毎月７万円程度になるわけです（ボーナス時併用返済を選択された方の返済額は年間返済額の 40 ～ 50%くらいが一般的だと思います）。

月々の返済額が少ないため楽になるイメージですが、注意したいことがあります。ひとつ目は、ボーナス月は毎月返済額に加えてボーナスからも返済する、ということ。

2つ目は、ボーナスは不確定収入だということです。景気や会社の業績に影響されやすいため、ボーナスが減額された場合、住宅ローンにまわしたら手元に残らない、場合によってはボーナス返済分が用意できないということになるかもしれません。

ボーナス時併用返済を選択する場合は、依存しすぎないよう無理のない額に設定するなど、十分に検討して決定しましょう。

■ボーナス時併用返済では返済額の設定に注意!

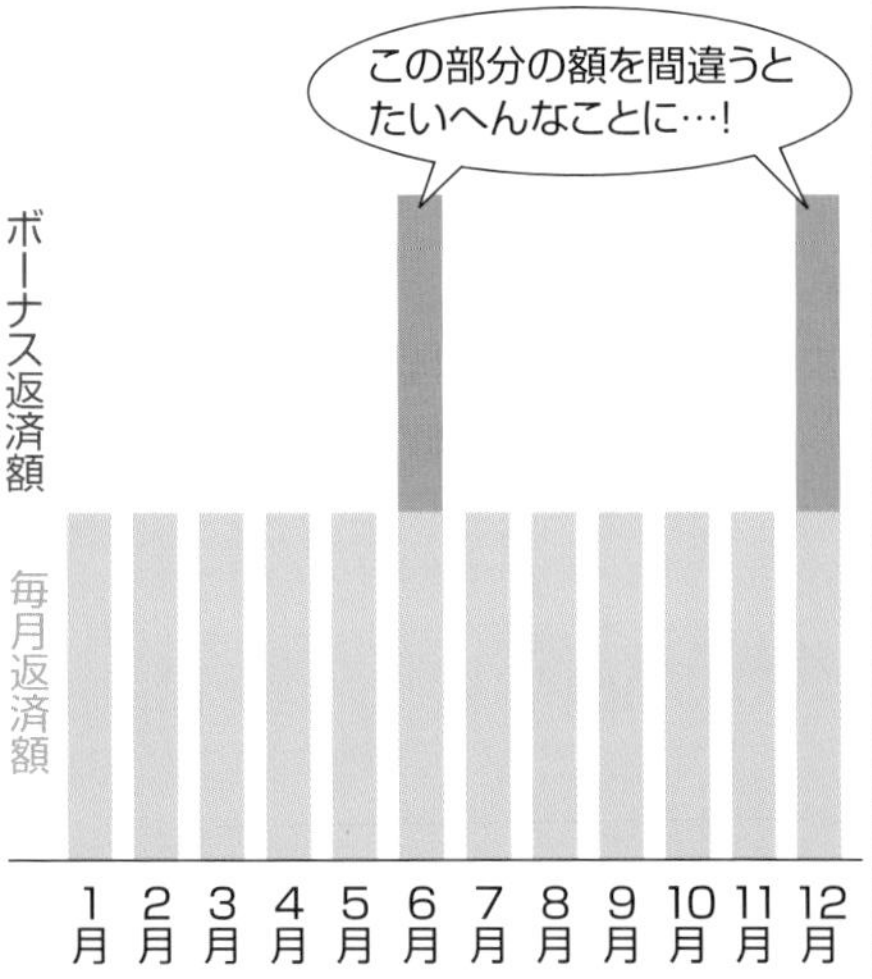

ボーナス時返済額はボーナス支給額の 20 ～ 30 %に抑えるのがよいといわれています。ボーナス返済に不安があるなら併用返済にせず、ボーナスを貯蓄して繰上げ返済に充てる方法も検討しましょう。

PART 3

マイホームのための土地選び

家族にとって、最高の土地を見つける

そこでの暮らしをリアルに想像してみよう

100％理想の土地はない、と心得る

　家づくりを成功させるために、間取りや住宅会社の選定と同じくらい大切なのが土地選びです。家は建て替えられますが、土地はそう簡単に移ることはできないので、なおさら慎重に選びたいものです。

　では、家族にとって最高の土地とはどんな土地でしょうか？　地盤の強い土地、通勤・通学、買い物に便利、公園が近くにあって、交通量が少なくて、実家にも近くて…などなど、欲しい環境をあげていけばキリがないと思います。

　しかし、そのすべてがかなう土地を見つけるのは相当たいへんなことです。地域によっては「ごく普通に道路に接している整形の土地」を探すだけでも難しい可能性もあります。

■土地の希望条件・候補地記入シート

書き込む!

エリアの希望は？

第１希望（例：○○小学校学区）

第２希望

第３希望

その他の希望は？

広さ（坪・㎡）

価格

土地の条件（例：南道路、高台）

各候補地の特徴は？

	例	候補地１	候補地２	候補地３
住所・広さ・価格など	○○町１丁目１ 35坪／1800万円 南西角地			
最寄駅までの時間、環境など	徒歩10分 道は夜間も明るい			
通勤・通学の時間、環境など	○○小学校まで徒歩10分 通学路の交通量は少ない			
商業施設までの時間、環境など	スーパーまで自転車で５分 コンビニまで徒歩９分			
病院までの時間、環境など	○○総合病院までバスで８分			
周辺環境	近くに空き地あり（住宅地）			

優先順位をつける

まずは、希望の条件をあげ、右ページのシートに沿って優先順位をつけていきましょう。

もしも就学している子どもを転校させたくなければ、学区内で見つけることが最優先になりますし、介護する家族がいれば買い物や通院の便、自治体のサービスなども重要です。

このように、自然と決まる優先事項に加えて大事な考え方が「家は長く住むもの」ということ。何十年という期間には家族構成、状況も変わります。将来のライフイベントも考え、できるだけ長く快適に暮らせることを念頭に、優先順位をつけていきましょう。

土地の欠点も考え方次第！

一般的に、南道路に面した日当たりのいい土地が好まれますが、北向きの土地でもその分価格が安かったり、間取りによってはプライバシーが守られる家になったりもします。また設計次第で十分な採光を得ることもできます。

嫌われがちな「旗竿地《はたざおち》」も、奥まっている分静かですし、安い変形の土地も個性的な家をつくりたい人には面白いステージになります。

「多くの人にとっての好条件」が自分にとってもそうであるとは限りませんし、土地の欠点は設計でカバーできるものも多いのです。

「どんな家が欲しいのか」を常に頭におき、「この土地ならこんな家を建ててこう暮らす」というように、どのような建物にするのか想像しながら選ぶことが、土地探しの成功のポイントです。

ひとくせある土地も工夫次第で快適・個性的に

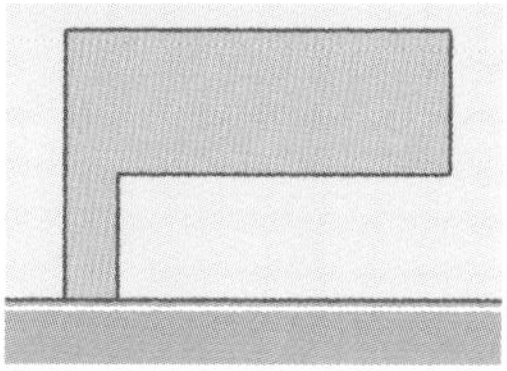

旗竿地

細い敷地を経て公道に面する、旗の形をした土地。

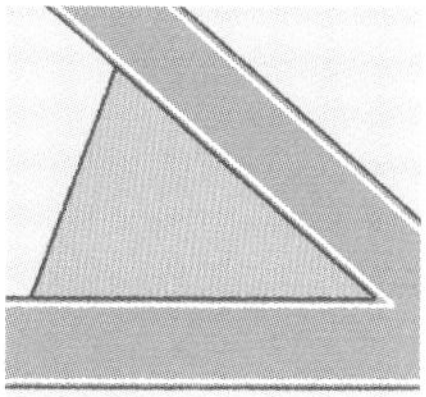

変形地

道路の関係で、細長い形や、三角形・五角形になっている土地。

考え方次第で…

細い敷地を、遊び心のある個性的なアプローチに

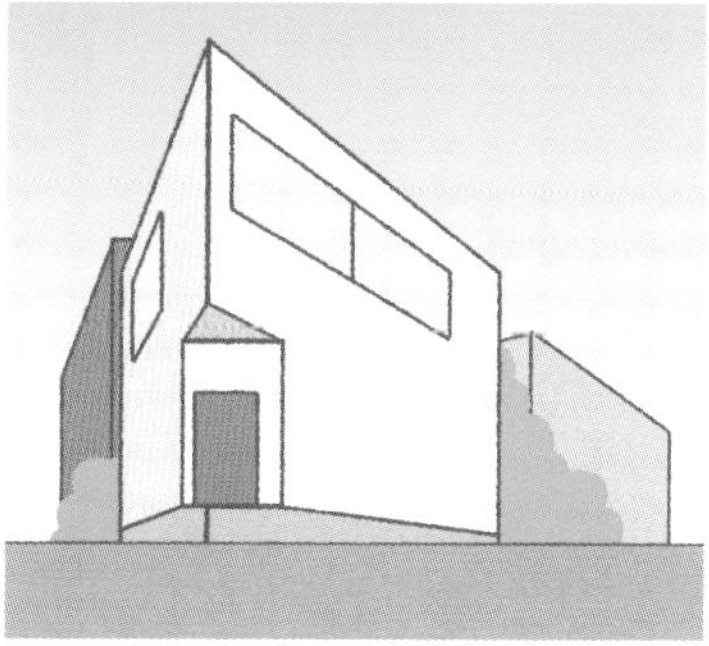

四角ではないからこそ、通風・採光面のメリットや面白味が生まれることも

土地は売値だけで選んではいけない

「住めるようになるまでいくらかかるか？」を考える

「土地代」以外の部分にも着目

購入しようとしている土地が高いか、安いかは、販売価格だけで判断してはいけません。なぜなら、それは「現状のまま」で購入した場合の価格であることが多いからです。

土地に家を建てて生活できるようにするには、さまざまな工事が必要になります。上下水道の引込み、盛り土などの造成工事や擁壁《ようへき》工事、電柱の移設、歩道の切り下げ、古家が建っているなら解体工事も必要です。

場合によっては浄化槽や都市ガスの引き込み、農地転用認可費用がいることもあります。

また108・112ページでも詳しく述べますが、地盤が弱い場合は改良工事が必要です。どんな付帯工事が必要かを調べて費用を計算し、資金計画に落とし込んでから購入しましょう。

土地の特性によって費用がかかるケース

宅地でない

農地の場合は農地転用申請、農作物の撤去や畑土の処分、地目変更登記費用も必要。

隣地、道路との高低差がある

高低差が大きいと、擁壁工事の費用が多額になる。

インフラ整備されていない

上下水道、道路、電気などの整備がされていないと、それぞれの工事費用が発生。

地盤が弱い

地盤調査の結果により、地盤改良工事が必要。費用は数十万円～百万円単位まで幅広い。

各規制地域である

各県、市町村による規制地域に該当すると、建築確認申請以外に各規制による申請業務が必要。

境界杭がない

購入後に境界確定測量費用が発生することも。購入する前に売主、隣地所有者立会いで境界を確定し、杭を設置しておかないとトラブルのもとに。

■土地の造成あれこれ

擁壁

崖地や傾斜地、盛り土をした土地の段差が崩れないように設けられる、のり面を保護する壁。土留めとも言う。構造別に数種類の方式がある。

L 字型擁壁

鉄筋コンクリートなどでできた、下部の基礎部分と壁部分から成る擁壁。

玉石積み擁壁

丸みのある石を積む方式。石の目地をコンクリートなどで固める練積みなどがある。

間知ブロック擁壁

一辺が30㎝前後の正方形または長方形のブロックを積み、裏側や目地をコンクリートなどで固める。

盛り土

斜面や低い土地に土砂を盛って、平坦にしたり高さを確保したりする工事。しっかりとした擁壁工事や締固めをしないと、雨などにより沈下することもある。なお、斜面を削って平坦な土地にすることを切り土という。

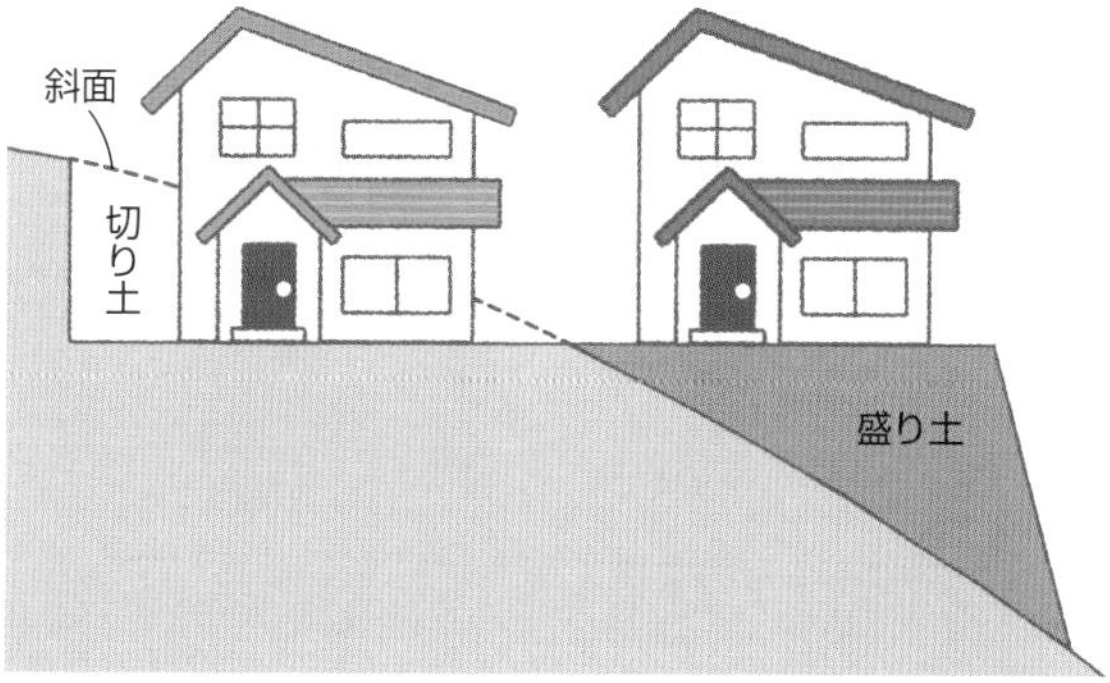

斜面の宅地造成では、切り土と盛り土の両方が施されることが多い。

土地広告のチェックポイント

広告の特性を正しく知って活用しよう！

小さな文字ほど要チェック

土地広告は、アンテナを張り巡らせていると比較的入手しやすい、手軽な情報源です。うまく活用するためにも、記載されている内容を正しく理解することが大切です。

広告には消費者保護を目的とした規制がいくつもあり、物件を実際以上によく見せようとする誇大表現や不当な表示は宅地建物取引業法で規制されています。とはいえ、おとり広告や不当表示に近いギリギリの表現も見られるのが現状なので、やはり慎重な確認は必要です。

一般に、売主が強く宣伝したいことは大きな字や赤文字などで表示され、逆に買主にあまり知られたくないことほど目立たないように書かれていることが多いので、小さな情報ほど読み飛ばさずにチェックするべきです。

■折り込みチラシの見方

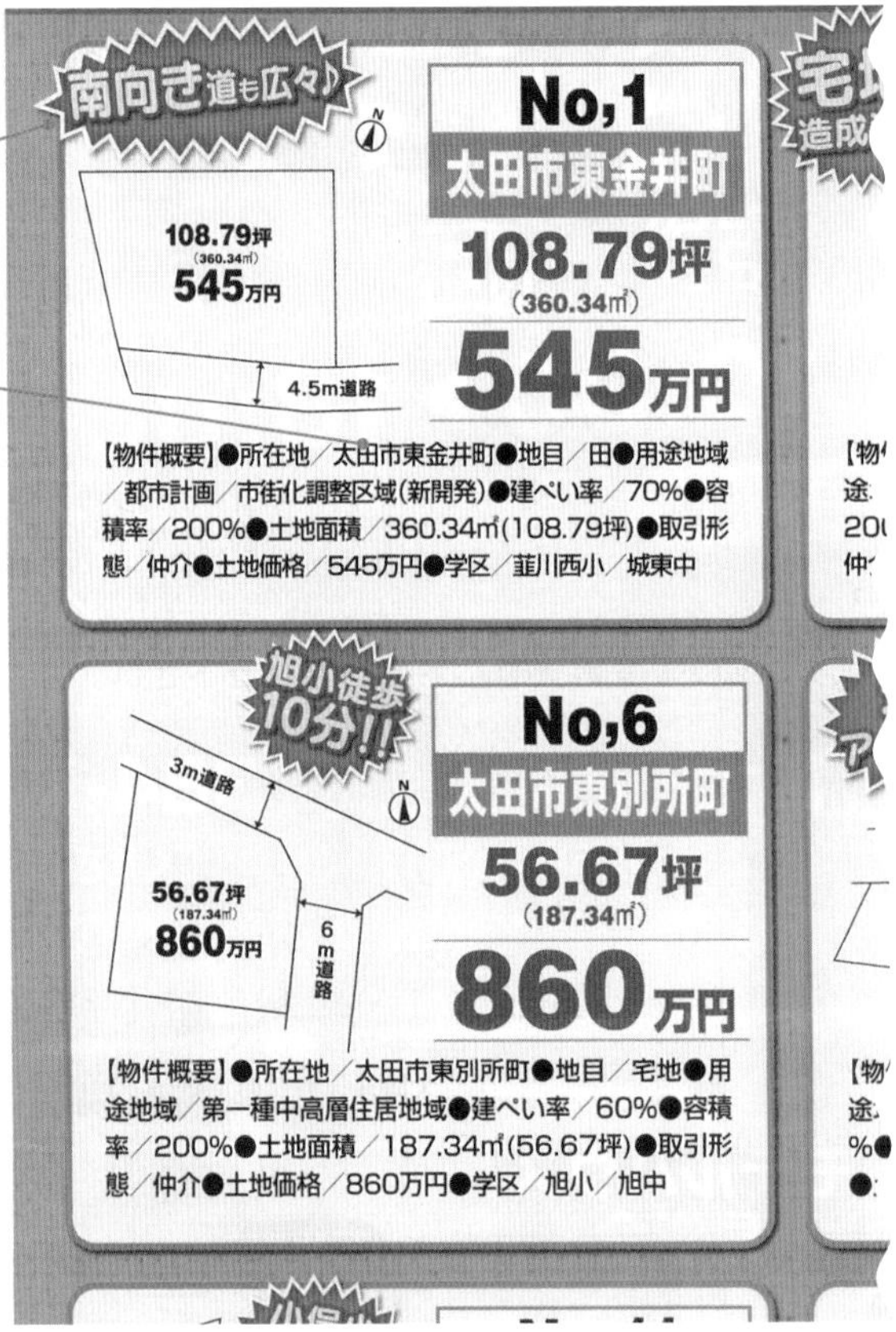
一番の売り言葉は大きく表示されている。
詳細な住所は明記されていないことが多い。

■売地チラシの見方

建築条件

「条件なし」なら好きな住宅会社で家を建てることができる。「条件付き」なら指定されている住宅会社で建てることになる。「条件付き」の場合は間取りプランも記載されていることが多い。

徒歩所要時間

小学校や最寄駅などの施設からの距離は、80mを1分として表示される。

土地面積

㎡で表記されている場合3.3で割ると、おおむねの坪数（1坪＝畳2帖分）になる。また、のり面（斜面）が含まれている場合は「有効面積」として記載される。

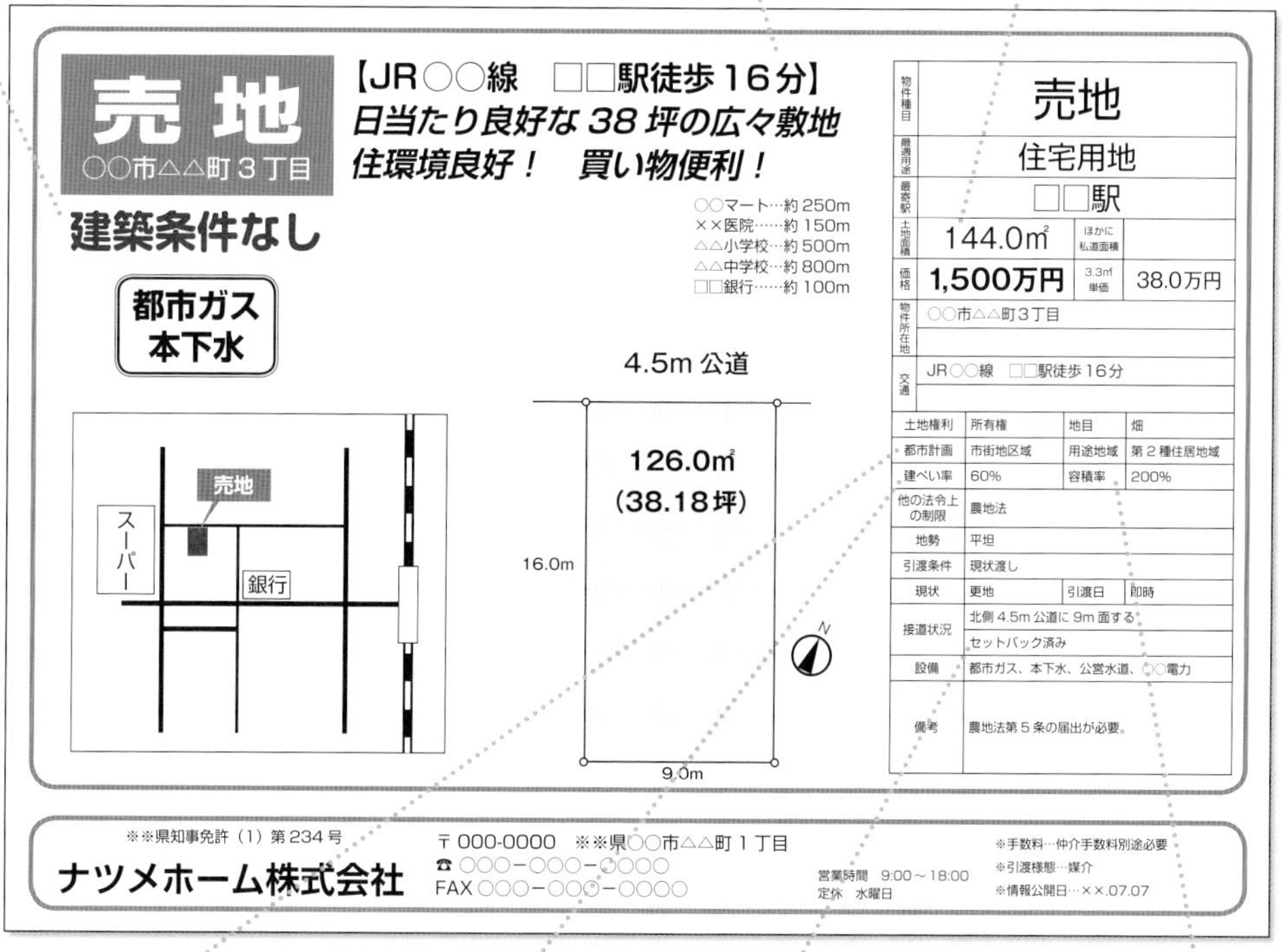

物件種目	売地		
最適用途	住宅用地		
最寄駅	□□駅		
土地面積	144.0㎡	ほかに私道面積	
価格	1,500万円	3.3㎡単価	38.0万円
物件所在地	○○市△△町3丁目		
交通	JR○○線　□□駅徒歩16分		
土地権利	所有権	地目	畑
都市計画	市街地区域	用途地域	第2種住居地域
建ぺい率	60%	容積率	200%
他の法令上の制限	農地法		
地勢	平坦		
引渡条件	現状渡し		
現状	更地	引渡日	即時
接道状況	北側4.5m公道に9m面する		
	セットバック済み		
設備	都市ガス、本下水、公営水道、○○電力		
備考	農地法第5条の届出が必要。		

都市計画

市街化調整区域となっている場合、原則として建物が建てられないので注意が必要。

建ぺい率

土地の面積に対する建築面積の割合のこと。%の数値が大きいほど面積の大きな建物が建てられる。

セットバック

幅4m未満の道路に面する土地は、道路の中心線から2mは建物を建てることができない。このため道路と土地の境界線を後退させることをセットバックという。「セットバック済み」は、セットバック工事が済んでいることを示す。

容積率

土地の面積に対する延床面積の割合のこと。%の数値が大きいほど延べ床面積の大きな建物（2階建て・3階建てなど）が建てられる。

その土地の履歴を調べる

「田んぼだった」「工場だった」…土地の前身にはヒントがいっぱい！

土地のルーツは手間をかけても知る価値あり

　購入を検討している土地のルーツを知ることは、土地の価値、使い勝手を知る上でとても重要です。ルーツとは、どんな歴史をもつのか、もともとはどんな使われ方をしていたのか、ということ。その履歴を知ることで、今後のさまざまなことが予測できます。

　たとえば、昔は田んぼや沼で、埋め立てて住宅用の土地として開発した土地なら、地盤が弱い可能性があるため改良工事に高い費用が必要になるかもしれません。

　また、工業専用地域だった場所が、新たに宅地となることもあります。工場で有機素材や有毒物質などを扱っていた場合は土壌が汚染されている可能性もゼロではありません。

　実家の近所など、土地勘のある場合はいいのですが、よく知らない場所で土地の購入を考えている人は、少し手間をかけてでもルーツを調べておきましょう。

ルーツの調べ方

　土地の履歴を知る方法は、土地勘のある地元の不動産業者や住宅会社、市区町村の役所に問い合わせる他、近所に長く住んでいる人に聞くのも有効です。

　比較的最近の情報が載っている資料に電子データ化された「登記事項証明書」がありますが、昔の情報が知りたい場合は法務局が管理している昔の登記簿謄本である「閉鎖謄本」や「土地台帳」のほうがおすすめです（閉鎖謄本の閲覧などは手数料がかかります）。

　さらにさかのぼって調べたい場合は、「○○区の歴史」「○○区の古地図」などを、役所の資料室や地域の図書館であたってみるとよいでしょう。

専門家からひとこと！

地名で軟弱地盤がわかる？

　地名に「水」「川」「沼」など、水に由来する言葉がついている場所は、軟弱地盤の可能性があります。地名は、先人たちが経験の中から、地盤や地形の特徴を後世に伝えるために、残していることが多く見受けられるからです。建設予定地にこれらの文字がついていたら、きちんと調査することをおすすめします。

専門家からひとこと！

気にする人は気にする？「心理的瑕疵物件」

　地盤が弱い、2階建ての建物が建てられない、など、家を建てるにあたって明らかに問題がある物件ではないのですが、過去に「お墓だった」「火葬場があった」など、人によっては嫌がる履歴がある土地のことを「心理的瑕疵《かし》物件」といいます。業者に告知義務がないケースも多いので、気になる方は、やはり調べたほうがいいでしょう。

■土地登記簿謄本（登記事項証明書）はここをチェック！

表題部
土地の所在地、地番、地目（現状）、地積（面積）などが記載される。マンションなどの場合は、その建物の敷地に関する権利（敷地権）が記録される場合がある。

地図番号
ここに記載がない場合は、実在する土地かどうかが不明なケース、境界線が明確でないケースが考えられるので要注意。

地目
「宅地」ならすぐに建築することが可能だが、「畑」「田」となっている場合は農地法による許可が必要。

権利部（甲区）
土地の所有権に関する事項が記載される。所有者が誰で、いつ、どんな原因（売買，相続など）で所有権を取得したかがわかる。差し押さえ、仮差し押さえなどがある場合もここに記載される。仮差し押さえ、仮登記等が抹消されていない場合は契約しないほうが無難。

権利部（乙区）
抵当権など、所有権以外の権利に関する事項が記載される。

抵当権抹消
抹消されていない登記が残っている場合は注意が必要。せっかく購入した土地が、後になって競売にかけられる可能性もある。

○○県○○市△△１丁目 234　　全部事項証明書　　（土地）

表　題　部（土地の表示）		調整	平成 15 年 1 月 1 日	不動産番号	0123456789
地図番号	余白	筆界特定	余白		
所　在	○○市△△１丁目			余白	
①地番	②地目	③地積　㎡		原因及びその日付〔登記の日付〕	
234 番	畑	1000		余白	
余白	余白	余白		昭和 63 年法務省令第 37 号附則第 2 条第 2 項の規定により移記 平成 15 年 1 月 1 日	

権　利　部（甲区）　（所有権に関する事項）

順位番号	登記の目的	受付年月日・受付番号	権利者その他の事項
1	所有権移転	昭和 45 年 1 月 1 日第○○○○号	原因　昭和 44 年 10 月 10 日相続 所有者　○○市△△１丁目 5 番 6 号 順位 1 番の登記を移記
	余白	余白	昭和 63 年法務省令第 37 号附則第 2 条第 2 項の規定により移記 平成 12 年 1 月 1 日
2	所有権移転	平成 15 年 1 月 1 日 第△△△△号	原因　平成 15 年 1 月 1 日売買 所有者　○○市△△ 2 丁目
3	所有者移転	平成 21 年 1 月 1 日 第□□□□号	原因　平成 21 年 1 月 1 日売買 所有者　○○市□□町 1 番地の 1 ○○市土地開発公社

権　利　部（乙区）　（所有者以外の権利に関する事項）

順位番号	登記の目的	受付年月日・受付番号	権利者その他の事項
1	抵当権設定	平成 15 年 1 月 1 日 第△○△号	原因　平成 15 年 1 月 1 日金銭消費賃借同日設定 債権額　3,000 万円 利息　年 2.500% 損額金　年 15% 債務者　○○市△△ 5 丁目 2 番地の 3 夏目太郎 抵当権者　○○市※※町五丁目 1 番地 1 ▽△▽農業協同組合　（取扱店　△△支店） 共同担保　目録（つ）第△○△○号
2	1 番抵当権抹消	平成 20 年 1 月 10 日 第※○※○号	平成 20 年 1 月 10 日放棄

ハザードマップを確認しよう

自然災害の危険性を知っておくことが大切！

いざというときに慌てず避難行動できる

ハザードマップは、被害予測地図、防災マップなどとも呼ばれます。

さまざまな自然災害（洪水、土砂災害、火山災害、河川の氾濫など）を予測し、地域によって起こりうる被害の範囲や程度、避難経路や避難場所などの情報が地図上に示されており、自然災害が起こったときに、その地域に住む人たちが迅速に避難行動できることを目的に作成されています。

近年、大地震だけでなく、河川の氾濫による被害が多く報告されていることで、その重要性が一段と高まってきています。土地購入の際には、必ず参考にするようにしてください。

ハザードマップは多くの市町村ごとに配布されているほか、国土交通省の「ハザードマップポータルサイト」でも確認できます。

■「ハザードマップポータルサイト」を活用する

全国の市町村が作成したハザードマップをより便利に、より簡単に活用できるようにするために国土交通省が公開しているサイト。

➡https://disaportal.gsi.go.jp/index.html

ハザードマップポータルサイト
○ 災害から命を守るためには、身のまわりにどんな災害が起きる危険性があるのか、どこへ避難すればよいのか、事前に備えておくことが重要。
○ 国土交通省では、防災に役立つ様々なリスク情報や全国の市町村が作成したハザードマップを、より便利により簡単に活用できるようにするため、ハザードマップポータルサイトを公開中。
重ねるハザードマップ（平成26年5月～）
防災に役立つ様々なリスク情報を1つの地図上に重ねて表示
ピクトグラムから選択
洪水浸水想定
土砂災害警戒区域等
津波浸水想定
道路防災情報
洪水浸水想定＋道路防災情報
重ねたい情報をパネルから選択
わがまちハザードマップ（平成19年4月～）
全国各市町村のハザードマップを検索
①市区町村名を選択
②ハザードマップの種類を選択
洪水ハザードマップ
土砂災害ハザードマップ
津波ハザードマップ
高潮ハザードマップ
火山防災マップ

とくにおすすめなのが「重ねるハザードマップ」。防災に役立つさまざまなリスク情報を1つの地図上に重ねて表示できるので、災害別に具体的な対策を検討することができる。

全国の市町村が作成したハザードマップを閲覧するだけなら、「わがまちハザードマップ」が便利。

■ハザードマップを見てみよう

実際のハザードマップがどのようなものか、足利市のものを紹介します。

［足利市ハザードマップ］ https://www.city.ashikaga.tochigi.jp/uploaded/attachment/22977.pdf

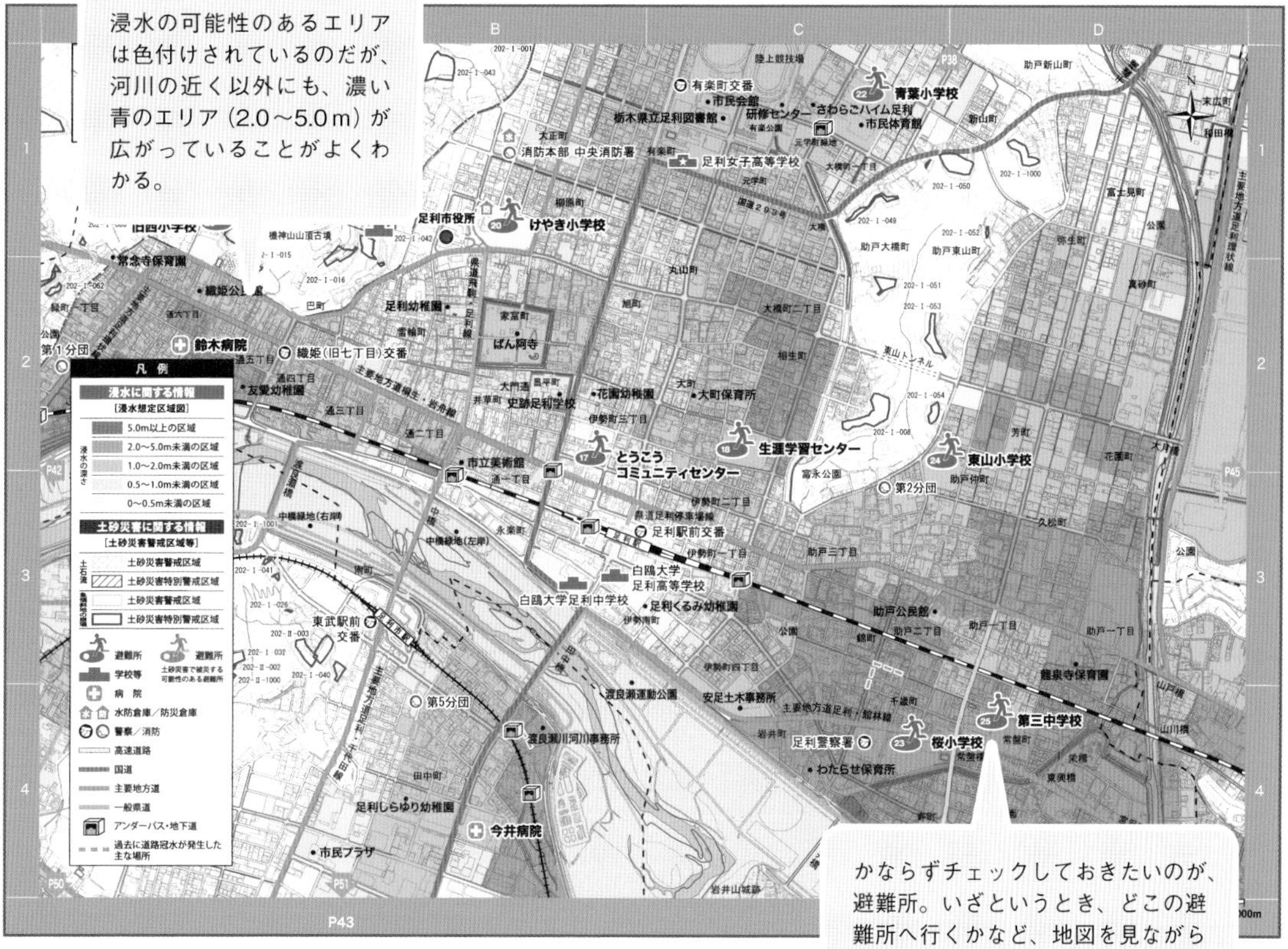

浸水の可能性のあるエリアは色付けされているのだが、河川の近く以外にも、濃い青のエリア（2.0～5.0m）が広がっていることがよくわかる。

かならずチェックしておきたいのが、避難所。いざというとき、どこの避難所へ行くかなど、地図を見ながら家族で話し合っておくことも大切。

専門家からひとこと！

その地域の災害被害の履歴も参考に！

私の近隣で起こった台風被害のときには、ハザードマップでは安全とされていた場所でも河川の氾濫による被害がありました。こういった経験もいずれハザードマップに加味されていくとは思いますが、土地を選ぶときには、その地域に古くから伝わる災害に関する言い伝えの情報なども参考にしてみたほうがよいと感じています。

土地見学のチェックポイント

時間・曜日・天気を変えてチェック＆眺望確認も！

さまざまな生活シーンを想像してみる

どんなに気に入った土地でも、購入を決める前に「複数回」見学に行くことをおすすめします。

季節（季節ごとの見学は現実には難しいですが）や時間帯、平日か休日か、また天候によっても土地の印象は大きく変わります。たとえば、日曜日は静かでも、平日は交通量が増えて車の騒音が気になったり、近くの工場の作業音がうるさかったりすることもあります。夜になると近所の飲食店に人が集まり、落ち着かない雰囲気になるかもしれません。

また、見学時の大事なポイントが、家からの眺望をバーチャルで試してみること。敷地の外からだけでなく、家が建ったところを想像し、「リビングからの眺め」「玄関を出たら見える風景」などを思い浮かべてみてください。

■土地を採点してみよう！

書き込む!

土地採点表　●採点…10点満点で、NG：0点、普通：5点、優良：10点

	第１候補	第２候補	第３候補	第４候補	第５候補
場所	町　丁目 点	点	点	点	点
価格	点	点	点	点	点
広さ	点	点	点	点	点
日当たり	点	点	点	点	点
周辺の交通量	点	点	点	点	点
周辺の環境	点	点	点	点	点
合計	点	点	点	点	点
感想					

※家族がそれぞれ採点してみましょう。

■土地見学のポイント

近隣環境

□ゴミ置き場の位置はどこか？
□隣地の植栽などが越境して置かれていないか？
□近隣住民の年齢層、雰囲気は自分たちと合いそうか？
□近隣に独自の風習はないか？

悪天候時の様子

□集中豪雨のときなど、敷地や道路は冠水しないか？（近隣への聞き込みも）

休日と平日の様子の違い

□平日と休日で近隣の交通量、人通りなどの雰囲気はどう違うか？

安全性

□交通量はどうか？
□土砂災害の危険性はないか？
□周囲に急坂、急階段はあるか？
□高齢になったときに生活しやすいか？
□まわりの街灯の状況はどうか？

近隣の空き地や駐車場

□日当たりや眺望に影響しそうな建物が建つ可能性のある空き地はないか？
□該当する用途地域は？　建築に制限はないか？

昼間と夜間の様子の違い

□夜間、街灯が少ない、人通りがないなど不安な要素はないか？
□居酒屋などが近所にあり、自宅周辺が酔客の通り道になることはないか？

利便性

□通勤、通学先への所要時間、ルートは？
□電車、バスの発着頻度、最終時間は？
□スーパー、コンビニ、病院、役所までの距離は？

両隣の建物

□隣家の大きさや高さ、窓の位置など自分の家に影響しそうなところはないか？

見学時の持ち物

候補地を比較するときに記録は必須。メモには見学した曜日、時間帯、天候も書いておくこと。また、できるだけ複数の人数で行き、多くの目でチェックしましょう。

●持ち物リスト

□カメラ
□ビデオ
□メモ（右ページの土地採点表も）
□メジャー
□方位磁石

信頼できる不動産業者を選ぼう

土地だけでなく、建物の知識があるとベター

土地の情報だけでは不十分

後悔のない土地を購入するためには、不動産業者選びも重要なポイントです。

不動産業者の中には、土地には詳しくても建物に関する知識に乏しい人たちもいます。建物の打ち合わせをしないまま土地の情報だけで契約してしまい、いざ設計段階になったら「この土地では希望の間取りやデザインの家が建てられなかった！」というケースもあります。

一見、問題のない土地でも、たてこんだ住宅地などではさまざまな制限がかかっていることも少なくありません。極端な例では三階建てを希望していたのに、高さ制限にひっかかってかなえられないこともあるのです。

買ってから後悔しないためには、建物の知識にも精通した業者を選ぶことが大切です。そして土地を購入するときは、ある程度建てたい家の大きさや形、庭などをイメージしておき、「この土地で実現できるか？」を事前に確認してから、が鉄則です。

地元で長く営業している業者なら安心

基本的に、不動産会社は仲介手数料（物件価格の３％＋６万円＋消費税）を得るのが最大の目的です。

住宅とは違い、土地にはアフターサービスがありませんので、自分のところで建物を建てない業者は土地を売ることだけが目的になります。早く契約してしまいたいため、マイナスになる情報はあまり話したがりません。

そういう意味でも、地元で長く信頼を得ている建物の知識も豊富な業者か、土地購入から建物のアフターメンテナンスにも責任をもつ住宅会社と協議しながら進めていくべきです。

その土地、本当に希望通りの住まいが建てられますか？

専門家からひとこと！

土地購入のコツ

不動産業者が売主の土地は、仲介手数料がかかりません。また、買主が親戚や友人から直接購入するときは、司法書士などに手続きをお願いすることで仲介手数料をなくすこともできます。ただし、直接取引のときこそ、土地や建物に精通したプロに、後々トラブルにならないように事前調査をしてもらうことをおすすめします。

■信頼できる不動産業者 vs. 注意が必要な不動産業者

信頼できる不動産業者

- 会社の規模に関係なく、地元での取引実績がたくさんある
- 顧客のこだわりや妥協点をしっかりと聞き取ってくれる
- 20年先、30年先も視野に入れたアドバイスをしてくれる
- 建物の知識がある
- 地域の土地情報を豊富にもっている
- 対応がスピーディで誠意が感じられる
- 検討中の土地のメリット・デメリットをきちんと説明してくれる
- 契約を急がせない

注意したい不動産業者

- 要望もあまり聞かずに、たくさん物件を提示してくる
- 質問に対する返答が遅い
- 土地や建物に対する知識が少ない
- 地域のことがよくわかっていない（移転してきたばかり）
- 的外れな物件ばかり紹介してくる
- 物件のいいことしか言わない
- 契約を急がせる

■仲介の仕組み

実は、仲介手数料というのは思った以上に高額です。ここで仲介の仕組みを把握しておきましょう。

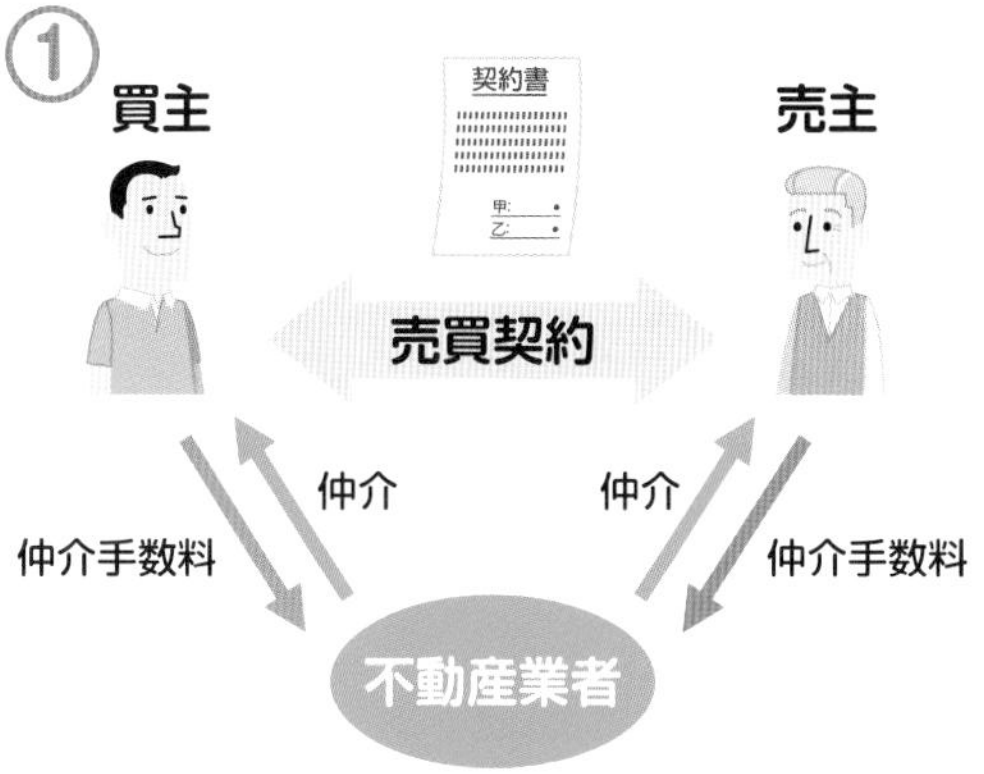

売主と買主の間に仲介業者が1社入る、一般的な仲介のタイプ。このタイプでは、不動産業者（仲介業者）は売主・買主双方から仲介手数料を得る。

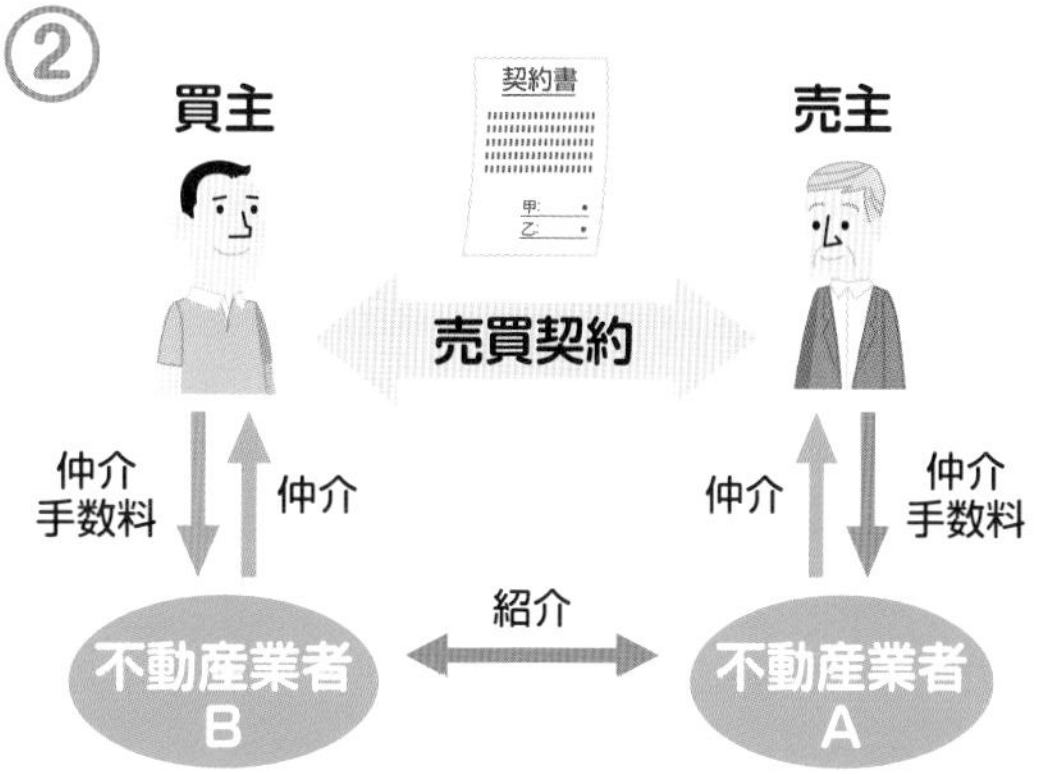

売主・買主の間に2社以上の仲介業者が入るタイプ。売主側の仲介業者は売主から、買主側の仲介業者は買主からそれぞれ仲介手数料を得る。

土地契約の際に注意したいこと

契約の進行に合わせてさまざまなチェックを！

土地契約はこう進む

　土地の購入を決める場合は一般的に「買付証明書（購入申込書）」を提出し、手付金（契約金の10％が目安）を支払うことから始まりますが、その他にもさまざまな手順があります。

　売買契約を結ぶ前に、宅地建物取引主任者が書類を確認しながら口頭で重要事項を説明します。土地が相続物件だったり、複数の人の名義になっていると、思わぬトラブルがあったり、引渡しまでに時間がかかったりしてしまうことがあるので、そのあたりのチェックは必要です。なお、土地面積についての確認も必要。これは登記簿面積と実測面積が違う場合があるためで、後日、実測が行われるわけですが、その結果、面積に差があった場合は差額精算をします。

　なお、手付金を支払った後に購入を

土地購入の手順

1. **購入する土地を決める**

▼

2. **「買付証明書（購入申込書）」提出**
(購入金額、引渡し条件の交渉)

▼

3. **「重要事項説明書」をチェックする**

▼

4. **宅地建物取引主任者による重要事項の説明**

▼

5. **売買契約を結ぶ**（手付金支払い）

▼

6. **残金決済と所有権移転登記、抵当権設定登記**
(司法書士)

重要事項の説明でチェックすること

①説明前の基本的な確認
- 説明者が確かに宅地建物取引主任者か？

②物件の基本的な確認
- 所在地や登記内容など、物件の特定はできているか？
- 抵当権などがついていないか？

③法令上の制限についての説明
- 土地利用の制限はないか？
- 予定通りの家が建てられるか？
- 土地代金以外の費用負担はないか？

④インフラ整備についての説明
- 水道・電気・ガスなど、インフラは整備されているか？
- 私道利用など、特別な負担はないか？

⑤その他の制限についての説明
- その他、土地の利用に制限はないか？
- その他の費用負担はないか？

取りやめると手付金は戻らないことが通例なので、注意してください。

土地購入後は、必ず登記を行います。これは法務局が管理する登記簿に土地の所在地や面積、所有者の情報などを登録するものです。ローンを組んだ場合は抵当権設定登記も併せて行います。この登記は司法書士に依頼するのが一般的です。

支払い条件・タイミングにも注意して

特に問題なく売買契約に向けて動き出した場合でも、チェックしていかなくてはならないことはあります。

忘れてはならないのは、お金の支払額や支払うタイミングに問題がないかどうか確認すること。土地購入代金を住宅ローンなどの借入れで支払う場合は、お金の振込みと支払いのタイミングがずれないよう、金融機関との打ち合わせも必要になります。

この時点で、住宅会社への支払い条件も視野に入れておくことも大切です。65ページで作成した資金計画表をもとに、頭金や諸経費についても考えておきましょう。

土地の「公簿売買」と「実測売買」とは？

土地には、「実測売買」と「公簿売買」がある！

公簿売買の場合、契約書に「本物件の売買対象の面積は表記の面積とし、実測面積との差異が生じたとしても、売主・買主は売買代金の増減請求その他、なんらの異議を申し立てない」という決まり文句が入ります。
つまり、「後から実際に測量した面積と契約書の面積が違っても、価格は変わりませんよ」ということです。

「実測売買」とは…
「実際に測量した面積に基づいて売買する」こと

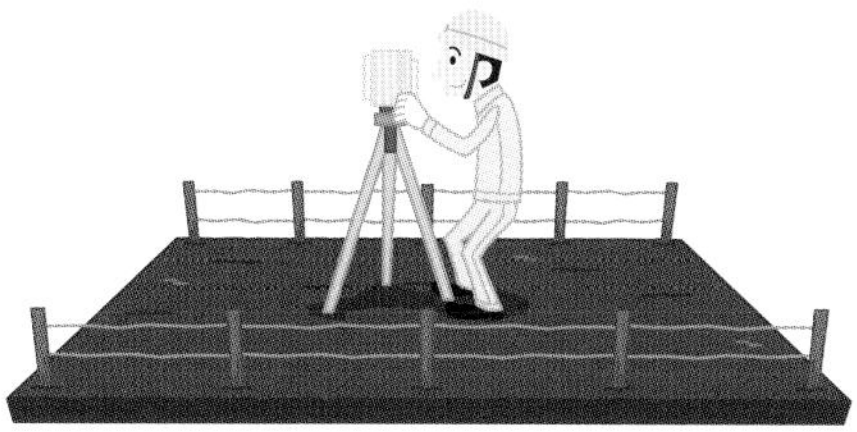

「公簿売買」とは…
「登記上の面積に基づいて売買する」こと

古くからの宅地や、畑を宅地にした分譲地では公簿売買は珍しくありません。なお、「登記簿の面積により売買を行い、後に実測した面積との差を精算する」といった実測売買と公簿売買の併用売買もあります。購入の際は、営業担当者に「実測売買」「公簿売買」「併用売買」の別を確かめ、公簿売買だった場合は土地の再測量を業者に依頼しておくことも必要です。

開発分譲地購入のメリット

ご近所となじみやすい、価格が明確など、開発分譲地にはメリットがたくさん！

「開発分譲地」と「一般住宅地」

住宅地には、大きく分けて「開発分譲地」と「一般住宅地」があります。開発分譲地とは、住宅地のために新たに造成された土地のこと。変形地や奥まった土地がなく、きれいに区画整理されています。

一般住宅地は、昔からある住宅地の中の土地です。それほど大規模なものはなく、近隣の雰囲気が予想しやすいことが特徴です。

開発分譲地にはいくつかのメリットがあります。それは、近所の人たちの世代や家庭環境が近いこと。新たに土地を購入し家を建てる人たちなので、家族構成やお子さんの年齢なども似ていることが多いようです。また、隣組といった古い風習もないので、昔からある一般住宅地よりも地域になじみやすいということがあげられます。

加えて、一般的にはインフラなどの付帯工事がすべて完了し、すぐに家を建てられる状態で販売されていて、価格もわかりやすくなっています。

土地をまとめて見られるチャンス

さらに、ある程度の規模の分譲地ではいろいろな土地がまとまっているので、比較しやすい面もあります。分譲地内でも、日当たりがいい、土地の形が整形で使いやすい、広さがほどよい、などの土地は人気があり価格も高め、北向きや旗竿地などは価格が低い傾向があります。

分譲地でそれらの土地を並べて見られることで、「求めるわが家像」によっては必ずしも一般に好まれる土地である必要はない、という結論になり、安い価格で満足のいく土地を買えるかもしれません。

その地のポイント

① 単独で販売される土地

- 上下水道や近隣との境界の関係で再測量が必要なケースがある
- 高低差解消のための工事費、建物が建っているときはその解体費用などの付帯費用がかかることもある

② 売主が住宅会社

- ほとんどが「建築条件付き」

専門家からひとこと!

購入の際は交渉してみましょう

「建築条件付き」の土地であっても、長年売れ残っている土地などは価格交渉に応じてもらえたり、場合によっては「建築条件」を外してもらえたりすることもありますよ。

■接する道路と方角でこんなに違う！　土地のメリット・デメリット

北

○ 開放感がある ○ 玄関の位置の自由度が高い × 南からの日照が確保できないことも × 朝日が入らない × 西日が強いので窓の大きさに工夫が必要	○ 価格が安め ○ 居室をすべて南向きにすることが可能 ○ 南側前面を庭にすることが可能 ○ 居室や庭が道路から丸見えにならない × 日照が限定的で、建物プランに工夫が必要	○ 朝日が入る ○ 開放感がある ○ 玄関の位置の自由度が高い × 昼以降の日照が確保できないことも
○ 南向きの居室が確保できる × 朝日が入らない × 西日が強いので窓の大きさに工夫が必要	○ 価格がもっともリーズナブル ○ 駐車スペースの確保が容易 ○ 居室や庭が道路から丸見えにならない × 日照が限定的で、建物プランに工夫が必要 × 四方を囲まれているため防犯・防災の工夫が必要 × 電気引込み工事・屋外給排水工事費が高め × 車の出し入れがしにくい	○ 朝日が入る × 昼以降の日照が確保できないことも
○ 開放感がある ○ 日当たりがよい × 価格が高め × 外構費用が高めになる × 居室や庭が道路から丸見えになることも	○ 日当たりがよい ○ 間口が広ければ各居室の採光が取りやすい ○ 南玄関の見栄えのよいプランが可能 × 価格が高め × 南面に玄関が来ることが多いため南向きの居室数が制限される × 居室や庭が道路から丸見えになることも × 庭が駐車スペースに取られる	○ 資産価値がもっとも高い ○ 開放感がある ○ 日当たりがよい × 価格が高め × 外構費用が高めになる × 居室や庭が道路から丸見えになることも

西　　東

南

地盤について知ろう

地盤対策こそもっとも効果的な地震対策！

建物を守るのは強固な地盤

日本に住む以上、避けて通れないのが地震。さまざまな住宅メーカーが耐震・免震構造をアピールしていますが、「地盤対策こそ重要な地震対策」です。いくら建物の耐震性を強化しても、地盤が弱かったらまったく意味がありません。

　地盤対策をしないと、建物が不ぞろいに沈んでいく「不同沈下《ふどうちんか》」が起こったり、液状化現象などによる外壁の亀裂や建物のゆがみでドア・窓の開閉に不具合などが生じたりすることもあり得ます。

　床に置いたビー玉が止まらずに転がっていく映像をテレビで見たことはありませんか？　あの現象は、施工の不具合が原因のこともありますが、実は、ほとんどが地盤の問題で起こることなのです。

地盤調査にも「セカンドオピニオン」あり

土地を購入したら、必ず「地盤調査」を行います。費用は3～7万円程度。調査の結果、地盤が弱いと判断されれば「地盤改良工事」が必要です。

　実際に工事が必要なケースは、全国平均で約30～40％といわれています。地盤が弱い場合や三階建て、鉄骨鉄筋住宅など、重い家の場合は工事も大がかりになるので、費用も高くなります。20万円程度から１００万円以上と幅広いため、判定が悪かった場合は違う業者で再調査するケースもあります。

　最近は、そうしたセカンドオピニオンサービスを行う業者も増えてきました。最初50万円だった費用が、セカンドオピニオンで15万円の基礎補強だけで済んだケースもあるので、試す価値はあると思います。

■地盤調査ってどんなもの？

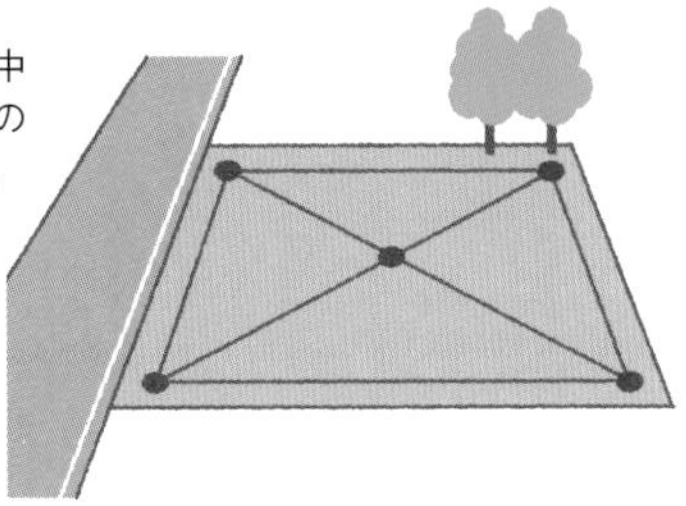

通常は、建物の四隅と中心に当たる5か所以上のポイントで調査を行う。

スウェーデン式サウンディング試験（SWS試験）

木造住宅でよく使われる方法。先端がキリ状になった器具に荷重をかけ、地盤の強さ（N値）を推定する。

PART 4

建物の工法や形について

建物の構造・工法にはいろいろな種類がある

各工法の特徴を知って、建てたい家に合うものを選ぼう

構造は大きく分けて3種類

住宅の構造は、骨組みに使われる材質別に木造、鉄骨造、鉄筋コンクリート造に大きく分けられます。さらに、建築方法（工法）別に、柱や梁などを組んだ骨組みで建物を支える「軸組工法」、耐力壁で建物を支える「壁式工法」などに分かれます。

数ある工法の中でも、日本の住宅建築の50％以上を占めるのが木造軸組工法という、日本古来の工法です。この他２×４（ツーバイフォー）工法、プレハブ工法なども多く採用されています。

工法にはそれぞれ特徴がある

構造・工法にはそれぞれ特徴があり、どの構造・工法を選ぶかは地耐力、建物の規模や希望するデザインなどによ

	鉄筋コンクリート造		その他
重量鉄骨ラーメン工法	鉄筋コンクリート壁式工法	鉄筋コンクリートラーメン工法	ユニット工法
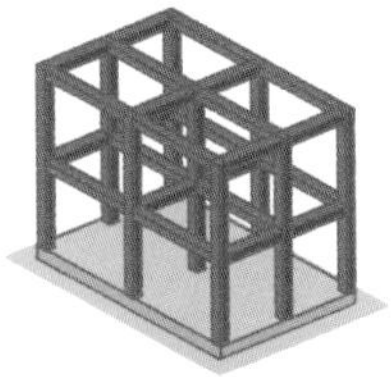	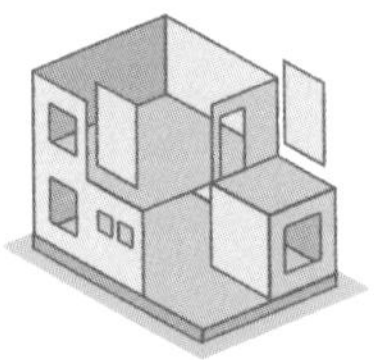	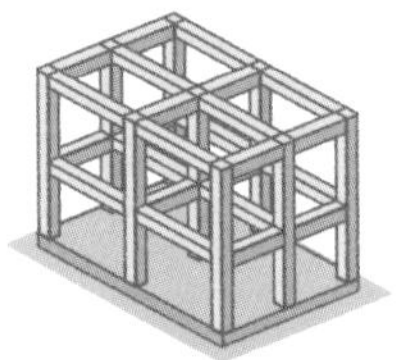	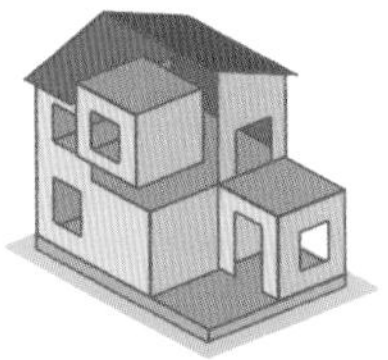
●「ラーメン」はドイツ語で「枠」を意味する。 重量形鋼材の柱と梁をボルトで固定後、接合部を完全に接合する。 ●柱と梁のみで構成されているため、開口部や大空間の確保が可能。	●鉄筋コンクリートの壁と床により構成する工法。柱や梁のでっぱりがないので室内がすっきりする。	●鉄筋コンクリートの柱と梁により構成する工法。設計の自由度が高く、広い開口部や大空間も可能。 ●室内に柱や梁のでっぱりが見えるケースが多くなる。	●各部屋、階段、玄関などをすべてユニット単位で工場生産し、それを現場で組み立てる。 ●ほとんどの工程を工場内で行うため工期の短縮が可能で、大工の技術による差が生じにくい。

っても違ってきます。また、住宅会社によって採用している工法が違ったり、得手・不得手があったりするので、あらかじめ確認しておくことが必要です。

　価格の面では、鉄骨造や鉄筋コンクリート造は一般的に高価格になり、工期面から見ると、鉄骨造・鉄筋コンクリート造は期間が長めになります。

　どの構造・工法を採用するにしても、現在の建築基準法からすると地震に対する強度面では心配はないと思うので、それぞれの特徴をつかんで要望に適したものを選びましょう。

主な構造

木造	住宅建築ではもっとも多い材質。強度の割に軽く、調湿作用がある。他の材質に比べ安価である上、選ぶ木材によっても価格が調整できる。
鉄骨造(S造)	鉄や鋼製の部材を骨組みに用いる。木材よりも強度があり、鉄筋コンクリートに比べ軽く、材質が均一。
鉄筋コンクリート造(RC造)	鉄で補強されたコンクリートを用いた構造。耐震性・耐火性に優れる。重量があるため、しっかりとした基礎が必要。

主な建築工法の特徴

木造			鉄骨造(S造)	
木造軸組工法	2×4工法	木質パネル工法	軽量鉄骨軸組工法	軽量鉄骨ユニット工法
	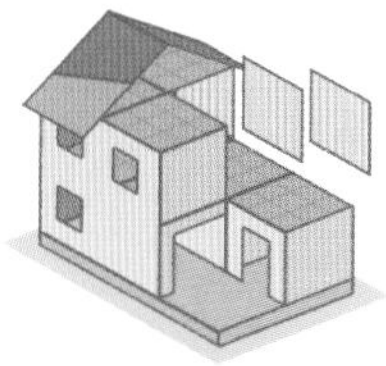			
●日本の伝統的工法で多湿な風土に適する。木材でつくった土台・柱・梁などを軸とした骨組み(点)で、屋根など上からの重みを支える。水平(横)からの力には、壁に入れた筋交いで抵抗する。 ●柱や梁などで支えるため開口部が大きくとれ、増改築にも対応しやすく、プランニングの自由度が高い。	●北米で発達し、普及した工法。 ●2インチ×4インチの木材でつくった枠組に合板を張り、この耐力壁(面)で荷重を支える。耐震性・断熱性・気密性に優れる。 ●面で支えるため、大きな開口部やコーナー部の開口部の確保が制限される。	●複層・強化された木質系パネルでつくった6面体(床・壁・天井)の耐力壁で荷重を支える。	●木造軸組工法の骨組みを軽量鉄骨に置き換えた工法で、一般にプレハブ工法とされる。 ●筋交いには丸い鋼材(ブレース)を用いる。品質が一定していて耐震性・耐風性に優れる。	●工場生産されたユニット単位の部屋またはスペースの一部を現場で組み立てる。 ●軽量鉄骨と組み合わせるパネルには、不燃パネル、ALC系パネルがある。

地盤改良・基礎工事で安心な住まいを

軟弱地盤は改良・補強することで家の傾き防止や耐震性を図る

地盤の弱さによって適切な工法を選ぶ

PART3で、地盤の強度について調査が必要であることを述べました。この地盤の調査結果で軟弱地盤の判定が出てしまった場合は、地盤改良や補強工事が必要になります。これをしないと、建物が傾く「不同沈下」が起こってしまうからです。逆に言えば、地盤をしっかり改良・補強することで、安全な家を建てることが可能になります。

地盤の改良や補強工事には主に、表層改良《ひょうそうかいりょう》工法、柱状改良《ちゅうじょうかいりょう》工法があります。工法それぞれに特徴があり、土質や軟弱地盤の深さによって適切な方法が選ばれます。

価格的には表層改良工法がもっとも安価で、つづいて柱状改良工法、鋼管《こうかん》杭打《くいうち》工法の順に高額になります。判定された施工深度で費用が変わるので、見積もりをとって確認しましょう。

地盤改良・補強の次は基礎工事

地盤改良・補強工事が済んだら、次は基礎工事です。

建物の足元を支える大切な箇所である基礎は、鉄筋とコンクリートでつくられます。

工法は大きく分けて、ベタ基礎と布基礎があります。ベタ基礎はその名の通り、家の建つ面上すべてにベタッとコンクリートを施工し、基礎全体で荷重を受けるものです。布基礎は、家の外周部と重みがかかる部分に逆T字型の基礎を設置し、ここで荷重を受ける構造です。中には住宅会社独自の工法で施工している会社もあります。

現在はベタ基礎工法が主流ですが、地盤の強度や建物の構造、施工条件などに応じて適した工法を選択することが大切です。

平成7年の阪神淡路大震災以降、住宅の基礎はたいへん進歩していて、かなり強いものになっています。また、基礎工事は住宅品確法（住宅品質確保促進法）の10年間の瑕疵担保保証の対象となる主要構造部分であり第三者機関の検査も入るので、ある程度の安心はできると思います。

基礎工事をチェックしよう

家の基礎は、家が建った後に補修・補強するのは容易ではありません。ですから、基礎工事の間はできるだけ足を運んで施工具合をチェックさせてもらいましょう。

また、同じベタ基礎でも会社によって鉄筋の太さや配筋寸法、立ち上り部分の高さ・幅に違いがあります。その辺りについても事前に確認し、打ち合わせ通りに施工されているか確認するのもよいでしょう。

■地盤の改良・補強工事

柱状改良工法

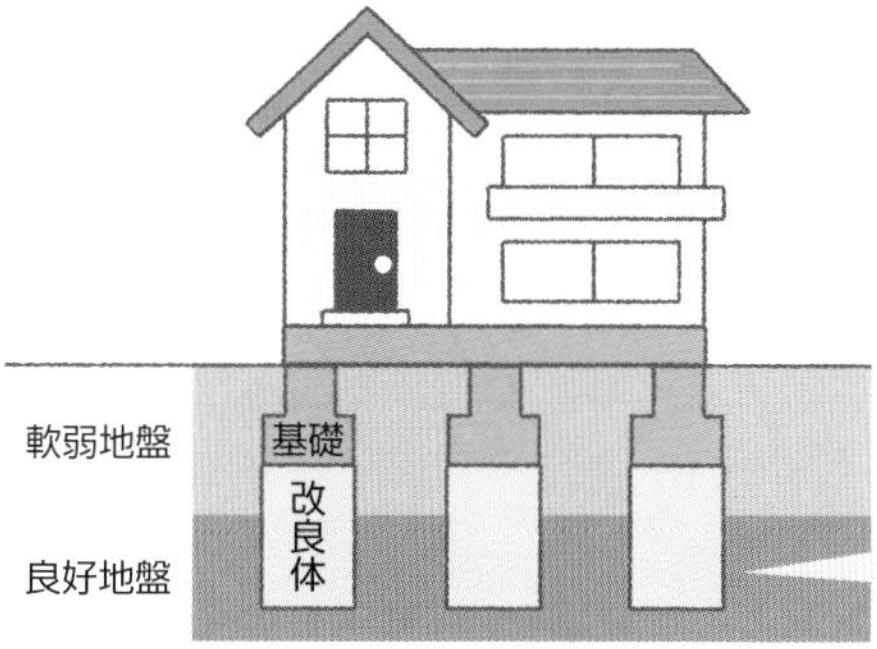

軟弱地盤が地表から2～8mの場合に有効な工法。コンクリートで直径500mm～1mの柱を形成する。近年、もっとも多く採用されている工法。

施工機で、土の掘削と固化材の注入・撹拌を並行させながら地中に柱をつくる。

表層改良工法

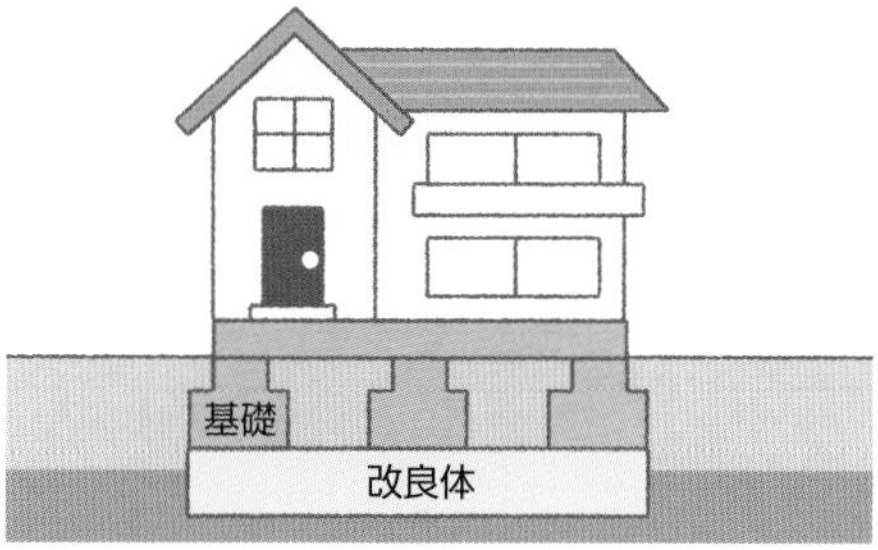

軟弱地盤が地表から2m以内である場合に有効な工法。狭小地でも行うことができる。セメント系材料と土を、重機で混合撹拌して転圧、締め固めを行う。

天然砕石工法

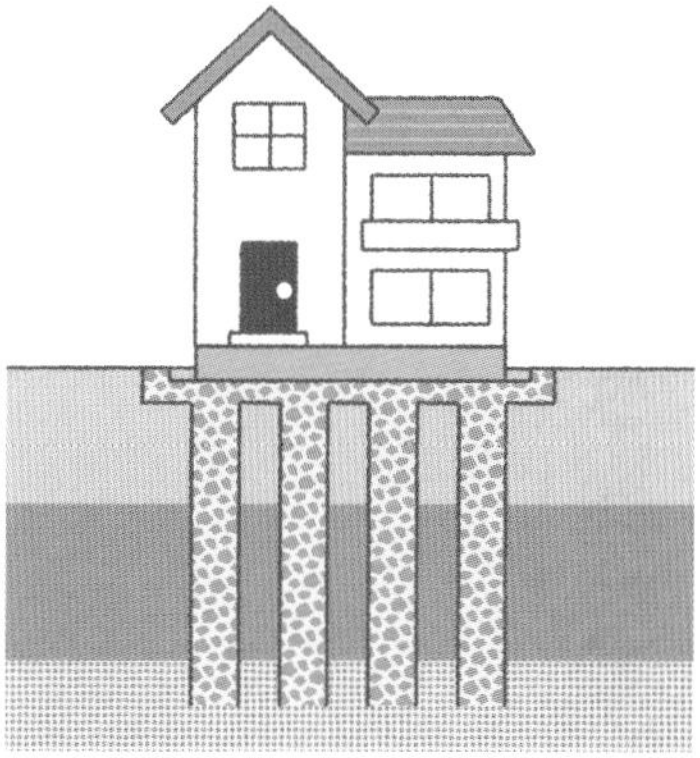

天然砕石パイルで直径400mm～550mmの石柱を形成する。砕石が水圧を逃がすので液状化に強く、固化されていないので地震の揺れにも強い。深さは、一般に6.3mまで適用。

■基礎工事の工法

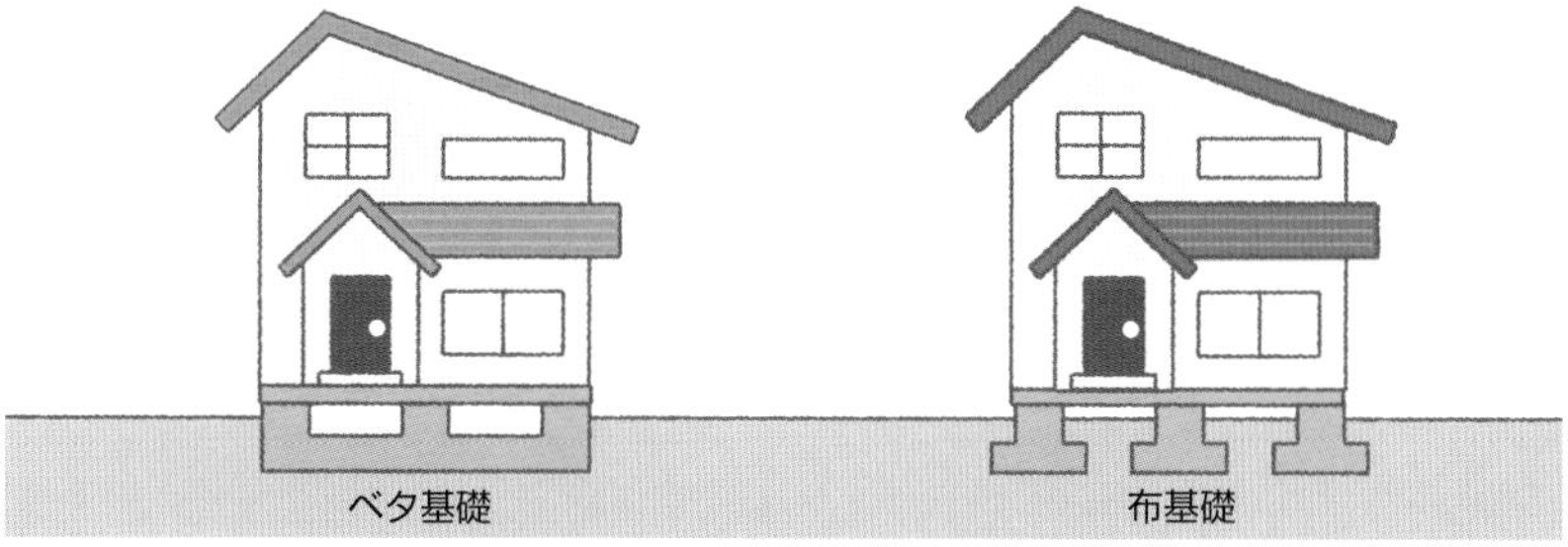

ベタ基礎は面で、布基礎は点で荷重を支える。

その他の工法：軟弱地盤がかなり深い場合は、地中に鋼製の杭を打ち込む「鋼管杭打工法」がある。深さ30m程度まで施工可能。

屋根は家の印象を決定づける

実は、コストやメンテナンスにも影響がある！

デザインだけでなく総合的に考えよう

外観のデザインはもとより、家の見た目や印象を決める大きな要素となるのが屋根です。多く見かけるのは「切妻」と「寄棟」ですが、その他にもさまざまな形状があります。

屋根本来の目的は雨や風を防ぐことですが、形を複雑にすればするほど強度や防水機能が損なわれ、コストも高くなります。特に、勾配が急になるにつれコスト高になります。急勾配になると、より多くの構造材が必要になったり、施工の際に危険が伴うため屋根施工のためだけの足場が必要になったりするからです。

ですから、コストを抑えるためにシンプルな形にすることを心がけながら、建物全体のデザインや近隣との調和、また機能面のことを考えて決めましょう。

同じ間取りでも、屋根を変えるとこんなに違う

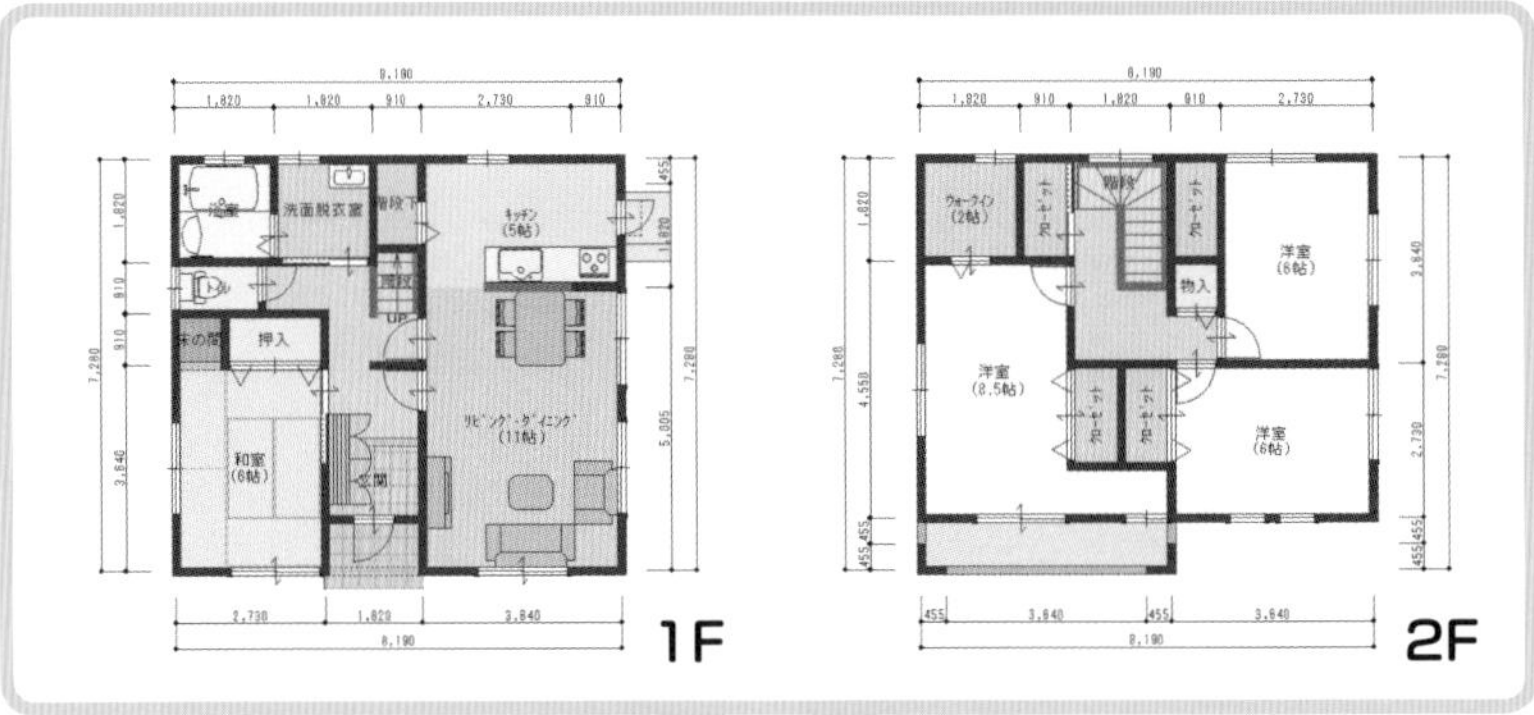

同じ間取り、同じ外観デザインの家でも、屋根形状を変えるだけでまったく違った印象の建物になる。

切妻（きりづま）

陸屋根（ろくやね）

■屋根形状のいろいろ

切妻（きりづま）

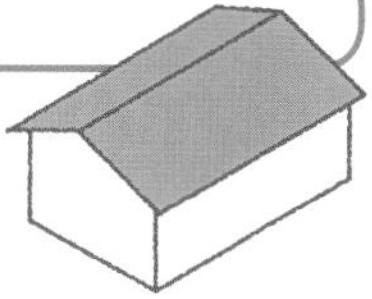

- 和風・洋風どちらにも合い、一番多く採用されている。
- 浸水防止処置がしやすく合理的で、コスト面でも優秀。

入母屋（いりもや）

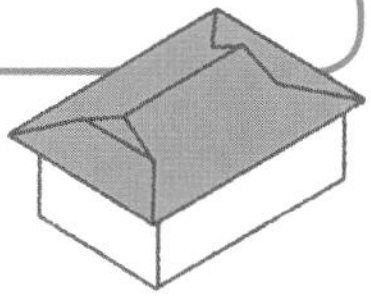

- 切妻と寄棟を合体させたような形状。
- 重厚かつ格調高い印象で、和風住宅に多く採用されている。

寄棟（よせむね）

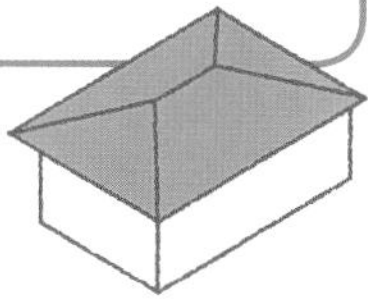

- 和風・洋風どちらにも合い、多くの住宅に採用されている。
- 頑丈で、台風などの風圧に対してもっとも強いと言われる。

方形（ほうぎょう）

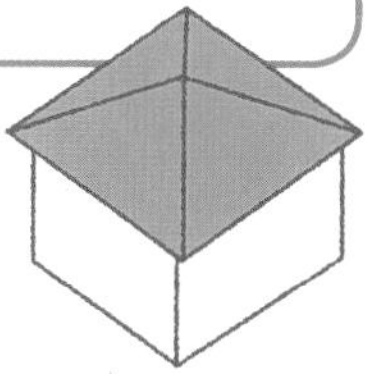

- 寄棟の一種。正方形の間取りで寄棟を採用すると、この形になる。

片流れ（かたながれ）

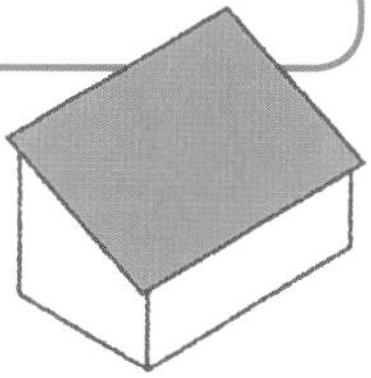

- シンプルかつシャープで、モダンな印象。
- 形状がシンプルなため、一番安価に施工できる。

陸屋根（ろくやね）

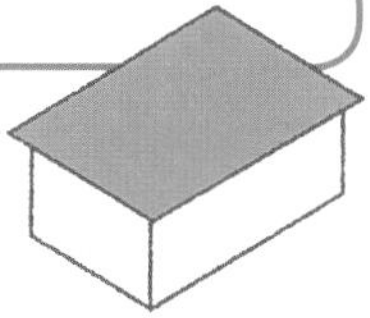

- 近年、木造住宅でも多く採用されるようになってきた。
- シンプルだがデザイン的に変化に乏しい。

鋸屋根（のこぎりやね）

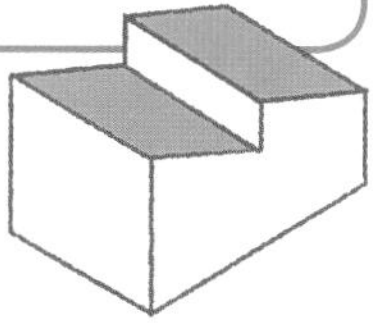

- 片流れが連なった形状。
- 壁に採光をとる窓を設けられるため工場に多く採用される。
- 採光のメリットを活かした住宅もある。

かまぼこ屋根

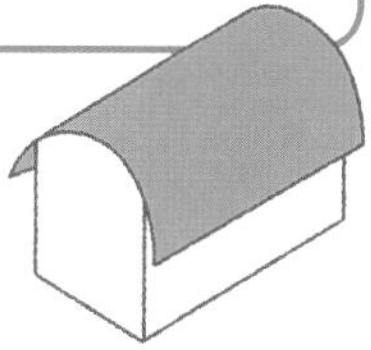

- R屋根とも言う。
- 最近のモダンな住宅にしばしば見られる。
- 使える材質が限られる。

専門家からひとこと!

デザインにとらわれないで

築30年を過ぎた建物の屋根トラブルで多いのが雨漏りです。図のように屋根形状を複雑にしたために「谷」ができている屋根に多いケースです。現代は屋根に用いる材質がよくなってはいますが、このような形状を採用してしまうと将来的にトラブルを抱えることになりかねないので注意が必要です。

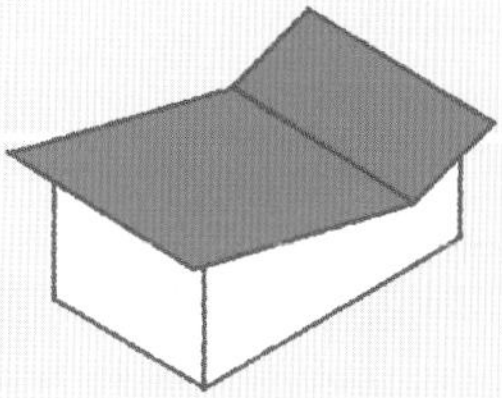

個性的な印象だが、雨水や雪がたまりやすいというデメリットがある。

地震に強いのはどんな家？

家だって、頭が重く足腰が弱ければ不安定になる

日本の耐震基準は厳しい

わが国の地震の歴史は、耐震基準変更の歴史であると言ってもいいと思います。

過去の大きな地震のたびに改正されてきた耐震基準は、特に阪神淡路大震災以降、厳しいものになりました。2011年の東日本大震災でも、建物倒壊の多くは津波によるもので、地震の揺れによる倒壊はほとんどありませんでした。このことからも、現代の厳しい建築基準法をクリアすることで地震に対する対策はかなりハイレベルになっていると思います。

この耐震基準は、地盤や基礎、壁の量や配置といった構造的な面で定められています。しかし、この基準を満たしていても、建物の形状などによって耐震強度が変わってくることも知っておきましょう。

地震に強い家の条件とは

普段はもとより、地震や台風のときには、建物の縦方向・横方向にさらに強い力がかかります。

このときに力を上手に受け流すことができるのは、長方形を代表とするシンプルな形です。凸凹が多く複雑な形の家はねじれが生じやすく、力を受け流しにくいのであまりおすすめできません。

また、1階の面積よりも2階の面積が大きい家や、1階部分に広い空間がある家などはバランスが悪く、地震に弱い形と言えるでしょう。建物の重さも大切な要素です。特に屋根が重いと揺れが大きくなる傾向にあります。

デザインを追求した結果、形も複雑になってしまっていたら、設計担当者に相談し、通し柱や耐力壁を増やすなどの対策をしましょう。

■住宅品確法による耐震等級

等級１ （建築基準法と同等）	数百年に一度発生する地震（東京では震度6から7程度）の地震力に対して倒壊、崩壊せず、数十年に一度発生する地震（東京では震度5強程度）の地震力に対して損傷しない程度。
等級２	等級1の地震力の1.25倍の地震に対抗できる。
等級３	等級1の地震力の1.5倍の地震に対抗できる。

施工会社に、自分が建てる予定の家の等級を聞いてみましょう。

■地震に強い家、弱い家

●複雑な形、2階部分が出っ張っている家は地震に弱い!

建物は、重心が低いほど地震の揺れを軽減することができる。

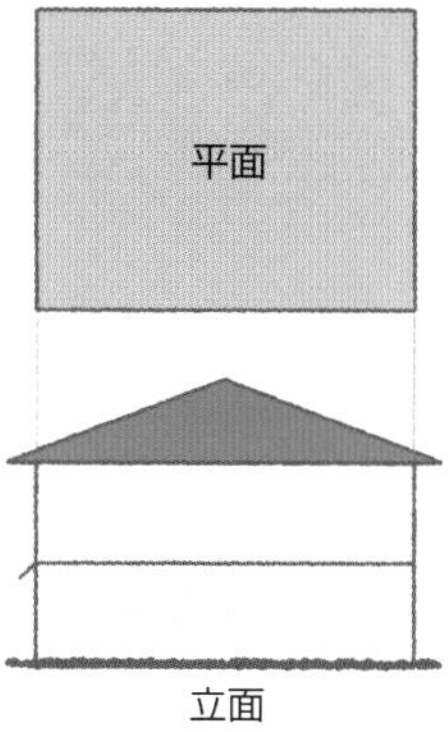

総2階を基本にした形状。1階と2階の面積が同じため、地震の揺れも抑えられる。

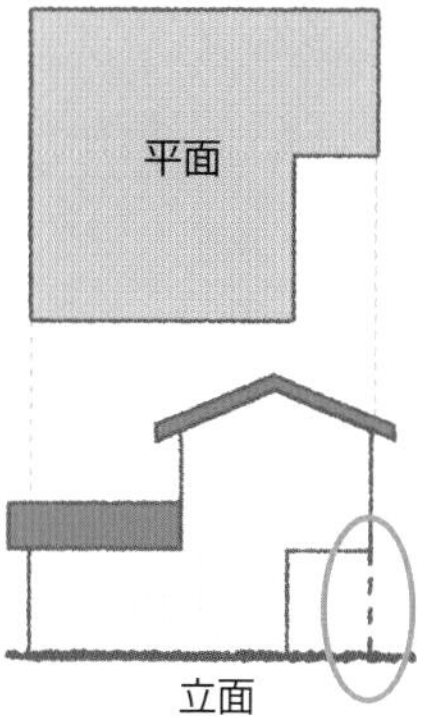

家全体が複雑な形状。さらに1階よりも2階部分が出っ張っている形状だと、重心が安定せず地震の揺れが大きくなる。

●屋根の重い家は地震に弱い!

- 地震の揺れは、建物の重量に比例して増大する。屋根が重いと建物の重心が高い位置にくるため、揺れは一層大きくなる。
- 重量がある陶器瓦などの家は耐火性に優れる反面、揺れが大きくなりがち。
- 軽量スレート瓦の重量は陶器瓦の1/2以下で、建物の軽量化と重心の安定化につながり、揺れ対策が図れる。

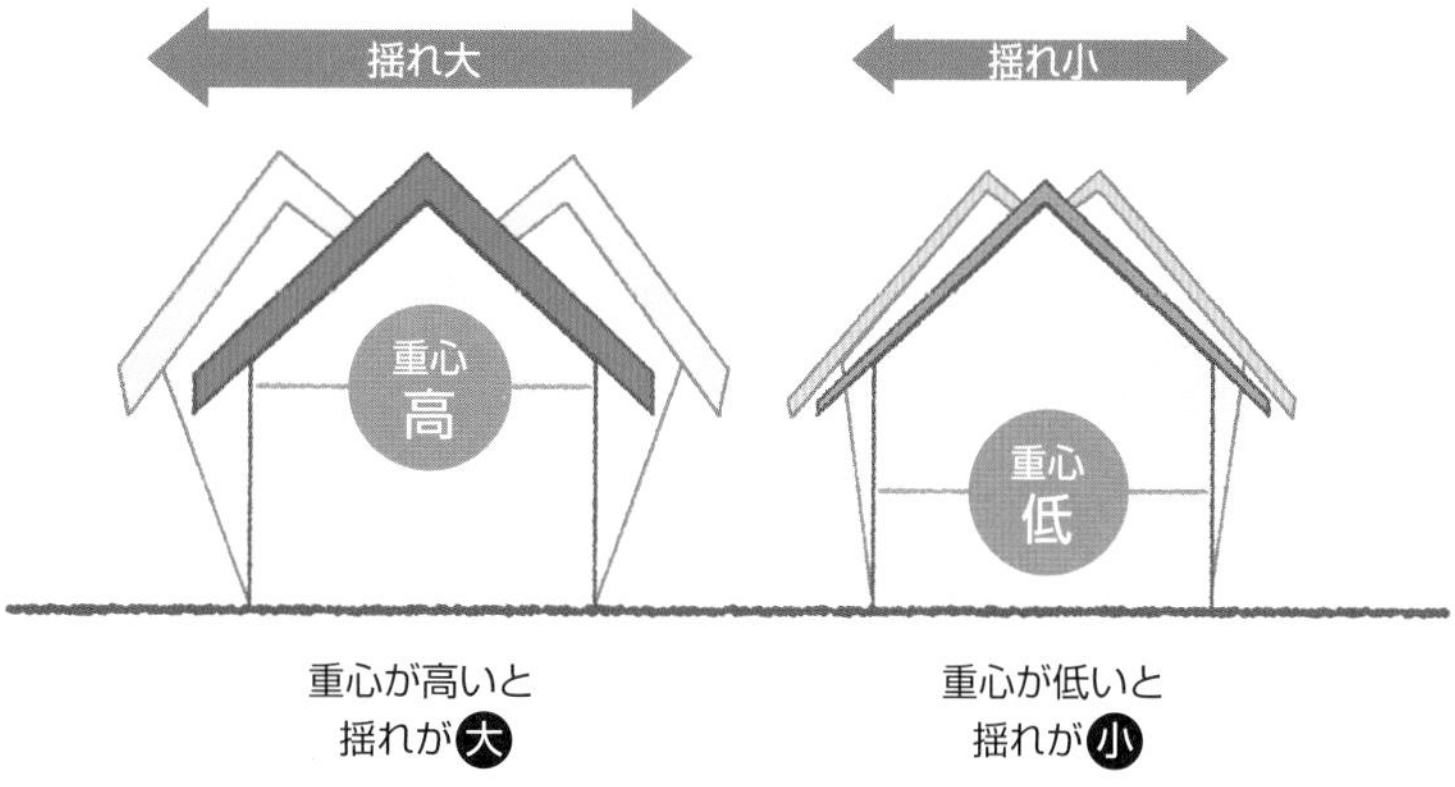

専門家からひとこと!

地震対策あれこれ

耐震等級を取得した住宅では、その等級によって地震保険が割引されるなどのメリットがあります。

近年､「耐震」「免震」を謳ったマンションなどを見かけますが、一般住宅でも基礎や構造の強化、特殊装置使用による耐震・免震対策は可能です。大きな効果があると言われています。建築基準法に準じた耐震性を確保していれば十分かもしれませんが、熊本の地震（2016年）のように、震度7クラスが2回くることを想定しての対策を意識した建物も多くなってきています。

地震対策としての耐震・制震・免震工法

3つの工法を比較してメリット・デメリットを知ろう!

家を建てるときには、3つの耐震効果を比較して決めるといいでしょう。

住宅の3つの地震対策 そのベースとなる「耐震」

大きな地震が頻発する日本に住む私たちにとって、地震対策は欠かせません。住宅の地震対策には、「耐震」「制震」「免震」という3つの工法があります。それぞれについて説明していきましょう。

一般によく聞く「耐震」とは、建物を頑丈につくり、強く固めることで地震による建物の変形を少なくする工法です。柱や梁を太くしたり、骨組みの中に筋交いを入れ、側面に合板を打ちつけたりして固めていきます。さらに、柱や梁の接合部も金物で補強しています。

そのため、大きな揺れで釘穴が緩《ゆる》むと、抵抗要素のもととなる固さ自体を低下させてしまう可能性があります。

建物が倒壊しないことを主な目的としている工法なので、現在は、建築基準法が示す〝最低限確保すべき耐震〟のもととなる考え方となっています。

揺れを吸収する「制震」と揺れを伝えない「免震」

「制震」は、骨組みに筋交いや合板を設置するほか、振動を低減するダンパーなどの装置を組み込むことで揺れを吸収する工法のことで、繰り返される地震に有効とされています。

施工が比較的簡単で、安価で地震対策ができるため、一般の住宅にも採用されることが多くなってきました。

「免震」は、骨組みをしっかり固め、基礎と土台の間に免震装置を組み込むことで、建物と地盤を切り離し、揺れを直接伝えないようにする工法です。

揺れると土台から上の部分が移動するため、設備配管などはそれに対処できるようにしておくことが必要となり、工期も長くなることからコスト高になるデメリットがあります。

専門家からひとこと!

木造と鉄骨造り、鉄筋コンクリート造りの違い

日本では、木造住宅が多く建てられていますが、鉄骨造りや鉄筋コンクリート造りの家もあります。木造に比べてコストが高くなる傾向がありますが、より安定度の高い建物をつくることができます。住宅会社に見学に行き、比較してみるのも良いでしょう。

■耐震・制震・免震の構造と耐震効果

これまで主流であった「固めて耐える…耐震」の考え方に加えて、耐震技術の進歩にともない、「揺れを吸収する…制震」や、「揺れを伝えない…免震」を採用する住宅も増えてきています。それぞれの特性を抑えておきましょう。

[耐震] 固めて耐える!

柱や梁を太くしたり、筋交いを入れたり、接合部を金具で強化したりすることで、揺れに耐えられるよう固める工法。

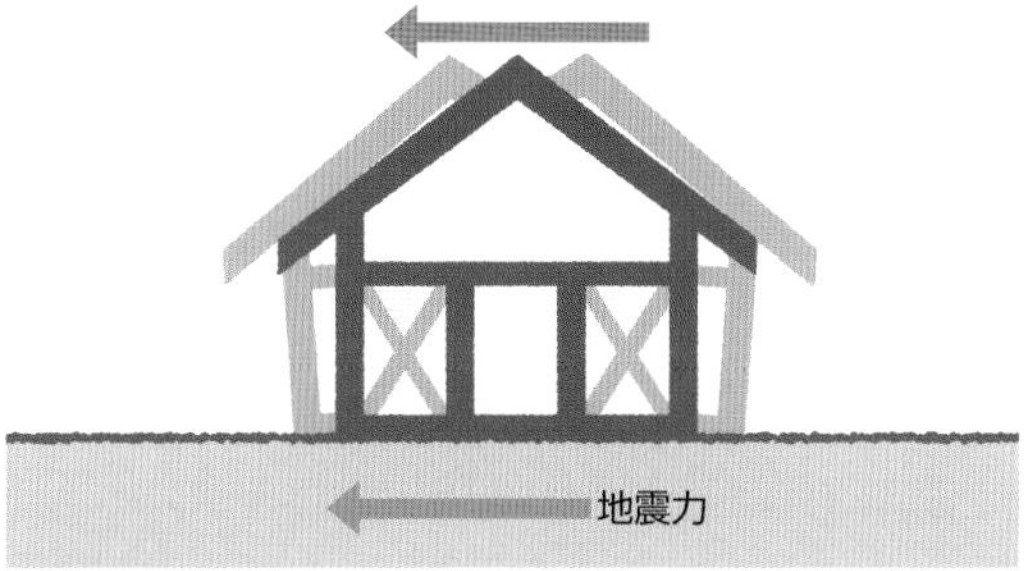

揺れ方 揺れがダイレクトに伝わるため、耐えきれなくなったときの建物へのダメージが大きい。上階へ行くほど、揺れは大きくなる。

[免震] 揺れを伝えない!

基礎と土台の間に免震装置を組み込んで建物と地盤を切り離すことで揺れを伝えない工法。

揺れ方 地震の揺れが直接建物に伝わらないので、建物や家のなかの被害を抑えることができる。建物の揺れは地面よりも小さくなる。

[制震] 揺れを吸収する!

柱や梁に振動を低減するダンパーなどの装置を組み込むことで揺れを吸収する工法。施工が比較的簡単なので安価で済む。

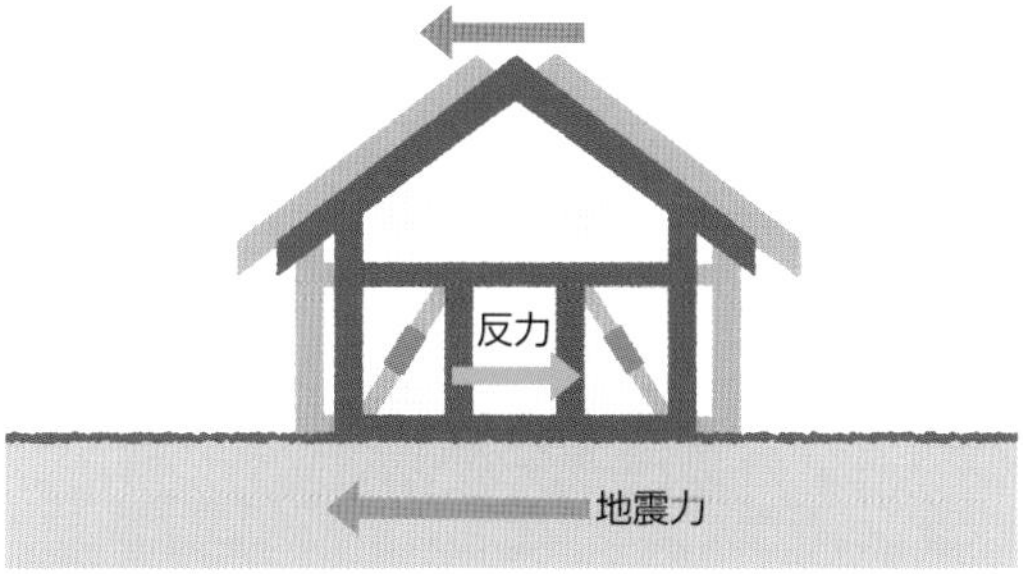

揺れ方 揺れによるエネルギーはダンパーに集中するため、建物への被害が大幅に抑えられる。上階へ行くほど揺れは大きくなるが効果を発揮する。

ここで3つの工法それぞれのデメリットについても見ておきましょう。耐震は、建物そのものを固めてしまうため、家具の転倒や建物の変形が起こり得ます。制震は、制震装置の種類によって、コストや効果が違ってくるので比較検討が必要です。免震は、揺れは最小限に抑えられる分、コストがかかるほか、その他の自然災害に弱いという一面も。
さまざまな状況を考慮して総合的に判断することが大切でしょう。

column

借地でもマイホームは建てられます

土地をお探しの際、「借地権付き」という物件を見たことはないでしょうか？　その名前の通り土地を借りる権利で、家を建てることができます。借地権には、存続期間を50年以上とする一般定期借地権、存続期間を30年以上とする普通借地権などがあります。種類によって、原則として契約の更新なし、契約終了時に建物を取り壊して返却する、などの条件が付けられています。

「家を建てても最終的には壊して土地を返さなきゃいけないのに、メリットはあるの？」とお思いでしょうが、メリットはあります。まず、土地を買うよりも安く済むということ。初期費用として保証金・権利金(土地価格の１～３割)は支払いますが、あとは月々の地代（賃料）だけで済みます。固定資産税も不要もしくは大幅に軽減されます。浮いたお金で建物部分にお金をかけることもできますし、返済額が抑えられるので生活に余裕が生まれることもあります。

ただし、民間の住宅ローンが受けにくいことがある点や、存続期間は何年でその後はどうするかなど、熟慮して決める必要があります。

■メリットとデメリットを考えて

借地権の土地は、土地の固定資産税も土地の取得税も発生しないのよね。
でも子どもたちに財産を残せないね。それに契約終了後の僕たちの住む場所はどうする？

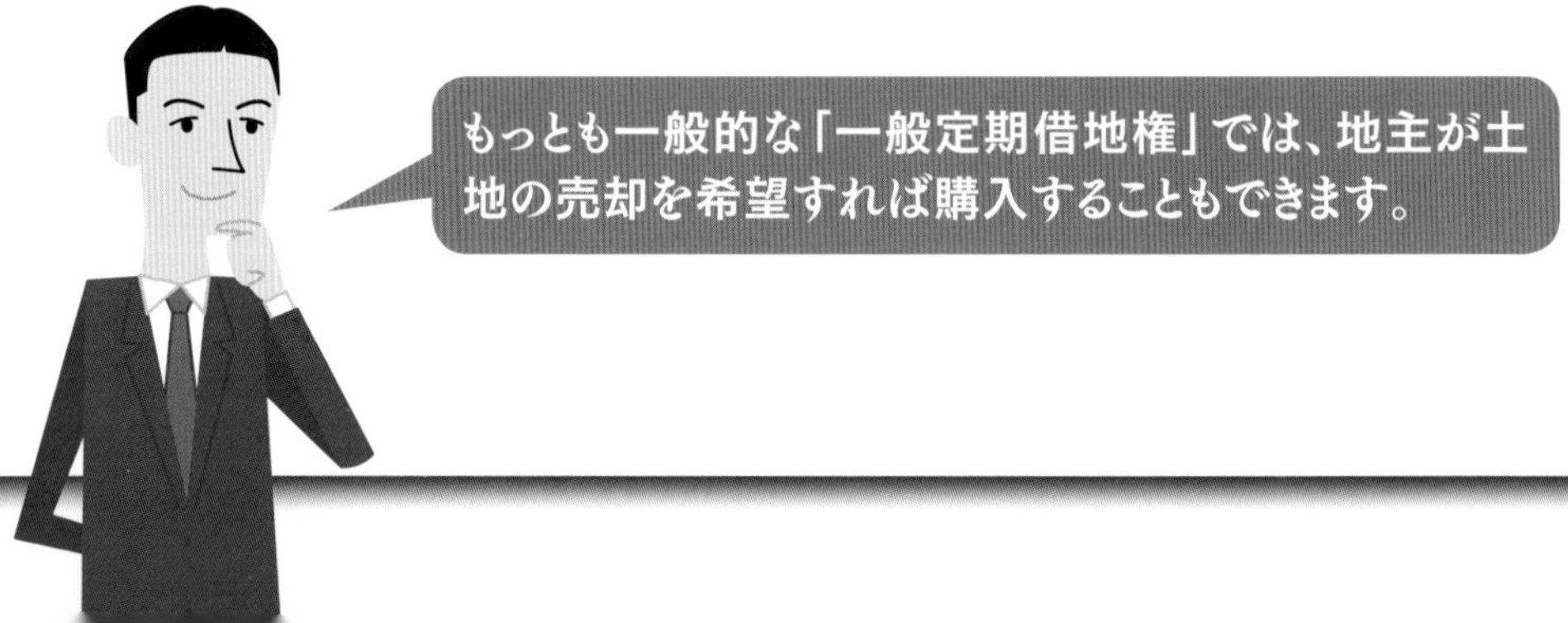
もっとも一般的な「一般定期借地権」では、地主が土地の売却を希望すれば購入することもできます。

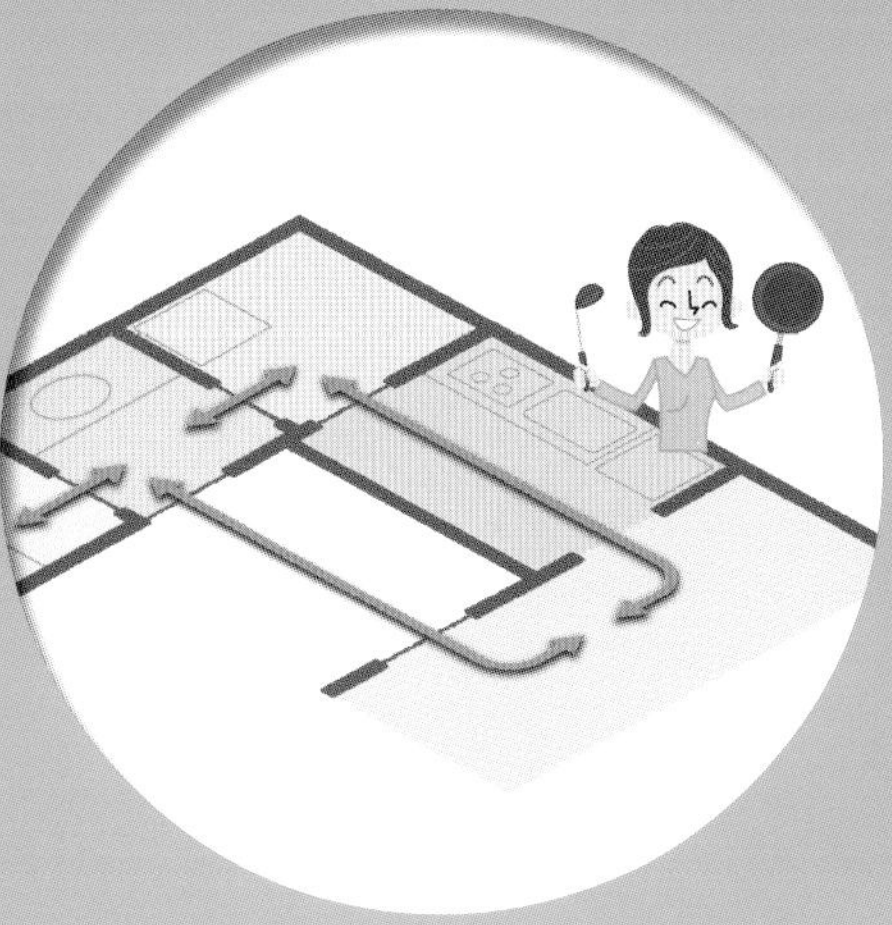

PART 5

マイホームの設計プラン

尺モジュールとメーターモジュール

家づくりの規格寸法には2種類ある

採用するときには、なにを重要視するかがポイントとなります。

昔ながらの尺モジュール、近年増えてきたメーターモジュール

家をつくる際の規格寸法に、「尺モジュール」と「メーターモジュール」があります。

「尺モジュール」は、3尺（910㎜）を基本の長さとする方法で、日本で昔から採用されてきた規格です。畳のサイズも、この尺モジュールが基本となっていて、1枚は3尺×6尺（910㎜×1820㎜）で、畳2枚を1坪としています。

この尺モジュールに対して、1mを基本の長さとするのが「メーターモジュール」です。廊下や階段はもちろん、部屋の壁も「尺モジュール」より90㎜大きくなります。

近年、身体が大きくなってきた日本人には、尺モジュールでつくられた廊下や階段などを窮屈に感じる場合もあるようで、大手ハウスメーカーを中心に採用されています。

部屋数か、広い廊下か。なにを重要視する？

メーターモジュールは尺モジュールよりも90㎜長いため、同じ間取りでも面積は20％も大きくなります。そう考えると、メーターモジュールのほうがよいのでは？　と思うかもしれませんね。しかし面積が増えた分、費用も高くなってしまうことに。

尺モジュールは従来採用されてきた規格だけあり、多くの建材や建具などがこの規格に合わせてつくられているので、コスト面のメリットがあります。

どちらがよいか比較するには、同じ面積での使い勝手を比べてみましょう。同じ面積の建物の場合、「尺モジュール」のほうが部屋数の面でメリットがあります。いっぽう、廊下や階段、トイレなどは「メーターモジュール」のほうがゆったりした空間になります。

■尺モジュールとメーターモジュールの違い

●同じ6畳間でも…

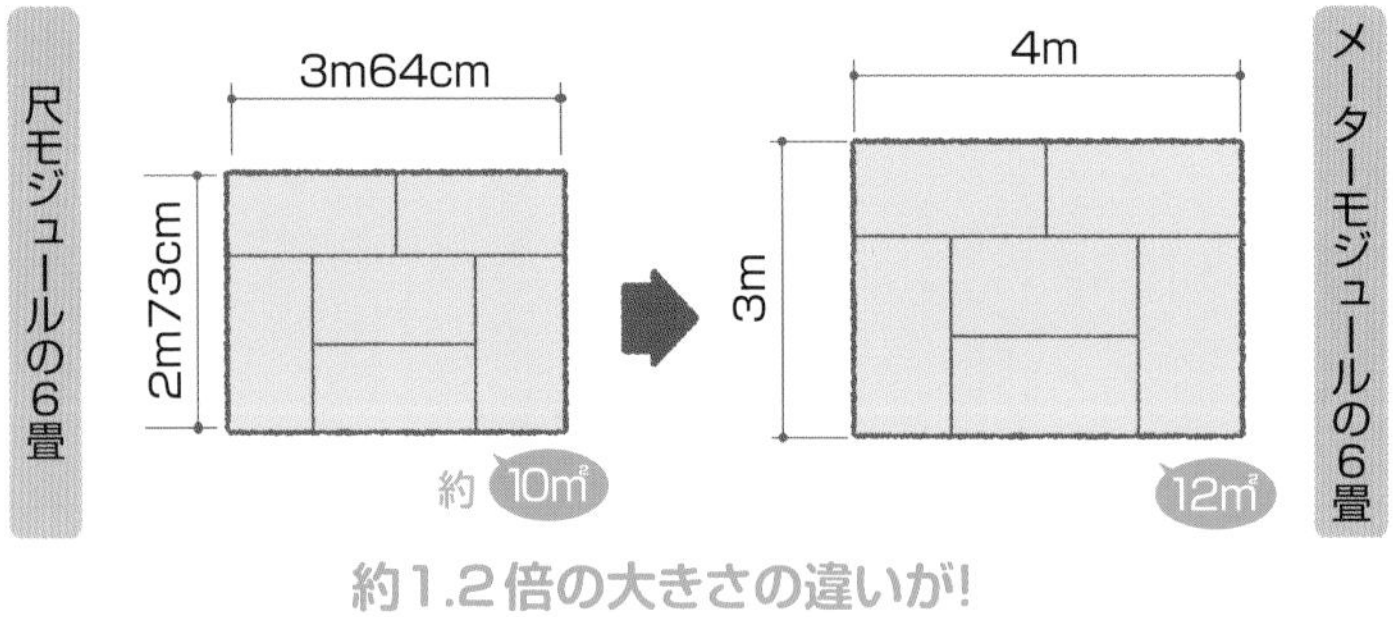

約1.2倍の大きさの違いが!

■同じ間取りでこんなに違う

尺モジュール

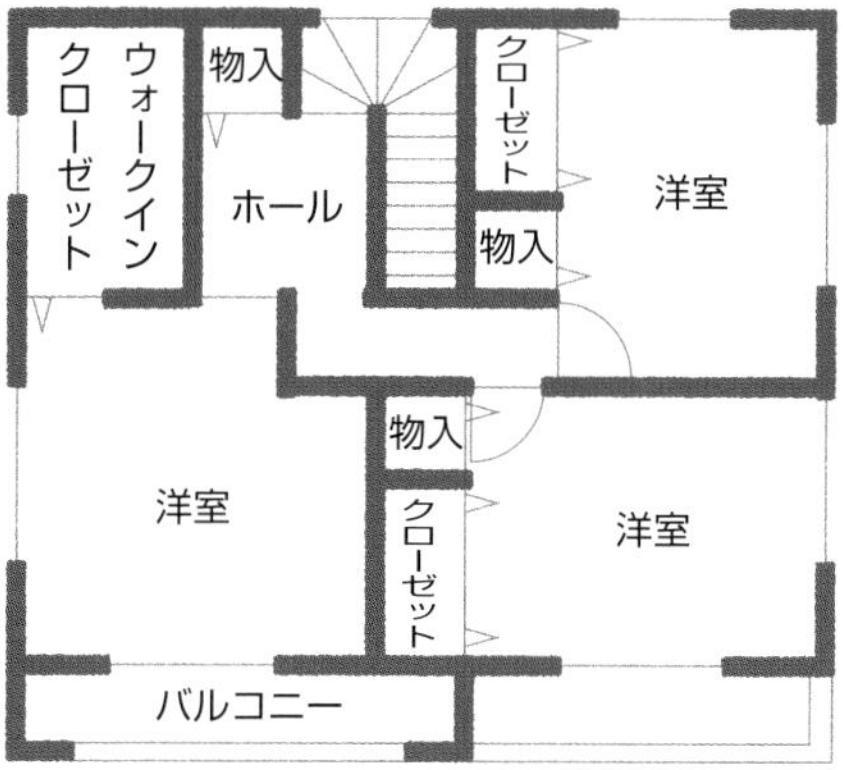

メーターモジュール

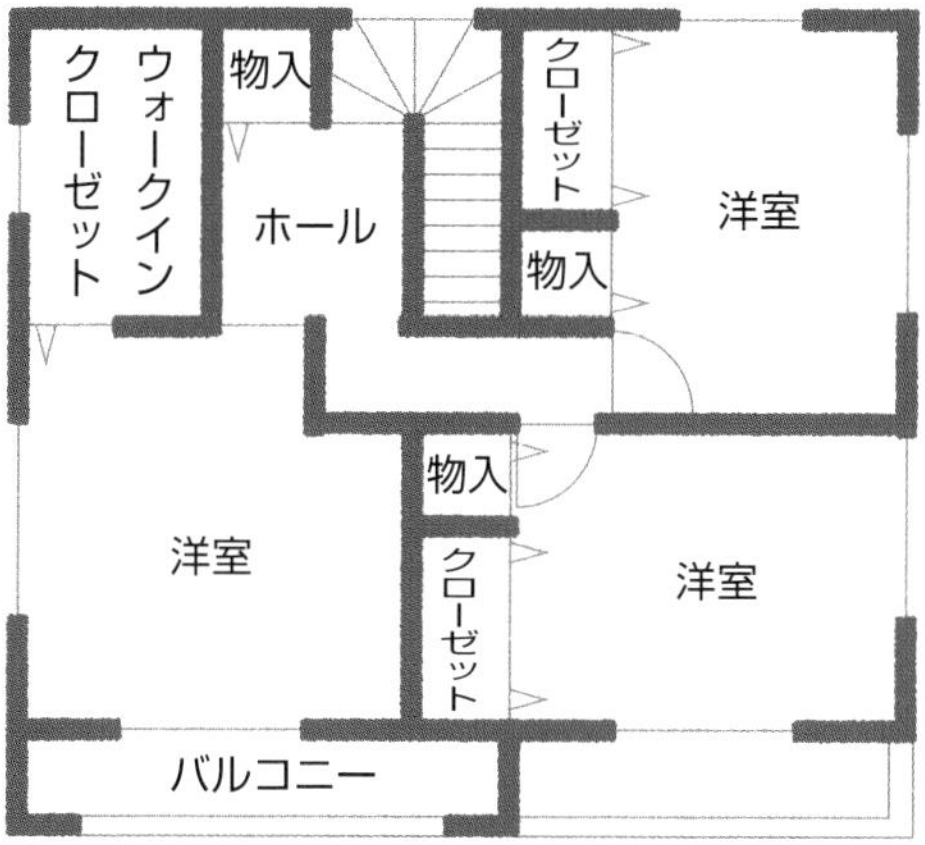

●同じ間取りであれば

メーターモジュールのほうが広いが、その分全体の面積が大きくなり、価格もUP!

●面積の違いは

尺モジュール:59.62㎡

メーターモジュール:72.00㎡

●家具類を置いたときに広さの違いがわかる

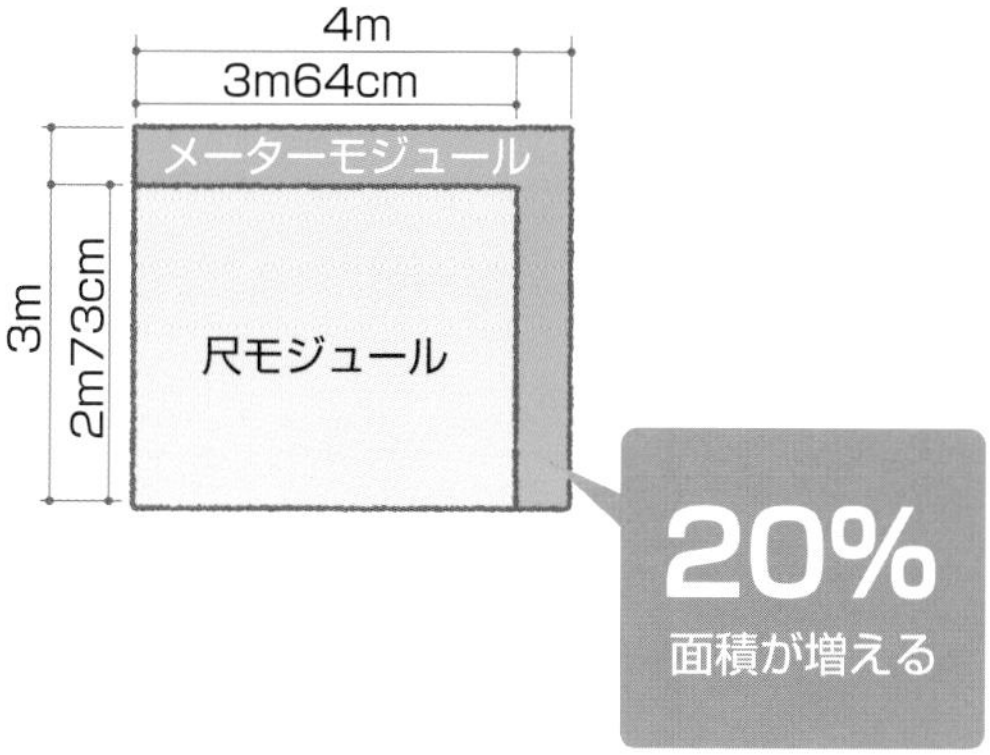

専門家からひとこと!

モジュールの選択は熟慮して

近年、大手ハウスメーカーを中心にメーターモジュール全盛になっており、ゆったりとした廊下や階段の家が多く見られます。

ただ、同じ間取りでは尺モジュールより全体が20%近く大きな建物になることを考えると、尺モジュールでも廊下や階段など必要に応じて、基本の3尺ではなく3.3尺や4尺にすれば問題ないと思います。

「ゆとり」も言い換えれば「無駄」になることもあり、どちらを選ぶかは熟考が必要かと思います。

家全体の大きさは将来のことも考えて決める

必要な部屋数で家の大きさが見えてくる

数年先までを視野に入れて

建物の大きさを決めるには、5年、10年、20年先を考えて、家族構成から必要な部屋数や用途ごとのスペース、ライフスタイルをイメージする必要があります。その家で暮らす家族構成に変化があることを視野に入れて、部屋数や大きさを考えるわけです。

たとえば現在、お子さんが小学生だとすると、数年後お子さんは大学進学や就職で実家を離れて生活することになるかもしれません。この場合、いっしょに暮らしている期間は最短であと7〜10年となります。

女の子の場合は、結婚して家を離れる可能性もあります。ご両親はお年を召されて、考えたくはありませんが介護施設への入居が必要になるかもしれません。このように、現在の家族全員がいっしょに暮らす期間は意外と短い

家の広さを考えるときに考慮すること

基本として考えること

家族構成
子どもの成長などで家族の人数がどう変わるか

土地の広さ
購入してある土地の建ぺい率はどうか

予算
最低・最高予算はいくらか

生活の変化・家族構成の変化の可能性を考える

①現在の家族の人数で過ごすのはあと何年か?

②子ども部屋の数は子どもの人数分必要か?
→大きな部屋を分けて使うか
→リフォームの可能性は?

③今後、老親との同居の可能性はあるか?
→同居になった場合の親の居室は?
→介護のための広い空間確保やリフォームの可能性は?

④子どもの結婚で同居する可能性は?
→2世帯住宅にするか?
→住み分けはどうするか?

専門家からひとこと!

家は工夫次第で広い印象にできる

建物は大きさだけではなく、使い勝手や開放感で広さの印象が違います。予算とのバランスで、どうしても必要な広さが確保できないときは天井高を高くして部屋の「容積」を大きくする、あるいは大きな窓を設けて開放感を出すなど、狭い部屋の窮屈感をカバーすることも一考です。

場合もあるのです。

将来は減築リフォーム、という手もある

将来的に夫婦2人になるけれど、それまではある程度の部屋数は絶対必要だし、どうすれば？　と悩んでしまうかもしれませんね。

実は、最近では減築リフォームをされる人も多くなっています。減築リフォームとは、建物の2階部分をすべて解体したり、使わなくなった部屋を壊したりするなどして、建物を小さくするリフォームです。

たとえば、多いときには一家6人（ご夫婦、子ども2人、祖父母）で暮らしていたものの、子どもは巣立ち、祖父母が他界したために夫婦2人だけになってしまい大きな家のメンテナンスや掃除が大変になってしまった、という場合に使われる方法です。

このような減築リフォームの可能性も考えておくとよいかもしれません。

理想的な居住面積の目安は？

国土交通省が公表する「住生活基本計画」では、豊かな生活を実現するための住宅面積の基準（誘導居住面積水準）と、健康で文化的な生活のための必要最低限の住宅面積の水準（最低居住面積水準）を示しています。

これによると、一般的な地域（都市部以外）では、3人家族で100㎡（約30坪）、4人家族では125㎡程度（約38坪）を良質な戸建て住宅の確保の目標としています。都市部の目安も出ているので、参考にするとよいでしょう。

居住面積水準

豊かな生活に必要と考えられる居住面積

		世帯人数別の居住面積（単位：㎡）					
		単身者	2人	3人	4人	5人	6人
誘導居住面積水準	一般型	55	75 [75]	100 [87.5]	125 [112.5]	142 [130.6]	166 [154.4]
	都市居住型	40	55 [55]	75 [65]	95 [85]	109.3 [99.75]	128.4 [118.75]
最低居住面積水準		25	30 [30]	40 [35]	50 [45]	57 [42.75]	66.5 [61.75]

※[　　]は、世帯人数の中に3歳～5歳児が1名いる場合の面積。

最低限必要不可欠な居住面積

参考：国土交通省　住生活基本計画
http://www.mlit.go.jp/jutakukentiku/house/torikumi/jyuseikatsu/kihonkeikaku.pdf

お客様の悩み **住生活基本計画ってなに？**

住生活基本法に基づき、国民の住生活の安定の確保・向上を目指すための施策です。住宅の品質や性能、居住環境の整備などに関するさまざまな施策があり、上の表の居住面積水準を始め、住居の性能水準、居住環境水準などが示されています。なお、これは5年ごとに見直されています。

ゾーニングは各スペースのつながりを考えて

各部屋の広さ・用途を決めて、大まかに配置する

まずは必要な部屋、スペースをピックアップ

ゾーニングとは、文字通り建物をいくつかのゾーンに分けることで、細かい間取りを考える前に部屋の用途や配置、広さなどを大まかに決めていく作業のことです。

　間取りは、最終的にプロの設計士が作成しますが、もとになるのは家族が思い描いた夢やイメージです。あまり難しく考えず、まずは必要な部屋やスペース、どんな暮らしがしたいか、などをピックアップしてみましょう。たとえば、お父さん・お母さんの寝室、子どもたちの部屋が2つ、おじいちゃん・おばあちゃんの部屋、リビング・ダイニング、浴室にトイレ、収納…思いつくままに書き出してみます。

　ここまできたら、次は各部屋を1、2階におおまかに分けてみましょう。そうすると少し具体化してくるのがわ

どんな部屋、スペースが必要？

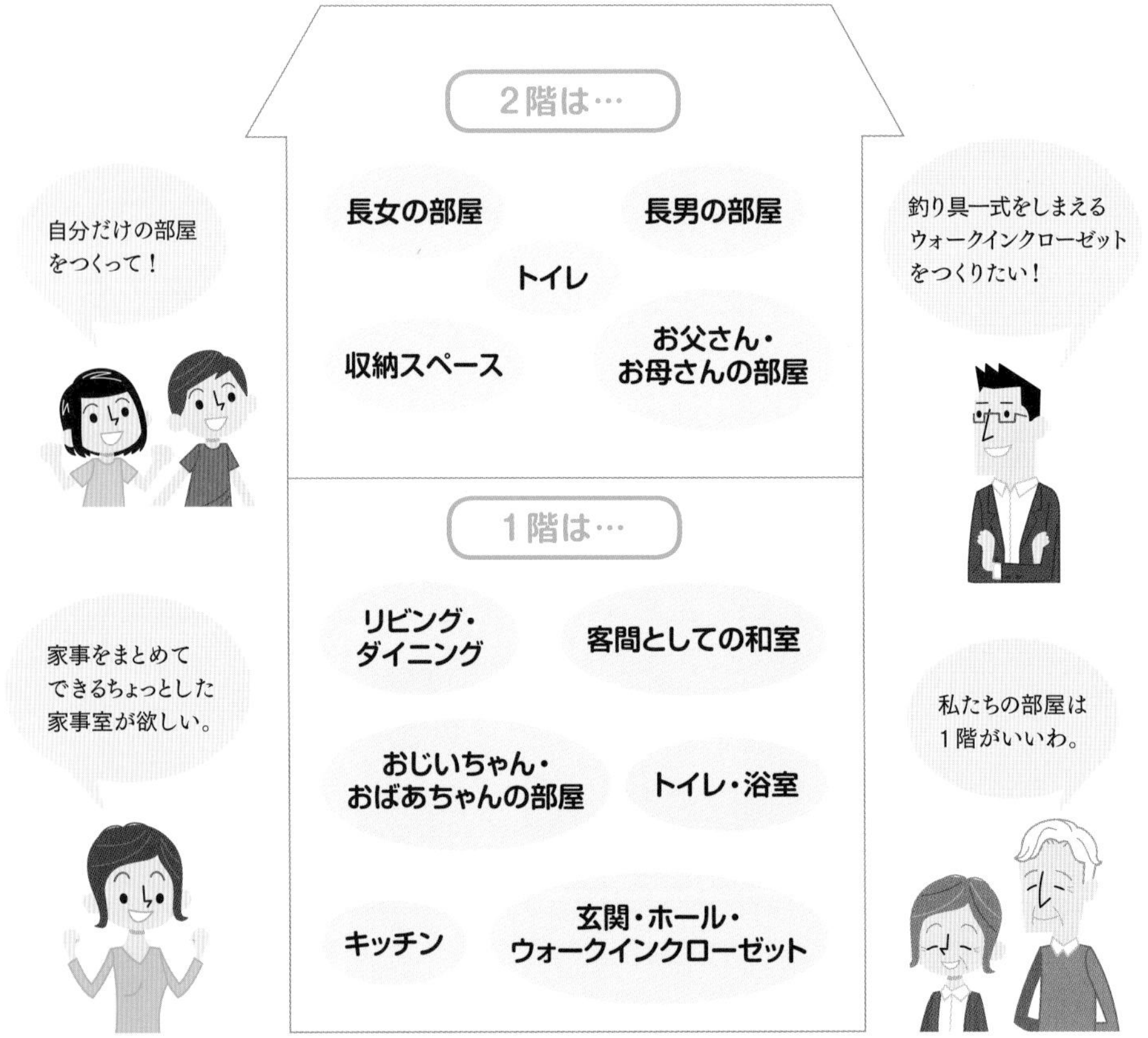

かると思います。ちなみに、各部屋の大きさは、今住んでいるところを目安にしつつ、モデルハウスや現場見学会などに参加してイメージをつかむとよいと思います。

効率や利便性を考えて ゾーンに分ける

次に各部屋のつながりを考えてみます。このときに覚えておきたいのが、下図のように住宅の機能は3つのゾーンに分けられる、ということ。

水まわりは近くにまとめて、家事効率をアップしたい。祖父母の部屋とリビングを離せば来客のときのにぎわいも気にならないかも。トイレは祖父母の部屋の近くが便利。バルコニーは各部屋から出られるようにしたい……。

家の外部の配置も同様に考えてみます。駐車スペースは2台分欲しい。買い物の荷物をすぐに入れられるよう勝手口は駐車場の隣に…などなど。外部の要望は、建物内部の配置にも大きく影響するので重要です。

ゾーニングを通じて、家づくりで考えるべきポイントなどが見えてくるので、ぜひチャレンジしてください。

■代表的なゾーニング

住宅の機能は 3 つのゾーンに分けられる

1. **パブリックゾーン**
   リビング・ダイニングなどの家族全員が集まるゾーン
2. **プライベートゾーン**
   家族各人の部屋
3. **サービスゾーン**
   キッチン、浴室、洗面脱衣室、トイレなど

専門家からひとこと!

家族の動線も考えてみよう

ゾーニングでは、人の生活動線を考えるのも大切。同じ家族でも1日の動きはみんな違います。お母さんの動きは調理や洗濯など水まわりに、子どもや祖父母は自分たちの部屋とリビング、ダイニングにそれぞれ集中します。

各人の生活リズムを考え、リビング、ダイニングと各人の部屋を結ぶ動線をなるべく短く、また各人の動線がぶつからないような工夫をすることで、暮らしやすい家になります。

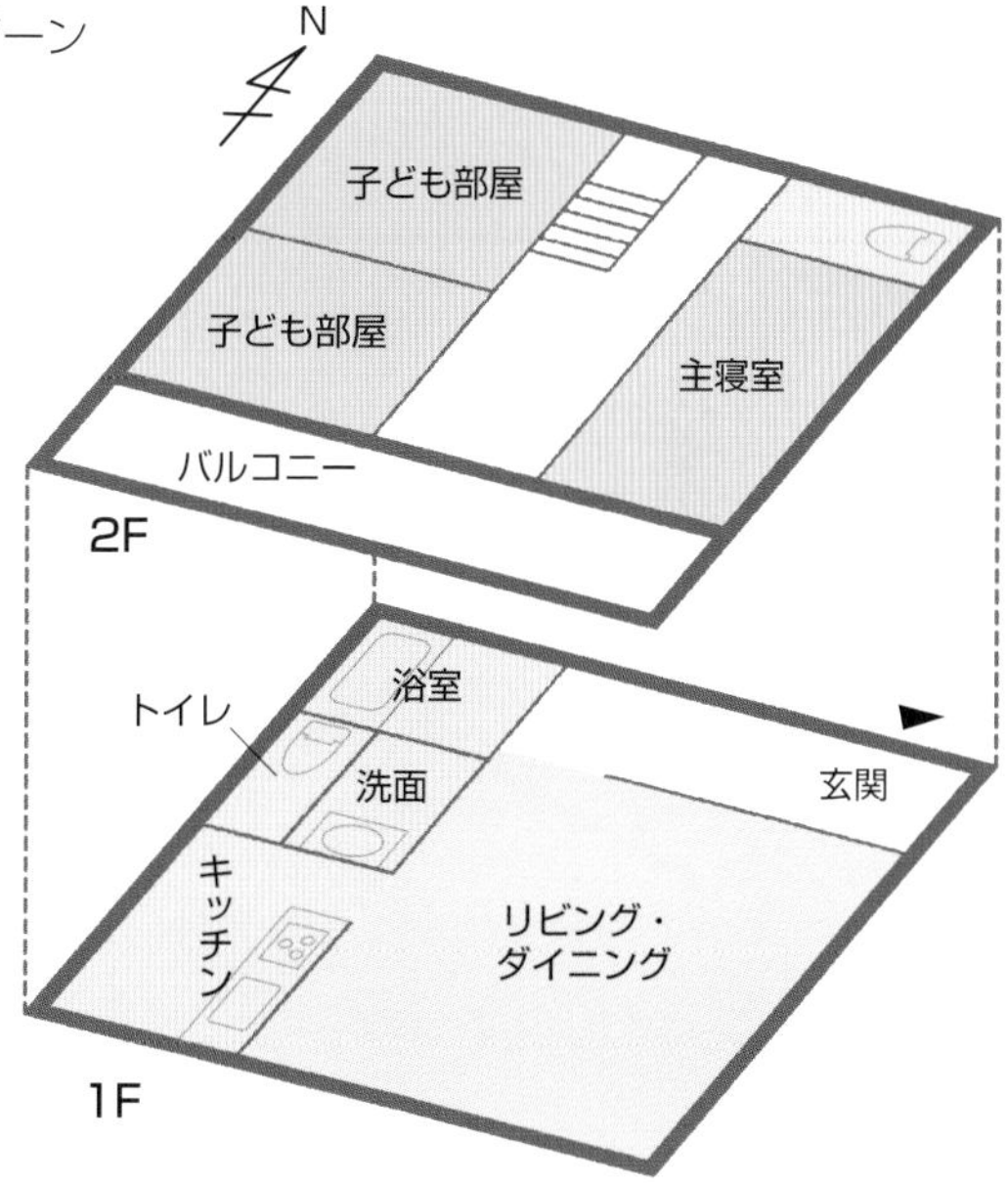

パブリックゾーンは1階、プライベートゾーンは2階、居室は南向き、といったゾーニングが多いが、日当たりを考えて2階にリビングを配置するケースもある。

わが家に合った間取りを決めるポイント

いろいろなポイントから住みやすい間取りづくりを！

間取りを考えるときのコツ

これまでの手順を経て、ある程度必要な部屋やスペースはイメージできていると思います。次は、これまでまとめた内容をもとに、設計士と間取りの打ち合わせをします。

初めての家づくりでは、間取りを平面的にしかイメージできないものです。しかし、経験豊富なプロは採光(窓の位置など)や、目線など立体的な空間をイメージしてデザインしていきます。そこで、リビングなど主要な部分は立体的なパースを作成してもらい、自分たちのイメージ通りか確認するのもよいでしょう。

間取りを考える上でも、10年、20年先の家族構成を視野に入れて考えることが大切です。このことを踏まえつつ、間取りを考えるポイントをいくつか紹介していきましょう。

動線を考える

動線とは「家の中を人がどう動くか、を表した軌道」をいい、大きく次の4つがあります。動線をうまく整理することが、機能だけでなく家族のコミュニケーションのとれるよい間取りづくりにつながります。

主な動線

1. 寝室からリビングやキッチン、玄関へとつながる通勤・通学の動線
2. 掃除、洗濯、炊事などをする家事動線
3. トイレ、洗面所、浴室などへ行くための衛生動線
4. 来客の移動のための来客動線

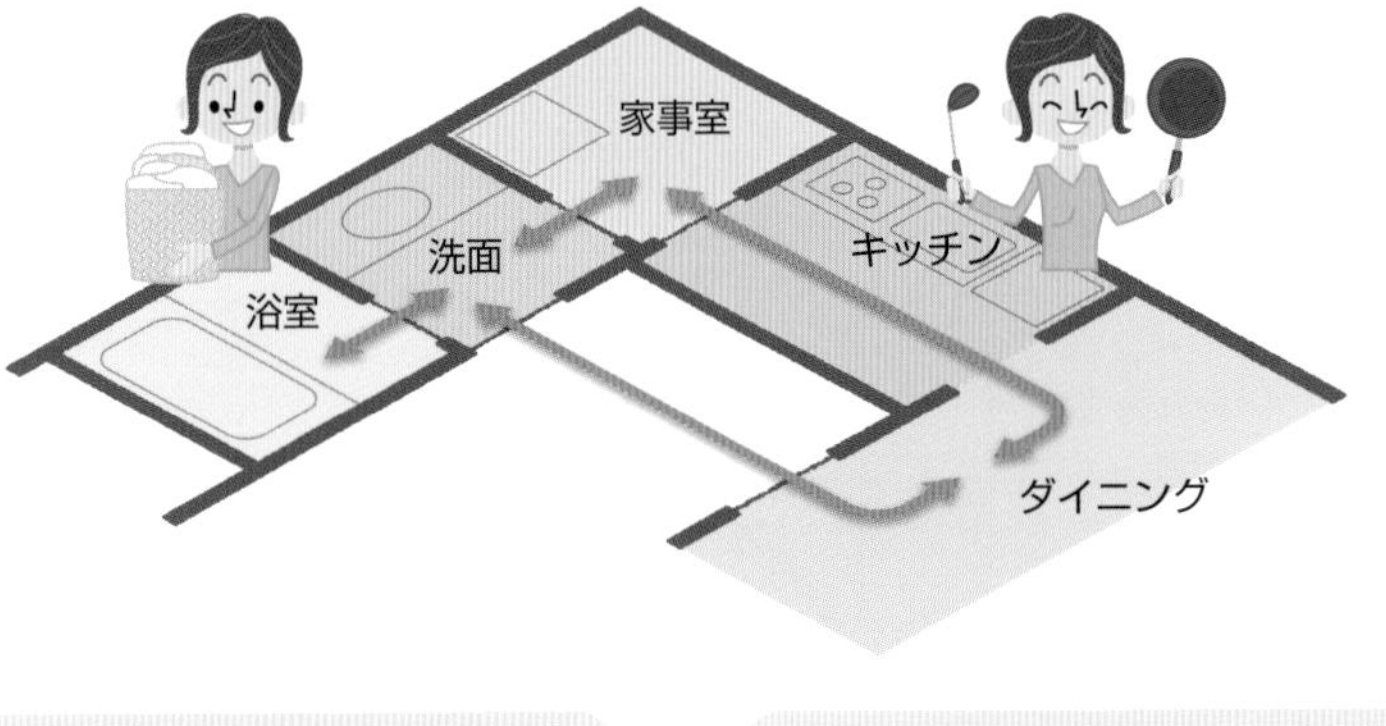

水まわりをまとめる

家事は思いのほか長時間にわたるもの。この動線に無駄がないよう計画すると、家事効率が上がり、必然的に家族のコミュニケーションも増える。

浴室⇔部屋への移動

浴室〜部屋の行き来がリビングや玄関を通らなければならないと、来客があった場合に浴室から出ようにも出られない、という事態に。

■音への配慮

人の生活音は多種多様で、思った以上に住まいの中で伝わりやすいもの。特にトイレの使用音は気になるので配慮が必要です。

トイレの配置

トイレ
廊下
リビング

リビングや玄関に隣接してトイレを配置すると、特に来客時は使用音が気になってしまう。トイレと、人の集まるリビングなどのスペースは程よい距離で分離されている必要がある。

階下への音

音楽好きな家族の個室や、大人数の友達が来る部屋の真下に客室を設けるのはできれば避けたい。どうしても仕方のないときは、セルローズファイバーなど、防音効果の高い断熱材を1階天井に使うなどして対処する方法もある。

どうも2階の音が
気になるわ…。

■広さ

広すぎる空間は、意外に使いこなせないということもあります。とはいえ、狭いと無駄な空間がない代わりにゆったりと過ごせないというケースもあるので、経験豊富な設計者と相談しながら、最適な広さを考えてみましょう。

子ども部屋

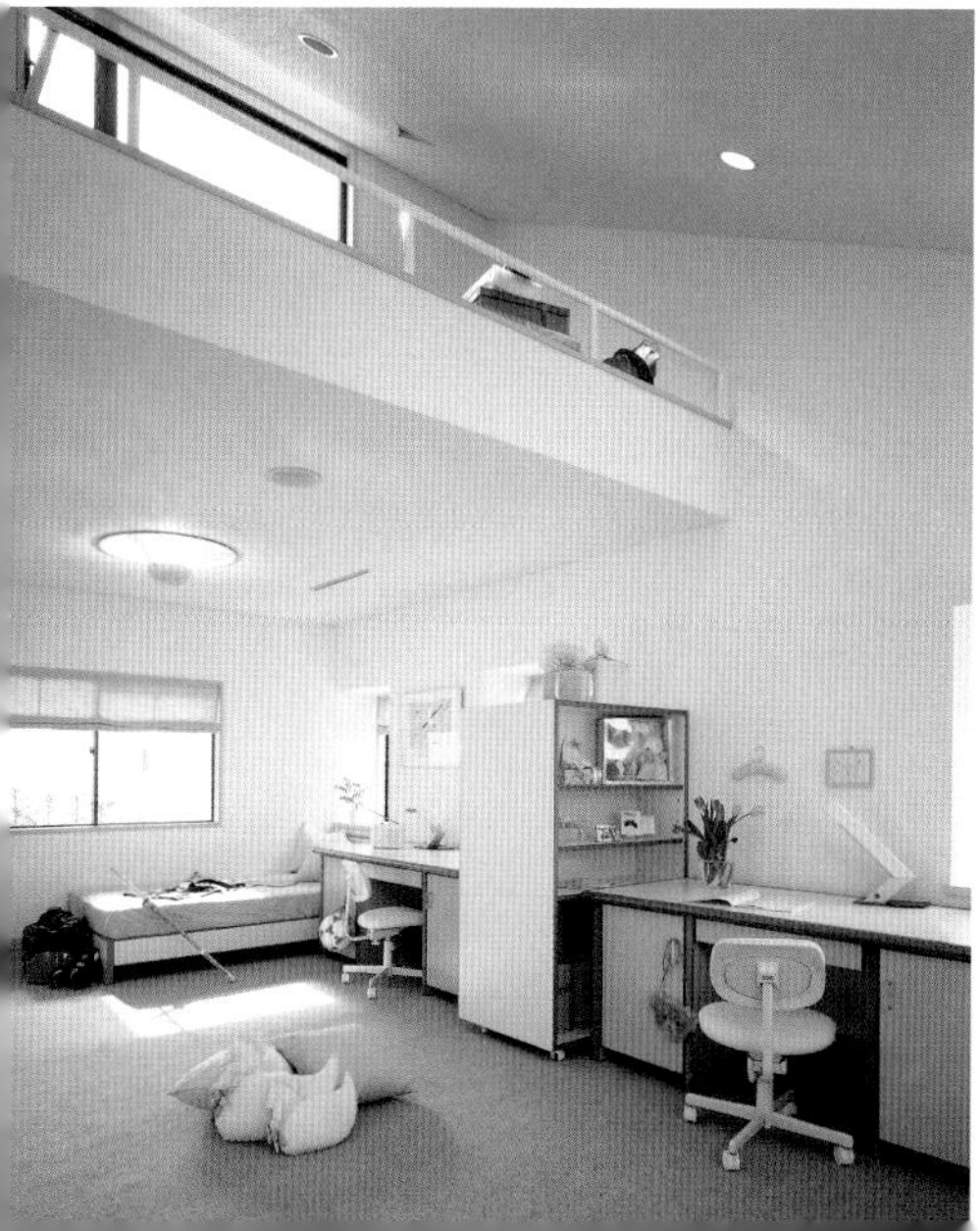

子どもが赤ちゃんのうちは使用しない。小学校低学年までは寝るだけ。成長すれば1人暮らしをするかも。そう考えると独立した子ども部屋が必要な期間は意外と短い。家族構成の変化にフレキシブルに対応するため、必要な期間だけ間仕切りして使えるよう広い部屋にするケースも増えている。

収納スペース

住み始めてから後悔するケースが意外と多いのが収納スペース。収納スペースを十分に設けること、季節ごとの収納物の量を考えること、できれば屋外から直接しまえるスペースなどについても考えておくとよい。

廊下

住まいには欠かせない廊下だが、これを少なくすることが坪数を抑えるポイント。無駄のないプランニングをするとともに、将来、家での介護が必要となった場合を想定して、車椅子が通れるような幅を確保しておきたいところ。

■構造

間取りによっては、構造上の問題がもち上がることがあります。上下階の柱・壁の位置があまりにずれているのは、構造上あまりよいとはいえません。上下階の柱の位置が一致していればいるほど、建物の強度が増します。耐力壁の位置も関係してくるので、設計者と相談しながら最適な間取りを考えましょう。

■敷地

敷地のもつ要素に配慮し、間取りを考えることも大切です。次にあげた３つのポイントをチェックしてみましょう。

敷地のチェックポイント

1. 土地の高さ（道路との高低差など）……車の出入りに影響
2. 塀の高さ、敷地境界から隣家までの距離……採光や風通しに影響
3. 隣家の窓の位置……水まわりの窓の位置などに影響

外からの目線との関係

隣家のリビングの窓と、自宅浴室の窓が向かい合うのを避けたり、道路からリビングが丸見えになったりしないよう工夫が必要。

専門家からひとこと!

多くのプランを見比べよう

経験的に、40坪くらいまでの間取りなら、住宅会社が配っているプラン集をたくさん見ることで自分たちの要望に近いものが見つけられると思います。プランを多少変更することも視野に入れて、雑誌やインターネット、各住宅会社のプラン集を見比べて家族で話し合ってみましょう。

■間取りづくりに役立つリスト

書き込む!

●要望リスト

現在の状態と比較し、部屋や間取りの要望を書き出して再確認しましょう。

	現在の広さ・不満な点	要望［広さ・明るさ（日当たり）・必要な収納・設備など］
例）キッチン	・3.5畳 ・窓が小さくて暗い	・対面キッチンにしたい ・白を基調にして、見せない収納に
玄関		
玄関ホール		
トイレ		
浴室		
キッチン		
ダイニング		
リビング		
寝室		
子ども部屋1		
子ども部屋2		
和室		
廊下・階段		
ベランダ・デッキ		
庭		
その他		

●持ち込む家具リスト

持ち込む家具類のサイズや配置場所を確認しておくと、間取りづくりに役立ちます。

名称	サイズ（高さ×幅×奥行）	配置場所
例）和ダンス	113cm × 113cm × 45cm	和室

間取りの実例① ▸▸▸▸▸▸▸ 4LDK

これまでの過程で、必要な大きさや部屋数、希望の間取りなどがイメージできていることと思います。ここでは、お手本的な4LDKの間取りを参考にしながら、ポイントを整理していきましょう。

お手本1

無駄がなく使いやすい間取り（32.5坪）

- 32.5坪とは思えない、広さを実感できる間取り！
- 全室南向きで風通しもよい。
- 各室、階段下の一部と、収納がたっぷり!

階段の降り口に近い1階トイレ・脱衣場は、ドアを引き戸にすることで安全・安心

トイレがリビングから離れているので、来客時でも音が気にならない

階段下のトイレは省スペースに効果的だが、トイレ天井高に注意が必要

キッチンの広さに無駄がなく、カップボードの中の食器も使いやすい寸法

2階の各室から浴室への動線が、玄関・リビングと重ならない

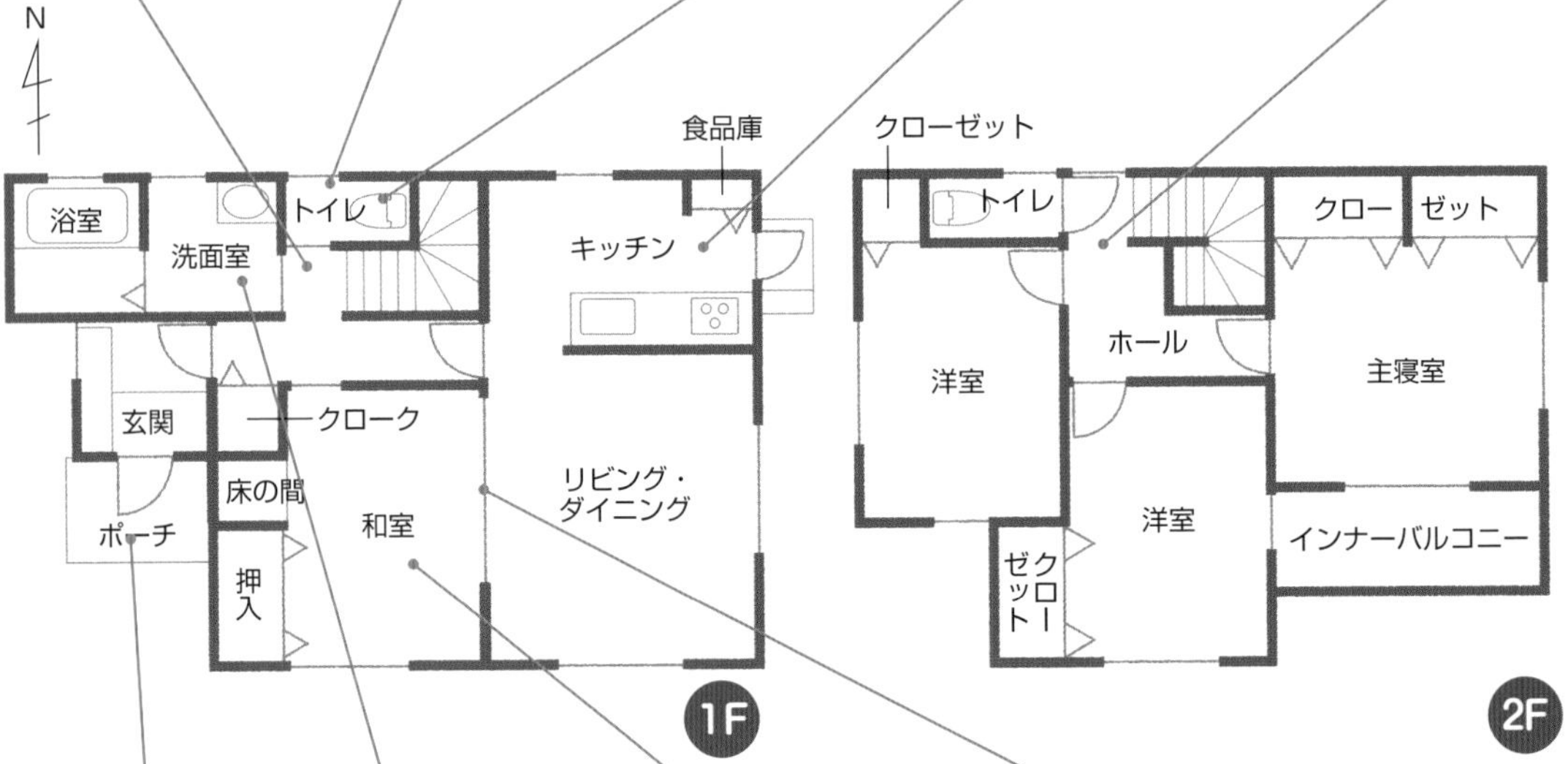

ポーチ部分は雨がかからない形になっているので、傘をたたむときに不便がない

洗面室まわりに、タオルや下着類を入れる収納スペースがあればなおよい

祖父母と同居する場合、1階の部屋がリビングに併設されているため、音の問題がある

将来的に1階に分離した部屋が欲しい場合は、リビングと和室を壁で仕切ることで対応できる

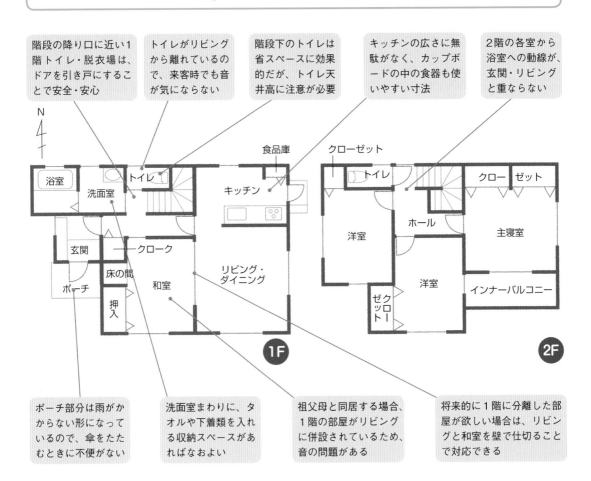

お手本2

使い勝手のよい和室が魅力（36.0坪）

- 5人家族（父母、祖母、子ども2人）を想定、2階にトイレなどを設けることで、朝の忙しい時間帯も混雑知らず！
- 収納スペースをもう少し増やすとベター。
- 2階に設けたフリースペースはいろいろな用途があり便利!

キッチン、洗面室、浴室が一直線上にあり、炊事、洗濯、掃除のための動線に無駄がない

階段下を物入れとして利用することでスペースの無駄がなくなる

対面キッチンで、調理中も小さな子どもに目が届きやすい

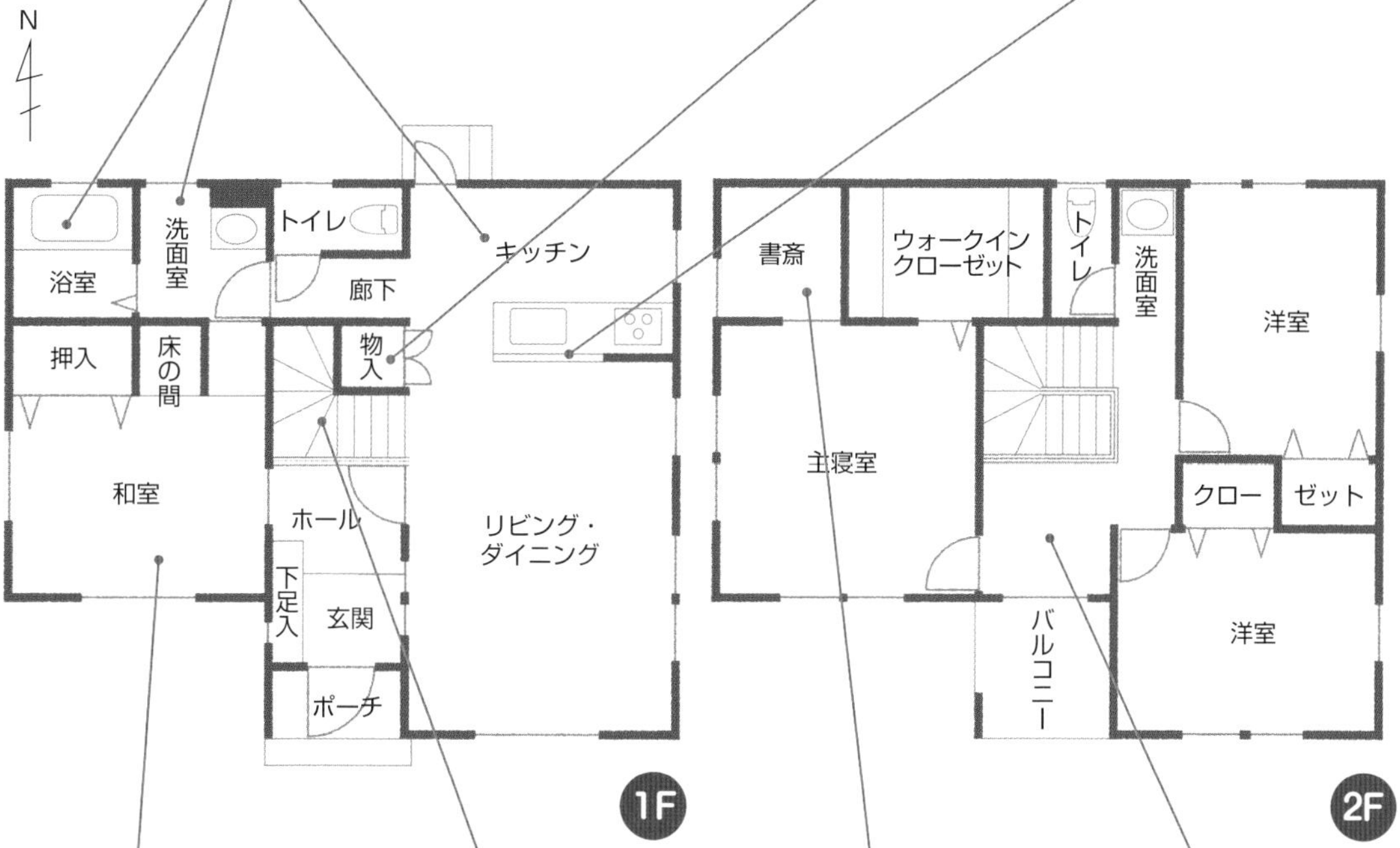

独立性の高い1階の和室は、祖父母の居室や客室として活用しやすい

リビング階段にすることで、子どもの外出時や帰宅時でも、コミュニケーションがとれる

主寝室に併設した小さな部屋は、ご主人の書斎や奥様の趣味の部屋として活用

2階のフリースペース。雨天時はもちろん、日常的な物干し場としても使用できる

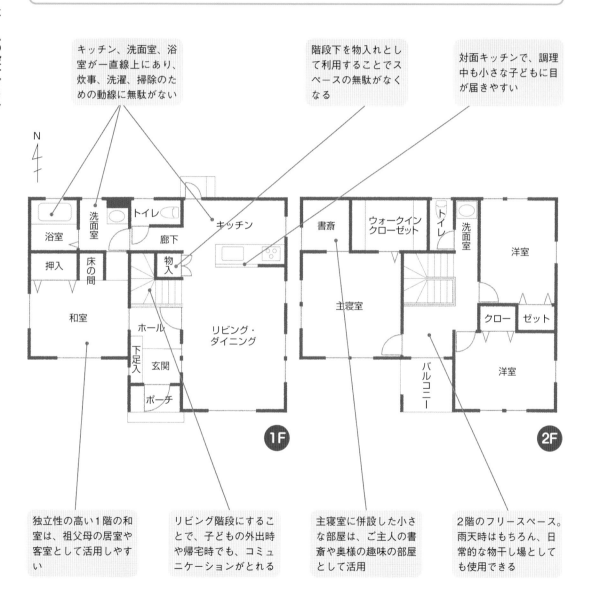

間取りの実例② ▸▸ 二世帯住宅

親世帯（祖父母）、子世帯（夫婦、子ども）の3世代がいっしょに暮らすことができる二世帯住宅には、家事・育児協力、経済面などのメリットがある反面、世代間のプライバシーの確保や生活時間、趣味・嗜好の違いによる衝突などのデメリットも。

二世帯住宅で失敗しないためには、スタート段階からしっかりした計画を立てていくことが大切です。

2世帯住宅のタイプ

独立型　玄関や水まわりが２つあり、内部からは行き来ができない

同居型　個室以外のすべてを共用する

部分共有型　玄関と浴室などはひとつで、キッチンや洗面を分ける

将来転勤があったり、ご両親のどちらかが亡くなったり介護施設に入居する可能性もあります。そんなケースも想定して、簡単なリフォームだけで賃貸に出せるような間取りにしておく方法もあります。

二世帯住宅のメリット・デメリット

メリット

- 親世帯が土地を所有しているケースが多いので、土地代がかからない。
- 親子リレーローンで長期の住宅ローンが使える。
- 共用する部分を多くすることで、建築のコストダウンが可能。
- 二世帯別々で住むよりも、生活費が節約できる。
- 大家族で暮らす安心感がある。
- 祖父母と孫の交流ができる。
- 病気をしたときなど、万が一のときの安心感がある。
- 共働き夫婦は子どもの面倒を祖父母に見てもらいやすい。
- 親の介護がしやすい。

デメリット

- プライバシーが確保しにくい。
- 子どものことや生活のことにお互い干渉しがちになる。
- 光熱費や食費など、生活費の折半が曖昧になりやすい。
- 生活時間の違いによる不満が出やすい。
- 祖父母や子どもがいっしょに暮らさない状況（他界、独立）が訪れた場合に、空きスペースが出るリスクが大きい。

二世帯住宅の間取り例

お互いの生活を尊重したタイプ（51.5坪）

- 玄関はひとつだが、水まわりは2カ所ずつなのでプライバシーが確保されている
- ときには3世代での食事もOKなリビング

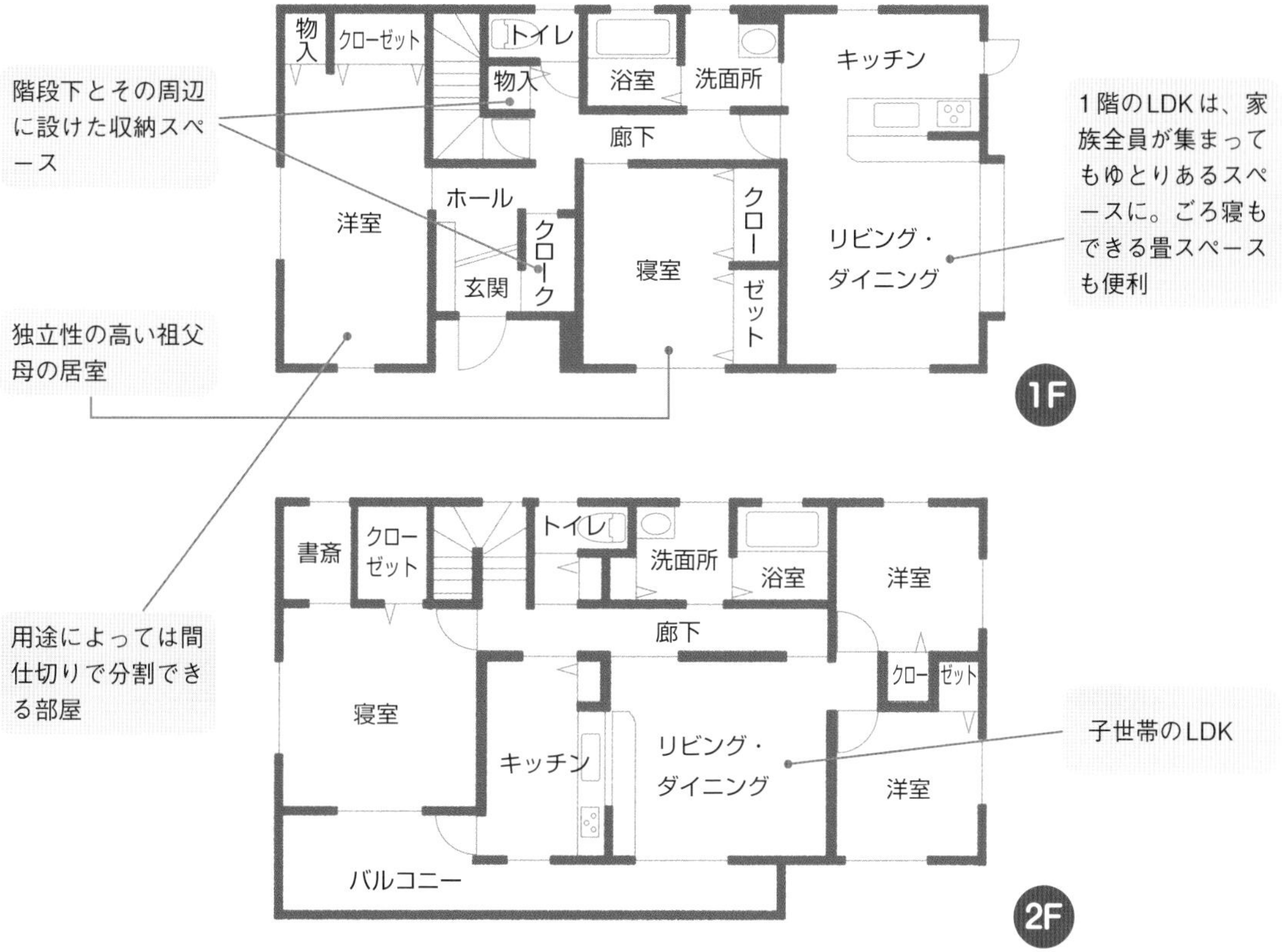

専門家からひとこと!

どこまで共有したいか？ を考えて

二世帯住宅の間取りで注意するポイントは、お互いの適度な独立性や交流の確保を前提に世代ごとの要望をうまく取り入れることです。

ベストな考え方は独立型で、電気、ガス、水道のメーターまですべて分けることです。

そこからスタートして、経済的な面や将来のことまで視野に入れて、どこまで共有するかを話し合ってみましょう。

コストダウンのポイントは〝足し算〟

理想と現実のバランスのとれた家づくりのために！

コストダウンのコツは足し算で

家づくりは、理想と現実のバランスを大切にしながら、形にしていく作業です。そういった意味では、いかにうまく希望通りの間取りやデザイン・機能を採用しながら、コストを抑えるかが成功のポイントとなります。

最初はあまり要望を入れすぎず、簡素なものからスタートし、欲しい設備やオプションなどを足し算していくとじょうずにコストダウンができます。なぜなら、最初に要望を全部入れ、予算に合わせてなにかを削ったりあきらめたりと引き算するやり方は、結果的に満足度が低くなってしまうからです。

また、ランニングコストを考慮することも大切。目先のコストを抑えることに注力してしまったために、後々メンテナンス費用やランニングコストがか

おしゃれ感を演出できる窓は割高。掃出し窓、腰高窓などあるが、一番ポピュラーな大きさの引き違い窓ならコストダウン。

- □ 将来的に太陽光発電を考えている場合は、屋根の勾配の向きに注意する。
- □ 窓は、一番流通している大きさ・タイプのものを採用する。
- □ 部屋の仕切りを多くしない。キッチン+ダイニング+リビングよりも、LDKのほうがコストダウン。
- □ 玄関ドアはシングルを採用する（親子ドアは実際にはあまり使わない）。
- □ 水まわりはできるだけ1カ所にまとめると配管工事のコストが減る。
- □ 吹き抜けは開放感がありデザイン的にはよいが、建設費や住んでからの光熱費などのコストアップにつながる。
- □ 純和室の天井・壁は独特な仕上げのため割高に。洋風和室でもよいかどうか検討。
- □ 照明やコンセントの数は必要最小限にする。
- □ 一部の設備・機器を施主自身がインターネットなどで安価で仕入れ、施主支給する方法もある（住宅会社とのトラブル回避のため、事前の打ち合わせが必要）。

かってしまっては意味がありません。譲れないところ、妥協できるところを考え、将来のことも考えた柔軟な対応をしましょう。

専門家からひとこと!

こんなコストダウンの方法もあります

住宅会社によっては、在庫となっている設備器具などを安価で提供してもらえることもあります。また、完成した家を完成見学会やオープンハウスとして一定期間貸出しすると、エアコンやカーテンを付けてくれたり、値引きなどのサービスをしてくれたりするところもあります。担当者に相談してみてもよいですね。

専門家からひとこと!

本当に必要な設備か、熟考して

食洗機や浴室暖房機、間接照明、玄関やリビングの親子ドア。設置したはいいけれど、住んでみたら使わなかった…なんてことも多いものです。そんな無駄をなくすためにも、すでに家を建てた友人や経験豊富な設計者に相談しながら、コストアップを避けましょう。

コストダウンのためのポイント

コストダウンはその額が大きなものから小さめのものまでさまざま。まずは家全体のつくりでコストダウンを目指し、個々のポイントは「チリも積もれば山となる」の精神で頑張りましょう。

- □ 広さを必要最小限にして家の坪数を抑えることが、一番効果がある。
- □ 凹凸の多い形をできるだけ避け、シンプルな四角形に近い形にするとコストダウンにつながり、地震にも強い建物になる。
- □ 一般的に、平屋建ては基礎・屋根の面積が大きくなるので二階建てよりもコストが高い。
- □ 基本のモジュールに沿った寸法でプランニングする。
- □ 設備などは使用する器具のランニングコストも考える（太陽光発電やエコキュートなどは投資コストと回収期間などを調べてから採用を決める）。
- □ 採用する設備機器や建具、床材などのメーカーをできるだけ統一する。
- □ 屋根の形をシンプルにすると、コストダウン&雨にも強い家に。
- □ 屋根を急勾配にするとデザイン性は高まるが、構造に耐えうる材料や足場づくりなどでコスト高に。

急勾配の屋根は、工事のための足場づくりのコスト、また面積増でコストアップに。

設計図面のチェックポイント

GOサインは図面チェックをしてから！

不明点・疑問点の解決のために

家をつくる過程では、間取り図だけではなく、立面図や設備図などさまざまな図面が必要となります。これをまとめて設計図書と言います。

この設計図書が完成した段階で施主がOKを出せば、それで現場の施工が進んでいきます。打ち合わせの内容が反映されていない、わからないところや納得のいかない部分がある、という場合は話し合って解決しておきましょう。特に施主として注意したい図面と、チェックポイントをまとめたので参考にしてください。

なお、設計図書には他にも「基礎《きそ》伏《ふせ》図《ず》」「構造図」「矩計《かなばかり》図《ず》」「屋根《やね》伏《ふせ》図《ず》」「建具表」などがありますが、専門的な知識がないと理解しづらいものが多いので、これらについては住宅会社の担当者に説明してもらいましょう。

主な図面とチェックポイント

平面図

チェック！

- □各部屋の大きさや配置（誰がどの部屋を使うか）
- □階段や廊下の広さ
- □収納の広さや使い勝手
- □バルコニーの広さや形状
- □窓の位置と大きさ（日当たり、近隣とのプライバシー）
- □雨戸や面格子の有無の確認
- □ドアの開閉方向
- □フローリングの張り方向
- □階段の踏み面寸法や段数、踊り場の広さ
- □持ち込む予定の家具や家電の配置
- □玄関や各部屋からの動線、家事動線

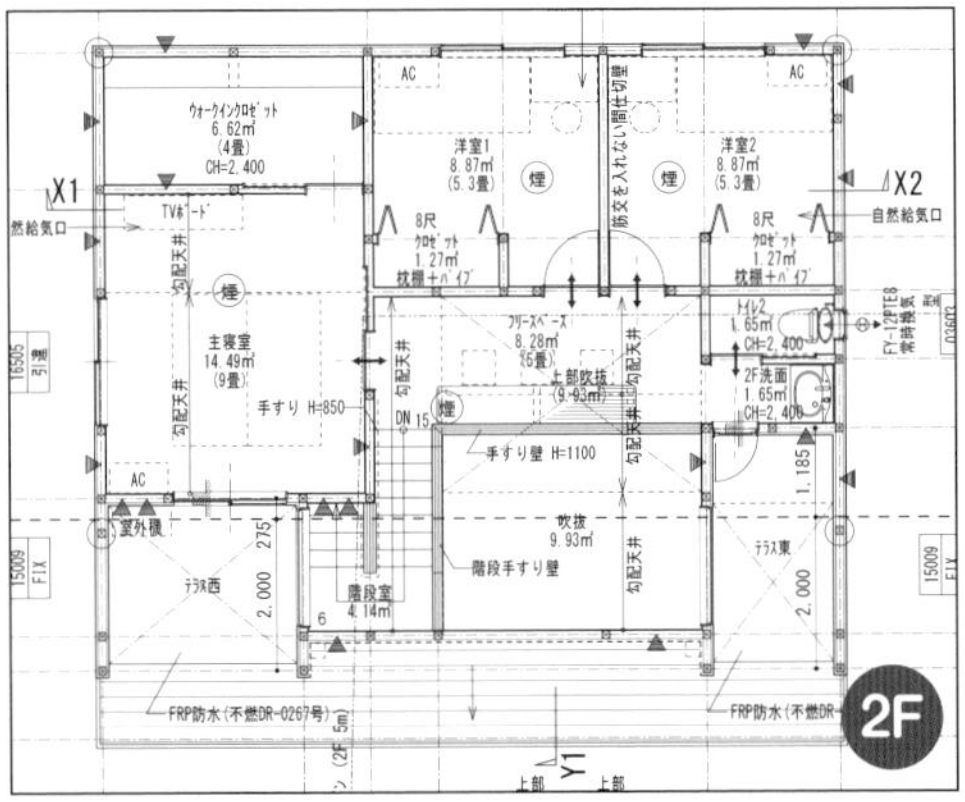

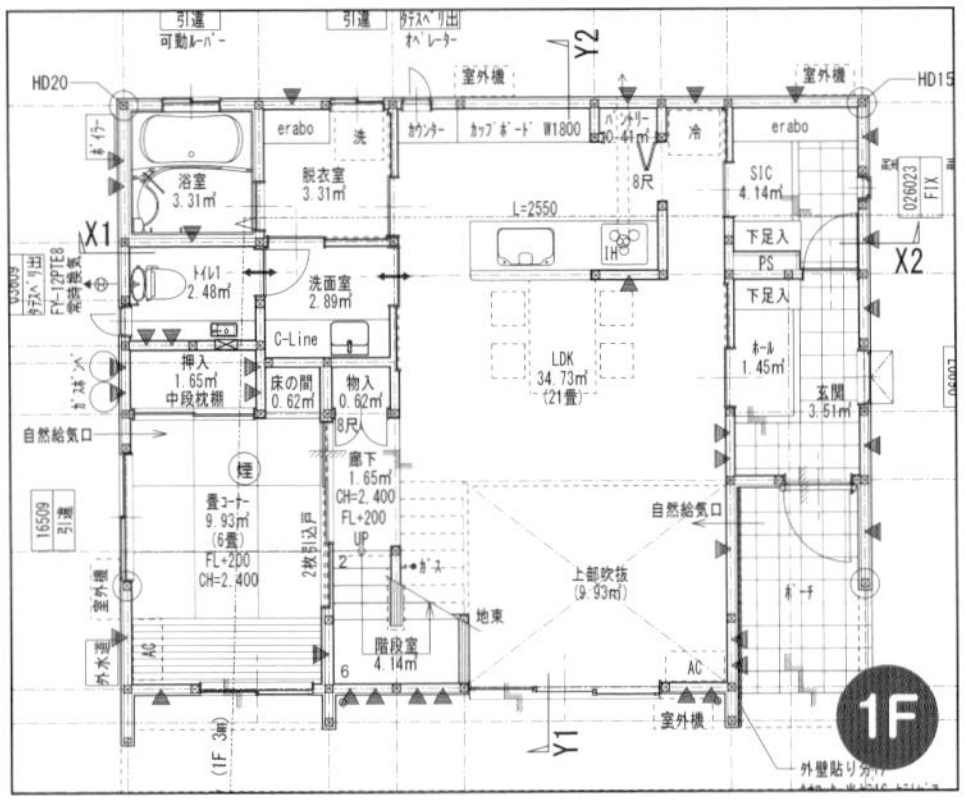

立面図 …建物の外観を東西南北の４方向から表したもの

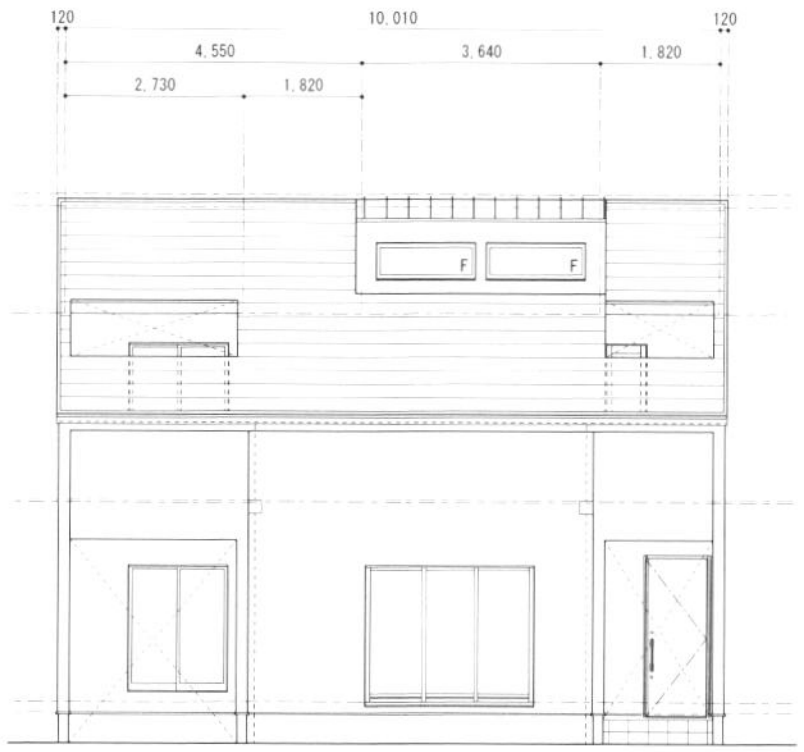

南立面図

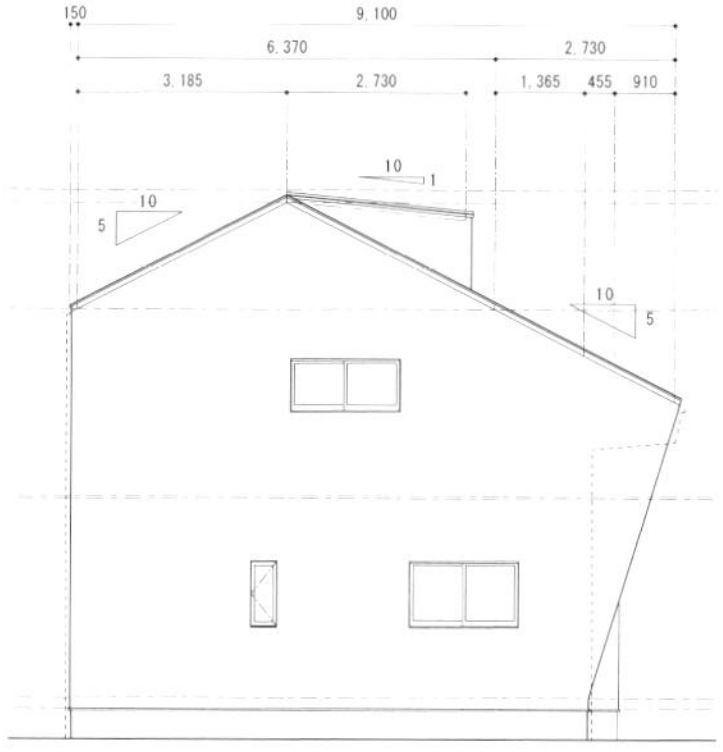

西立面図

チェック!

- □外観のデザイン
- □建物全体や各部位の高さ
- □屋根の形
- □窓の大きさと形、位置
- □平面図との整合性
- □外壁の張り分け
- □雨どいの位置
- □吸排気口の位置
- □エアコン配管の位置

断面図 …建物を縦に切断した内部の断面を表したもの

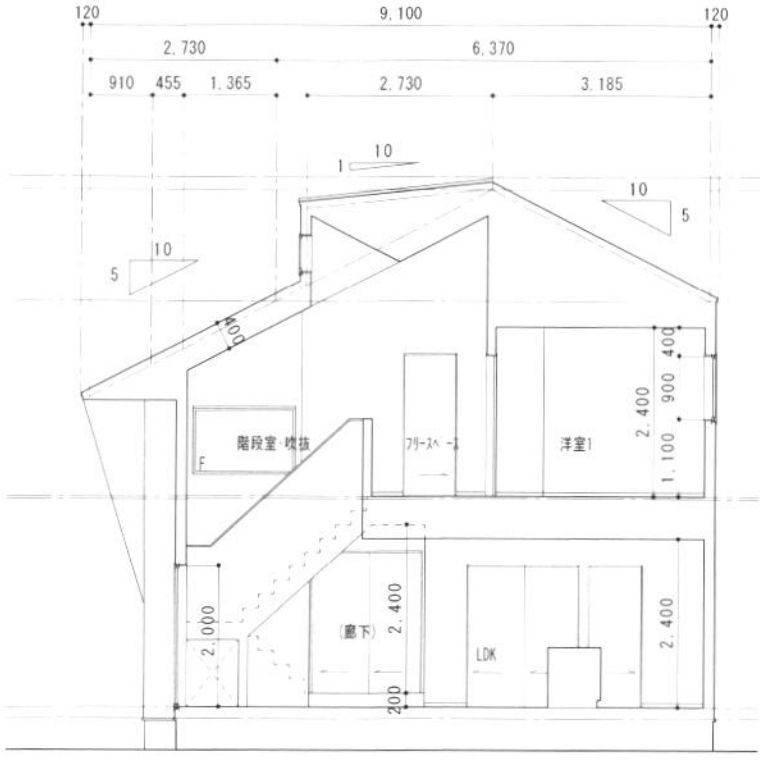

Y1-Y2 断面図

X1-X2 断面図

チェック!

- □建物の高さ
- □地盤面からの１、２階の床の高さ
- □軒の出具合や高さ
- □各部屋の天井高
- □１、２階の上下の位置関係
- □平面図との整合性

専門家からひとこと!

エアコンの設置位置・配管位置はあらかじめ決めておく

よく「エアコンは近所の○○電気に頼むから後でいいや」といった考えをする方がいます。そうなると、住宅会社も「うちの工事じゃないから考えなくてもいいや」といったことになりやすいものです。しかし、竣工間際にエアコンの工事に入ったために配管や室外機の位置が大きく外観のイメージを壊してしまうことがあります。設置工事をどこに依頼するにしても、どこにエアコンの室外機を配置し配管はどこを通すのか、着工前に決めておくことをおすすめします。

着工前の計画が重要

家の間取りや敷地内の配置は決まってきましたか？

実は、家づくりで意外と後まわしにしがちなのが外部設備の配置計画です。これを決める前に着工してしまう会社が思いのほか、多いことに驚かされます。

外部設備の配置を決める前に着工してしまうと、完成後の美観や住み心地に影響してくることがあるのです。

たとえば、

①外流し（屋外に置く流し台）を配置したい場所にガスボンベを置かなくてはならなくなってしまった。

②水道メーターが駐車スペースの下になってしまい、検針の度に車を移動しなければならなくなった。

③電気の引込み線が建物の正面に来て外観デザインが損なわれることになった、などなど。

こんな問題が起こらないよう、着工前には必ず配置を決定しておきましょう。

配置図

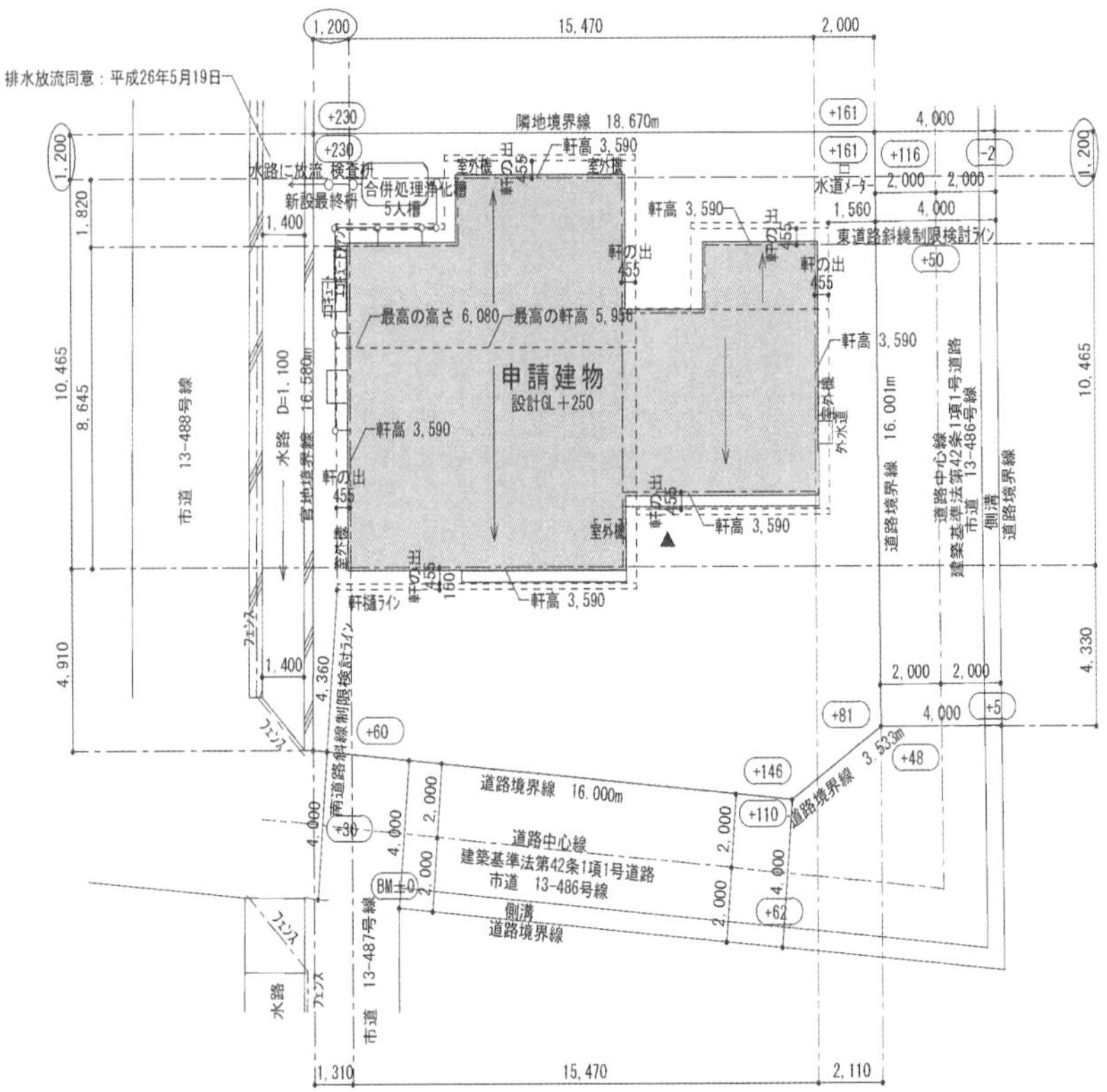

チェック！

- □建物の配置
- □隣地との距離
- □道路との位置関係（道路や近隣からの視線）
- □駐車スペースやカーポート、自転車置き場の位置や形状
- □植栽や花壇、家庭菜園の位置と大きさ
- □エアコン室外機の位置
- □外流し、散水栓、水道メーターの位置
- □公共下水、雨水マス、浄化槽の位置
- □エコキュートや給湯器の位置
- □都市ガスメーターやプロパンボンベの位置
- □外部動線（駐車スペースから玄関や勝手口など）

外構図

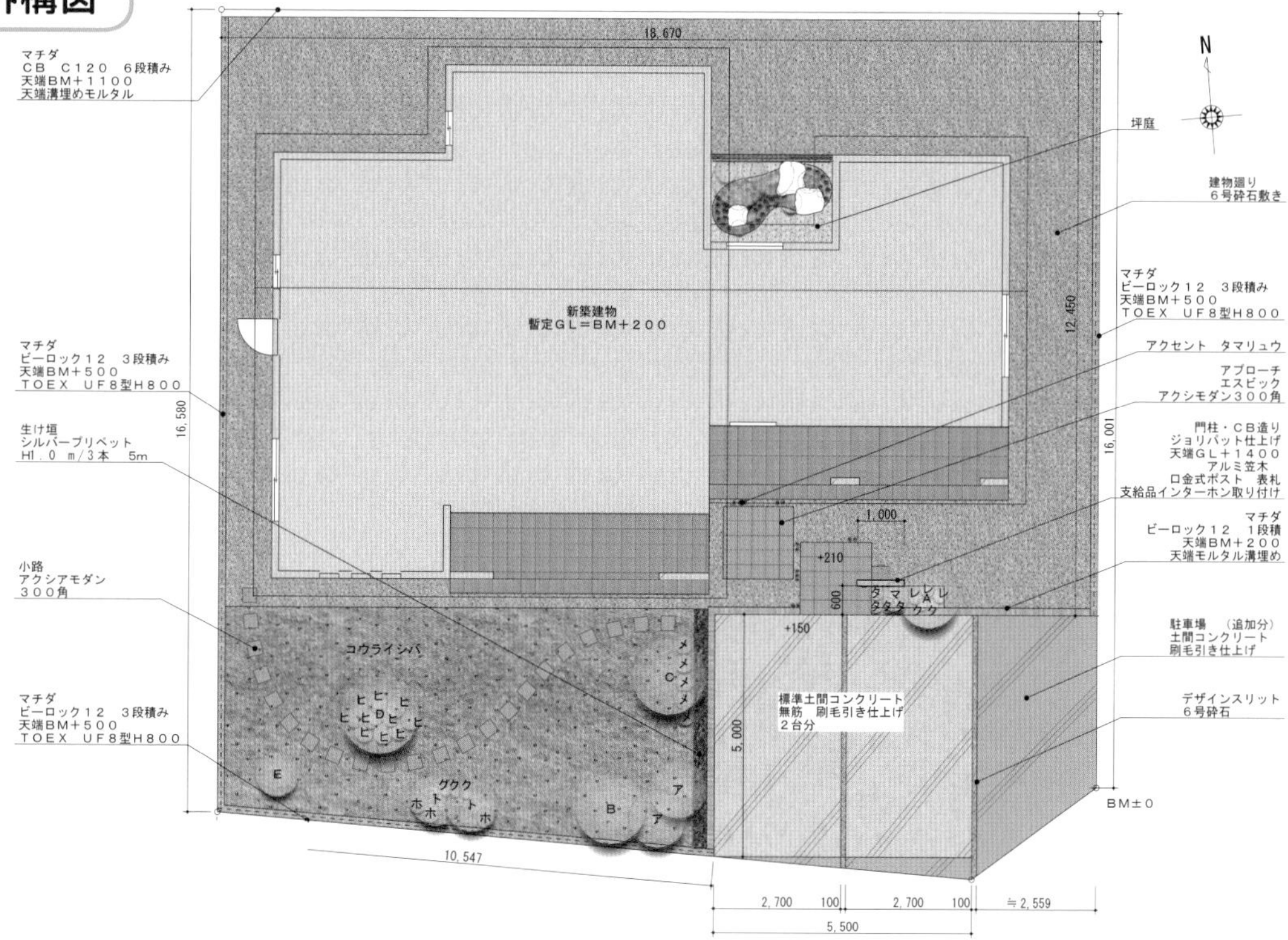

チェック!

□外構デザイン	□門や塀、カーポートの仕様	□アプローチなどの仕上げ材
□駐車スペースの広さと位置	□植栽の種類や高さ	□物置の設置場所

専門家からひとこと!

建物全体の位置を動かすこともあります

建物まわりの配置計画をしていくとき、後々のことを考えると「当初の計画より建物の位置を動かしたほうがいいな」などと気づくことも少なくありません。専門家と相談して配置しましょう。

●外構の立面図

理想とする外観のイメージをさがす

外から見てほれぼれするわが家をつくろう

好みのイメージを見つける

外観デザインは、家の第一印象を決める大切な要素で、間取り以上に悩まれるケースも多いようです。

外観デザインのテイストには、シンプルモダン、プロバンス風、和風、アメリカンなどさまざまあります。でも、まずは型にとらわれずに、住宅会社の施工例や雑誌を見たり、近隣の新興住宅地に見学に行ったりしてご家族の好みのものを見つけてみましょう。

バランス感覚も大切に

外観のイメージは、使用する外壁材や屋根材によってもまったく違ったものになります。外壁に一般的なサイディングを使った場合でも厚さや色の張り分けによっても印象がだいぶ違ってきますし、材料を変えれば質感も変わ

シンプルモダン

装飾性を除いた、現代的なデザイン。ガラスや金属などを用いて、無機質的ですっきりとした直線を基調とする。飽きのこないスタイリッシュなデザインが若い世代に好まれている。

提供／三協アルミ

り、まったく違う印象になります。

とはいえ、和風の外観なのに金属屋根を使ったり、プロバンス風の建物に和瓦を使ったりしたらバランスの悪いデザインになってしまう可能性もあるので、よく考えることが必要です。

また、ご家族の好みのデザインであることは大切ですが、あまりに奇抜な色や形ではなく、街並みになじむことも考慮したいもの。今は最新のデザインだとしても20年先、30年先も住み続けることを前提に、飽きのこないものにしましょう。

専門家からひとこと!

写真や絵なら希望も伝わりやすい

イメージについては、施主が、日頃から見ている雑誌や切り抜きを設計者に見せることで要望が伝わりやすくなることがあります。日頃から、住宅雑誌の気になったページを切り抜いたり、外出先で素敵だと感じる建物の写真を撮ったりすることも大切ですね。

■外観のさまざまなテイスト

欧風

提供／三協アルミ

印象的なのは、なんと言ってもオレンジのテラコッタ（素焼き）瓦。外壁はクリーム色系の塗り壁が多く、フラワーボックスのついた小窓など、素朴でぬくもりを感じさせるデザイン。

和モダン

提供／三協アルミ

日本の伝統的なスタイルと、現代的なスタイルを融合させたデザイン。緩やかな勾配の屋根、深い軒、格子などを配し、懐かしくも新しさを感じさせる、飽きのこないデザイン。

和風

提供／三協アルミ

日本の伝統的な建築工法、スタイルを重視した様式。土壁や瓦の大屋根、大きく伸びた軒などが特徴。木・土・紙・石などの自然素材を多く用いる。落ち着き・安心感がある。

アメリカン

提供／三協アルミ

アメリカ開拓時代の家の様式。壁は板張り・レンガ貼りなどがあり、玄関から続くカバードポーチ、ドーマー窓（屋根窓）などが多く見られる。

内観のイメージはバランス感覚を意識する

外観と連動させて違和感のない住まいを！

照明や家具も含めて調和させる

内観のテイストは、一般的に外観のイメージと連動させます。アメリカンテイストの外観なのに、玄関に入ったら和風のイメージ、といった選択はバランスが悪いように感じてしまうからです。外観と違ったテイストを取り入れる場合は、子ども部屋やご夫婦の寝室など、他の空間と隔てられているところで採用するほうが無難でしょう。

各部屋の床・壁・天井の色や材質を選ぶときは、カーテンやじゅうたん、家具・家電、照明などの色や柄、形も視野に入れて、部屋の雰囲気と上手に調和させるようにバランスを考えて選びましょう。

「こんな感じにしたい」というご希望があるときは、参考になる資料（写真や雑誌の切り抜きなど）を持参すると希望が伝わりやすいものです。

専門家からひとこと!

内観パースでイメージをつかむ

なんとなくは想像できるけれど、部屋の広さや窓の大きさ・位置、壁面の面積など全体をイメージしにくい、ということもあると思います。特に、リビングなどどうしてもイメージしにくいスペースは、設計者と相談して、遠慮せず内観パースを作製してもらいましょう。家ができてから「こんなはずじゃなかった」という失敗がなくなりますよ。

上図のように現在のパース図は、一見しただけでは写真と間違えるほど精巧なものになっている。

■主な内観（インテリア）イメージ

内観のイメージは、まずは大きく和風・洋風に分けられ、それぞれ軽快・重厚というように分類できます。外観との統一を意識しながら、どんな内観なら心地よく暮らせるか、考えてみましょう。

軽快

シンプルモダン

直線で構成されたすっきりとした飾り気のないテイスト。白など明るめの単色や、金属によるシルバーなどが用いられることが多い。

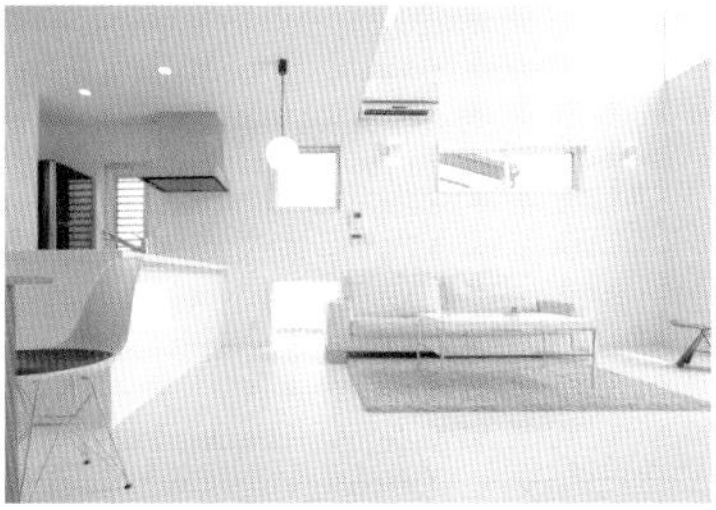

和モダン

和風に洋風をミックスしたインテリア。木や草などの自然の素材感を生かしつつ、現代的なデザインを採用する。色はナチュラルなものからモノトーンまで多彩。近年では古民家風のデザイン・しつらえを取り入れたものも多い。

ナチュラル

過剰な装飾はなく、直線やすっきりとした曲線を用いながら、温かみも併せもつ。木や石、紙などの自然素材を使う。ファブリックも麻などを用いる。色も自然素材に近い明るい色が多い。

洋風

和風

南欧風

黄色、白、オレンジなど明るい色の漆喰の壁、テラコッタタイルの床などが特徴。階段の手すりや照明、小物にアイアン素材を使いアクセントにする。

アジアン

籐（ラタン）、竹（バンブー）、麻、素焼きの陶器やアイアンなどが多く使われる。カラーは濃茶、藍などの渋いダーク系。

和風

塗り壁、木、紙などの自然素材を多用。梁、床の間、雪見障子などのしつらえにより伝統的な和風のテイストになる。

重厚

内装・インテリアの色選びのポイント

配色の基本は、3色を70%、25%、5%の割合で合わせる

色でその部屋の居心地も変わる

落ち着きとセンスのある美しい場所にするために、家の内装やインテリアの色選びはとても大切。ここでは、色を選ぶときに大切なポイントをまとめてみました。

まず考えていきたいのは、部屋の目的と、その部屋をどんな雰囲気の場所にしたいか、ということです。「明るく清潔感のある、爽やかな印象の部屋」「重厚感のあるクラシカルな部屋」「安定感があって落ち着いた印象の部屋」などなど、各部屋についてのイメージを描いてみてください。

色の黄金比率とは？

どんなテイストの部屋にするにしても「どんな色」を「どこ」に「どのくらいの大きさ」で「どんなふうに」配分するかが大切です。

「どんな色」については、爽やかさを出したいなら青系、重厚感を出したいなら茶系、と効果的な色があります。

「どこに」「どれくらい」については、配色する色を3色に抑えるのが基本です。この3色の効果的な比率は70%：25%：5%。

70%は、広い面積を占めるベースカラーです。25%は、ベースカラーの次に広い面積に用いるアソートカラー*。空間を引き締め、変化を付けるアクセントカラーは5%程度が効果的と言われています。

単色のグリーンをアソートカラーに使った例。単色を大きな面積に用いることで、穏やかで落ち着いた印象になる。

提供／東リ株式会社

配色の基本

ベースカラー …70%

床、壁、天井など。特に広い面積を占め、空間全体の雰囲気をつくる。基本的には白、ベージュ、アイボリーなどの淡い色が無難で、アソートカラー、アクセントカラーも選びやすくなる。

アソートカラー …25%

カーテン、ラグ、ソファなどの比較的大きい面積を占めるファブリックや家具に使う。このアソートカラーが部屋のイメージを決定づける。

アクセントカラー …5%

クッションやインテリア小物、絵画など。部屋全体を引き締めたり、変化をつけたりする効果があり、アソートカラーとは明るさや色味が対比となる色を使うとよい。変更が容易な部分でもあり、四季折々のイメージなどが楽しめる。

■色選びのコツあれこれ

●部屋の条件を考える

北向きで光が入りにくい部屋の色選びには注意が必要。本来は洗練されたモダンな印象の黒も暗いイメージになってしまう。また、青系の色を使うと寒々しい印象になりがち。また、寝室に強い赤などを使うと眠りを妨げる要素になることも。なお、寝室のアクセントカラーは、就寝時の視線を考えて配置したい。

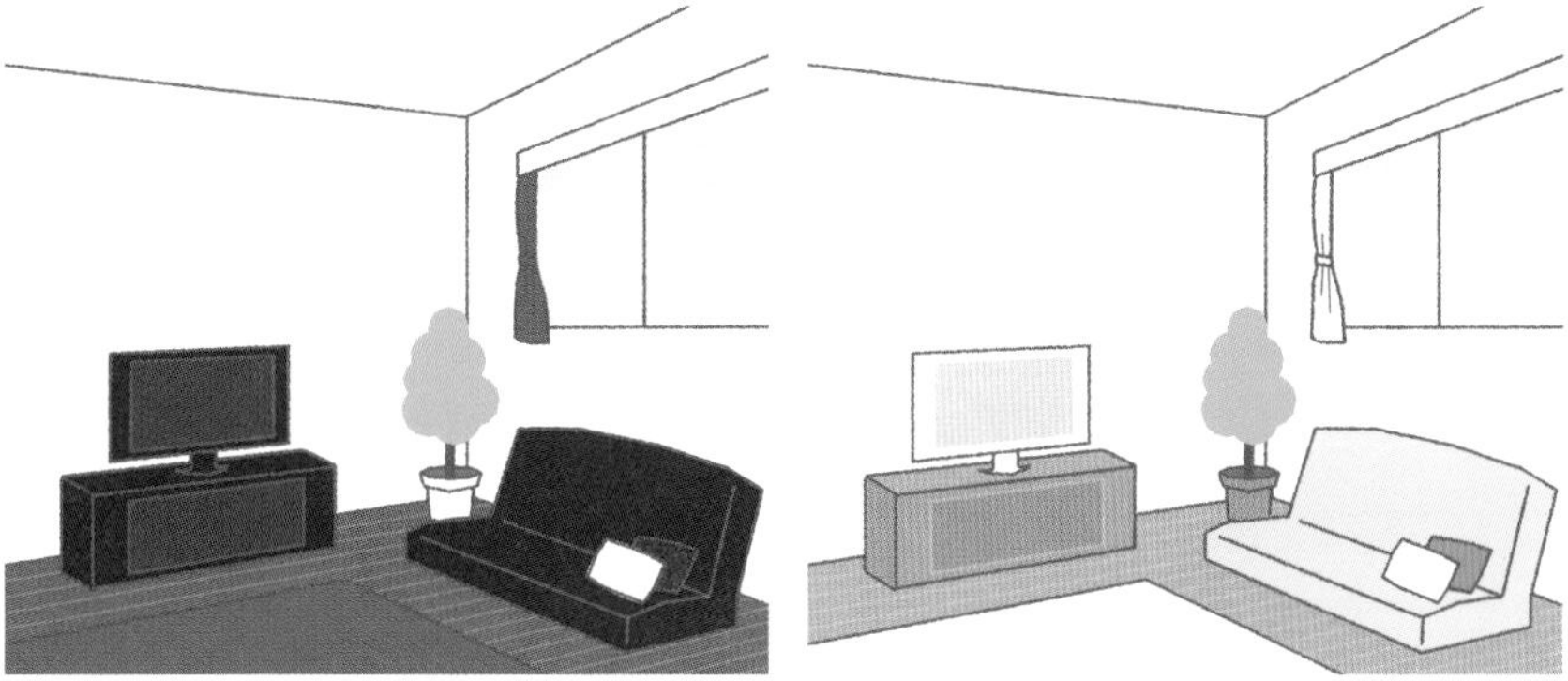

●膨張色・収縮色をじょうずに使う

部屋を広く見せたいのであれば明るい膨張色を、反対に広い部屋に引き締め感がほしいときは収縮色を。カーテン、壁紙に同じような色を使うとつながり感が出て広く感じる。床→壁→天井の順に明るくしていくと安定した印象になる。

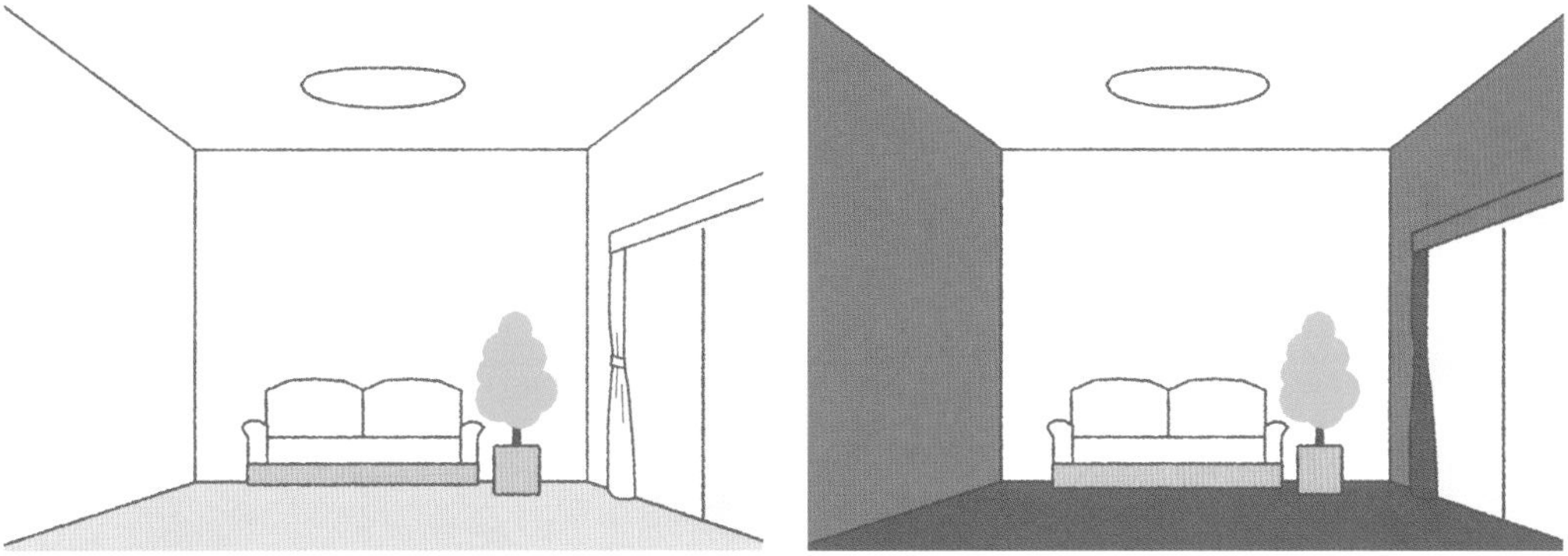

左：膨張色の効果で広がりのある部屋に。右：収縮色で引き締まった印象。また床から天井にいくにつれ色を明るくしているため落ち着きがある。

●細かい部分の色もイメージをつくる要素

視野に入りやすいドア、照明器具、窓枠、廻縁やカーテンレールなどの細かい部分の色は意外とポイントになる。アクセントになったり、溶け込ませたりと工夫できる。

●後々のことも考慮して

キッチンや水まわり、玄関などの壁は汚れの目立つ場所。こういった場所には濃い茶系の柄の壁紙などを使う考え方もある。

専門家からひとこと!

模様替えをしやすくするコツ

色選びでは、ベースカラーを白っぽい色にして、家具や絵、カーテンなどに色のあるものを使うことをおすすめします。模様やイメージチェンジがしやすくなります。

＊**アソートカラー**：ベースカラーに次いで面積を占める色のこと。大きな家具やカーテンなど。ベースカラーと同系色にすると統一感が、対比色にすると変化を出すことができる。サブカラーとも言う。

日当たりのよい家にするには

明るい家はみんなの憧れ

日当たりのよい家のメリットはたくさんある

家をつくるとき、おそらく誰もが望むことが日当たりのよい、明るい家にすることではないでしょうか。実際その通りで、太陽の光をいかにうまく取り入れるかが、快適に暮らすための重要なポイントと言ってもいいと思います。

日当たりが悪いと暗くて、日中でも照明が必要になり、無駄な電気を使うことに。そればかりか、自然光不足はダニ・カビの原因となったり、においやホコリ排出の妨げとなったりします。そうなると、健康を害することにもなりかねません。

そのような家にしないためには、季節ごとの太陽の角度、隣接する建物や環境などを考慮して窓の位置や大きさを考えることが大切です。特に、1年でもっとも日照が得られにくい冬至の時期を想定して考えるとよいでしょう。

窓の採用は熟考が必要

窓を大きくたくさん設ければ、太陽光をたくさん取り込むことはできます。しかし、窓を多くつくるほど家の値段は高くなり、冷暖房効率は落ちてしまいます。壁面が少なくなるため家具の配置も難しくなることも少なくありません。

また、プライバシーや防犯上の安全確保といった意味からも、窓の大きさや位置などを考慮する必要もあり、ただ窓を多くつくればいいというものでもないのです。

どの部屋に朝日を入れたいか？　日中の光の欲しい部屋はどこか？　冬の西日の暖かさが欲しい部屋はどこか？　通風のためにはどこに窓を設けたらよいか？　などを考え、理想の日当たりと採光を手に入れたいものです。

経験者の失敗

明るい玄関には代償があった!?

初めてのマイホーム。憧れの明るい玄関ホールにしたくて、吹き抜けにして大きな透明ガラスの窓を選びました。確かに光がたくさん入り明るく気持ちはよいのですが、掃除に奮闘するハメに。天井まで届くほどの大きな窓は掃除の度に脚立が必要なんです。住んでからの窓掃除のこともよく考えておけばよかったと反省しています…。

メンテナンスのことなども考慮して、理想と現実のバランスをとっていきたい。

■光を取り込む工夫と注意

●2階のリビングで採光を確保

北や西道路に面する土地でうまく太陽光が入らない場合、主に就寝時に使用する寝室よりも明るさの欲しいリビングを2階にすることで日当たりを確保する方法も。

●光をもたらすガラスを上手に利用

ガラスの入った建具や、ガラスブロックなどを利用して、暗くなりがちなところにも光を取り込むとよい。

●北側の部屋に光を取り入れる窓

トップライト（天窓）やハイサイドライト（壁の高い位置に設けた窓）などで光を取り込むこともできる。建物の中央に中庭を設けるのも効果的。また、北側の窓は直射日光にはないやわらかい光が入ることも覚えておきたい。

●冷暖房の効率を考える

窓は意外と外の温度を伝える。大きな窓があると、夏の冷房効果・冬の暖房効果が下がることも。窓の大きさや方角にも注意が必要。

●プライバシー確保も考慮して

日当たりを考えた位置に窓を設けても、隣家や通行人の視線が気になって1日中カーテンを引いたままますごすのでは意味がない。窓の位置や大きさは、プライバシーの確保も考慮しながら設けることが大切。

風通しのよい家にするには

高温多湿な日本での暮らしを快適に！

人のため、家のための通風

高温多湿な日本では、風通しのよい家にすることが気持ちよく暮らせるポイントであり、また誰もが望むことでもあると思います。

風通しのよい家は、感覚的に気持ちいいだけでなく、住む人の健康や住まいの寿命にもかかわってきます。

空気は汚れていても目に見えません。平成15年に施行されたシックハウス対策法により24時間換気の設置が義務付けられたことで、意識しなくても空気の入れ替えをすることができます。これは有効なことですが、「気持ちよく暮らす」ということを考えたとき、ただ換気するだけではなく自然の風を感じることが大切なのです。

ここでは「風通しのよい家」にするために大切なことを学んでいきましょう。

風通しのよい家のメリット

なんと言っても気持ちいい

初夏の薫風や冬の朝の冷たい風。自然の風を気持ちいいと思うのは誰でも同じ。自然の香りや季節の移ろいを感じることができる。

湿気・におい・ほこりが排出できる

湿気・におい・ほこりは健康に大きくかかわる要素。湿気がひどいとダニやカビ菌が増えるとともににおいが発生する。また通風を図ることでシックハウス症候群を予防できる。

風が通り、いつもカラッとした住空間は、心身の健康のもとでもある。

温度が調節しやすい

湿度とともに温度も、住む人の健康に影響する。人工的な空調だけでなく、自然の空気を入れ替えて換気することで夏は冷えすぎず、冬は暖まりすぎないなど、室温が調節できる。また、空気のよどみもなくなる。

家が長持ちする

風が通ることで湿気が解消されると、基礎や土台まわり、木材が乾燥して腐朽やシロアリなどの被害を防ぐことにつながる。同じように壁紙や家具も長持ちする。

■風通しのよい家にするポイントは3つ

1 窓は部屋の2面以上に配置する

各室の2面以上に窓があると、一方の窓から入ってきた風がもう一方の窓から抜ける。風の出入り口、つまり通り道をつくることが大切。

2 窓を常に開いておける環境である

窓がたくさんあっても、外からの視線や防犯性が気になって長時間開けておけない、というのでは意味がない。窓は、できる限り開けておける位置に設けることも大切。

3 風向きを考慮して窓を配置する

風の向きは季節や時間帯によっても異なる。風の主方向を知り、よい風が吹いてくる方向に窓をつくることが効果的。また、窓の開け方の種類によっても風の入り方は変わってくる。

●理想的な窓の配置

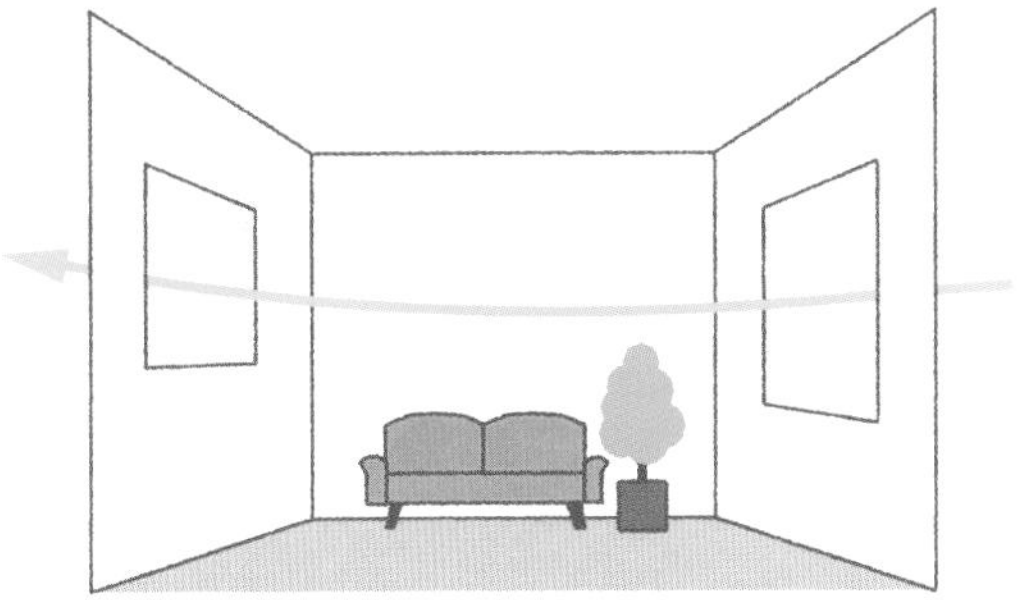

部屋の対面に、一直線に配置するのが理想的。窓の大きさは必ずしもそろえる必要はない。

●同じ面なら高さを変える

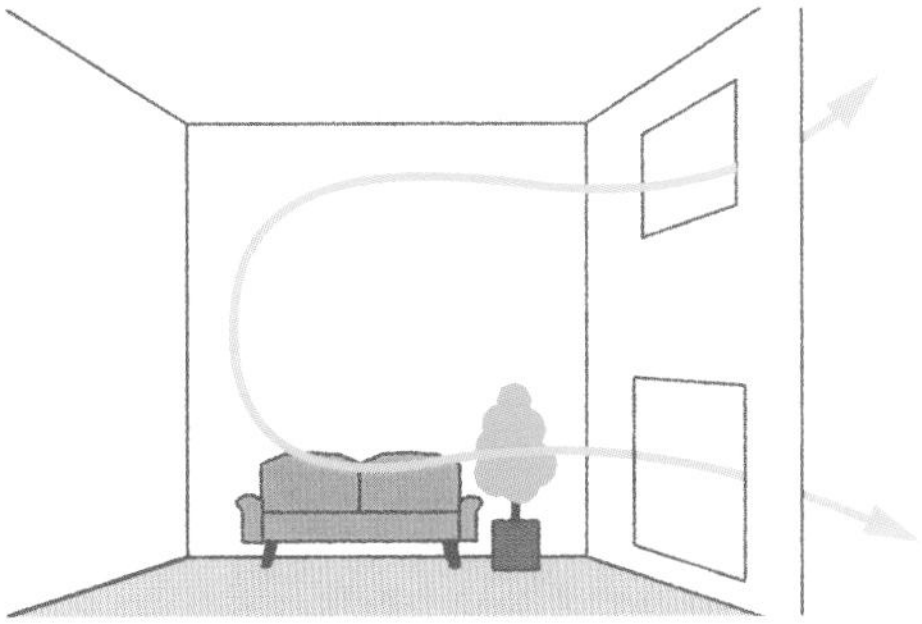

同じ面に配置する場合は、高低差をつけると空気がよどむことなく流れる。

対面がベストだが、そうでなくても通風には効果的。

●対面&高低差も効果的

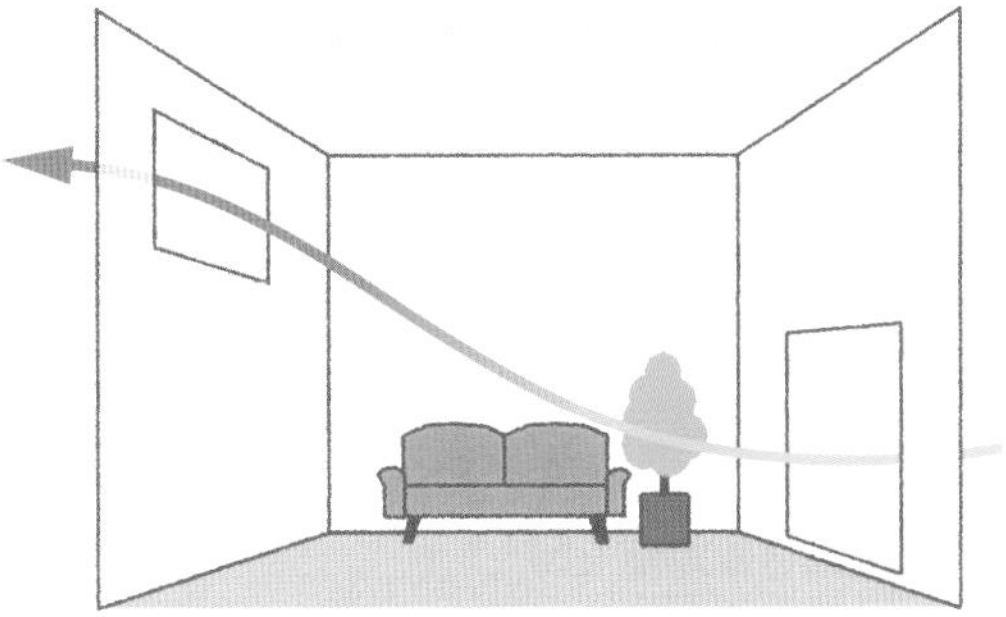

高い位置の窓からあたたまった空気が出て、低い窓から冷たい空気が入る。対面でなくても効果的な通風が図れる。

家の高さ・土地の高さには条件がある

日当たり、通風確保のための規定がある

自分の土地の条件は？

家の高さを決めるときには、隣家の高さを参考にする他、近年増えている集中豪雨や台風のときに水害にあわないよう、土地を高くすることなども考えます。

地域によっては、公共下水マスや雨水側溝への排水勾配の関係で、盛り土などをして土地の高さを上げなくてはならないケースもあります。

ここで注意しておきたいのは、あまりに高く上げすぎてしまうと、玄関に入るまでのポーチ階段の段数が多くなってしまうことです。昇り降りがたいへんですし、もしも将来スロープをつくりたいときに苦労する場合もあります。

また、家を高くすることで日陰になってしまう隣家との関係も考えた設計を心がけなくてはなりません。

建築基準法によって決められている制限

家の高さについては、建築基準法で建物高さの上限が制限されています。これは前面道路や隣地の日照や採光、通風を確保するためのものです。

高さに関する制限は、大きく分けて一番基本となる「絶対高さ制限」を含めた4種類。内容が重複する部分もありますが、その場合は一番厳しいものに準じます。

ここで制限の種類や内容を確認しておきましょう。

道路との高低差をつけるとたいへんなこともある

駐車スペースの工費が高くなることもある。

道路までの距離にもよるが、場合によっては急な勾配になることもある。

■建築基準法による建物の高さ制限

絶対高さ制限の他にも、建物の高さは建築基準法で決められており、用途地域別にそれぞれ違った制限が設けられています。

絶対高さ制限

地面から建物の一番高いところまでの高さを制限するもの。第1種、第2種低層住居専用地域では、絶対的高さの制限として、建物の高さは10m以内または12m以内と制限されている。

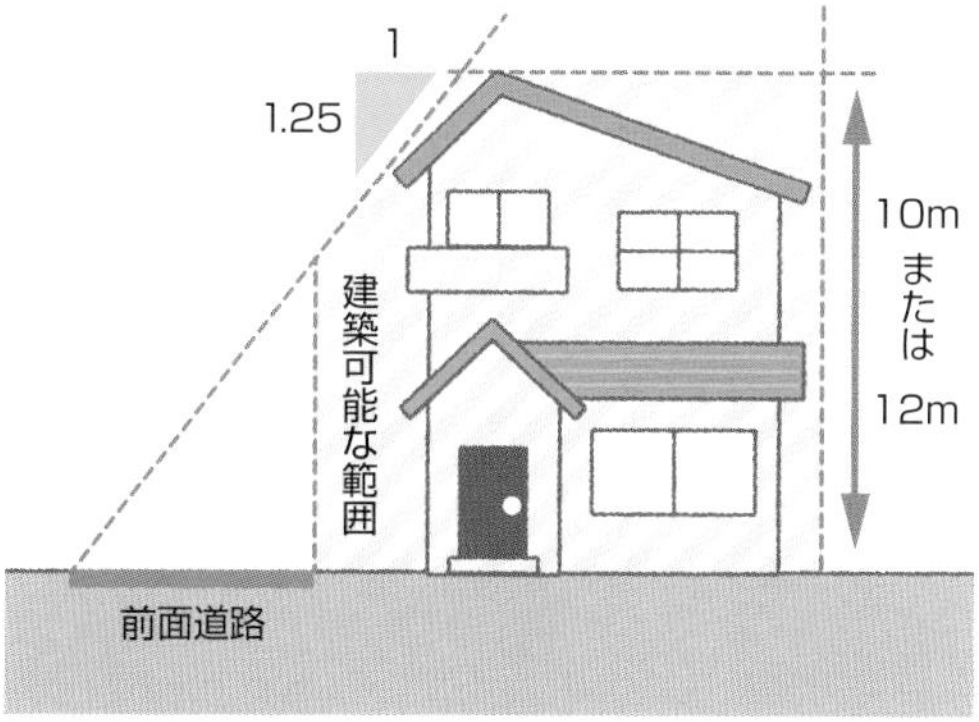

北側傾斜制限

北側隣家の日照をさえぎらないようにするための規制で、建築物の高さを、北側隣地（道路）境界線上の高さを起点とする斜線の範囲内に収める。

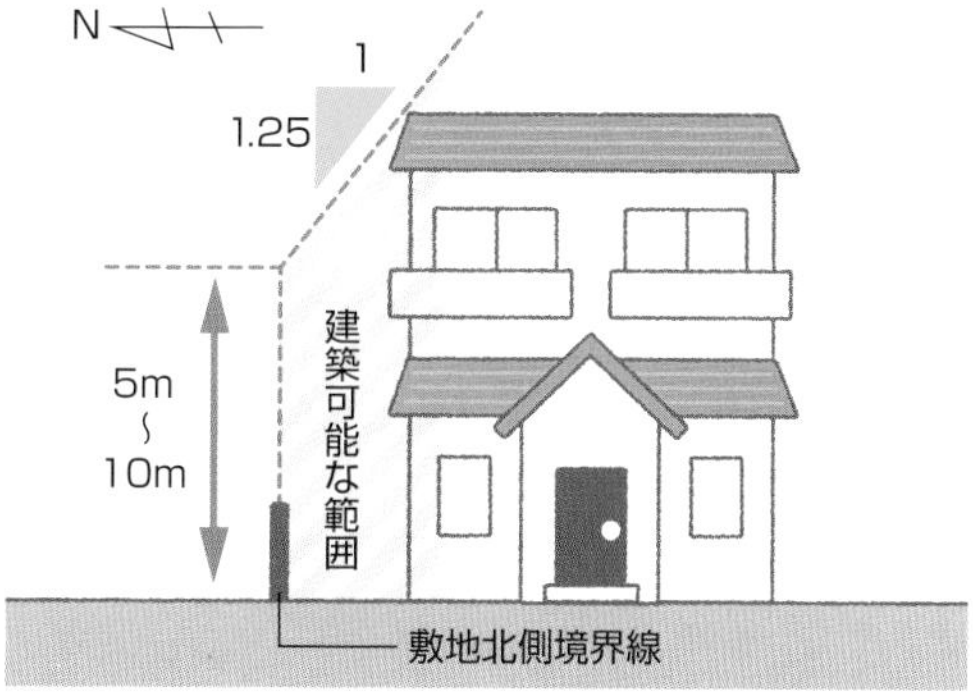

隣地斜線制限

隣地の日当たりや風通しに配慮して、建物の高さを制限するもの。住居系の地域でも高さ20mを超える部分に制限がかかるが、一般住宅では20mを超えることはあまりないので、考えなくてもよい。

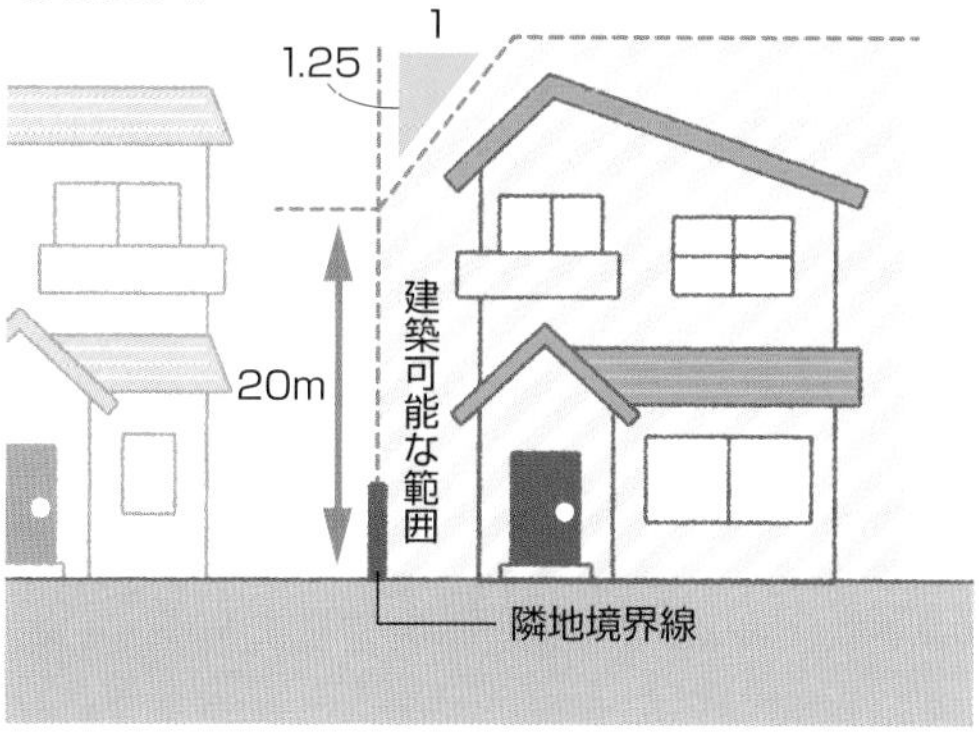

道路斜線制限

道路の採光、通風、両側の建物の日照、採光、通風に支障をきたさないよう定めた規制。建物を建てる際は、前面道路からかかる一定の斜線勾配の内側で計画する。

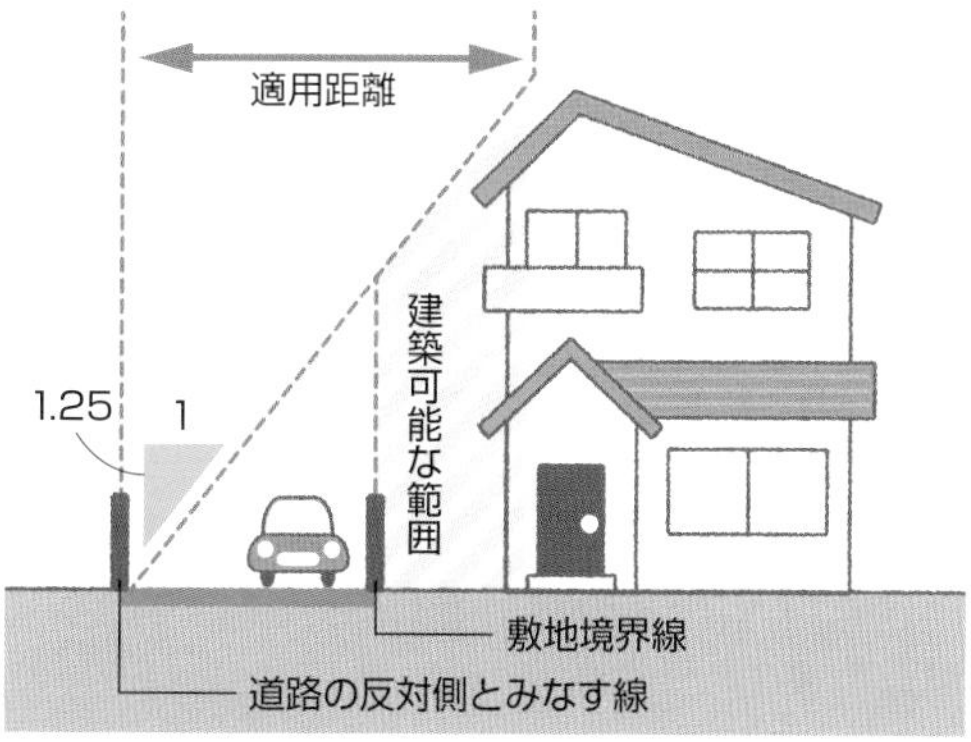

ペットといっしょに、快適な生活

ペットと人のために快適な空間づくりを！

まずは、ペットの習性を理解する

愛するペットと快適に暮らすためには、ペットの習性を理解して家づくりをすることが大切。ペットはストレスが溜まると必要以上に吠えたり、壁を引っ掻いたり、ときには自分の身体を傷つけたりしてしまうこともあるからです。このようなことを避けるためにも、ペットが少しでもストレスを感じない環境にしたいものです。

まず、犬や猫は一般的に暑さに弱いので、適切な温度と湿度を維持して、快適な室内環境にすることが大切です。このほか、通風・換気に配慮して室内に新鮮な空気を取り込んだり、清潔を保ったりする工夫も必要。

また、室内外の環境による運動不足からのストレスも大敵。犬は散歩などで、猫は狭い空間であっても高さを活用したスペースで運動させせましょう。

適度な住み分けで快適に

ペットと快適に暮らすためには、適度な住み分けが効果的です。

寝室や収納スペースなどペット立入り禁止の「人専有ゾーン」、リビングやダイニングなどペットと触れ合う「共有ゾーン」、ペットが寝る・食べる・排泄するなど最低限の生活にかかわったり気持ちを落ち着けたりするときの「ペット専有ゾーン」を明確にしましょう。こういったスペースの確保は設計の段階から考えておきます。

ペットの事故を防ぐ

家の中での事故を防ぐ工夫も大切です。滑りにくい床材や壁の角が丸くなっている「R出隅《ですみ》」、風でドアが突然閉じたりしないように引き戸などを採用する方法もあります。

人とペットに快適なゾーン分け

人専有ゾーン

キッチンや寝室、子ども部屋など、ペットが入ってはいけない場所をペット用のフェンスなどで分割。

共有ゾーン

家族が集まるリビングやテラス、中庭などを人とペットの触れ合いの場所として。

ペット専有ゾーン

ペットが一人になりたいとき、不安な気持ちを落ち着けたいときのプライベートスペースを。

ペットの快適生活の工夫

床材

滑りにくく掃除がしやすいタイル床は、脱臭力に優れている、汚れがしみこみにくいといった特色がある。防水層を施したタイルカーペットもあり、汚れた部分だけ洗浄・交換できる。

提供／LIXIL

腰壁

爪を研ぐ習性のある猫に最適。傷や汚れがつきにくく掃除も簡単で、部分交換も可能。

ペットドア、ペット壁内くぐり戸

提供／大建工業株式会社

ドアが閉まっていても、壁で仕切られていても自由に移動が可能。ドアを閉めておけるので、音や冷暖房の妨げにならない。

ペット用水栓、リード用フック

提供／LIXIL

散歩から帰って来た際に足を洗うことができる。タイル貼りや防水パンを使用する場合も。リード用フックは、玄関の鍵の開け閉めのときに便利。

専門家からひとこと!

来客への配慮もしたい

ペットといっしょに暮らすのであれば、ペット自身はもちろん、お客様への配慮も必要。ペットがいることで、せっかく招いたお客様の居心地が悪くなるのは悲しいものです。家族やペット、そしてそこに集う全員が気持ちよくすごせる配慮が必要です。

キズがつきにくい床、張り替えが容易な壁紙、汚れの落としやすい床や壁、ペットの出入りを制限できる建具、においを吸い取る建材、換気設備など、工夫できることはたくさんあります。

家相、どこまで気にする？

気になり始めると、とことん気になる!?

理にかなった部分も多い

家相は、日本の気候風土の中で快適に暮らすために、先人たちの経験と知恵の結晶の開運学として言い伝えられてきたものです。

現代では迷信的にとらえられていることも多いのですが、気にされる方も多くいます。あるいは内容を聞くと気になってくる、という方もいるのではないでしょうか。

では、どこまで取り入れるのがよいのか？　参考として、判断基準となる知識をお伝えしたいと思います。

表鬼門と裏鬼門

日本の家相では北東の「表鬼門」、その対角である南西の「裏鬼門」を不吉な方角として、トイレや浴室、台所を配置することを嫌っていました。

■裏鬼門と表鬼門

北東・南西にはトイレ、浴室、キッチンを配置しないのが家相の大前提です。また、北東と南西を結んだ鬼門線上には、出入り口を配置しないようにするという考えもあり、東南に配置した辰巳（たつみ）玄関は縁起がいいと言われています。

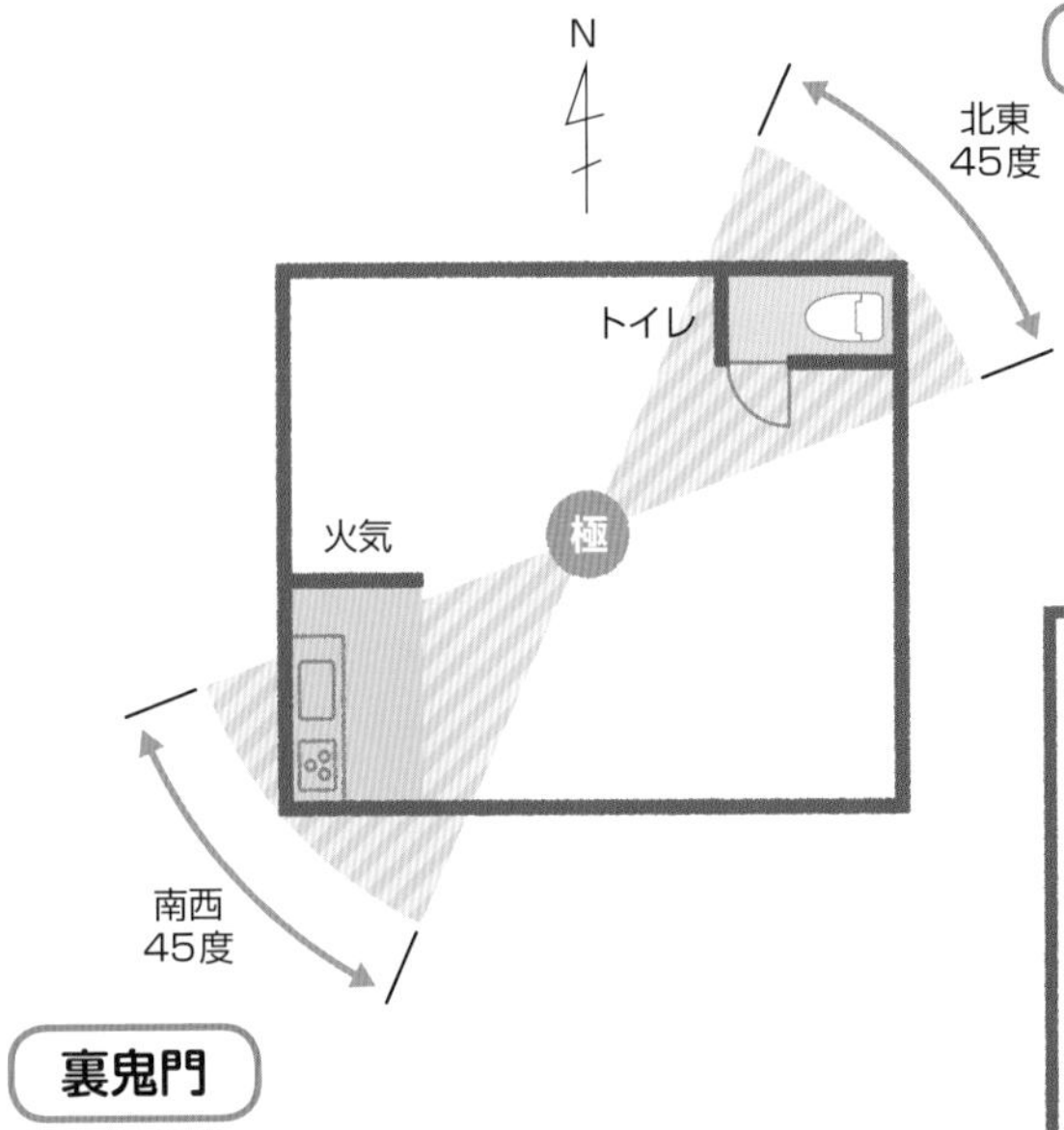

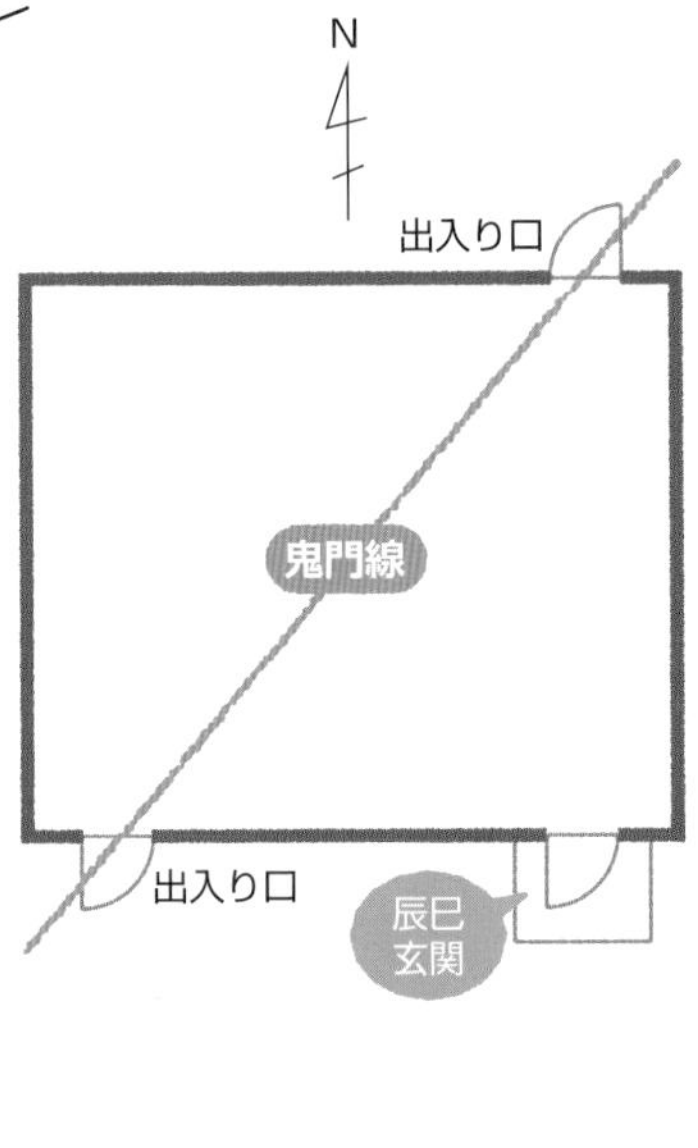

なぜなら、昔のトイレは汲み取り式で換気扇もなく衛生的ではなかったので、冬は北風が吹いて寒く、しかもにおいが家の中に入ってきてしまうからです。同様に、北東のお風呂は寒い、冷蔵庫のない時代は日中の光や西日の当たる台所は食品衛生的によくないなど、家相には先人たちの生活の知恵としての根拠があったのです。

張りと欠け

方角の他にも「張り・欠け」に対する考え方もあります。建物にはデザインや土地の形状の都合でどこかしらに凹凸部ができることがあります。家相では一般に、この出っ張りを「張り＝吉相」、引っ込みを「欠け＝凶相」としています。「張り」は建物の3分の1以内が出っ張った形で、「欠け」は建物の3分の1以内（3分の2という説もある）が凹んだ形です。

建築的には、あまり複雑な凹凸だと構造強度不足になる場合もありますが、技術や工夫で回避できることも少なくありません。

■「張り」と「欠け」

「張り」は、方角によっては吉相となる場合もありますが、「欠け」はおおむね凶相です。気になる場合は、欠け部分に土間コンクリートを打ったり、屋根をつけたり、袖壁を設けるなどします。

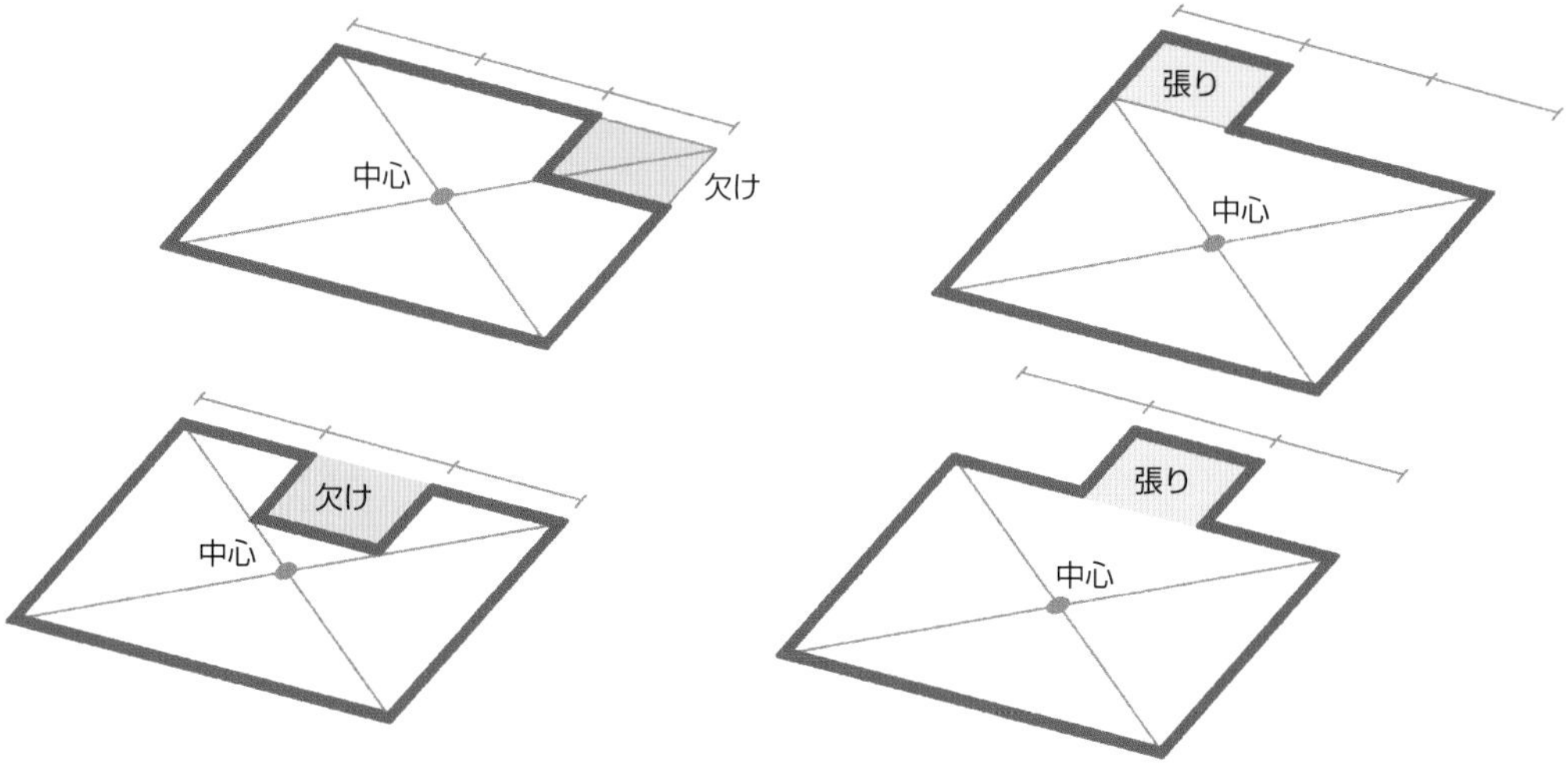

専門家からひとこと!

7割OKを目指しましょう

家相の本来の目的は「健康的で快適に暮らすこと」です。その目的を大切にした上で、どうしても気になる点について家相の考え方を「取捨選択」し、「方位・欠け」に注意するなどしたいものです。全体として7割OKであればよし、とする柔軟性も必要かもしれません。

お年寄りや要介護者をサポートする家

いつまでも快適な暮らしのために

基本として必要な対策

お年寄りや介護を必要とする方が生活しやすい家にするには、どんなことに注意すべきでしょうか？

基本的には、転倒・転落防止のためにバリアフリーにする、手すりを要所に設ける、階段の勾配を緩くする、などが大切です。また、車椅子での生活を考えるのであれば、スムーズに動ける広さを確保したいもの。

次に配慮したいのは、家中の温度差をできるだけなくすことです。

以上のような物理的な工夫の他にも、高齢の方や要介護者が快適な生活を送るためにできる工夫はいろいろあります。

☑手すり・足元灯をつける

玄関、廊下、階段を始め、トイレ内、浴室内にも手すりがあると便利。将来的に必要、という段階なら、あらかじめ下地を多めに入れておく。

足元灯は、常夜灯、センサー付きなどがある。

☑家の中の温度差をなくす

特に冬季のリビング・居室と廊下・トイレ、脱衣室と浴室の間の温度差は、身体への影響（ヒートショック）をもたらし、脳卒中や心不全の原因になるので注意が必要。

☑バリアフリーにする

廊下から各部屋、脱衣室から浴室などの段差をフラットにする。ほんの少しの段差でもお年寄りはつまずくことも多く、車椅子での移動には不都合がある。

☑日常生活行為をサポートする

たとえば居室にトイレを併設することで、身体ばかりか気持ちの面でも楽になる場合が多い。すぐに必要なくても、将来のために居室に配管や電気配線を用意しておくのもよい。

☑使いやすい設備を選ぶ

温水暖房便座やエアコンなどは機能の充実も大切だが、お年寄りには特に各機能が覚えやすく、かつ操作しやすいものにすることも重要。

高齢者・要介護者に優しい住まい

トイレ

- 暖房や洗浄つきの便座を選ぶ
- 介助者のスペースも考えた広さの確保（便座横に50cm以上）
- 車椅子でも出入りができる出入り口（幅800mm以上の引き戸や開き戸など）

玄関

- 楽に開く玄関ドア（引き戸も検討）
- 上がり框を低くする
- 靴を履き替える際に座れるベンチ

アプローチ

- 道路と敷地内との段差をできるだけ少なくする
- 外から玄関までのスロープの設置

浴室・洗面脱衣室

- 浴室と洗面脱衣室の床はフラットにする
- 暖房機器などを設置して居室との温度差をなくす

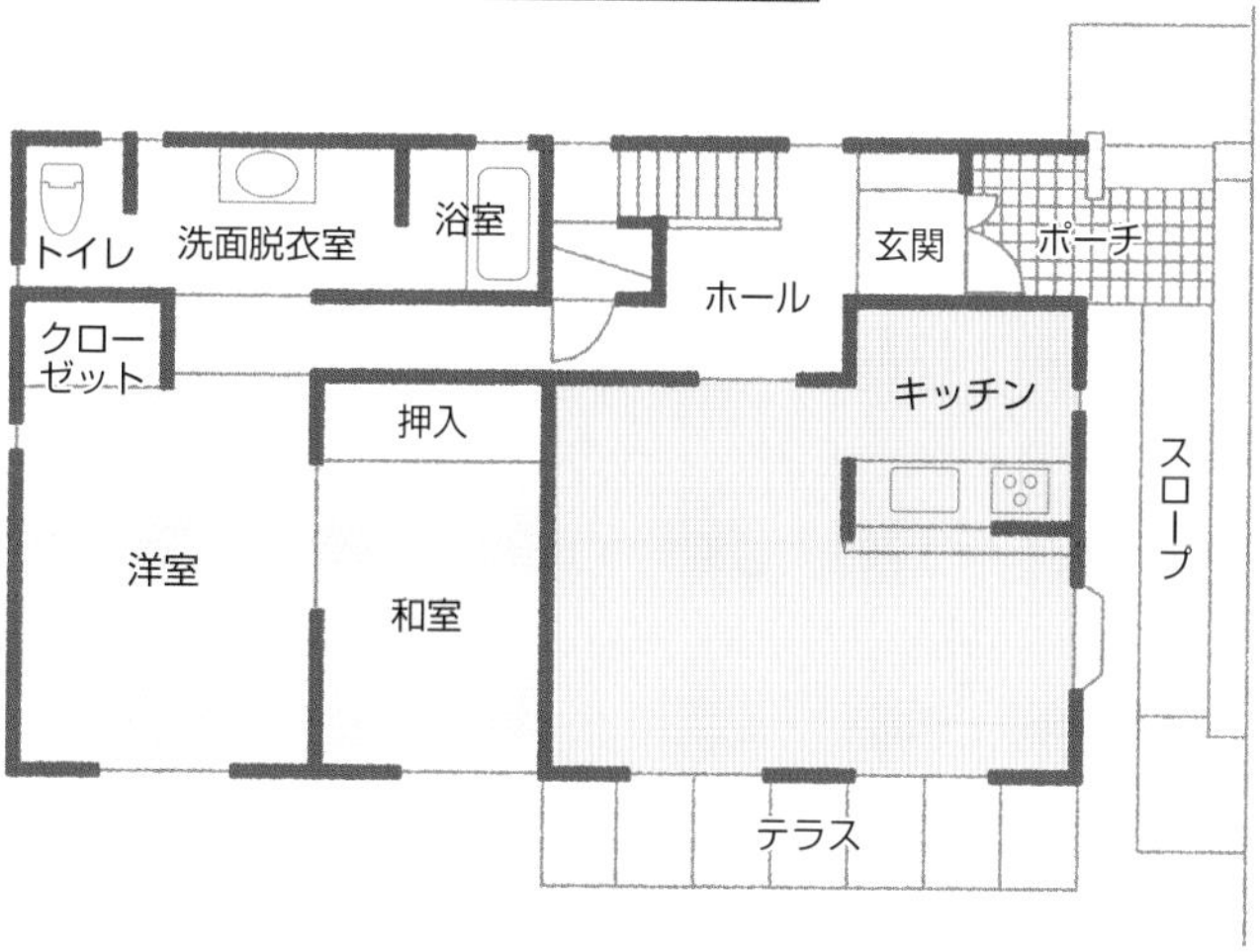

居室

- 日当たりのよい場所に配置する
- 出入り口には大きめの引き戸を選ぶ
- 暗闇でも見えるようにホタルスイッチなどを使用する
- 緊急事態を知らせるインターホンや救急要請ができる通信機器をつける

階段・廊下

- 滑りにくい床材を選ぶ
- 階段の段鼻に滑り止めを設ける
- 車椅子でも対応できる寸法の確保

キッチン

- IHクッキングヒーターの採用
- 昇降式やスライド式の出し入れしやすい収納
- 使用者に合わせた高さ・幅

提供／LIXIL

column

マイホームづくりのQ&A

Q 地下室をつくりたいのですが、注意することはありますか?

A 近年、収納スペースや趣味の部屋として地下室（あるいは半地下室）をつくる方が多いと聞きます。

地下室は温度が安定している、防音に優れている、一定の条件を満たせば住居の床面積の３分の１までなら容積率の適用外となるなど、特に狭小地ではメリットがあります。いっぽうで、結露発生のリスクが地上よりも高い、地下部分は鉄筋コンクリートなどでつくる必要があることや、土を搬出する費用がかかる、といったデメリットもあります。

地下室をつくる際は、まず断熱と換気の性能に注意して結露対策をすること。防水対策や浸水対策も大切です。採光や通風を図るために半地下にしたり、ドライエリアを設けたりして快適な地下室にしましょう。

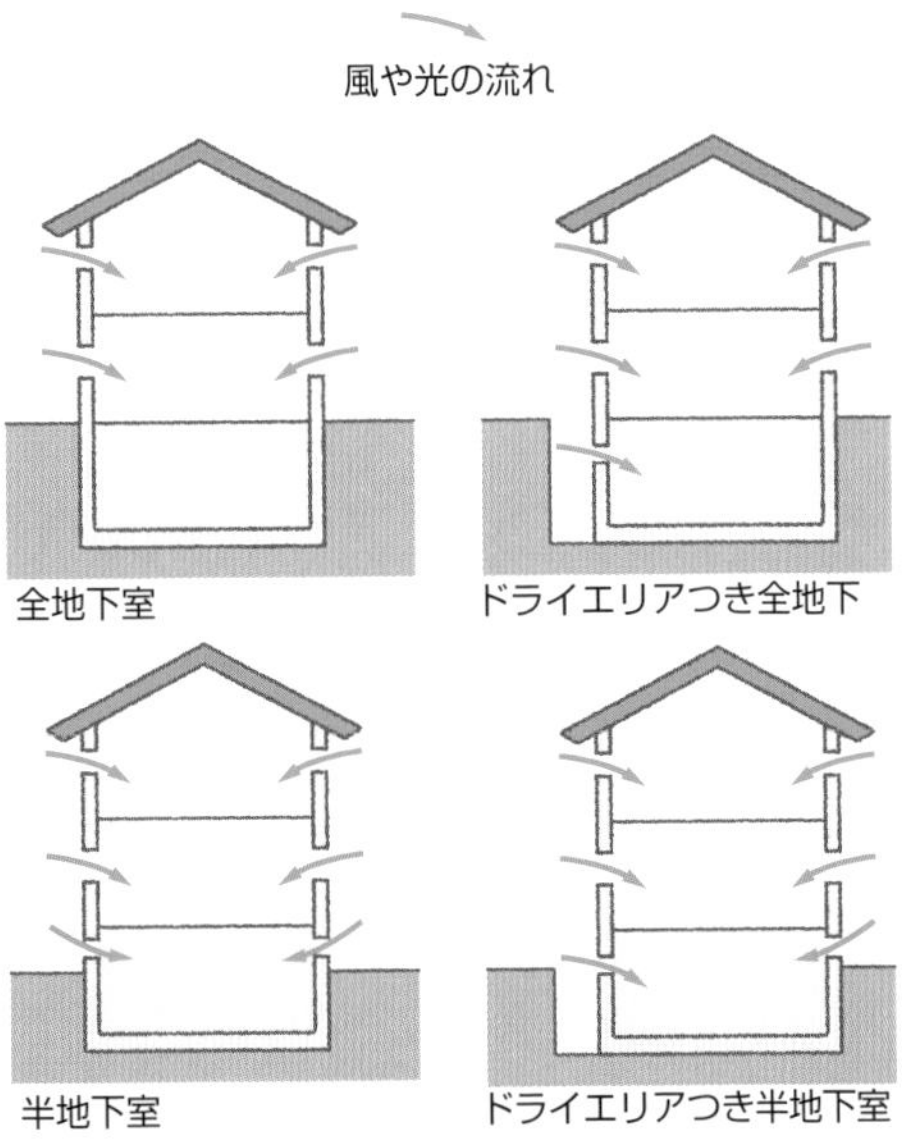

地下室のタイプはさまざま。土地の形状や地下室の用途なども考えて採用しましょう。

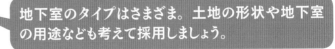

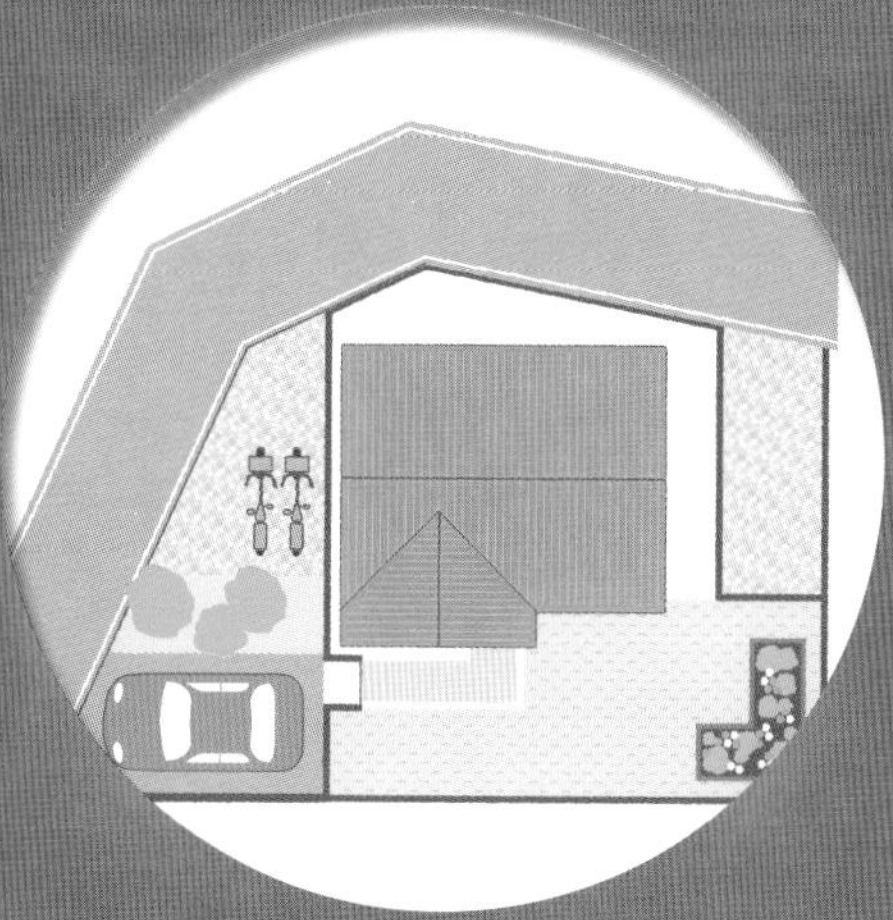

PART 6

外構計画について

スタイルとテイストから全体のテーマを設定する

外構は家のデザインと周辺環境に合わせる

外構は住まいに潤いを与える要素

外構計画とは、庭の植栽をどうするか、門構えや駐車スペースはどんなイメージにするか、といった計画のことです。

家庭という字は、「家」＋「庭」と書きます。いくら素敵な建物を建てたとしても、庭がコンクリートの駐車場と砂利敷きだけだとしたら、家庭生活はちょっとさびしい感じがします。でも、少しでも花や植物などがあしらわれていたらどうでしょう。家はグンと表情豊かになり、そこに住む家族はもちろん、道行く人の心をも潤してくれるのではないでしょうか。

外構のデザインは住む人の生活に影響を与える他、家の印象を決める大きな要素にもなります。より満足のいく生活をするために、しっかりと計画を立てましょう。

■外構のデザイン＜スタイル＞

オープンスタイル

道路との境界を門扉や塀などで仕切らないタイプ。明るく開放的なイメージだが、プライバシー確保とセキュリティに注意が必要。

クローズスタイル

建物を塀などで完全に囲うスタイル。セキュリティとプライバシーの確保にメリットがある反面、圧迫感と閉鎖的なイメージを与えることも。

セミクローズスタイル

オープンスタイルとクローズスタイルの中間のスタイル。駐車スペースはオープンにし、門扉周辺を低めの塀などで遮ってプライバシーの確保をする。

家と調和するテーマを決める

庭を始めとした外構は、家が引き立つテーマ設定をしたいものです。外構のデザインにはさまざまなタイプがあり、家との調和を考えることも大切です。これに加えて、近隣環境への配慮も必要です。近年は、大手コンビニエンスストアやファストフード店でも、リゾート地に出店するときは地域に配慮したデザインや色づかいをします。

こういった気づかいは、ご近所とうまくお付き合いしていくためにも大切なことだと思います。

なお、納得のいく外構を完成させるには、あらかじめ予算を確保しておくことも大切です。

■外構のデザイン<テイスト>

シンプルモダン

直訳すると「単純で飾り気がなく、現代的」という意味。金属や強化プラスチックなど無機質な素材を用いた、直線基調で軽快感のある印象。都会的なデザインの建物と相性がよい。

ナチュラル

植栽は人の手が入っていない自然な雰囲気で、自然素材の家や洋風の塗り壁の家、可愛らしい外観の家にマッチするデザイン。ガーデニングや家庭菜園などが好きな方におすすめ。

ヨーロピアン

ヨーロッパの歴史と伝統を意識したデザイン。バラのアーチや四季折々の花のある優雅で可憐な雰囲気。植物に囲まれながらくつろげるコンサバトリー（ガーデンルーム）などを設けるケースも。

和風

松や竹、紅葉、石積や水場などで日本的な彩りを意識したデザイン。和風の家と調和し、落ち着いた風格のある印象。

外構のゾーニング計画のポイント

将来のことも考えた計画を！

機能とライフスタイルに合わせて考える

外構のゾーニングとは、メインとなる庭、駐車場やアプローチ、植栽、花壇などの配置を決めていくことです。ゾーニングでは、敷地と道路の高低差や近隣環境などに配慮しながら機能的にスペースを割り当てるだけでなく、生活をイメージして各ゾーンのつながりを工夫することが大切です。

家族全員の希望や必要な機能、条件をあらかじめ把握し、予算も考えながら優先順位をつけて詰めていきます。

庭でバーベキューを楽しむスペース、子どもや愛犬が走りまわるスペース、家庭菜園やガーデニングを楽しむスペース、読書をしながらくつろぐスペースなど、どんなすごし方をしたいのか、どんな使い方をしたいのかで、配置が変わってくることもあります。雑誌を見るなどして、より具体的に家族で話し合っていきましょう。

なお、子どもの成長など、家族構成の変化で車の台数が変わる可能性など、ライフステージの変化も考慮しておくとよいでしょう。

■外構のゾーニング計画の手順

STEP1 敷地のチェック

- □ 敷地に対して建物の配置は適正か？（中庭も検討する）
  - ➡設備機器を配置しても使いやすい配置かどうか検討する。機器と敷地の境界の間は人が通れる幅を確保する。
- □ 降水量、積雪量などの自然の影響を把握しているか？
  - ➡ゲリラ豪雨などのときでも浸水の心配はないか考える。場合によっては盛り土をして土地を高くすることもある。

↓

STEP2 敷地の周辺状況のチェック

- □ 道路や隣地から見るとどう見えるか？
  - ➡プライバシー確保の必要性に応じて、道路・隣地側に目隠しの仕切りを検討する。
  - ➡道路側には、街並みとの調和や景観にも配慮が必要。
- □ ライフライン（上下水道、雨水側溝、電気など）との関係は？
  - ➡敷地まで入ってきていない場合は、引込み工事が必要になる。

専門家からひとこと！

早めの計画、将来的なイメージが大切です

外構計画は、「予算が余ったら」「家が完成してからでないと考えられない」といった理由から、後まわしになるケースが多いように感じます。しかし、外構は建物の高さや配置にもかかわってくるものなので、できるだけ早めに考えなければなりません。

また、維持管理する手間やランニングコストも考えながら計画したいものです。

チェック!

STEP3 門から玄関へのアプローチ・駐車スペースの決定

□ 駐車スペース・アプローチの位置や広さはどうするか？

➡前面道路の状況や敷地と道路の高低差などを考慮する。

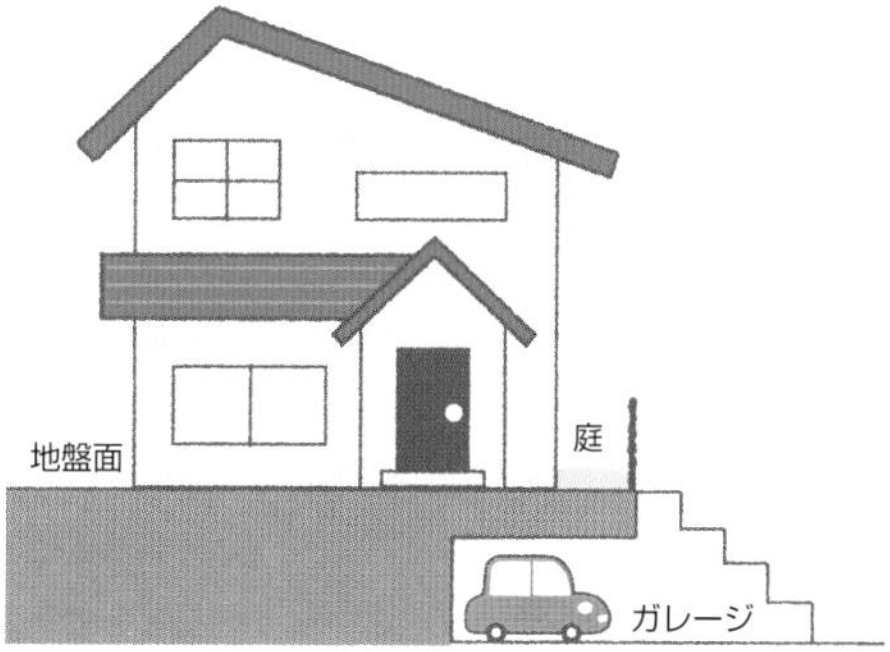

道路との高低差がある場合は、駐車スペースの上に建物や庭がくることもある。

STEP4 庭の使い方の決定

□ 建物の配置や間取りとの関係は？

➡メインガーデン、中庭や坪庭、サービスヤードなど、間取りなどに合わせて性格の違う空間を複数設けてみる。

□ ＋αの要素は？

➡水場を設けるなど、豊かさの演出なども検討してみる。

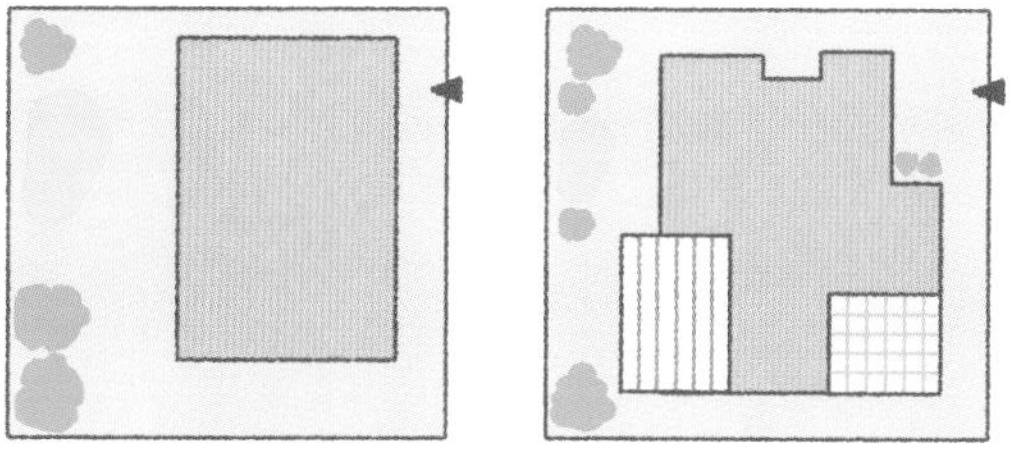

左はメインガーデンに重きを置いたパターン。右はメインガーデンに＋αとしてサンデッキとサービスヤードを設け、用途の違うスペースをつくった例。

STEP5 動線の検討

□ ゾーン間の動線のつながりは？

➡駐車スペース⇔庭など、ゾーン同士がつながる部分について、動線や視線を連続させるのか、遮るのかなどを検討する。

STEP6 外構図面の作成・チェック

□ 配置や広さのチェック

□ 再度、敷地に対して建物の形や配置は適正か検討する

最終チェックのポイント

□ 風の流れを考えているか

□ 夏の日差しや冬の日当たりはどうか

□ 植木や家庭菜園への水やりはどうするか（水栓の位置）

□ ライフライン（上下水道、ガス、電気、インターホン、各種ケーブル）やエアコン室外機などと植物の位置関係は大丈夫か

□ 道路や隣地の建物の高さ、窓の位置、は考慮したか

□ 維持管理の手間やランニングコストを考えているか

□ 防犯上の要件もチェック（車の盗難対策など）

□ 夜のライティングはイメージしているか

□ 予算は適正か

□ 10年、20年先も考えた計画か（バリアフリー化や、車の台数が増えるケースなども考慮）

ゾーンごとの注意点を押さえよう

各ゾーンの基本機能を押さえよう

防犯・プライバシー確保・調和を考慮する

ここでは、防犯とプライバシーの確保などを始め、ゾーンの基本機能を満たすために必要な点を紹介します。

隣地や道路との境界に設置する塀やフェンスは、全体の印象に大きく影響するので、選定はとても大切です。

たとえば、防犯とプライバシー確保を備える高い塀は、圧迫感があり閉鎖的な印象になることが多いもの。この場合は、庭の背景としての役割や近隣の景観に影響する点を考慮しつつ、緑を組み合わせるなどして圧迫感を和らげる工夫をするとよいでしょう。

植栽は彩りを添える他、高さや葉の密度によってプライバシーの確保や防犯に役立ちます。また、生垣は塀よりも侵入者の足場になりにくい、ということも。水分を多く含む樹木は火事の際の延焼防止にもつながります。

外構のゾーンごとのポイントをあげたので、参考にしてください。

■ゾーンごとのポイント

① 門まわり

家の第一印象を決める大切なポイント。門と玄関をずらしたり、高低差をつけて奥行きを出したりするなどして、プライバシーを確保したい。

ポストやインターホンは使いやすい位置に取り付ける。高さについては、セキュリティとプライバシーのバランスを考えてデザインする。

門扉の素材には、直線的デザインのアルミ、曲線表現が可能なアルミ鋳物、重厚感や装飾性が魅力の鋳物鉄（ロートアイアン）などがある。

提供／三協立山株式会社

② アプローチ

門から玄関までの通路とその周辺をアプローチと呼ぶ。公私の領域をつなげる空間なので、適度な長さがあるとよい。距離が短いなら高いところに目線がいくよう木を植えたり、壁などで視線を遊ばせる工夫をするのもよい。

また、工夫次第でさまざまな雰囲気を出せる。階段が必要なケースは、高齢者や子どもに合わせた配慮も必要。

自然石の石張り。優しい色合いと緩やかなカーブでやわらかい印象。

提供／三協立山株式会社

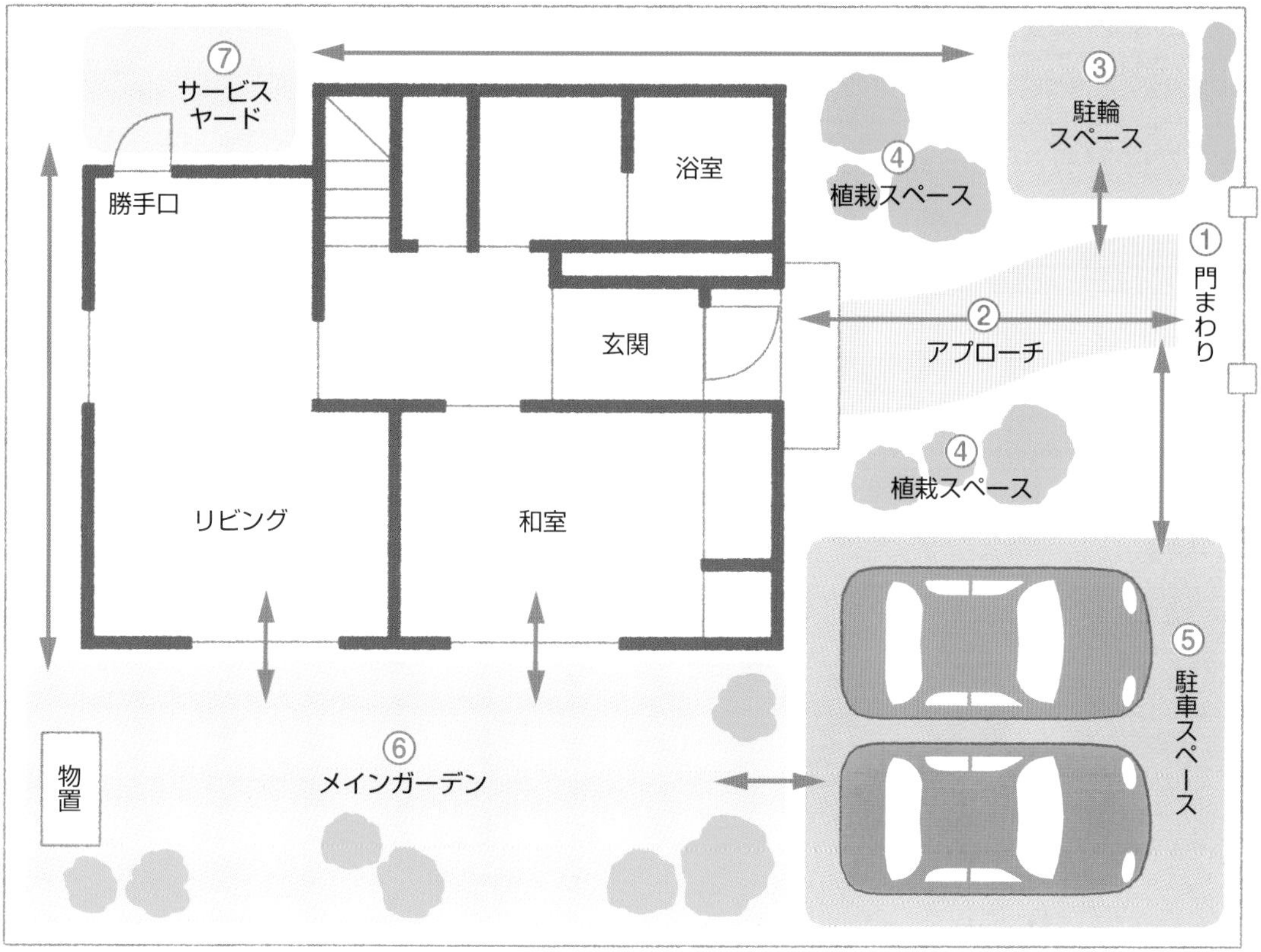

④ 植栽スペース

アプローチや門まわりの植栽・花壇によって見栄えがよくなり、四季を感じることができる。また、高低差をつけて植えることでプライバシーも確保でき、圧迫感を軽減し街並みをよくすることもできる。

子どもが生まれたときなどの記念樹としてシンボルツリーを1～2本植えるのもよい。

多くの人の目に触れる門まわりの植栽。緑や花があることで、やわらかく優しいイメージになる。

③ 駐輪スペース

駐車スペースと同じく、台数や道路からの駐輪のしやすさなどで広さや位置を決定する。道路や門に近いところに配置するときは、自転車がなるべく見えないように工夫すると、外観デザインを損ねることなく防犯性も高めることができる。

⑤ 駐車スペース

道路幅や高低差、駐車台数、車のサイズ、家の位置、荷物の出し入れの利便性などによって駐車スペースの大きさや広さが決まる。

駐車しやすいことや、アプローチ・サービスヤードへの動線も考慮しつつ、ただ車を停めるだけという概念ではなく、外構全体をよく見せるデザインや安全対策にも配慮できるとベスト。

「車の出し入れ」の安全は良好な視界の確保がポイント。「車の防犯」は車庫前に扉やシャッターを設置することで盗難やいたずらを防止する。

提供／三協立山株式会社

出し入れスペース

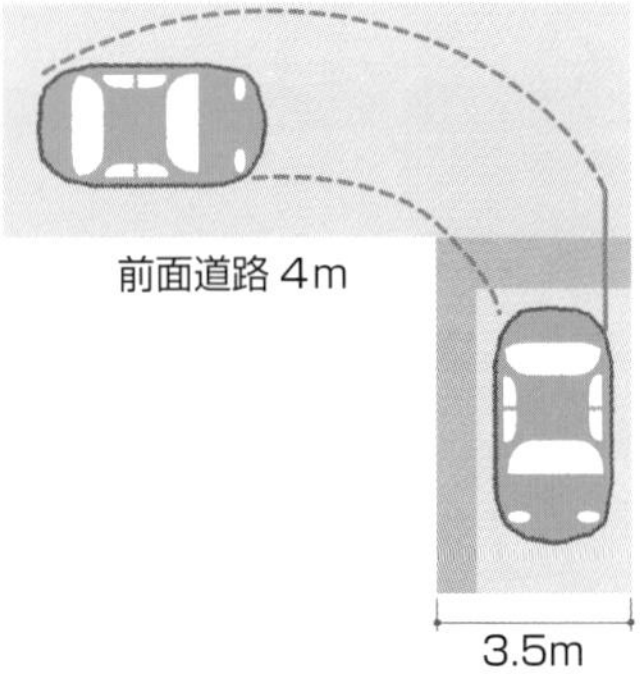

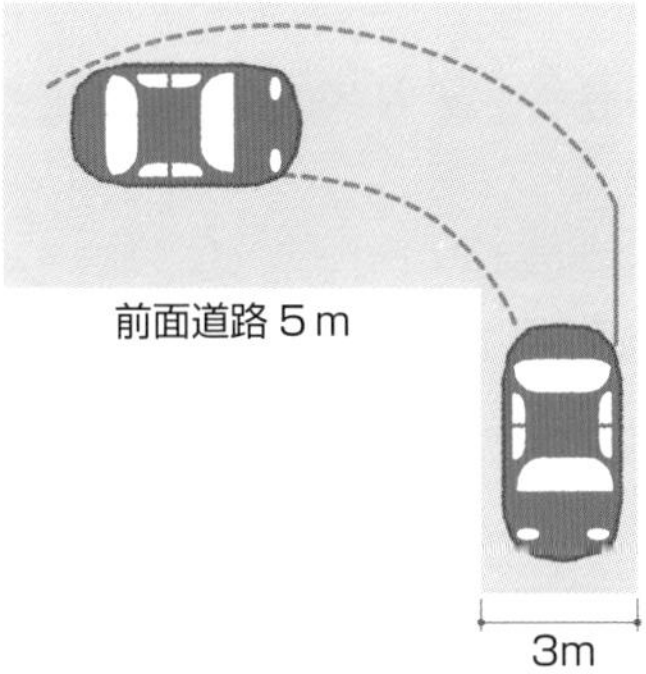

十分なシミュレーションが必要。直角に駐車する場合は、タイヤの内輪差を考え、前面道路幅が狭いなら駐車スペースの幅を広くとる必要がある。

室内からの印象

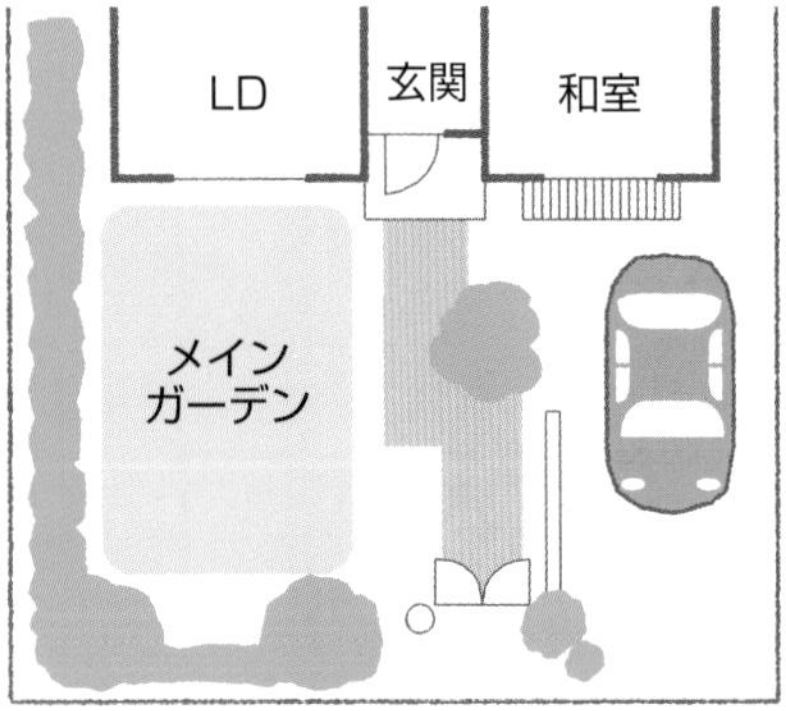

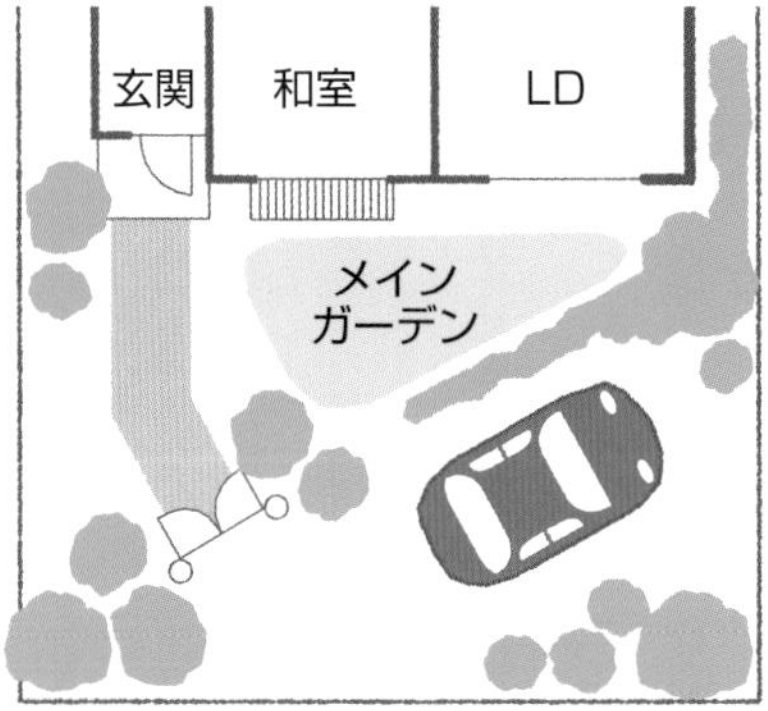

敷地のスペースの問題で家と車の距離が短い場合は、車を斜めに駐車するなどの工夫で室内からの印象がよくなることも。駐車が不便にならない範囲で検討したい。

⑥ メインガーデン

家族にとって休日や帰宅後のひとときをすごす大切な癒しの空間。半戸外空間（中間領域）にウッドデッキやテラスを設置すると、部屋に広がりが出る。テーブルや椅子を置いて食事を楽しんだり、趣味に使ったり、洗濯物干し場などに活用するのもよい。

キッチンから料理や食器を持ち出す動線や、物置きから道具類を運ぶ動線も併せてイメージしたい。

デッキ空間は、まさに屋外のリビング。芝生スペースは子どもや愛犬の遊び場としても活躍する。

⑦ サービスヤード

主に勝手口からつながるスペース。物置を置いたり、ゴミ出しや洗濯などに使用したりするなど、屋外での家事作業の場となる。ライフスタイルに合わせて、用途に応じた広さや日照、動線などを検討する。

勝手口から続く、一時的なゴミ置き場、物置スペース。屋根があると便利。

緑や花を植える

調和とメンテナンスも考慮して！

家との調和を考える

アプローチや庭の植栽は、家との調和はもちろん、周辺環境との調和も考えて計画します。そうして計画された木々の緑や花に建物は引き立てられ、街に溶け込みます。

建物と植栽の調和ポイントとしては建物の外装材やデザイン・形に合わせて、木や花の種類や大きさ、形、色をバランスよく選ぶことです。

たとえば和風住宅には、やはり純和風の庭園が似合います。松やモミジ、竹などの庭木を用い、石灯篭やつくばいなどを効果的に配したり、白砂や小石を敷きつめて枯山水様式の庭園にしたりするのもよいでしょう。

同様に、洋風の家にはコニファーやシャラ（春椿）、ハナミズキなどをシンボルツリーにし、四季を通じて花が咲く演出をするのもよいでしょう。

眺めるだけでも楽しい植栽

芝の庭の一角につくられた花壇。中央に植えた木との高低差がアクセントに。

シンボルツリーが成長すれば、ウッドデッキに木陰ができる。

庭の植栽は目的を考えて

庭の植栽はまず、なににポイントを置くかを考えます。

室内からの眺めを優先させるのか、道行く人々の見る目を楽しませるのか、反対にプライバシーを守ったりするのか。あるいは、夏の強い日差しを遮り、冬の暖かな日差しを招き入れるなど、採光・遮光を考えるのか…。

ポイントが決まったら、土壌や気候風土に合っているかを考え、植栽を組み合わせます。植物は生きものですから手入れが必要です。気軽に楽しく、また美しく管理できるような植栽にしていきたいものです。

専門家からひとこと!

食べる楽しみもあります

最近は、実のなる木が人気です。ブルーベリーやラズベリー、柿やイチジクなどの果樹は、育てる楽しみや食べる楽しみもあります。果物の甘い香りも癒し効果があります。住んでいる場所の気候に合ったものを選んで、育ててみてはいかがでしょうか。

■植栽選びのポイント

全体

- 庭の中でもっとも目をひく場所をつくることで、メリハリのある庭になる。
- 同じ緑でも、種類によって色味が違う。じょうずに組み合わせると楽しい。
- 世話にどれくらい手をかけられるかを考え、植物を選ぶ。

樹木

- 高木、中木、低木、下草など、さまざまな大きさの木を植えることで、見た目の変化が楽しめる。
- 高さや葉のつき方など、成長の予測を立てておく。

花

- 宿根草、球根は年を経るごとに伸びたり株が増えたりして成長が楽しめ、手入れも比較的楽。
- 季節の花は1年草で楽しむ。ただしスペースを広くとってしまうと花後の植え替えが大変になる。

色とりどりの花が咲く賑やかな一角。花は同系色でまとめても美しい。

外構費用はどれくらいかかる？

建物の10～15%が相場

規模も費用もケース・バイ・ケース

外構工事は、庭全体に砂利を敷くだけのものから、塀や門扉、アプローチ、カーポートを整備したり、ウッドデッキをプラスしたりしたもの、また庭に木や花をたくさん植えたデザイン性の高いものまで多様で、ケースや規模によって費用もさまざまです。

外構費用は、一般的に建築費の10～15%くらいが目安と言われますが、さしたる根拠はありません。できるだけ安く、好みのデザインに仕上げられるといいですね。

依頼は住宅会社か、専門業者か

外構の施工は、家を建てる住宅会社がそのまま請け負ってくれる場合と、外構の専門業者に施主が直接依頼するケースがあります。

保証やメンテナンス、建物の諸設備との関係などを考えると、住宅会社に依頼するほうが楽だと思います。どちらの会社を選ぶにしても、デザイン力だけでなく、保証内容などの確認も忘れずにする必要があります。

なお、施工時にかかる工事費用の他、完成以降ずっとかかるランニング費用やメンテナンス費用についても考えておきましょう。

■みんな、いくらくらいかけている？

外構費用平均=155.2万円

（平均総建築費に占める割合は5.4%）

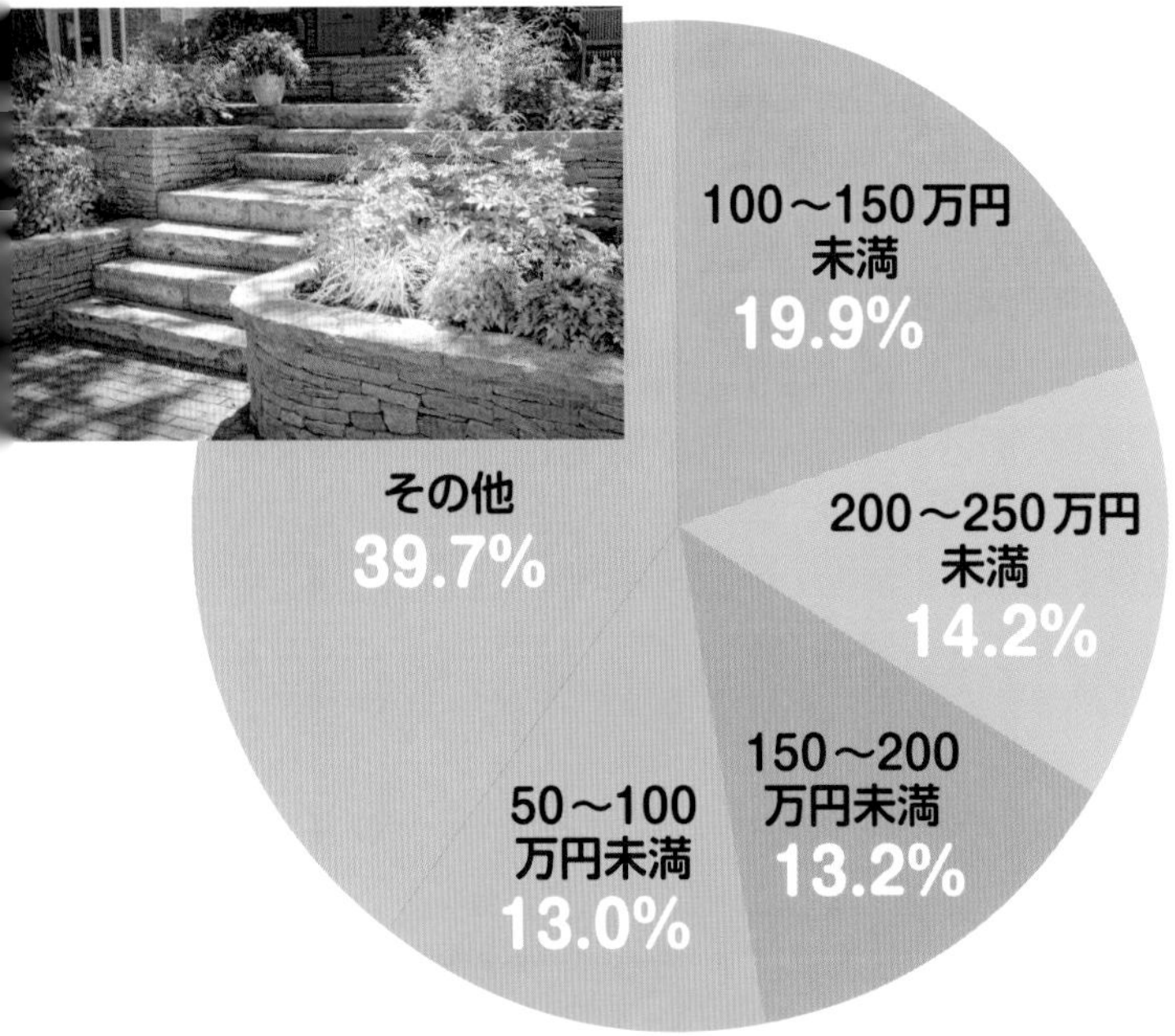

「注文住宅と住宅設備に関する動向調査2009」
リクルート「月刊ハウジング」調べ

外構工事費用の目安

外構費用は規模や使う素材、植物によってかなり違ってきます。ここでは実例を紹介しましょう。

配置図

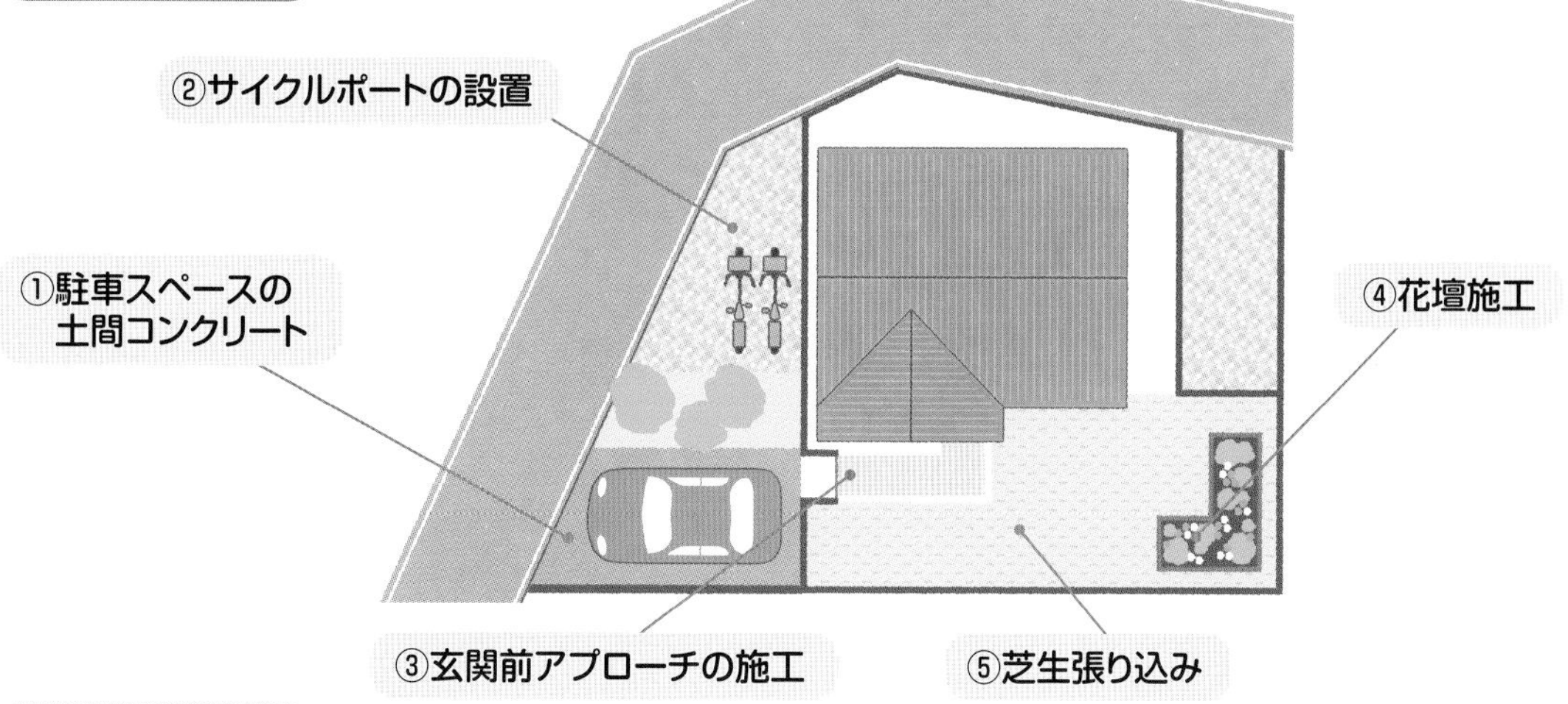

見積書

御見積書　××××年7月3日

見積合計金額(税込) ¥1,949,000

摘要	数	呼称	単価	金額
(1) 土間コンクリート工				
①駐車場土間、駐輪場土間(土工事込み)	80.5	m²	1,500	120,750
(2) 設置工				
カーポート(マイリッシュ DX 5827 H22)	1.0	式		181,000
②サイクルポート(マイリッシュ DX 2200 H22)	1.0	式		108,000
電気錠付き門扉(パッシブキータイプ)				
(3) 布設工				
③玄関前アプローチ(土工、基礎、布設、)	7.0	m²	9,000	63,000
土留めブロック(リブロック両面.グレー)				
エスビック　基本	171.0	本	300	51,300
エスビック　コーナー	9.0	本	360	3,240
④花壇(2000×1500×300) 赤土込み	1.0	式		20,000
⑤芝生(芝張り、土工)	33.3	m²	550	18,315
硝子ブロック、車止め、ポスト、表札	1.0	式		89,000

column

外構工事を専門業者に依頼するときのポイント

外構工事を、家を建てる住宅会社ではなく専門業者に依頼する場合の注意点についてお話ししましょう。

まずは、本文でも述べているようにガスや上下水道の配管位置について、外構工事の業者にきちんと伝えておくこと。そうでないと、外構工事の際に配管を損傷してしまう恐れがあるからです。配管図を提示して確認してもらいましょう。

次に、建物と外構の工事を別々に依頼した場合、外構費用を住宅ローンに含むことができるかどうかを確認しておくことが大切です。最初から予算を確保しておかないと資金が足りなくなってしまうこともあるからです。

なお、住宅会社以外の業者に依頼する場合は、建物の引き渡し後に初めて外構工事に取り掛かることになります。この点も理解しておきましょう。

いずれにしても、住宅会社、専門業者のどちらに依頼する場合でも、なるべく早い時期に計画することが大切です。

業者を選ぶ際は、自分のイメージするデザインが可能か、ホームページなどで施工例を確認するのもよいでしょう。

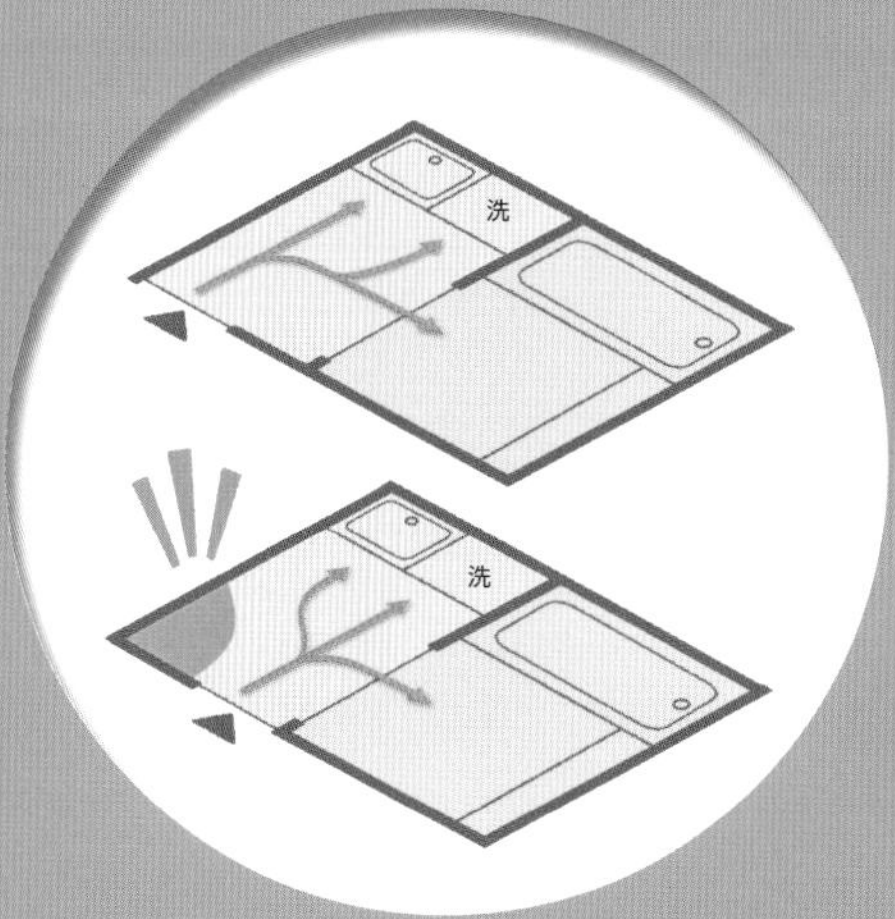

PART 7

ゾーンごとの設計のポイント

キッチン

キッチンにはさまざまなスタイルがある

主に調理する人の目線で考える

料理をする人がキッチンですごす時間は意外と長いもの。ですから、使いやすく料理が楽しめるキッチンにしたいものです。そのためには、料理する人自身が自分の作業している姿やキッチンから見た光景、ライフスタイルをイメージすることが大切です。

家事の最中も家族の様子を確認できる対面式キッチン、機能的で調理に集中できる独立型キッチン、さんさんと朝日が入る明るいキッチン。他にも家事コーナーや食品庫、窓や勝手口の位置などを、さまざまな視点から検討しましょう。

なお、キッチン本体の高さや作業スペースの広さ、カップボードとの距離、全体のスケールなどについては、モデルハウスや完成現場見学会などで確認することをおすすめします。

■キッチンの計画

キッチンとダイニングを壁などで遮断しないオープンキッチン、キッチンをひとつの部屋として独立させたクローズドキッチン、その中間のセミオープンキッチンがある。ライフスタイルに合わせて選ぼう。

右上：オープンキッチン。キッチンとダイニングを隔てないためスペースを有効活用できる。

右下：クローズドキッチン。キッチンを独立させたタイプで調理に集中でき、ダイニングから隠れるメリットも。

左上：セミオープンキッチン。キッチンの一部のみ開口部となっていて、調理中でもダイニングやリビングにいる家族の様子がわかる。

●システムキッチンの種類

システムキッチンの種類は、大きく分けて４つある。スペースや使い勝手、間取りとの相性など、それぞれに特徴があるが、アイランド型以外は、オープン、セミオープンスタイルにも対応している。

I型

省スペースで、調理の際の動線が直線になり、無駄がない。スタンダードなレイアウトなので安価。

L型

動線が短く、作業がしやすい。コーナーがデッドスペースになりがちなので注意したい。

U型

作業スペースが広く、数人での調理も効率よくできる。設置には広いスペースが必要。

アイランド型

数人での調理に最適。広いスペースが必要で、アイランド部分に加熱器を配置する場合は換気や油はねなどに注意したい。

提供（上４点とも）／Panasonic

専門家からひとこと!

冷蔵庫を買い換えるなら

冷蔵庫を買い換えるときには、置き場所と扉の開く方向に注意しましょう。置き場所によっては左右の開き方で使い勝手が変わってくるからです。開く方向を逆にしておけばよかった…という後悔は、意外と多いようです。左右両開きの冷蔵庫を検討してみるのもよいでしょう。

●調理スペースを考える

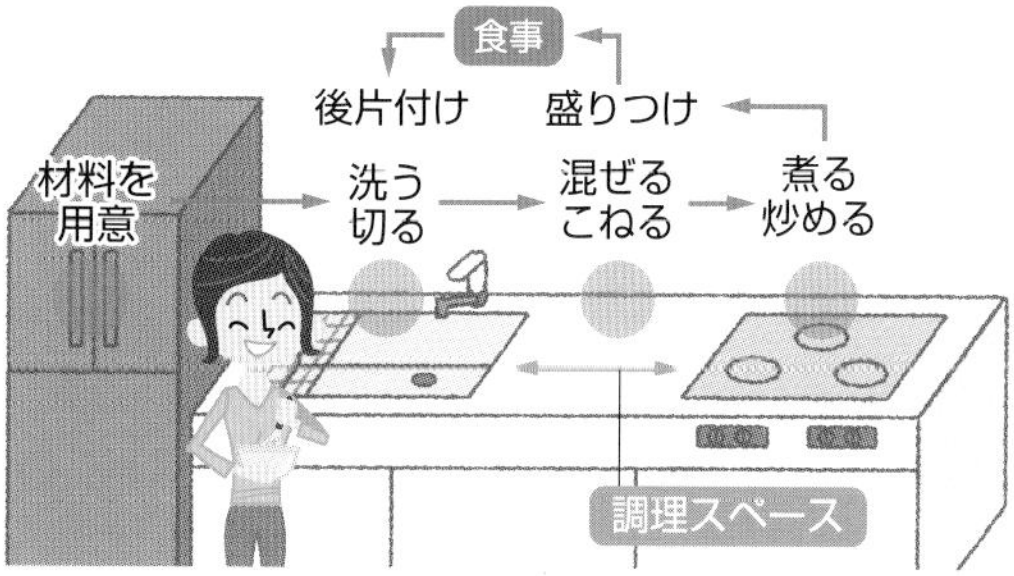

システムキッチンの幅を考えるとき、特に重要なのは調理スペース。まな板を始めとした調理器具を置く十分な広さが欲しい。また、どの型にしても、シンク～加熱器～冷蔵庫へは１～3歩で移動できる動線にするのがベストとされている。

●設備・仕様について

システムキッチンを選ぶときには、必ず必要な設備機能、各部分のサイズなどをしっかり考える。なお、扉の面材の種類や色によっても価格が違ってくるメーカーがほとんどなので注意しよう。

レンジの選択

近年、人気があるのはIHクッキングヒーター。しかし震災による停電の経験から、ガスコンロを選択する家庭も増加。最近のガスコンロはセンサー内蔵で安全性が向上しています。

提供（上2点とも）／Panasonic

IH クッキングヒーター

- ○ 火が出ないため、子どもやお年寄りも安心
- ○ 上面がフラットなので掃除が簡単
- ○ 空気が汚れにくい
- × 初期費用が高め
- × 電磁波の心配がある
- × 一部の調理には不適

ガスコンロ

- ○ あらゆる調理に対応できる
- ○ 最近の機器は掃除や安全面に優れている
- ○ 初期費用が安い
- × 火気の心配
- × 使用中は室温が上がりやすい

食器洗浄機

システムキッチンに収納されるビルトインタイプと、シンクまわりに置く置き型タイプがあります。手洗いよりきれいに洗える、高温洗浄で清潔、少量の水で洗えるため節約になる、といった特徴がありますが、メリット・デメリットは使う家庭の状況によって違ってきます。

システムキッチンの高さ

毎日使う場所だけに、自身の作業のしやすい高さを選びたいもの。標準的な高さは85㎝ですが、オーダーも可能です。実際の使い勝手はショールームなどで確認するとよいでしょう。

収納（カップボード）など

システムキッチンと同じメーカーの品を備えつける場合と、家具店などで購入する方法があります。同じメーカーなら統一感が出せますし、家具店には多様なデザインで安価なものもあります。いずれにしても、炊飯器や電子レンジなどの家電が収納できる幅・奥行き・高さを確認することが大切です。

シンク

シンクのサイズは、コンパクトシンク、ミドルシンク、ジャンボシンクに大別され、それぞれのサイズは各メーカーによって違います。
水栓器具は、ヘッド部分が引き出せるハンドシャワータイプのものや浄水機能を搭載したものが人気です。

ハンドシャワー付きはシンクの掃除に便利。ビルトイン型の浄水器は省スペース。

ミドルタイプ：例
間口約73cm×奥行約48cm。

提供／ Panasonic

ガスコンロも負けてません

友人や知り合いがIHを選択する中、料理大好きな私はガスコンロをチョイス。時代はIHという雰囲気ですが、ガスコンロだって最新機種は掃除も簡単で気に入っています。

事前の調査が必要だった

念願のアイランド型キッチンにしました。ところが、調理のたびに油はねがひどく、リビングにまでにおいが充満。事前にもっとよく調べ、せめてセミオープン型にすればよかったかなと思っています。

ワークトップ、扉など

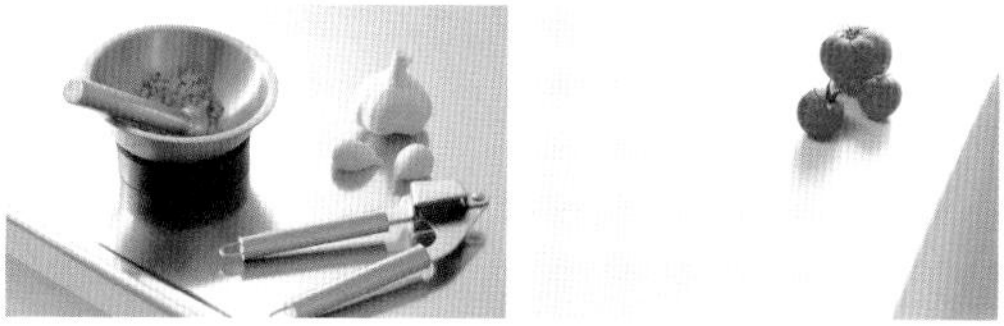

ステンレスは鏡面仕上げやヘアライン仕上げなどがある。人工大理石は色や柄が豊富。

提供／ LIXIL sunwave

オープンタイプはリビングの家具などと色やテイストを合わせるとすっきりとまとまる。

キッチンパネル（装飾壁板）は、ステンレスやメラミン化粧されたもの。水はね・油はねに強く、掃除がしやすい。

リビング・ダイニング

家族が長い時間をすごす憩いの場所

居心地のよい空間に

ダイニングは食事をする部屋、リビングはいわゆる居間で、リビング・ダイニングと言えば、居間と食事をする部屋をひと続きにした空間です。

リビング・ダイニングは近年多く採用されており、家族が長い時間をすごす大切な団らんの場所です。家族のコミュニケーション、ライフスタイルを反映させた空間を計画しましょう。

また、リビングは来客をもてなす場所でもあるので、お客様も居心地のよい空間にしたいものです。大きめの窓を設けて採光を確保したり、吹き抜け天井にして開放感を演出したりするのもよいでしょう。

広さは、家具などをもとに考える

リビング・ダイニングの広さは、実際に使いたい（もしくは今もっている）ダイニングテーブルやソファ、テレビなど家具・家電の寸法を図面に落とし込んで考えます。

新居と同時に新しく購入する予定なら、カタログなどで寸法を確認しておきましょう。

図面に反映させると、座る場所は家族の人数分確保されているか？　テレビの位置は見づらくないか？　などの確認をすることができます。

●薪ストーブのあるリビング

薪ストーブで炎と自然の暖かさを楽しむ人も増えてきた。手間はかかるものの、薪ストーブはお洒落なインテリアにもなる。

●趣味も生かせる空間

迫力の大画面とサラウンドが楽しめるリビングシアター。家族団らんの時間も増える。

■リビング・ダイニングの計画

●開放感のある空間

明るいリビング・ダイニングは理屈抜きに気持ちがいい。

吹き抜け天井の開放感と、窓からの採光で明るい空間。

リビングから続くテラスを第二のダイニングとしてもよい。

●和の雰囲気あふれるリビング・ダイニング

畳や障子といった和の要素を取り入れたリビング・ダイニング。

障子から差し込む光がやわらかい。

一角に設けられた畳コーナー。赤ちゃんのおむつ替えや昼寝、子どもの遊び場にもよい。

子ども部屋

一人部屋ですごす時期は意外と短い

子ども部屋の考え方

子ども部屋は、自由とプライバシー確保を目的にするだけではなく、子どもがさまざまなことを考え、自立するための場所、子どもの生活に必要なものを置くスペースだけでなく、成長の場としても考えます。

１２４ページでも紹介したように、子ども部屋（一人部屋）が必要な期間は意外と短いもの。幼少期はきょうだい同じ部屋でも、思春期になれば個室の必要性もでてくるでしょう。きょうだいの性別によっても事情が変わってくるかもしれません。また、大学進学・就職などで子どもが独立したら部屋は空きます。個室としての子ども部屋が必要な時期が10年に満たないこともあるのです。

このあたりのこともふまえて10年、15年先も視野に入れ計画しましょう。

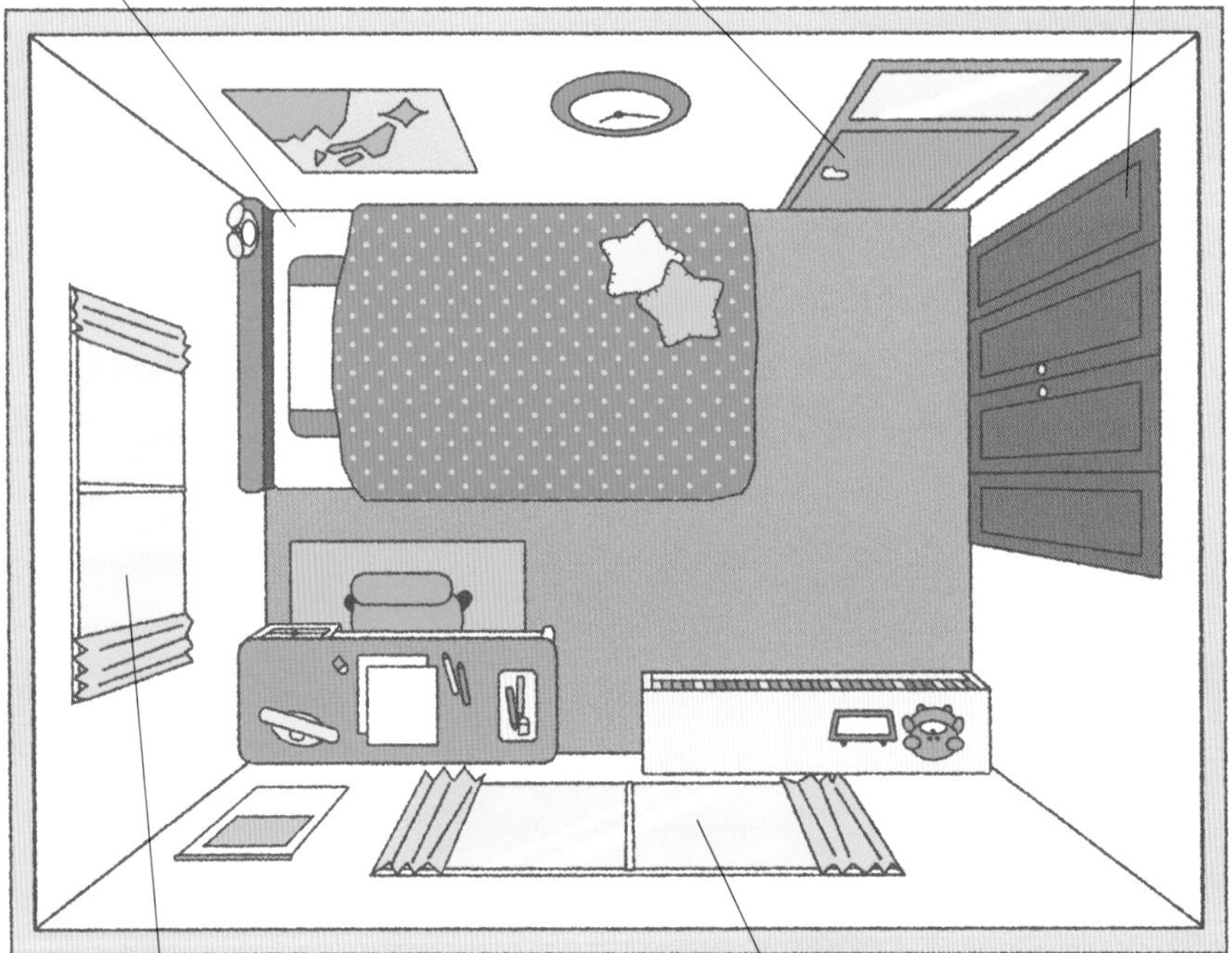
6畳あれば
机、ベッド、本棚
などが十分置ける
明かりがもれる
ガラス入りのドアなど
クローゼットは
１間分は欲しい
窓は腰高窓がベター
部屋は北向きでもOK。
北の窓からは安定した採光が得られる

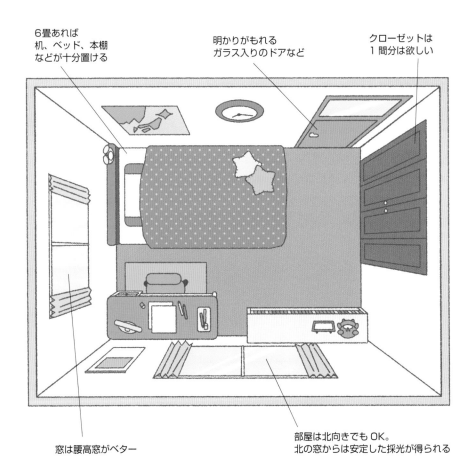

■子ども部屋の計画

●子ども部屋の広さ

個室なら、6畳あればベッドと机、本棚などを置いてもまだ余裕がある。

●子ども部屋の工夫

ロフトベッドは、限られた空間を有効に使う方法のひとつ。下部を収納スペースにすれば一石二鳥。

広めの部屋にドアを２つ設ければ、将来は間仕切りすることで2つの部屋に。間仕切りは可動式の壁や収納など、さまざまある。

寝室・書斎

目的に合わせた工夫をしよう

寝室の考え方

寝室の役割は、なんといっても眠るための場所、ということに尽きます。また、着替えや化粧の他、お酒を呑んだり、読書・音楽・DVD鑑賞など趣味を楽しんだりすることもあると思います。どう使うかということを考えて計画することが大切です。

いずれにしても寝室は、1日の3分の1ほどを眠るためにすごす部屋となります。「どうせ寝るだけの部屋」と言わず、遮音と採光に配慮して、ゆったりとくつろげる心地よい空間を演出しましょう。

寝室の広さは、夫婦2人で使う場合は8～10畳、別々の場合は6畳程度にするケースが多いようです。また布団で寝る場合はしまうことができるので広さの制約は軽減されます。ベッドを使う場合はベッドサイズに注意。サイ

■寝室の計画

●寝室のスタイル

ぐっすりと眠ることに重点を置いた寝室、趣味なども楽しめる空間を伴う寝室など、寝室のスタイルはさまざま。

●寝室の広さ

8畳以上あればベッドを2つ置くことが可能。写真はベッドを分けて可動間仕切りを設けたレイアウト。お互いの睡眠・起床を妨げることが少なくなる。

畳スペースを設け、布団で就寝。布団をたためば広く使える。

ズを図面に落とし込みます。なお、寝室に収納力のあるウォークインクローゼットを設けるスタイルが人気。また、洗濯物を干すバルコニーは夫婦の寝室に併設すると便利です。

書斎の考え方

近年、書斎を希望する方が多くなってきました。独立した部屋として設ける他、寝室やリビングに併設するケースもあります。

IT（情報技術）の普及で、パソコンひとつあれば、家でも仕事ができるといった事情もあると思いますが、仕事をする場所だけではなく、趣味を楽しむ部屋や勉強をする部屋としても使われます。

書斎は、自分の世界に没頭できる「自分の城」と考えることもできます。なにをするかという目的に合わせて広さや設備を考えるとよいでしょう。

設備としては、コンセントや電話回線、蔵書数が多い場合は床補強が必要。この他、楽器演奏や音楽鑑賞、映画鑑賞を目的にするなら部屋の配置、さらには防音に注意しましょう。

書斎の計画

書斎をどう使いたいか、ということを考え、理想のスタイルをかなえたい。

右上：完全に独立した書斎。集中して仕事に臨める。

左上：リビング階段の中二階。ちょっとした仕事をしながらでも家族の様子がわかる。

左下：ロフトスペースを利用。隠れ家のような空間には大人もワクワクする。

経験者の失敗

空調設備は忘れずに

独立した書斎をつくりました。計画当初はそれほど長時間使用することは想定しておらず、空調設備もつけませんでした。ところが実際は仕事と趣味で長時間使用することに。エアコン用コンセントを設置していなかったため、結局ウインドエアコンを設置するハメに。音が気になりますが、我慢するしかありません…。

バルコニー・ベランダ

ライフスタイルに合わせて使い勝手のよい空間に！

用途を考える

バルコニーとベランダの違いは、簡単に言うと〝屋根があるかないか？〟です。一般に、屋根があるものをベランダ、ないものをバルコニーと呼びますが、1階にあると「テラス」と呼ばれることも多いようです。

いずれにしても、計画の際はどのような使い方をするのかを考えます。洗濯物や布団を干す場所、お茶を飲んだりバーベキューをしたりする場所、ガーデニングを楽しむ場所、ペットの遊び場…。

用途に合わせて広さや形、デザイン、また安全面も考慮しながら決めていきましょう。用途によっては屋根をつけたり、ガーデンルームのようにしたりするのもよいですね。

なお、エアコンの室外機を隅に設置する場合は寸法に注意しましょう。

■バルコニー、ベランダの計画

セカンドリビング的に使う場合は、テーブルを置くスペースを確保する。窓は開け放つタイプにし、室内との段差をなくすと使い勝手がよい。用途によっては、蛇口を設ける方法もあるが、設置する場合は排水や防水面への配慮を忘れずに！

手入れのしやすいベランダガーデン。

バルコニーの一部をサンルームに。天候に左右されずに洗濯物がたっぷり干せる。

家の中央に設けられたベランダ。屋根があるので多少の雨でもすごせる。

●通風・採光・防犯性の確保

通風や採光、防犯面にも配慮したい。通風や採光を確保するには、格子やパンチングメタルなどの部材を、防犯性を高めるには透過性のあるパネルを採用するとよい。各社からさまざまな部材・デザインの商品が出ている。

●ベランダ照明

夜間のベランダやテラスは意外と暗い。照明を設置することで活用しやすく、雰囲気もよくなる。単に明るさを確保するだけでなく、明かりの色やデザインも含め検討したい。

提供／ Panasonic

●床材

使用する床材によっても、快適さが変わってくる。専門業者の施工が必要なものから、自分たちで施工可能なものまで幅広く販売されている。滑りにくいものや水はけのよいもの、色や質感も多様。

専門家からひとこと!

バルコニーは奥行きも大切です

洗濯物を干すことを目的とするなら、壁芯で1365mm以上を確保し、さらに屋根をつけることをおすすめします。奥行きがあると作業しやすく、屋根があれば急な雨のときも安心です。ただ、奥行きがあると日当たりが悪くなることもあるので、設計士と打ち合わせをし、最適な広さを考えましょう。

経験者の失敗

大量の洗濯物干しもOKのはずが…

洗濯物を干すだけだからと、壁芯で910mmの横長バルコニーとしたのが失敗でした。奥行きが狭すぎたために作業がしにくいし、洗濯物が風で窓や壁に触れて汚れてしまうんです。もうちょっと奥行きを広くとればよかった〜。

トイレ

毎日使う場所だからこそ、満足のいく計画を！

小さくても快適であることが大切

トイレは、誰もが必ず毎日使用するもっともプライベートな空間です。家族はもとより、来客が使うときの快適さも考慮しましょう。

トイレのスタイルはいくつかありますが、日本ではトイレ・洗面・浴室が別々になった「独立型」がもっとも多く見受けられます。

広さ、明るさ、内装、器具の機能やデザイン、掃除のしやすさといった目に見える部分や使い勝手とともに、音や臭気についての配慮も大切です。

トイレの広さは、「立つ」「座る」の動作と便器の大きさを考えると、有効寸法で最低でも間口70～75㎝以上、奥行き1200～1250㎜以上のスペースが必要です。お客様の使用頻度の高いトイレはゆったりとしたスペースがとれるとよいですね。

■トイレの計画

従来はただ使うためだけだったトイレは、今では明るく清潔で、ホッと一息入れられる場所にもなった。

左上：独立タイプのトイレ。タンクレスの場合は手洗器も設ける。

右上：トイレと洗面が一緒になった折衷タイプ。

右下：トイレ・洗面・浴室がつながったオールインワンタイプ。

提供／LIXIL（右上、左上）

●トイレの工夫

提供／LIXIL

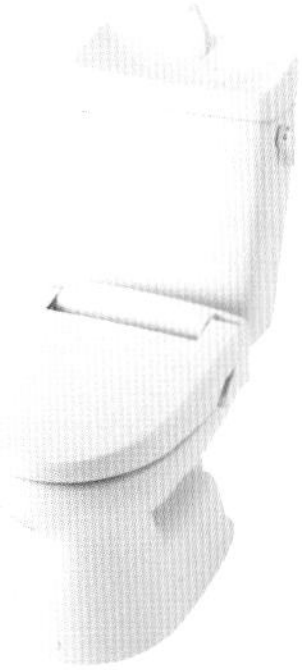

ロータンク型

タンクレス型

タンクの型の種類

従来の手洗い一体のロータンク型、近年人気のタンクレスタイプなどがある。タンクレスタイプを採用する場合は、トイレ内に手洗いを設けるのが理想。

手洗器

タンクレスや手洗いなしのロータンクの場合は、手洗器を別に設ける。また、トイレ内に手洗器や鏡があると、来客時に便利なことが多い。

左：手洗いキャビネット。トイレットペーパーや掃除用具を収納できる。

右：手洗いカウンター。下部にペーパーホルダーをつけることもできる。

提供／LIXIL（左）

専門家からひとこと!

介護のできるトイレも検討してみましょう

高齢者や介護が必要な人が同居する場合は、介助する人・車椅子で移動するスペースの確保、手すりの設置などを検討します。なお、トイレのドアは外開きもしくは引き戸にして、できれば開口部を大きくとりましょう。

また、立ち上がり動作をサポートするトイレリフトなどの設備もあります。

浴室

安全面も考慮して、心からくつろげる空間に！

デザイン・機能・色も多種多様。好みのものを選べる

浴室は、ただ身体を洗うだけではなく、一日の疲れを癒すための大切な空間。家族のコミュニケーションの場という家庭もあるでしょう。

浴室の工法には、オーダーメイドの「在来工法」、近年多く採用されている「システムバス（ユニットバス）」、在来工法とシステムバスのメリットを取り入れた「ハーフユニット」の3つがあります。

在来工法はもちろん、ユニット型でも浴室のサイズや床・壁材、器具の種類などを選べることが多いので、自分の家に合うもの・必要なものを吟味しましょう。

特に小さいお子さんや高齢者がいるご家庭では安全面の配慮が重要です。

色や素材については各メーカーのショールームで確かめるのが確実です。

■浴室の計画

癒し・くつろぎの空間として定着してきた浴室は、こだわりの檜風呂にしたり、坪庭や目隠しを施したテラスにつなげたりするプランもある。

提供／LIXIL

●浴室の工法

在来工法

浴槽、床・壁・天井材から水栓、窓などひとつひとつをチョイスして設計し、現場で施工するタイプ。2階以上の浴室には適さない。

○ オーダーメイドなので自由度が高く、こだわることができる。

× 長く使っていくうちに防水性が劣る。また、工期が長く、予算が高めになる。

システムバス（ユニットバス）

あらかじめつくられている各部材の組み合わせをして、現場で組み立てるタイプ。

0,75坪、1坪、1,25坪、1,5坪を中心に、現地に合わせてサイズ調整できるタイプもある。

○ すべて一体型なので防水面で安心。デザイン・カラー・オプションなど種類も豊富。工期が短く予算も低め。

× 変形したスペースや狭いスペースには適合しない場合がある。

ハーフユニット

システムバスと在来工法のよいところを併せもつ。床から浴槽の高さまでが（浴槽含む）ユニットになっており、壁や天井の仕上げは現場で施工するタイプ。

○ 窓の位置や壁材などのプランニングに自由度がある。

× メーカーや商品としてのバリエーションが少なめ。

●浴室の広さ

内法寸法では400mmの違いだが、浴槽の大きさ自体はあまり変わらず、洗い場の広さに差が出る。家族のスタイルに合わせて選択したい。

1620サイズ

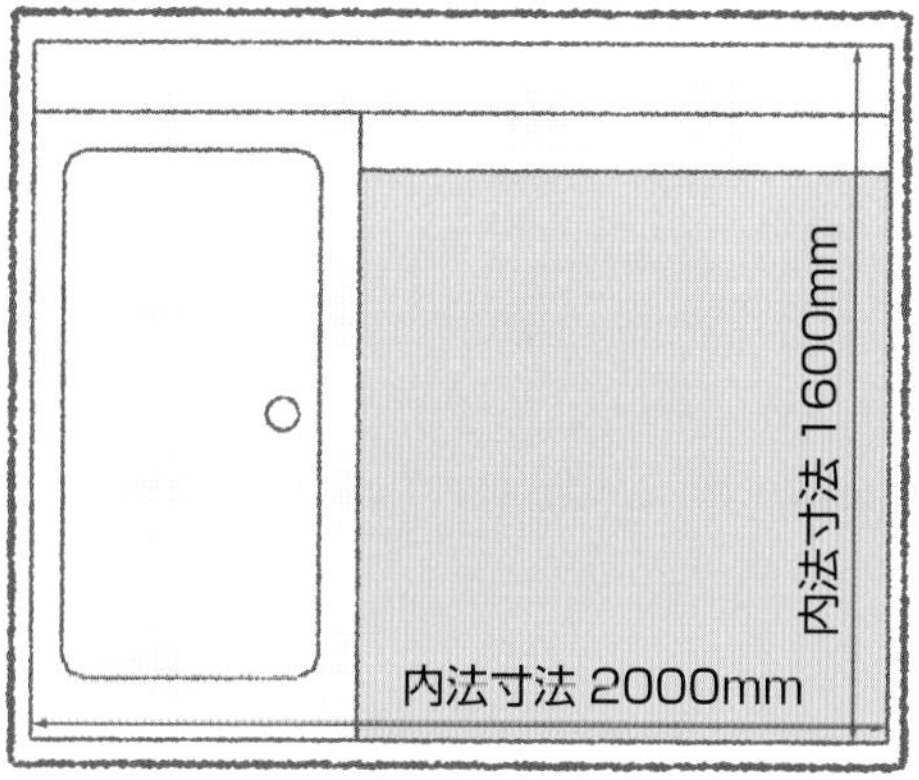

1616サイズ

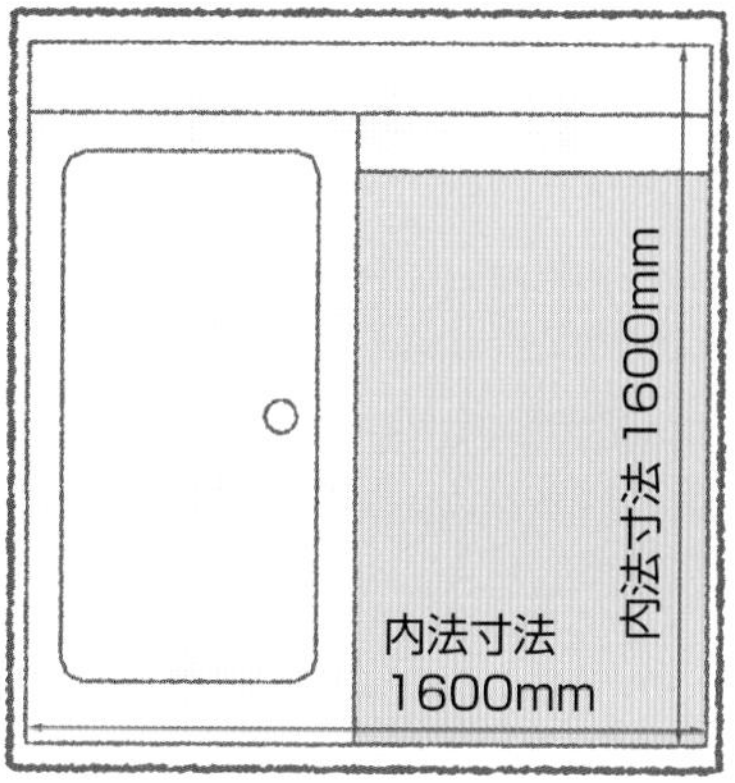

●窓の大きさ

浴室の窓は大きすぎると防犯上の問題が生じたり室内が寒くなったりする。反対に、小さすぎると採光や通風の面で満足がいかなくなる。

在来工法やハーフユニット工法であれば、床に近い位置と天井に近い位置に換気用の窓を設ける方法もある。

大きな窓をつける場合は、目隠しの柵を設けるなどの措置も必要。

提供／ Panasonic

提供／ LIXIL

●介護に適した浴室

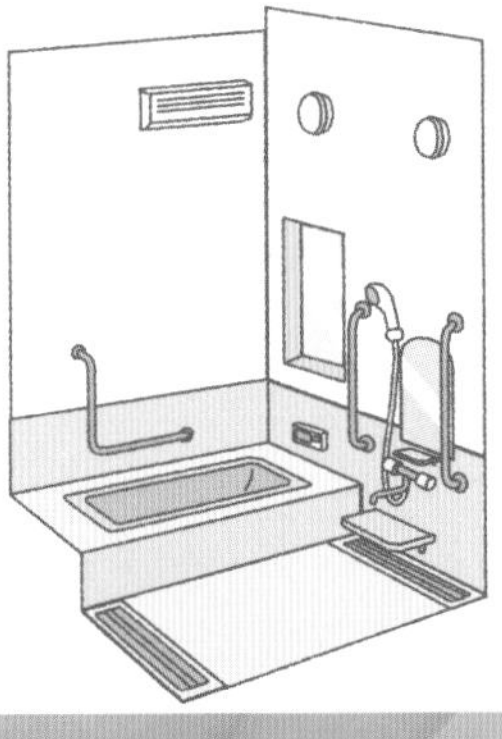

高齢者、介護を必要とする人のためには、まずは安全性を第一に考えたい。浴槽をまたぐときや立ち座りのために手すりやベンチを取りつけたり、滑りにくい床材にしたりする。
出入り口は緊急時に人を運び出せる広さのある3枚引き戸などを採用することも検討したい。

提供／TOTO

●その他の設備

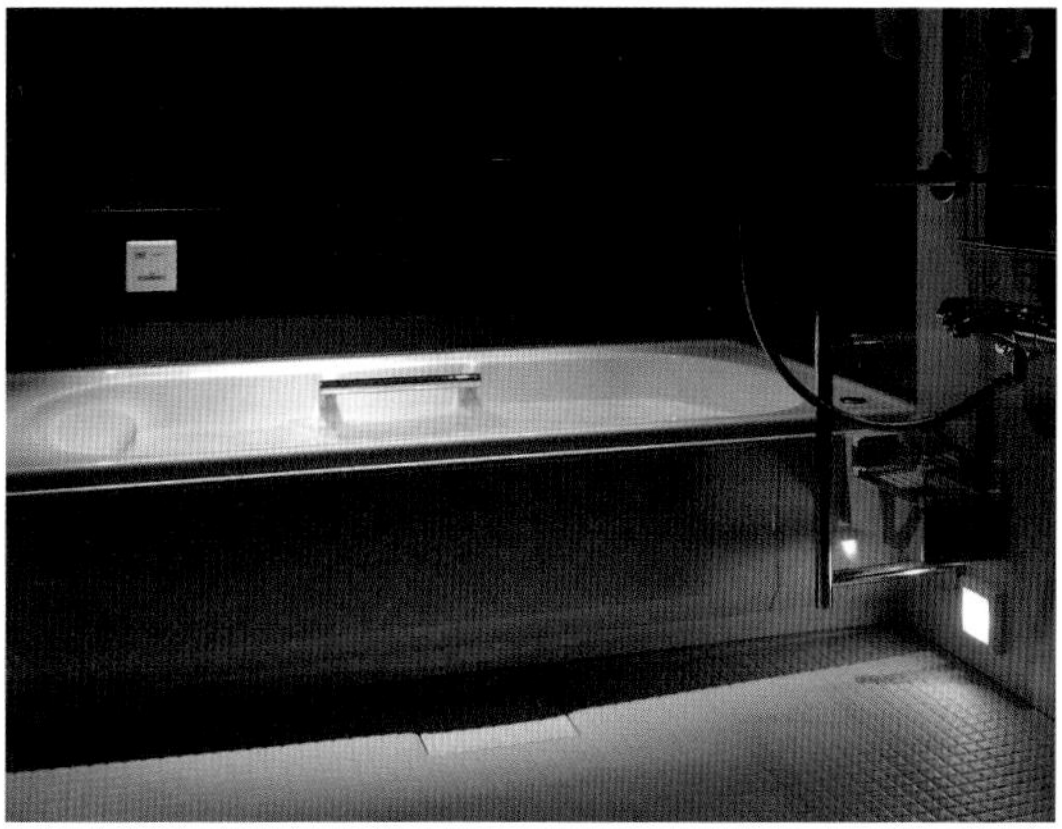

くつろぎの演出をする照明（左上）やジェットバス（右上）、浴室とは別にシャワールーム（左下）を設けるケースもある。最近はテレビを設置する（右下）ケースも多くなってきた。

提供／LIXIL
（右上・左上・右下）

経験者の成功

換気乾燥暖房機は正解！

わが家は、当分の間は家族３人で入浴するため、洗い場の広い1.25坪と広めのお風呂にしました。広いお風呂は寒いかなと思っていましたが、設計士さんのすすめで換気乾燥暖房機をつけたお陰で、寒い日も暖かいこと！　満足のいく浴室です。

専門家からひとこと！
在来工法、ハーフユニットの浴室

191ページで紹介した在来工法やハーフユニットは、コストが割高になることが多いのが難点ですが、メリットもあります。広さや設備を自由に設計できるためデザイン性の高い浴室にできますし、介護を目的とした広い浴室をつくることができます。それぞれの特徴をつかんで選択してください。

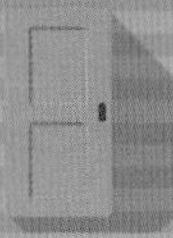

洗面・脱衣室

誰もが1日の始まりと終わりに使う場所

洗面・脱衣に＋αの目的を考えてみる

　洗面・脱衣室は、歯磨きや洗顔、手洗い、お化粧といった身繕いを始め、入浴時の脱衣や洗濯、スペースがあればアイロンをかけるなど、毎日使う頻度の高い場所です。洗面・脱衣だけの場所と考えず、どのように使いたいかを明確にして計画しましょう。

　洗面・脱衣室に欠かせない洗面化粧台は、既製のユニットタイプと、セミオーダー的なシステムタイプがあります。いずれにしても多種多様なので、家族の使い方に合ったものを選びましょう。

　また、洗面・脱衣室は意外と収納するものが多い場所です。洗面道具や化粧品、シャンプーや石鹸、洗剤、タオルや衣類など、どんな物をどのくらい収納したいのかを考え、収納の大きさを決めていきましょう。

洗面・脱衣室の計画

　洗面と脱衣の場所にこだわりすぎず、機能性はそのままで、ひとつの部屋としてのクオリティを考えてみるのも悪くない。

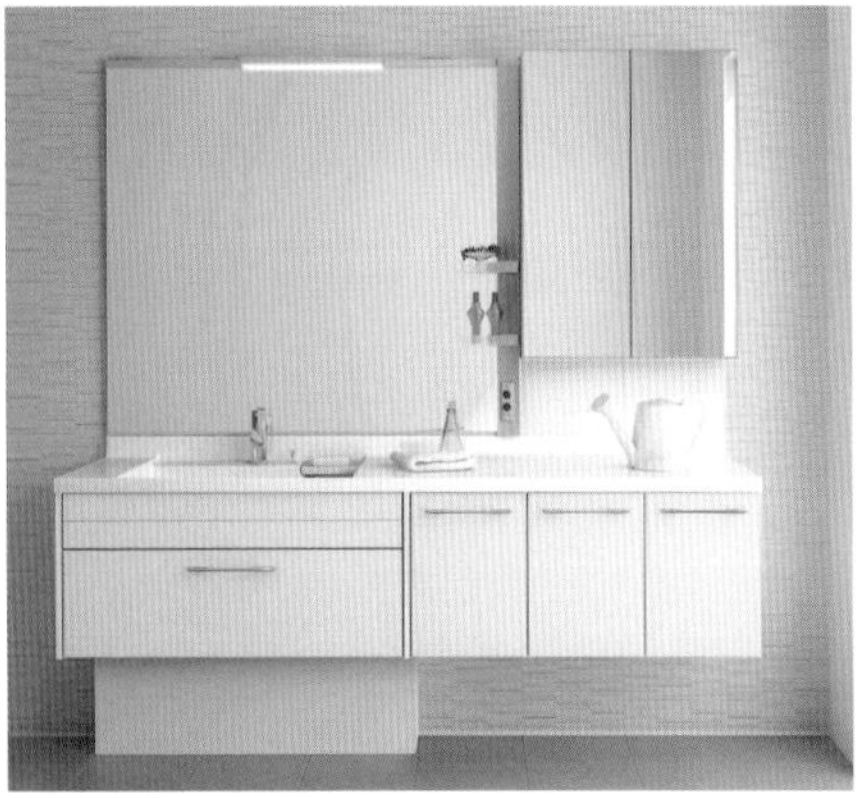

左上：システムタイプの洗面化粧台は、カウンターの幅が細かく選べるものも多い。

左下：車椅子でも使いやすい、下部すっきりのデザイン。

提供／Panasonic（右）、LIXIL（左上）

インテリア性を重視した洗面化粧台。

●洗面化粧台について

種類

ユニットタイプ

いくつかの間口サイズ（60・75・90・120cmなど）が用意された既製品。扉の色やパーツを選ぶこともできる。比較的安価で、もっとも多く使われている。リフォームの際に交換しやすい。

提供／LIXIL

システムタイプ

セミオーダータイプ。幅や高さをmm単位で決めることができるため、無駄な隙間ができない。また、洗面ボウルを始めパーツや色のバリエーションも多い。価格は高くなりがち。

提供／TOTO

大きさ

洗面化粧台は、一般的に間口寸法75cmのものがよく使われるが、隣に配置されることの多い洗濯機の幅によっても変わってくる。

高さについては、階段下などに洗面化粧台を設置するケースや洗面台を置く位置に稀に窓があるケースには注意が必要。

提供／TOTO

●役割・目的を考えた設計

家族が多い場合は、長いカウンター型にすると慌ただしい朝も効率よく数人で使用できるので自然とコミュニケーションも生まれる。

来客が多い家では、パウダールームとしての役割をもたせるのもよい。気兼ねなく手を洗ったり、化粧直しをしたりするスペースになる。

提供／LIXIL

●収納スペースの確保

効果的な配置を考える

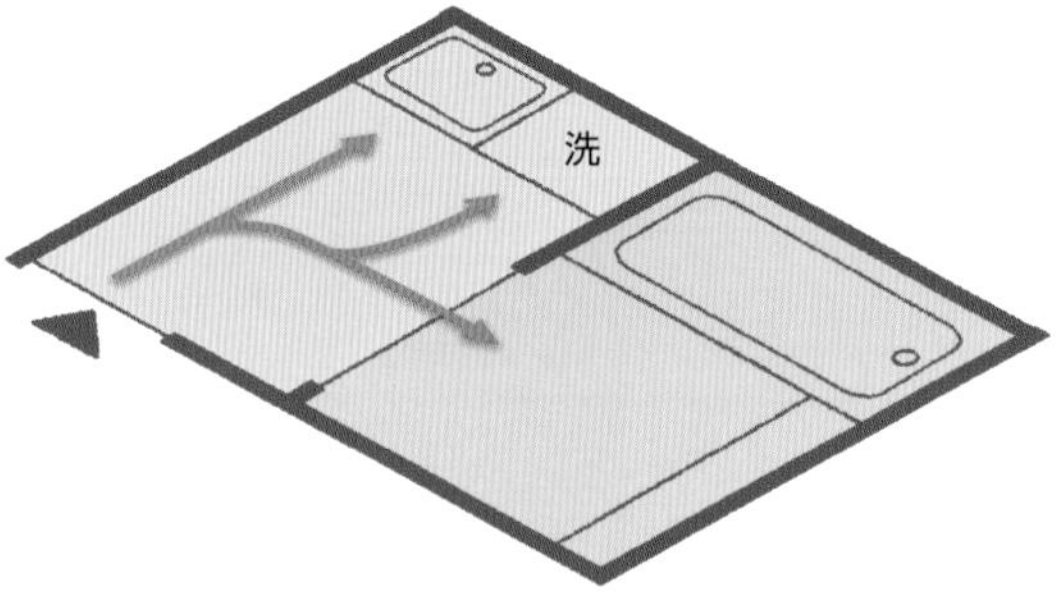

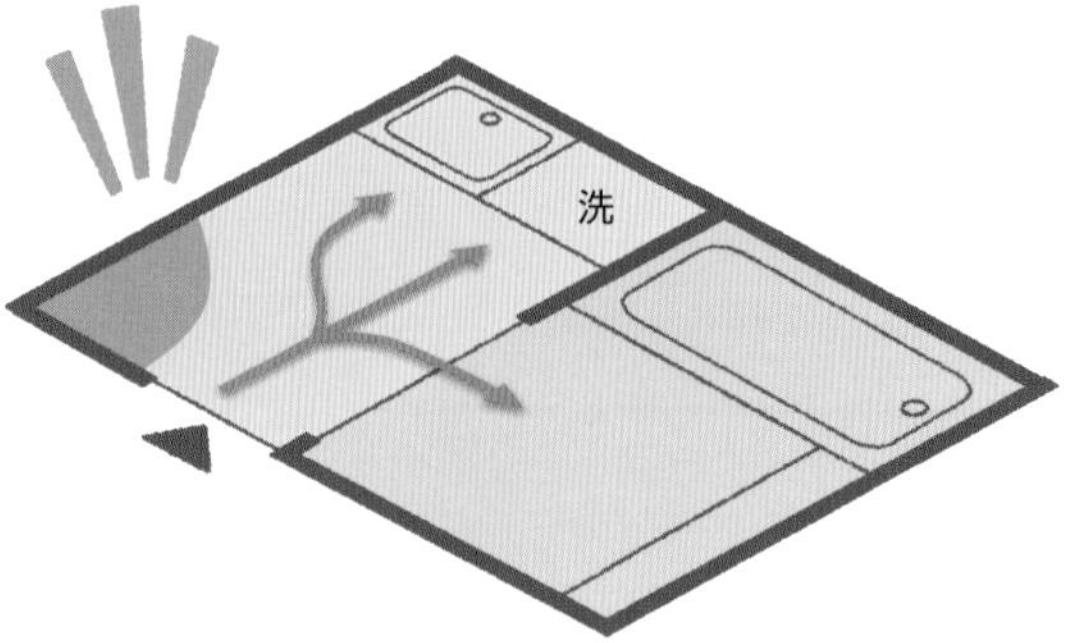

どちらも洗面化粧台、洗濯機の配置は同じ。しかし開口部の位置が違うだけで収納などに使えるスペースが変わってくる。このように小さなことでも使い勝手に影響することがわかる。

●ユニットタイプの収納

なにをどれだけ収納するか

収納の配置や容量は、入浴時の脱衣をイメージし、家族全員の下着やパジャマ、タオル類の収納スペースの他、脱いだものを入れるスペース、シャンプーなどや洗剤類のストックのことも考慮したい。

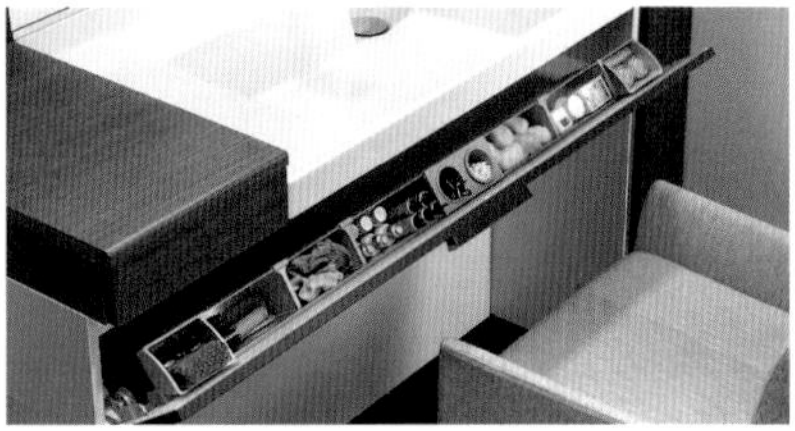

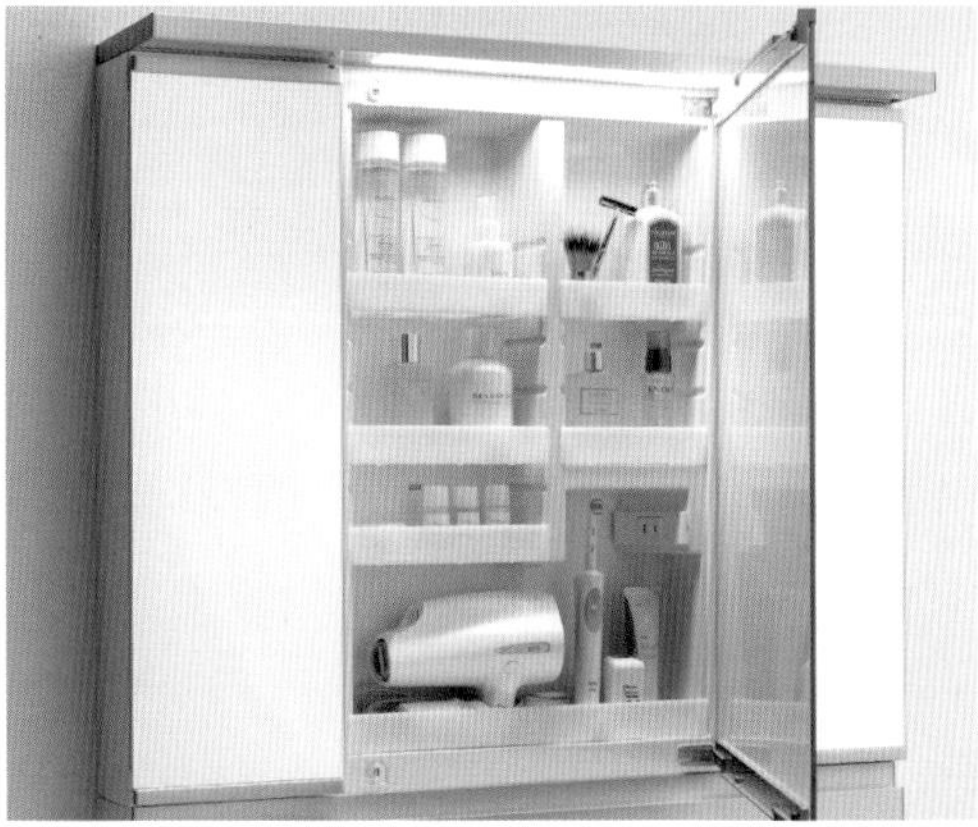

洗面化粧台下は、安価な観音開きタイプや、デザイン性・使い勝手のよいスライドタイプなどがある。
鏡の内側が収納になっているミラーキャビネットは、鏡を合わせ鏡にしたりスライドさせたりできるものも。また、棚やトレーは可動式のものがほとんど。コンセントの位置が使いやすいかなどもチェックしたい。

提供／ LIXIL（3点とも）

●その他の設備

ガス衣類乾燥機

ガスで温めた温風により乾燥させる。スピーディーにふっくらと乾燥できるところが人気。

室内物干し

使わないときは天井に収納しておき、必要に応じてバーを下げて洗濯物を干すことができる。

提供／Panasonic

専門家からひとこと!

実物を見て選ぶことが一番です

洗面化粧台を始めとする収納は、最近ではデザインや価格ごとに豊富なバリエーションがそろっています。

各メーカーのショールームで実物を見て、使い勝手や素材感、大きさ、色などをよく確認して選びましょう。

経験者の 成功

見た目すっきりだけでなくホコリ防止にも

洗面化粧台を3面のミラーキャビネットにしました。普段は収納部分の扉（鏡）が閉まっているので、棚にホコリが溜まりません。以前のオープンタイプ（一面鏡タイプ）に比べ、掃除が格段に楽になりました。

経験者の 失敗

収納は必要です

あまりよく考えず、収納をつけなかったんです。あとになって収納の必要性を感じ、無理やり整理タンスを入れたのですが、かなり狭くなってしまいました。せめてスペースだけはとっておけばよかったです。

廊下・階段

適切なスペース確保と安全設計が必要

事故防止を考える

廊下や階段は、部屋と部屋をつなぐ大切な場所ですが、住居内事故が多く発生する場所でもあります。

事故防止には、段差を極力なくし、階段では、踊り場のある形状にしたり、勾配を緩やかにしたりします。手すりや窓、足元灯を設けて明るさを確保し、床材も滑りにくいものを選びましょう。

省スペースで合理的な間取りを

廊下は短ければ短いほど合理的で、居室面積の広い間取りになります。反面、あまりに短いとセカセカした印象になり、余裕が感じられなくなります。廊下や階段は、人の通り道であると同時に風の通り道でもあるので、適度なバランスを考えて計画しましょう。

■廊下・階段の計画

部屋と部屋をつなぐ、風の通り道になる、という役割を考えればとことん機能的にもできるが、工夫次第でゆとりある、面白いスペースにもなる。

左下：欧風スタイルの住まいにはアイアンの手すりでイメージを統一。

左上：なんでもない廊下も、絵画と照明でちょっとしたギャラリーにも。

上：圧迫感のないデザインのリビング階段。

●階段のタイプ

直線階段

一般的なタイプで、多く採用されている。面積が少なくてすむが昇る方向が限定されるため、間取りの制約を受ける。もしも転倒したときは一直線に下まで落ちてしまう危険もあるが、途中に踊り場を設けると軽減される。

提供／三協立山株式会社

折り返し階段

途中に踊り場を設け、U型に方向を変えて昇降する。踊り場の分だけ面積が余計に必要だが、途中で休憩ができるので安全性が高い。

提供／三協立山株式会社

ささら桁階段

階段状に、ぎざぎざに刻まれた中桁に段板（踏み板）を乗せた階段。木をたくさん取り入れた建築、ロッジ風の建物などで多く採用される。

提供／株式会社ウッドワン

まわり階段

中心の柱のまわりをまわりながら昇降する階段。スペースはとらないが、昇り降りがしづらく機能的ではない。デザインを楽しみたいときには効果的。

提供／三協立山株式会社

●廊下の工夫

+αの要素をもたせた廊下

ホールのように幅を広くとってちょっとした空間にしたり、飾り棚やニッチを設けて遊び心のある場所にするのもよい。

提供／Panasonic

安全な階段の勾配・蹴上げ・踏み面の寸法

建築基準法では、蹴上げが23cm以下、踏み面が15cm以上を最低の寸法としていますが、蹴上げが20cm、踏み面が24cmくらいあれば安心です。

階段の途中で勾配を変えず、また、折り返し階段・まわり階段はなるべく踊り場を設けたり、踏み面の数を少なくしたりして危険を防ぐ工夫をしましょう。

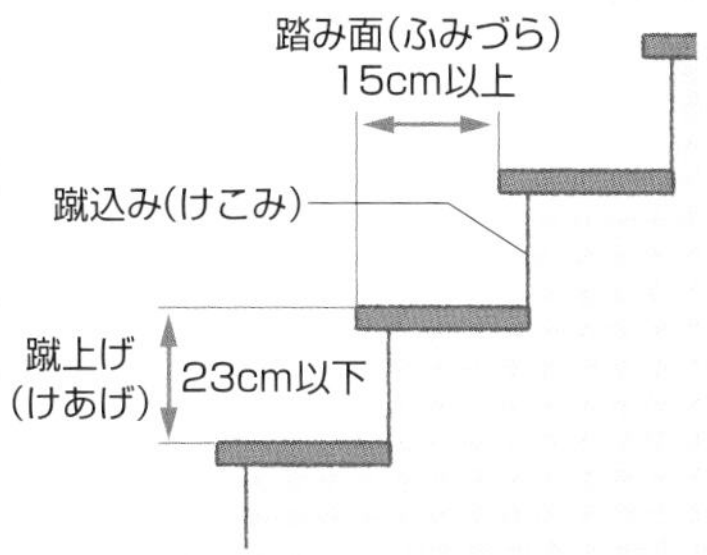

玄関

玄関の機能は人の出入りだけじゃない

玄関に必要なものはなにか、考えてみる

玄関は家の第一印象を決める大切な場所です。家族の出入りはもちろん来客の応対もする大切な場所。スッキリと気持ちのよい空間にしたいものです。無計画につくるとまったく片づかないゾーンになってしまうので、計画的に考えていくべきところです。

玄関にも収納スペースを

玄関内の配置を考えるときに一番重要なのは、靴の収納スペースをどうするかでしょう。

現在の玄関を思い出してみてください。家族が毎日履いている靴、傘、靴べら、ちょっと外に出るとき用のサンダル、靴磨き用具、郵便や宅配便が来たときに使う印鑑など、玄関には実にいろいろな物がありますよね。これら

■玄関の計画

玄関は家の顔。家族はもちろん、来客も気持ちよく出迎えることのできる玄関が理想。同時に収納力も重視したい。

右：正面に設けられた坪庭に目を奪われる。

下：吹き抜けにより採光を取り入れた明るい玄関。

車椅子や自転車を置くことができる土間玄関。
土間をリビングや裏庭とつなげるのもよい。

収納するであろうモノの量や使い勝手を考えて収納を考えます。

最近では玄関の横にシュークロークを設けて、雨具や自転車、ゴルフバッグ、ベビーカーなどを収納する家も多くなっています。玄関内で行き来してもよいし、外から直接シューズクロークに出入りするのもよいでしょう。

また、収納の他にもベンチや椅子を設け、靴の脱ぎ履きを楽にしたり、宅配便の荷物の受け渡し時に活用したりするケースもあります。

こういった機能性を考慮し、広さや玄関内の配置を決めていきましょう。

玄関ドアの選択

「家の顔」と言われる玄関は、家の内と外とを仕切る境界でもあります。ですから、防犯・断熱といった機能性はもちろん、建物の外観やインテリアとの調和を考えたデザイン性なども考えて選びましょう。

玄関ドアの材質・機能性・鍵のタイプなどは、各メーカーからさまざまなものが出ていますので調べてみましょう。

玄関の工夫

シューズクローク

シューズクロークがあれば玄関はいつもすっきり。季節ごとの家族の靴や傘、その他になにを収納するかを考えて計画する。

玄関収納

シューズクロークのスペースがとれない場合は、玄関収納を有効活用する。幅や高さ、飾り棚の有無、扉の材質や色などもチョイスできる。

玄関ベンチ

靴の脱ぎ履きの他、買い物袋をちょっと置いたりするのに便利。折りたためて省スペースになるようつくりつけたり、普通のベンチを購入して置いたりするのもよい。

式台

高齢者が同居する家庭や和テイストの家では、玄関の上り口に「式台」を設けるケースも多い。

採光の工夫

吹き抜けにして開放感を演出したり、窓やFIXガラスなどで光を取り入れて明るくしたりするケースも多い。吹き抜けは玄関を開けたときに冷気を2階まで入れてしまう弱点もあるが、玄関の明るさ確保には大きな役割を果たす。

ポーチ

ポーチ部分に屋根となる部分がないと、雨の日に不便。傘をたたむスペースは確保したい。玄関の向きによっては、目隠しを兼ねたデザインにすることもある。

照明

家族や来客を出迎える照明は、足元をしっかりと照らせることが大切。長持ちするLEDや人感センサーつきも豊富。広いポーチにはダウンライトとポーチ灯の組み合わせも考える。

●玄関ドアの種類

玄関ドアの種類と特徴

金属ドア	アルミ形材	もっとも普及しているタイプで、種類も豊富。耐久性・耐候性に優れている。
金属ドア	コート鋼板	鋼板に塩化ビニルをコーティングしたもの。耐久性が高く、価格も手頃。
金属ドア	ステンレス	腐食に強い。表面加工もさまざまで、鏡面仕上げやつや消し仕上げ、細い線を施したヘアライン仕上げなど種類も多い。
木製ドア		無垢が主流。表面にウレタン塗装が施されているので耐水性・耐摩擦性はあるが、金属ドアに比べると多少劣る。経年美やぬくもり、重厚感などを演出できる。
高性能ドア	断熱ドア	気密材パッキン、断熱材を充てんさせたドア本体・外枠内部、複層ガラスなどの採用で断熱効果を高めている。結露防止、室内温度維持による省エネ効果が望める。
高性能ドア	防火ドア	難燃材料・断熱材を採用したドア、加熱発泡材とパッキン（高温時に膨張により隙間をふさぐ）、網入りガラス、ラッチ（炎の漏れを防ぐ）などから成る。近年はデザインも増えてきている。

玄関ドアの主なスタイル

シングルドア

提供／三協アルミ

一般的に採用されており、デザインも豊富。採光・通風のための小窓を設けたデザインもある。

親子ドア

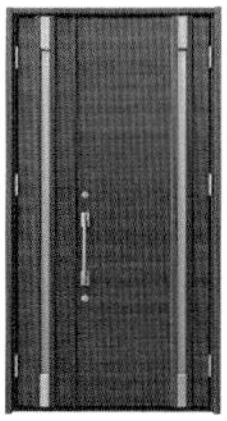

提供／三協アルミ

両方の扉を開くと広い開口部が確保でき、家具などの搬入出に便利。

両開きドア

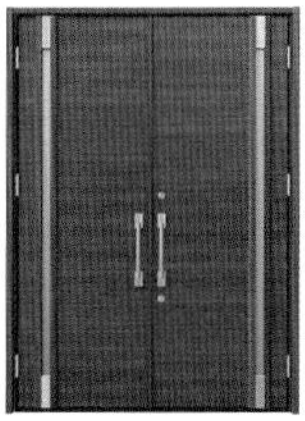

提供／三協アルミ

重厚感・高級感のある玄関になる。広い玄関スペースが必要。

引き違い戸

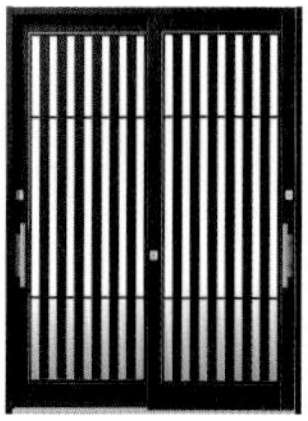

2枚の引き戸を左右に移動させ開閉する扉。近年はモダンなデザインも多くなってきている。

●その他の設備

鍵

ボタンを押してワンタッチで施解錠できる電池式の手動錠。遠隔操作が可能なエントリーキー付き。

提供／三協立山株式会社（このページすべて）

専門家からひとこと!

**虫の侵入を気にせず
風をとり込めるドアや網戸を選ぶ**

　コロナ禍で自宅にいることが増え、ドアを開けなくても風がとり込める機能をもたせた玄関ドアや、2枚の網戸で虫の侵入を防ぐ商品（全面引違い網戸）の人気が高まっています。

和室

昔ながらの純和室は減っているが、床を畳に替えた洋風和室が人気

臨機応変に対応できる和室

最近は、床の間や襖のあるような昔ながらの純和室は少なく、洋室の床を畳に変えただけの洋風和室が多くなっています。

　畳の部屋はホッとする和みの空間といった場所になるだけでなく、機能的にもさまざまな用途に対応できる利便性があります。

　布団を敷けば寝室になりますし、来客時には座卓を置き客間として使えます。また畳はクッション性が高いため、子どもにはよい遊び場にもなります。

　独立した一部屋を設けるのが難しい場合は、リビングなどに畳スペースをつくることを検討してはいかがでしょうか。日本の伝統を次世代に伝えていくことになるでしょうし、家の雰囲気にも変化をもたらしてくれるでしょう。

■和室の計画

　従来は一畳たたみが使われてきたが、近年はデザイン性の高さから半畳たたみを採用する人が増えている。

左上：最近少なくなってきた純和室だが、一室あると便利に使えることも。

右上：豊富なカラーがある半畳たたみは建具に合わせたりアクセントにもできる。

左下：リビングの一角に小上がり風の和室は空間に変化をもたらす。

●純和室のしつらえ

長押（なげし）
柱と柱をつなぐ横材。もともとは柱を連結する構造材だったが、現在では装飾材となっている。

床の間（とこのま）
掛け軸や置物、花などを飾る場所。本来は両脇に書院と違い棚を設ける。

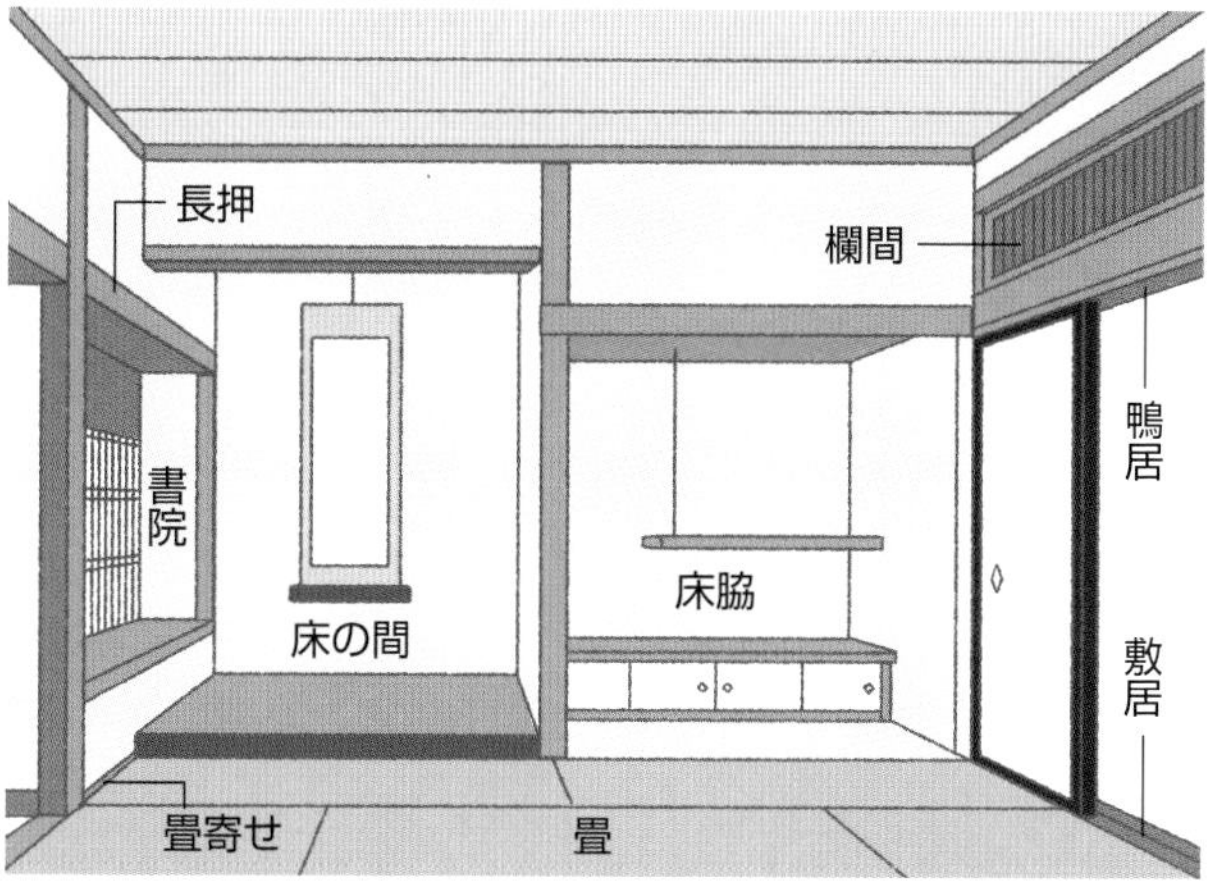

欄間（らんま）
続き部屋の鴨居上部にある、通風・採光・装飾を兼ねる部分。格子や透かし彫りの板などがはめ込まれる。

鴨居（かもい）
襖や障子などの建具を設けるため、上部に取り付けられる溝のついた部材。下部に取り付けられるのは敷居。

書院（しょいん）
床の間の脇に設けられる、棚（机）と明かり取りの障子で構成された部分。

床脇（とこわき）
床の間の脇に設けられるもので、違い棚、地袋、天袋などで構成される。

メリット

- 畳にクッション性があるので安全性が高い
- 情緒がある
- すぐ横になれる
- い草でできた畳には芳香性がある
- い草でできた畳には吸放湿性がある
- 和紙畳は色が豊富

デメリット

- コストが高め
- 造作工事が必要
- 畳の表替えが必要になる
- 純和室の場合は掃除がたいへん

近年多く見られる洋風和室。モダンながらも、どこか落ち着いた雰囲気になる。

あると便利な収納スペース

各ゾーンに適した収納のあり方を考える

適材適所を考える

収納は多いに越したことはありませんが、ただ広いだけでは使い勝手が悪いことがあります。しまいやすく、取り出しやすいことが肝心です。

また、いつも使う物は、使う場所のすぐ近くに収納し、滅多に使わないものや季節ものは納戸や天井裏にしまうことや、その場で使うものをその場に収納できるようにするのがポイント。

家族構成や趣味、持ち物、生活習慣が違うように収納のあり方も違います。また、子どもの成長と同じで、収納される物も年月を経て変化していきます。

収納はその後の家の美化に大きく影響しますので〝どこになにを収納するのか〟と、〝適切な場所に必要な広さだけ〟を念頭にしっかりと計画しましょう。

■収納の計画

家を建てるにあたって多い要望のひとつが、収納スペースの充実。適所に設けることで生活しやすくなる。

上：キッチンの食品庫コーナー。独立した部屋でなくても、使い勝手はよい。

提供／ Panasonic（右上）

右上：ウォークインタイプのシューズクローク。

右下：各部屋にはクローゼットを。衣類以外のものを収納することも考慮する。

●収納の工夫

ウォークインクローゼット

スペースに余裕があるなら、衣類以外も収納できるウォークインクローゼットがあると便利。スペースがなければ奥行き45cm程度のクローゼットでも。

【ウォークインクローゼットの広さ】

1.8m×1.35m（0.75坪）程度の広さがあればつくることは可能だが、2m×2m（1.2坪）あると効果的。幅が2mあると左右両側に洋服を吊るすことができ、使い勝手がよくなる。

食品庫

たとえば収納を兼ねたユニット畳で小上がり風に。下部の引き出しに細々としたものが収納できる。

小さなスペースでも、ストックしておく食品の定位置を用意することですっきりと片づく。

column

マイホームづくりのQ&A

Q 階段下をじょうずに活用したい。トイレと収納以外にどんな方法がありますか？

A 日本の住宅事情では、階段下のスペースをいかにうまく使うか、ということも家づくりの大切な要素です。そのため、廊下にある階段下はトイレや収納スペースに用いられることが多いのですが、近年はいろいろな用途を求める方がいらっしゃるようです。

リビング階段であればファンヒーター置場にしたり、書斎／家事スペースや書棚にしたりする手もあります。高さに注意してベンチやソファなどを置いてもいいですね。

玄関などお客様から見える場所なら、坪庭風など、贅沢な空間にするのもいいと思います。屋内だけでなく、屋外から出し入れできる収納スペースにすることもできますよ。

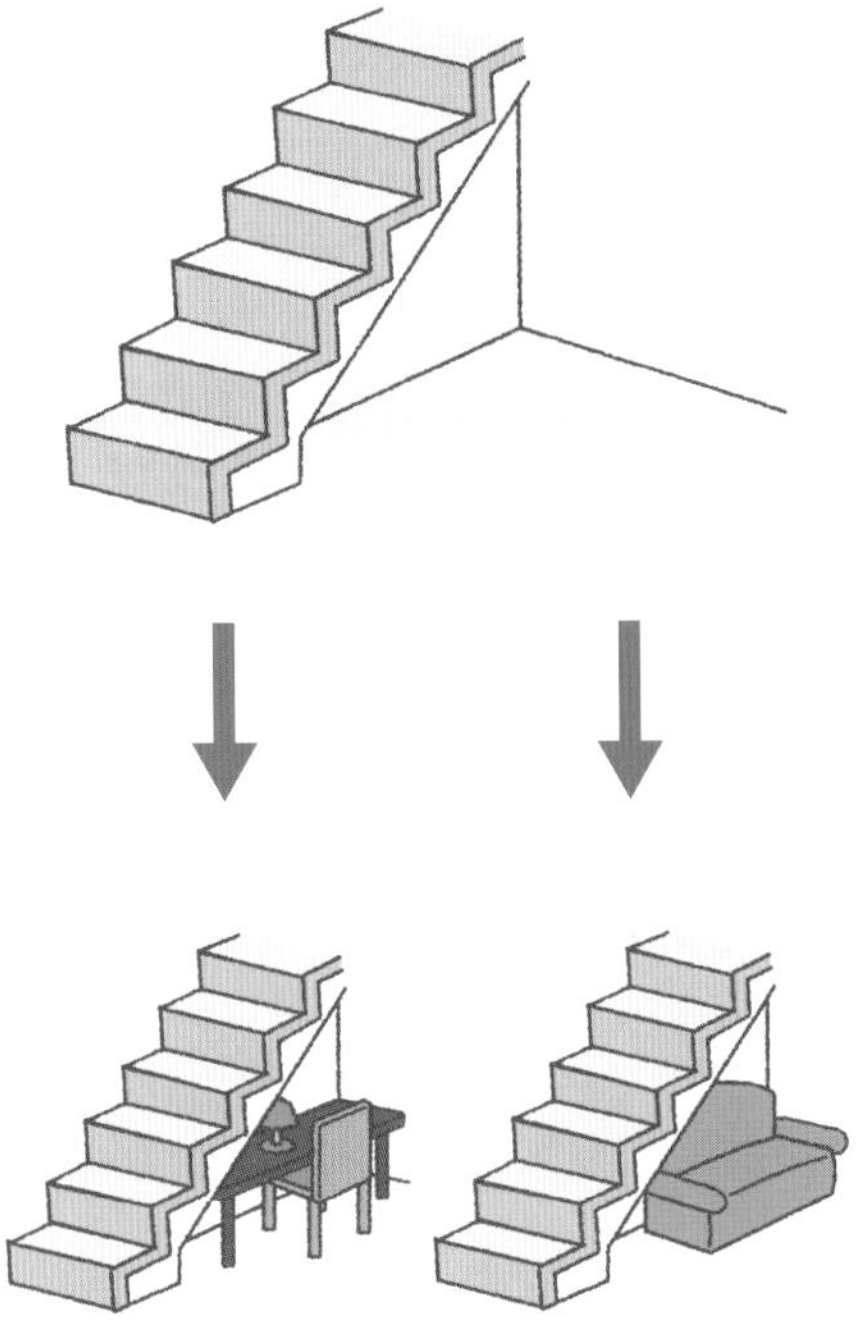

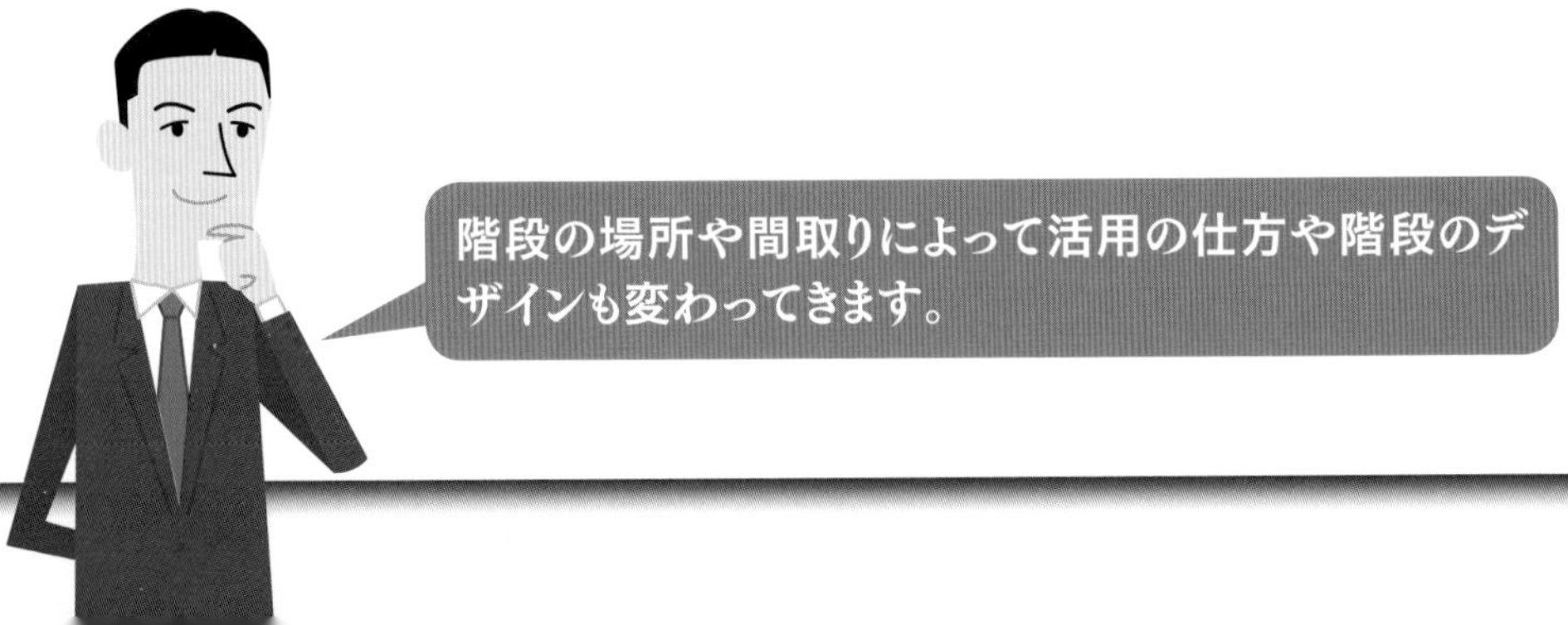
階段の場所や間取りによって活用の仕方や階段のデザインも変わってきます。

PART 8

仕様や材料を選ぶ

屋根材

軽量の屋根材が人気。メンテナンスのことも考えて選びたい

デザインだけで決めてはダメ

屋根のもっとも大切な役割は、雨や火から家を守り、暑さ寒さをしのぐことです。ですから、まずは防水性の高いものを優先し、次に耐震性や外観デザインとの調和、価格なども考慮して選びます。

屋根材は素材によって重さが違い、その違いが耐震性を確保するための構造計算に影響します。一般に、瓦などの重い素材よりも金属やスレートなど軽い素材を使ったほうが耐震性が高まります。

さらに、素材によって屋根勾配の最低規定が変わりますが、これは雨漏りを起こさないための大切な措置。屋根材を選んだ後になって「計画していた

セメント系	スレート系
セメントと砂からつくった瓦。アクリル系樹脂塗料や水系樹脂塗料、フッ素系樹脂塗料により防水性を高める。寸法精度が高く施工性の点で優れる。	本来は粘板岩の薄板のこと。天然のものと繊維を混ぜてつくったものがある。軽く、耐震性に優れる。
厚形スレート（プレスセメント瓦施釉） （JIS A 5402） 	**天然スレート** （JIS A 5423） 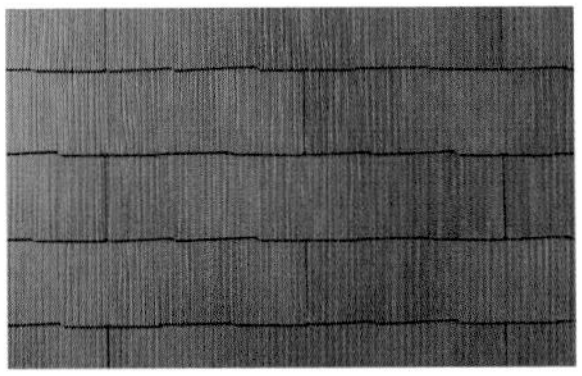
セメントモルタルを型に入れ、プレス・脱水・成形・養生後に塗料で表面処理したもの。釉薬で表面処理をしたものが施釉（せゆう）セメント瓦。 　形状は和形、洋形、平形、S形等があり、近年は洋式や平形が多く商品化されている。	セメントを高温高圧下で成型したスレートに着色したもの。薄くて軽く、耐候性・耐震性に優れるため広く普及している。 　色やデザインのバリエーションが豊富で価格が安いが塗装の剥がれ・色あせが苔の原因になることもある。
耐用年数：約30～40年 15～20年に1回程度、美装目的で塗装	耐用年数：約30～50年 10～15年に1回程度、美装目的で塗装

屋根のデザインができない！」といったことのないよう、規定も考慮しながら素材を選ぶことが必要です。

メンテナンスについて

屋根はいずれの種類でも、定期的なメンテナンスが必要です。経年による損傷を始め、ズレ・剥がれ・色あせ・色落ち・割れ・継ぎ手の緩みなどが予想されます。

これらについては、気がついたときや定期的に、業者にメンテナンスの依頼をしておきましょう。

専門家からひとこと！

軽くて長持ちする屋根材が選ばれています

屋根にはさまざまな材質や形状がありますが、3.11の東日本大震災以降、屋根は軽いほうがいいという考え方のお客様が増えました。プロバンス風の外観をお選びの方には「三色瓦葺き」が根強い人気ですが、費用面でも防災の観点からも、軽くて長持ちする素材を選ぶ方が多くなっています。

屋根材の種類・メンテナンスの特徴

	金属系	粘土系
	加工しやすく施工性がよいことから、複雑な屋根形状にも対応でき、葺き方のバリエーションが多い。	粘土を使った焼きものの屋根材。強く、色あせに対するメンテナンスは半永久的に不要と言える。ただし他の屋根材に比べて重いため、耐震性を考慮する必要がある。
種類	ガルバリウム鋼板 	釉薬瓦（陶器瓦） （JIS A 5208） 
特徴	鉄板、アルミニウム、亜鉛、シリコンからなるメッキ鋼板。 耐候性に優れデザインも豊富。耐久性の高いシリコンやフッ素樹脂の塗膜により長期間メンテナンスの不要な商品もある。ただし遮音性、断熱性に弱いため、断熱材は性能の高いものを選ぶ。	プレス成形した瓦に釉薬をかけて、高温で焼き上げたもの。釉薬がガラス質なので防水性に優れ、釉薬を使うことから色も豊富で、年月を経ても美しい状態が保てる。 形はJ形（和形）、F形（平板）、S形（波形）等があり、和風・洋風住宅のいずれにも用いられる。
耐用年数とメンテナンス（塗装）	耐用年数：素地で約40年 美装・耐候性目的で塗装（フッ素樹脂塗装の場合は、変色・褪色・塗膜の保証対応は20年）	耐用年数：約60年 20年程度は退色しないので特になし

外壁材

家の印象を大きく左右する要素。デザイン性の他、機能も考慮しよう

デザインや色は立面パースで確認を

外壁のデザインでは、素材の種類や色、張り分け方などで悩まれる方が多いのが実感です。家の印象に大きくかかわる部分ですから当然のことだと思います。外壁を選ぶポイントはデザイン、色、耐火性、耐水性、耐候性、メンテナンス性で、色や柄を選ぶときはサッシや屋根などとの相性も大切です。

戸建住宅に使われる外壁材には、もっとも多く使われているサイディングを始め、モルタルや塗壁、タイルなどがあります。サイディングは多くのハウスメーカーや工務店、建売住宅会社などで標準仕様となっていて、種類・デザインの豊富さ、施工性のよさなどで人気があります。

専門家からひとこと!

外壁サンプルを見るときのコツ

外壁を決めるためにサンプルを見るときは、太陽光のあるところで見比べることをおすすめします。完成してみると想像していたよりも明るい印象になることが多いので、少しでも実際に近い感じを掴むようにしましょう。

また、小さなサンプルだけでは外観全体をイメージしにくいものです。そんなときは、住宅会社やメーカーに、候補にあげている外壁材を立体パースに落とし込んでもらいましょう。

立体パースでは、外壁の素材感や色のシミュレーションをしてもらえる場合も。

■外壁材の種類・特徴

		特徴		価格	種類数	耐衝撃性	耐火性	施工性	メンテナンス性
サイディング	窯業系 	セメントと木質系成分、無機物などを混ぜ、板状にプレス成形したもの。柄や色のバリエーションが豊富。	サイディングそのものよりも、継ぎ目のコーキングのメンテナンスが必要。5〜15年で隙間やひび割れが出ることもある。	○	◎	○	○	○	○
	金属系 	成形したステンレス板やアルミニウム板などに断熱材を裏打ちしたもの。軽く丈夫で、腐食しにくいことが特徴。		○	○	◎	○	○	○
塗壁・モルタル		セメントと砂、水を練ったモルタルを、下地に塗る工法。仕上げに樹脂系の素材を吹きつけたり、コテなどで多様な模様を施したりする。施工期間が長い。		△	△	△	○	○	△
タイル		粉砕した粘土、各種の鉱物を混ぜて板状に成形し、焼成したもの。モルタルの上に貼る工法、下地パネルに掛けて留め付ける工法などがある。		×	○	◎	○	△	○
木		天然木に防火性能などを施したもの。木の種類により色や防火性や伸縮性（反りや曲がり）等が異なる。		○	△	○	×	○	○

提供／ニチハ株式会社（サイディング2点）

（◎：優、○：良、△：ふつう、×：やや難）

専門家からひとこと!

新しい外壁材

近年、光触媒のもつ分解力や親水性を活かしてセルフクリーニングをする新しい外壁材が登場しました。セラミックコーティングも施されて色あせしにくいため、メンテナンスのコストも軽減されるとのこと。こんな新商品も検討するのもよいでしょう。

■外壁の工法

外壁の工法には、乾式工法と湿式工法があります。

乾式工法	●外壁材を釘やネジ、ボルトなどで取り付ける工法 ●商品の品質が一定 ●比較的安価で工期も短い	・サイディング ・タイル
湿式工法	●水を使って練り混ぜた材料を外壁に塗って乾燥・硬化させる工法 ●個性的で味わいのある仕上がり ●比較的高価で工期が長い	・塗壁 ・モルタル ・コンクリート打ちっぱなし ・タイル

サッシ

ポイントはサッシと窓ガラスの組み合わせや開閉方法

それぞれの特徴をつかもう

窓の主な役割は採光と通風、眺望です。この機能性を考え、枠、ガラス、開閉方式などを決めていきましょう。

一般的な住宅では、建物の表面積の20〜30%は窓なので、家の印象を決める大切なポイントでもあります。形や大きさ、枠の色、材質を選定するときには、外壁や屋根などとの調和を考えましょう。

日本では、特に夏の高温多湿という気候風土や日本人の生活様式に合うようサッシや窓ガラスがつくられ、改良されてきました。最近では、大きな窓でも断熱性や遮音性能の高いものや、小さくても枠を細くして採光性を高めた窓などもあります。

■さまざまなサッシの特徴

アルミサッシ

寸法精度が高く、耐久性に優れる。軽量で開閉しやすく、また雨に強いため、一般住宅にもっとも多く採用されている。熱を伝えやすい性質であるため室内外の温度差による結露が生じやすい。

樹脂サッシ

硬質塩化ビニル樹脂のプラスチックが主材料。遮音性・断熱性に優れる。熱を伝えにくい性質のため結露も防止でき、寒冷地で多く採用されている。軽量で着色も容易であるため種類が豊富。アルミサッシに比べ強度は落ちる。

複合サッシ

異なる素材を組み合わせ、それぞれのメリットを生かしたもので、近年人気。窓枠の室外側には耐久性・耐火性などに優れたアルミを、室内側には質感・断熱性などの高い木や樹脂を用いる組み合わせが一般的。

■窓ガラスの種類と特徴

型板ガラス	透明板ガラスの片面に型模様をつけたもの。採光はそのまま、視線を遮る。
耐熱ガラス	温度変化に強く、調理器具に使われることも多い。一般住宅ではコンロの周囲などに使われる。
複層ガラス	複数のガラスの中間層に乾燥空気を封入したり、真空状態にしたりしたもの。ペアガラスなどとも呼ばれる。
防犯ガラス	2枚のガラスの間に強靭な中間膜を挟んだもので、割れたときに大きな音がする。1階に使われることが多い。
Low-Eガラス	内面に金属膜をコーティングすることで断熱性・遮熱性を高めた複層ガラス。紫外線を反射するので畳や家具の日焼けを防ぐ効果もある。

開閉の仕方による窓の分類

引き違い窓	外開き窓	滑り出し窓	上げ下げ窓
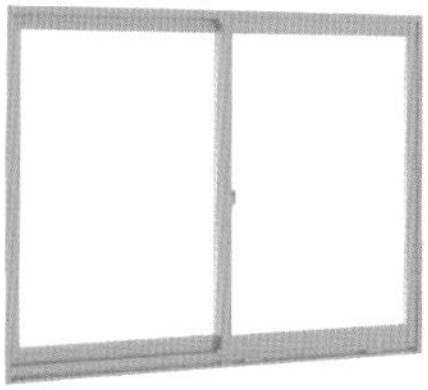	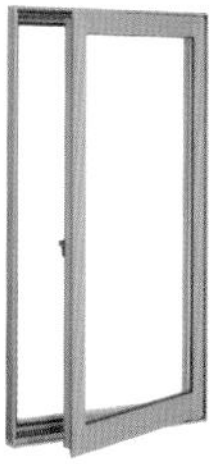		
日本でもっとも一般的な形状。採光・通風に優れているため、主に居室に使われる。ガラス面積・開閉面積が大きく隙間が生じやすい。	左右どちらかを軸に、ドアのように開く。気密性に優れるとともに通風にもよい。対にして両開きの形にすると洋風の印象になる。	窓の上辺を軸にして、下側が外に向かって開く。下側が開くとともに上部も開口するので、換気・通風によい。気密性にも優れる。	上下が連動して開閉するもの、個別に開閉するもの、下窓だけ開閉するものがある。気密性が高く、寒冷地に向く。
ルーバー窓	**はめ殺し窓**	**折りたたみ窓**	**出窓**
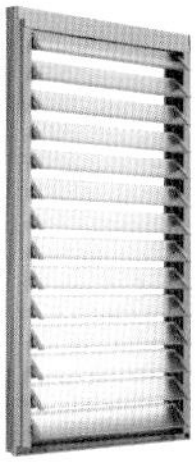	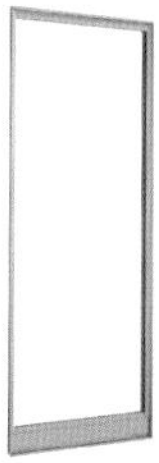	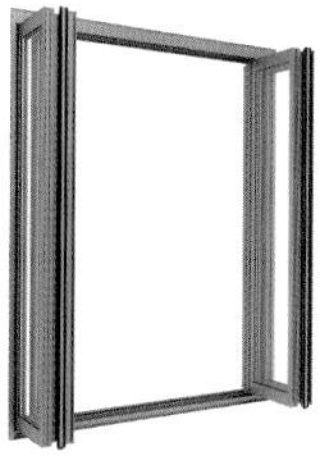	
ジャロジーとも呼ばれ、ハンドルを回すことで開閉する。開口率を自由に調節でき通風性に優れるが気密性に弱い。	主に明かり取りのための開閉できない窓で、FIXとも呼ばれる。角型・丸型などデザインが豊富。	全開口サッシとも呼ばれ、窓枠まで全開でき、ウッドデッキに面した窓に多く使われる。	引き違い窓になっているものや、側面が外開きになっているものなど多様。デザイン性と採光に優れる。

提供／三協立山株式会社

専門家からひとこと!

サッシはそれぞれの性質を見きわめて

日射しの強いところに樹脂サッシはおすすめしません。メーカーにもよりますが、長い年月の間にゆがみが生じることが多いためです。また、オールアルミのサッシだと断熱効果が落ち、結露しやすくなります。

そういった意味では、両方のよいところをもち合わせた樹脂複合サッシを検討されてみてはいかがでしょうか？

※一部の寒冷地は除く。

断熱材

住みごこちはもちろん、場合によっては健康にもかかわってくる

光熱費を始め、人の健康にも影響が

家の断熱は、住み心地を始め、冷暖房などの光熱費にもっとも影響を与えます。断熱性能が低いと家の中に温度差ができ、健康面に影響をおよぼす原因にもなります。ここでは〝夏涼しく冬暖かい、家中温度差のない家〟にするための断熱材について説明します。

断熱材は、家全体をすっぽり包むように床・壁・天井といった外との境界になる部分に施工します。基礎に断熱材を施工する「基礎断熱」という工法もあります。また、1階と2階の境界や、ゾーンごとの間仕切り（屋内にある壁）にも断熱材を入れて冷暖房効率を上げる「部分断熱」といった方法もあります。

断熱材の種類と特徴

種類			特徴	断熱性	防火性	コスト
繊維系	無機系	グラスウール	ガラスを高温処理し繊維状に加工したもの。不燃材で燃えても有毒ガスを出さない。防虫性に優れる。湿気に弱いので室内側に防湿層が必要。	△	△	◎
繊維系	木質繊維系	セルローズファイバー	天然の木質繊維を利用したもの。断熱性、防音性に優れる。また、木質のため吸放湿作用、調湿作用がある。古新聞などが使われているため環境にもやさしい。	◎	◎	△
天然素材系		羊毛	羊毛に防虫加工を施したもの。耐熱性・断熱性・調湿性に優れる。コストは高め。	○	○	△
発泡プラスチック系		押し出し発泡ポリスチレン	ポリスチレン樹脂と難燃材、発泡剤を板状に成形したもの。断熱性、耐候性に優れ、吸水・吸湿性熱伝導性が小さいため、外張り断熱によく使用される。	◎	○	○
発泡プラスチック系		ビーズ法ポリスチレン	ポリスチレン樹脂と発泡剤でつくられた、いわゆる発泡スチロール。耐水性があり、軽くて緩衝性の高い断熱材。「EPS」とも呼ばれる。	○	○	○
発泡プラスチック系		ウレタンフォーム	ポリウレタン樹脂の小さな気泡で形成されたもの。優れた断熱性をもち、外張り断熱材ではもっともポピュラー。難燃材が含まれているが燃える性質がある。燃焼時に有毒なシアンガスが発生する。	◎	○	○
発泡プラスチック系		高発泡ポリエチレン	ポリエチレン樹脂に発泡剤を混ぜたもの。細かい気泡で耐吸水性が高い。他の石油系断熱材より柔軟性に優れ、壁や柱などに充填しやすい。	◎	○	△

断熱材は性能とコストを考えて選ぶ

断熱材には多くの種類があり、大きく「繊維系」「天然素材系」「発泡プラスチック系」に分類されます。

日本でもっとも多く使われているのは、比較的安価で施工のしやすい繊維系のグラスウールです。

近年、性能の高さからセルローズファイバーや硬質ウレタンフォームなども人気がでてきています。しかし断熱性能が高いと、同時に価格も高くなりますので、建設費用とランニングコストの「費用対効果」を考えて選びましょう。

専門家からひとこと!

断熱はオプションの中でも最重要項目

家の断熱性能を高めるためには、断熱材に高性能なものを使うと同時に、サッシや玄関ドアなど外部に面する建具も、それに見合った性能のものを選ぶ必要があります。費用面とのバランスを考えながら選定していきましょう。断熱性能は住み心地にもっとも影響を与える要素であり、新築時のオプションの中では、最優先にしたい費用です。

充填断熱と外張り断熱

断熱材の工法には、充填断熱工法と外張り断熱工法があります。それぞれメリット・デメリットがあります。

充填断熱

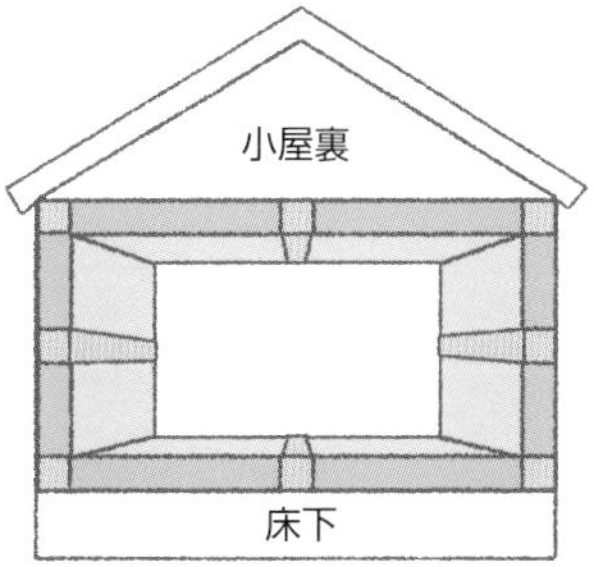

柱と柱の間に断熱材を充填する工法。外張りよりも断熱材を厚く入れることができ、コストもかからない。

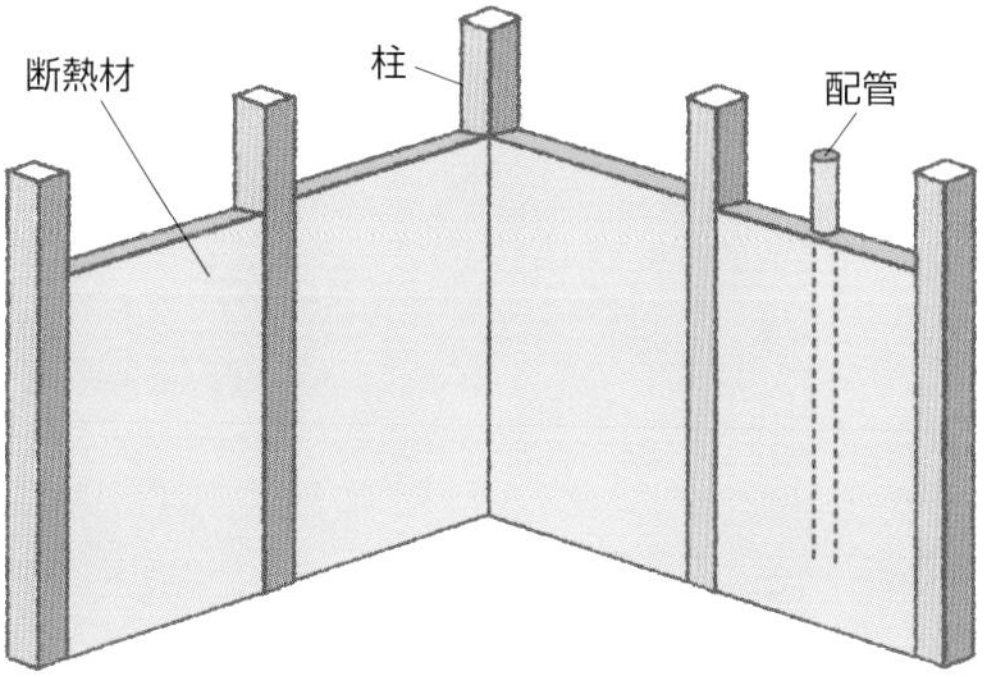

外張り断熱

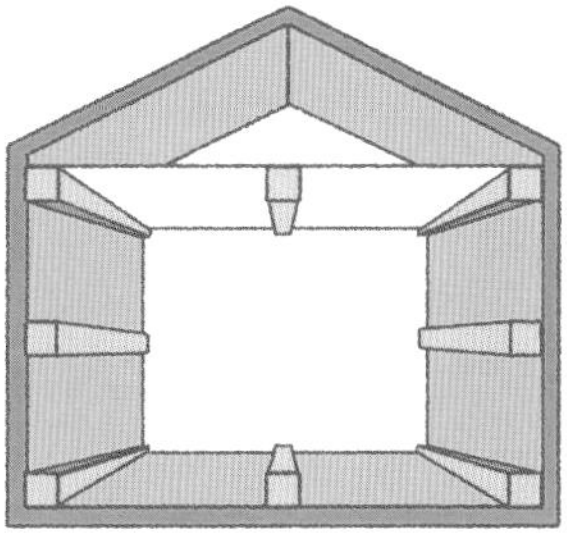

柱や梁など構造躯体の外側に断熱材を張り巡らす工法。そのため外気温の影響を受けにくいので、省エネ効果が期待できる。

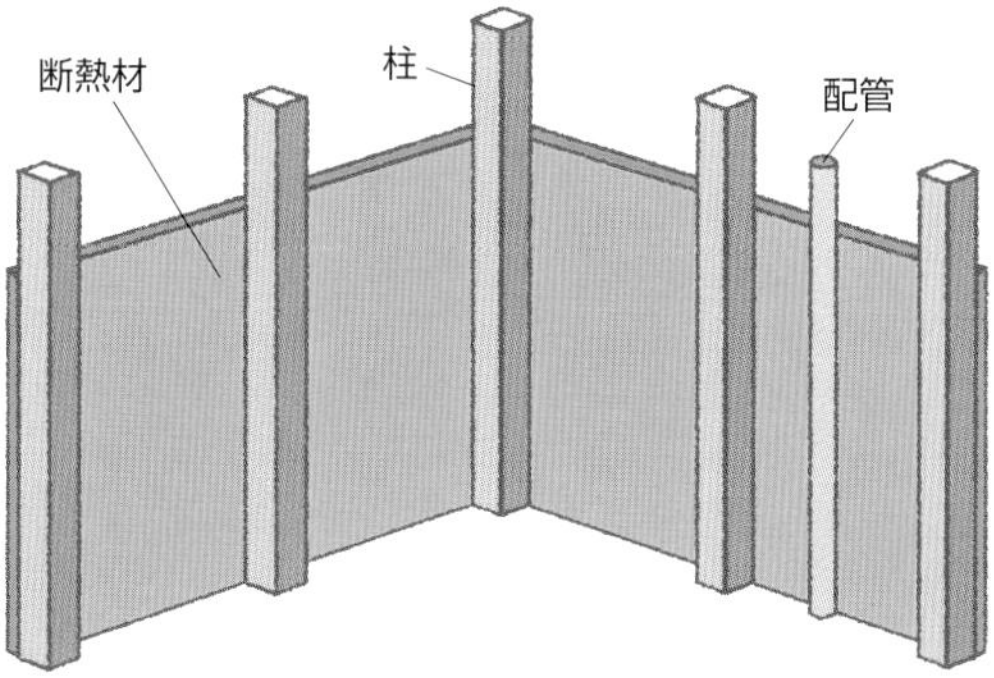

内装材

色・柄・質感・性能…豊富なバリエーションがある

性能や色味を考えて選びたい

内装材とは屋内空間を構成する建築材料の一般的な呼び名です。ここでは主に壁材について説明します。

もっとも多く採用されている内装材は壁紙（クロス）で、ビニル製、紙製などがあります。それ以外にも、仕上げ材として塗り壁や板張り、タイル張り、石張りなどがあります。

内装材は全体的にベーシックな色でまとめ、色のアクセントは小物やファブリックなど、変更しやすいものでつけるほうが無難です。

また、壁は室内の一番大きな面積を占めるだけに、インテリアのイメージを左右してしまいますので、慎重に選びたいところです。

■内装材選びのコツ

●デザイン・テイストで選ぶ

デザイン・色が豊富なのは壁紙（クロス）。石目調や花柄、織物調など多様。その他、左官仕上げの塗り壁、ナチュラルテイストの木質系など、部屋や家の雰囲気を考えて選ぶ。

●メンテナンスのしやすさで選ぶ

水まわりには汚れの落としやすいウレタンコートのビニルクロス、子ども部屋には耐水性・防汚性の高いビニルクロスというように、日頃の手入れや改修の際のことを考えて選ぶ人もいる。

●機能で選ぶ

壁材によって、耐久性・耐火性・耐水性・調湿性・抗菌性などの性質が異なる。シックハウス問題に対しては、ホルムアルデヒドの放散量に応じ等級表示がされているが、近年は住宅に使われるほとんどの商品で一番厳しい「☆☆☆☆」マークが使用されていて、建築材料によるシックハウス問題はかなり解消されつつある。また、調湿力・吸臭力・VOC吸着力に優れた内装タイル建材も出ている。

※VOCはシックハウス症候群の原因とされるホルムアルデヒドなどの揮発性有機化合物のこと。

専門家からひとこと!

メンテナンスのしやすさも大切です

何種類もの内装材を組み合わせて使うとメンテナンス方法が違うために手入れが面倒になります。ある程度は絞って採用しましょう。

■内装材の主な種類と特徴

種類		特徴
壁紙（クロス）	紙製	表面にエンボス加工やプリント加工、汚れ防止の樹脂加工を施したもの。和紙タイプや、襖紙を和風の壁紙として使うこともある。日常の手入れは、はたきや掃除機で表面のほこりを吸い取る。
	ビニル製	壁紙の中でもっとも普及している。ポリ塩化ビニルに可塑材（加工しやすくするための添加物）などを混ぜてシート状にし、エンボス加工やプリントを施したもの。色・デザインの種類が多く、安価で施工性にも優れるが、湿気を吸収しないので結露しやすい。表面についた水分はこまめに拭き取る。
タイル		耐久性や耐火性、耐水性に優れる。磁器質、せっ器質、陶器質がありサイズや色・柄が豊富。近年は調湿性・吸臭性の高い商品があり、水まわりだけでなくリビングなどでも使われる。メンテナンスは、表面や目地の汚れは水拭きや住まいの洗剤で落とす。研磨剤や塩素系の洗剤は傷や色落ちの原因となる。
塗り壁	土壁	耐火性・耐熱性に優れる。和風建築の伝統的なもので、左官仕上げの壁。「京壁」とも言われる。上塗りの土によってきめの細かい聚楽壁（じゅらくかべ）、平滑な大津壁などがある。自然素材として近年人気の珪藻土も土壁のひとつ。日常の手入れは、はたきや掃除機で表面のほこりを吸い取る。
塗装（ペイント）		下地材や壁紙の上に塗料を薄く塗り、表面を保護し美しく仕上げる。合成樹脂エマルション系（EP）、塩化ビニル系（VP）、油性ペイント（OP）などがよく使われる。上から重ね塗りするだけで簡単に補修できる。
木質系	化粧合板	天然の木を薄く板状にスライスし、合板に貼ったもの。日常の手入れは、乾いたぞうきんで拭く。
	合成樹脂合板	合板の表面に樹脂加工した印刷紙や塩化ビニルシートを張った化粧合板。色や種類が豊富で、洋風と和風のものもある。

アクセントクロスという使い方

壁紙にカラフルなものや大きな柄、大胆な色などを使ってみたいなら、簡単に模様替えを楽しむことができるトイレ・洗面などの小部屋がおすすめ。また、最近では居室の一面だけ濃い色のクロスを使い、他の部分を白っぽいクロスで統一するケースも。アクセントをつけることで、空間がグッと引き締まった印象になる。

床材

日本の生活様式では、床材の性能面や品質は重要な要素

性能・メンテナンス性に、色を考えて

床を素足で歩いたり、座ったり、寝転んだりすることの多い日本の生活様式では、床材の選択は大切。素材感で選ぶなら無垢材やコルク、畳、カーペットですが、近年は種類が豊富で耐水性や耐久性などに優れた「複合フローリング」が主流となっています。

床材に求める性能としては耐久性、耐水性、快適性（さわり心地、滑りにくさ）、遮音性、メンテナンス性、デザイン性といったところでしょう。水まわりには水や油汚れに強い材質、子どもや高齢者には滑りにくい材質を選ぶ配慮も必要です。

また、色によって受ける印象を考えて選びましょう。

■床材の色選び

ホワイト〜ライト系

- ○ 部屋全体が明るく、清潔感がある
- ○ 部屋が広く見える
- ○ ほこりが目立たない
- × キズが目立つ
- × 髪の毛などのゴミが目立つ

ナチュラル系

- ○ 自然な明るさ
- ○ ほこりが目立たない
- ○ モダン、シックなどオールマイティにイメージづけられる
- × 合板だと、場合によっては安っぽく見える

ダーク系

- ○ 落ち着き、高級感がある
- ○ キズが目立たない
- × ほこりが目立つ
- × 暗いイメージになることもある

■床材の主な種類と特徴

種類		特徴
フローリング	複合フローリング	多くは、無垢の木を1mmよりも薄くスライスし、表面材（耐水合板など）に張り合わせたもの。耐水性・耐候性があり、無垢フローリングに比べて膨張や収縮、ねじれや反りなどが生じにくい。色・価格帯も豊富。
	無垢フローリング	自然素材ならではの風合いや肌ざわりが楽しめる。自然の木と同様に調湿効果がある反面、湿度変化による膨張・収縮で反り・曲り・割れなどが生じることがある。
畳		ワラの畳床（たたみどこ）をい草（表材）と麻など（裏打ち材）で覆って縁（へり）で押さえたもの。保温性・断熱性・調湿性・クッション性に優れる。近年、和紙などさまざまな素材を使ったものがある。
クッションフロア		ビニル系素材の表面にプリント加工したもの。色・デザインが豊富。素材の性質から耐水性に富み、水が染み込みにくいためトイレや洗面、キッチンなどの床材として広く普及している。近年は防菌、防カビ、防汚加工などを施した商品も出ている。
タイル・石		石は、大理石や御影石のような天然石と人造石がある。高級感があり耐久性に富む。 タイルは磁器質・せっ器質・陶器質があり、釉薬をかけたものを施釉（せゆう）タイル、かけていないものを無施釉タイルと呼ぶ。いずれも水や汚れに強い。色・デザインも豊富。
カーペット		材質は、保温性・防火性に優れ静電気が起きにくいウールと、防カビや防虫性に優れ丈夫な合成繊維（レーヨン・ナイロン・アクリルなど）が主流。織り込んだパイルをカットしたタイプ、ループ状タイプ、平織りやフェルト状のフラットタイプがあり、価格帯もさまざま。
その他	コルク	コルク樫からつくられたもの。形状ではタイル状やフローリング状、塗装別では無塗装タイプ、ワックス仕上げ、ウレタン塗装仕上げなどがある。クッション性・遮音性・保温性に優れるが、重い家具による凹みや直射日光による退色などが生じる。

専門家からひとこと!

予算的にメリハリを利かせてチョイスしましょう

すべての床をグレードの高いものにするのは資金的にたいへんです。そんなときは玄関ホールやリビングなど、来客の目に触れるところに特化してこだわるのも一考です。

経験者の失敗

憧れの無垢の床!　でもメンテナンスが…

予算を追加してまで、床を無垢材にこだわったわが家。結果は、ぬくもりの感じられる見た目と足ざわりのよさにたいへん満足しています。でもその反面、無垢材は冬に痩せてしまい目地部分が若干広がってしまうんです。そのため掃除がちょっと面倒になってしまいました。また、素材が軟らかいためキズがすごく目立ち、気になっています。

建具

建具は実用性とインテリア性を考えて選ぼう

各部屋に合わせてドアを選ぶ

建具とは、開口部に設けられた開閉機能をもつ仕切りのことです。広義では玄関ドアやサッシ、室内ドア、障子や襖《ふすま》なども含まれますが、一般には室内ドアやクローゼットドアなどをさし、それ以外はサッシ、玄関ドア、障子、襖、とそのまま呼ぶことが多いようです。ここでは、室内ドアについて説明していきます。

室内ドアは出入り口としてはもちろん、通風・遮音・採光・温度調節の役割があります。さまざまな色やデザイン・機能があるので、選ぶときは部屋の用途などに合わせましょう。

たとえばリビングは、ガラスが組み込まれたデザイン性の高いタイプのものにすれば明るさや開放感が得られます。両開きタイプのものにすれば格調高くなります。また、子ども部屋には明かりがもれるタイプのものを選び、気配がわかるようにされる人が多いようです。

また、洗面・脱衣室やトイレには、身体は見えなくて、明かりだけが取り入れられるように、ドアの上部に明かり窓つきのものを選びます。

室内ドアは、機能だけでなく間取りやインテリアコーディネイトにも大きな影響を与えます。カタログやサンプルを見るだけでなく、できればショールームなどで色や素材感・使い勝手も確かめておきたいものです。

専門家からひとこと!

防音ドアだけでは防音できません

防音ドアを採用する時は、同時に部屋と部屋の間の壁（間仕切り）にも防音効果の高い施工を行いましょう。ドアばかりが防音効果が高くても、壁になんの対策もしていなければ防音の効果は半減します。

経験者の失敗

もっと採光を考えるべきと反省

建具全体を、ダークブラウンに統一したわが家。落ち着きがあるとも言えますが、廊下が暗い印象に…。

ただでさえ暗くなりがちな廊下側のドアは、せめてガラス入りのものを選ぶべきでした。

経験者の成功

一点豪華主義で正解!

我が家のリビングは玄関ホールの正面に位置することもあって、このドアだけ特別に全面ガラスの両開き親子ドアにグレードアップしました。それだけで家全体が豪華に見えて満足しています。

室内ドアのいろいろ

開閉による違い

片開き戸	両開き親子戸	折れ戸（可動式間仕切り）
		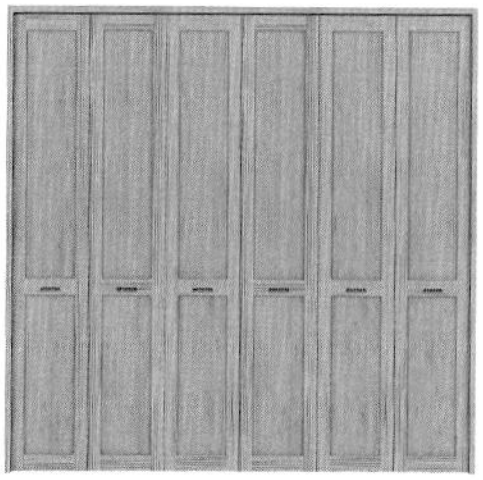
片引き戸	**引き違い戸**	**引き分け戸**
		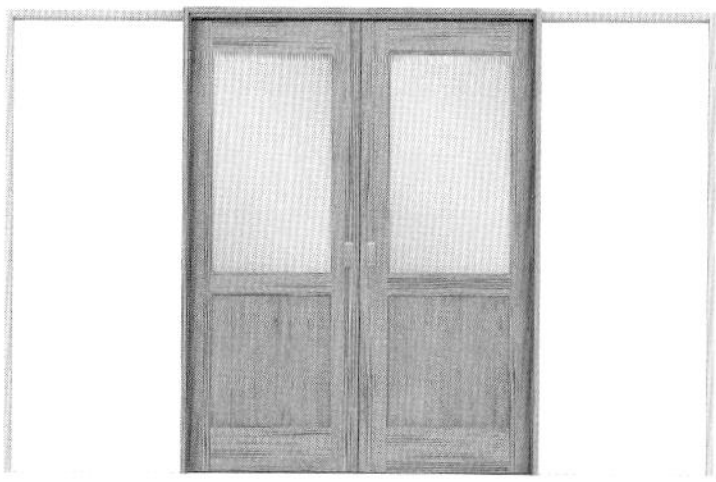

提供・株式会社ウッドワン

色が違うとイメージも変わる

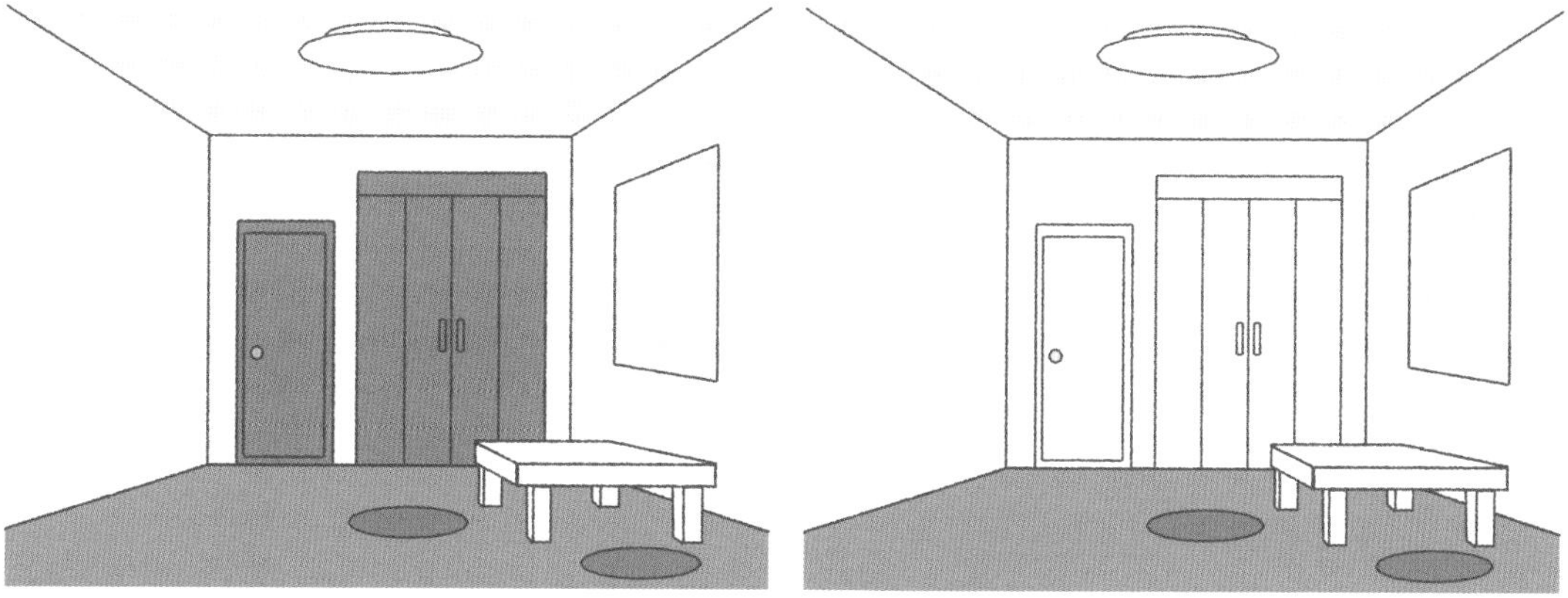

室内ドアの色は、床や壁紙・インテリアとの調和、加えて巾木や廻り縁の色も考慮して選ぶ。一般に床とドアを同じ色か、ドアを薄めの色にすることが多いが、白にすることで明るく清潔感のある印象になることもある。

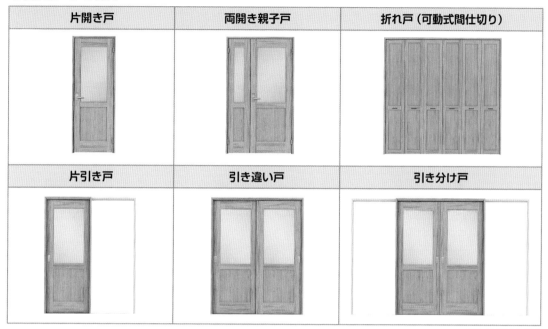

照明器具

光源と器具をじょうずに組み合わせて適材適所に

部屋の用途やイメージに合わせて選ぶ

照明は、部屋を明るくして安全性の確保や作業効率などを上げる他、雰囲気なども演出する役割があります。

ですから、部屋の用途や雰囲気にふさわしい明るさや色を考えたいもの。調理や勉強をするときは、はっきりとした明るさ、寝室でくつろぐときには少し暗め、といった具合です。

なお、照明の選択は施工に影響を与えることがあります。壁や天井埋め込みタイプの場合、現場が進んでしまった後に追加・位置変更などをするのはNG。電気配線工事をやり直すことになり、費用が増えたり希望するデザインの器具が取り付けできなかったり、ということもあるからです。

■部屋ごとの照明選びのポイント

玄関	●温かい雰囲気を演出できる電球色の蛍光灯やLED照明が適する。 ●来客と迎える側お互いの顔がはっきり見えるよう、顔を合わせる場所の上部に取り付ける。	**廊下・階段**	●足元を照らすフットライトを使えば、夜中にトイレに立つときなども安心。 ●階段では、照度を上げて踏面に影ができないようにする。
ダイニング	●ペンダントの取り付け位置はテーブル中央の上部が基本。	**リビング**	●全体を照らすシーリングライトに、ダウンライトやブラケットなどを組み合わせると、くつろぎ方に合わせて雰囲気や照度を調節できる。
キッチン	●主照明で全体を明るくし、手元は明るく昼白色の照明で照らすのが最適。 ●オープンキッチンの場合はリビング・ダイニング側に昼白色が漏れて雰囲気を壊さないようにする。	**主寝室**	●照度は低めでよく、電球色の蛍光灯がよい。 ●主照明のシーリングライトの他、間接光を使用するとよい。ダウンライトを取り付ける場合は、光が直接目に入らない位置に。
子ども部屋	●主照明は明るいもので、天井直付けのシーリングライトが適する。 ●雰囲気を出すよりは、蛍光灯の昼白色などで明るく見やすくすることを心がける。	**洗面・脱衣室**	●防湿型の照明を利用する。 ●全体を明るく照らす昼白色の主照明と、顔を照らすミラーライトの組み合わせがベスト。
浴室	●防湿型、防雨型の器具を選ぶ。 ●床が滑りやすいため、足元まで明るく照らすようなものがよい。	**トイレ**	●防湿型や、サビに強いものを選ぶ。 ●出入りが多く点灯回数も多いため、すぐに点灯し省エネ性に優れるLED照明がおすすめ。

■主な照明器具の種類

シーリングライト

天井に直接取り付け、主照明として部屋全体を照らす。もっとも一般的で、丸型や角型、薄型、シーリングファンつき、リモコンつきなど種類が豊富。

ダウンライト

天井埋め込み型の小型照明。配置によってインテリアなどを効果的に浮かび上がらせる補助照明にもなる。施工後の変更が難しい。

シャンデリア

装飾性が高く華やか。リビングの主照明や吹き抜けの照明として用いられる。デザインによっては大きく高さもあるので天井高などを確認したい。

ペンダント

吊り下げ型の照明で、器具の周辺・真下を照らす。ダイニングテーブルの上部に用いられることが多い。

足元灯

廊下や階段の足元を照らす照明。センサーつきで自動点灯するものが多い。

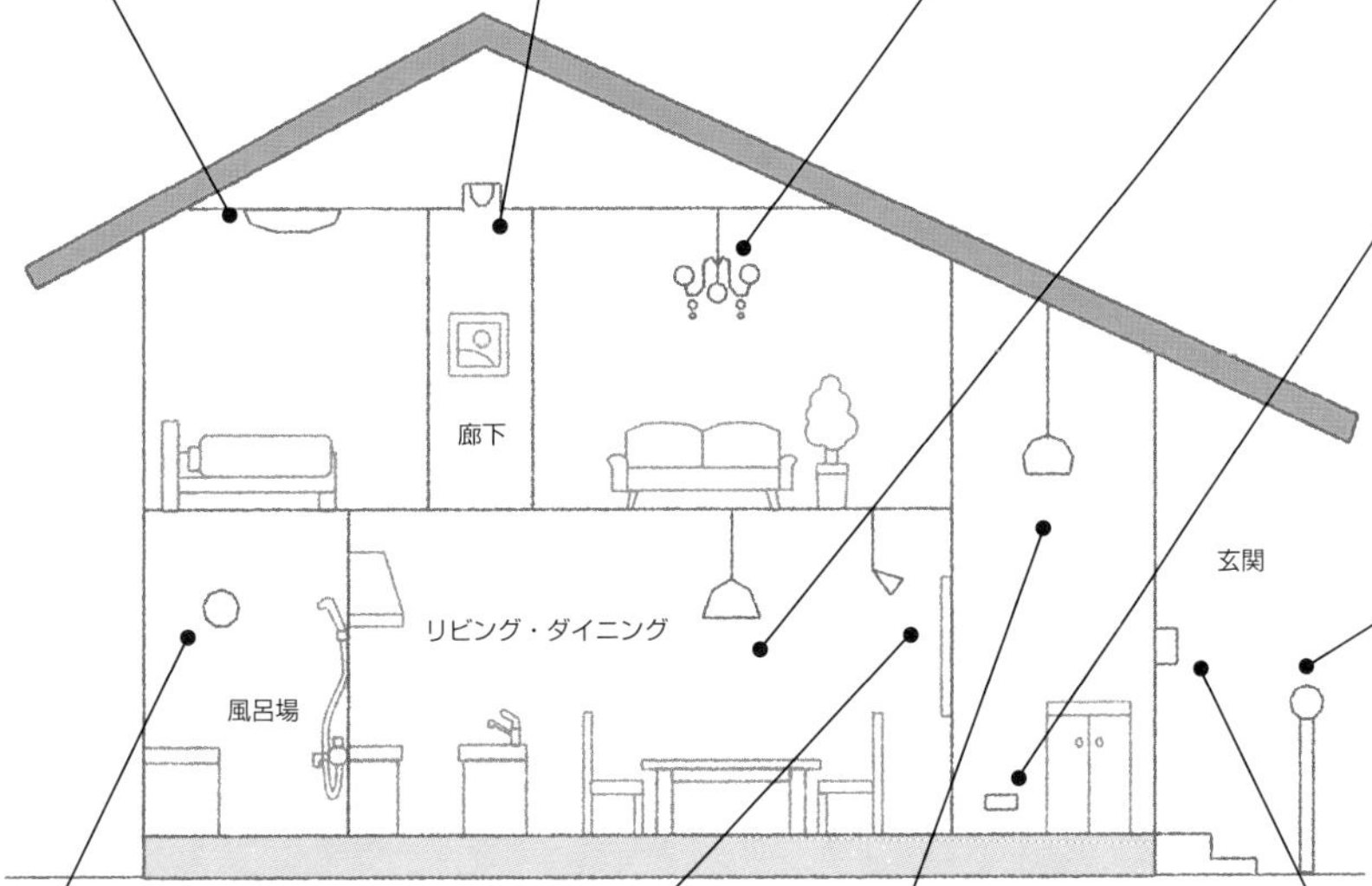

門灯

足元・表札を照らす照明。

ブラケット

壁や柱に取り付ける補助照明。アクセントとして用いる。デザインが豊富で、さまざまな配光を楽しむことができる。

スポットライト

部分的に直接光を当てて照らし出す。壁や天井に予め取り付けるもの、引掛シーリング・ダクトレール（ライティングレール）で取り付けるものなどがある。

吹き抜け灯

全体を照らし広がり感を演出する。メンテナンスには、手入れのしやすい高さにしたり電動昇降装置を使ったりするとよい。

ポーチ灯

来客の顔を照らす、玄関先にムードをもたせる、鍵の開閉のため、防犯などの役目がある。センサーつきのものもある。

専門家からひとこと!

LEDと白熱電球は使い分けが大切

LEDは高額というイメージがあるかもしれませんが、近年は価格も下がり購入しやすくなっています。白熱電球に比べ、消費電力が少ない、耐久年数が長いという特徴があります。とはいえ、点灯時間が短い洗面所などでは白熱電球という選択肢もあるので、ケースバイケースで考えるとよいと思います。

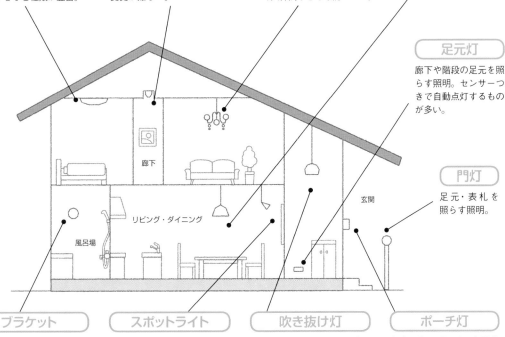

床暖房

床暖房は電気式か温水式の２種類。空気を汚さず、健康にもいい！

大きく電気式、温水式の２種類がある

足元から部屋全体を均一に暖める床暖房。エアコンやファンヒーターのように暖気が上昇して足元が寒いといったことがない、空気が汚れたり乾燥したりする心配が少ないなど、身体に優しい暖房設備です。

床暖房には大きく電気式と温水式があります。スイッチのＯＮ・ＯＦＦが頻繁に行われる場所では温水式よりも電気式がおすすめです。温水式のように水を温める必要がなく、無駄なエネルギーの消費がありません。反対にスイッチのＯＮ・ＯＦＦが少なく、広い面積では温水式がおすすめです。どちらを採用するかは、コストなども考慮して選びましょう。

■床暖房のメリット・デメリット

○ 遠赤外線の輻射熱《ふくしゃねつ》で部屋全体が暖まる
× 初期費用がかかる
× すぐには暖まらない
○ 静かで場所をとらない
○ 耐用年数が長い
× 電気式は電気代が高め
× 後付けにすると工事がたいへん
○ 空気が乾燥しにくい
○ 空気が汚れない

■電気式と温水式の違い

	電気式	温水式
特徴	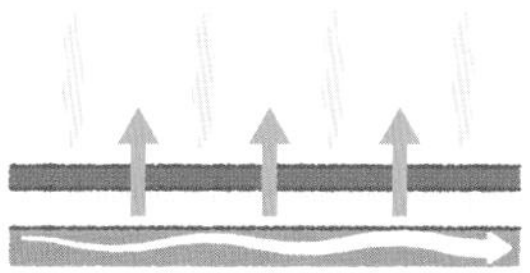 床下に設置した発熱体（パネル）に電気を通し放熱する方式。ヒーターを内蔵したパネルを使うPTCヒーター式、深夜電力を使う蓄熱式、電気カーペットのように発熱体に電熱線を入れた電熱線ヒーター式がある。	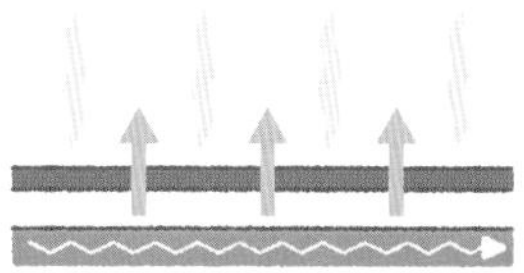 床下に設置した温水パネルに、電気やガスなどでつくった温水を循環させて放熱する方式。多くはエコキュート（電気）やエコジョーズ（ガス）などを利用する。
施工性	構造がシンプルなので施工性はよい。リフォーム時の設置も可能。	温水パネルの設置、温水パイプの配管工事、熱源の設置など手間がかかる。
メンテナンスと耐久年数	一般に日頃のメンテナンスは不要。 耐用年数：建物と同等	一般に日頃のメンテナンスは不要だが、寒冷地などでは定期的な不凍液入れ替えが必要。 耐用年数：温水パイプは30年以上。ただし熱源機は一般的なガス器具と同等の耐用年数となる。
暖まり方	立ち上がりは遅めで、適温になるまである程度時間がかかる。	電気式に比べると立ち上がりは早く、適温になるのも早い。
安全性	閉塞面が高温になることもあり、床面に長時間触れていると熱く感じたり、低温やけどをしたりすることもごく稀にある。 有害な物質は発生しない。	40℃程度の温水が循環する構造なので、部分的に熱くなることもない。 有害な物質は発生しない。
コスト　12畳	初期費用：約60万円　月あたり：約13000円	初期費用：約80万円　月あたり：約8000円

専門家からひとこと!

床暖房用の床材も豊富です

近年は、床暖房に対応した床材も増えています。床材と発熱パネルが一体になったものや、床暖房に対応した無垢のフローリングもあります。また床材と発熱パネルが分離しているものは床材に畳などを選ぶこともできます。フローリングも色や質感などが豊富で、お部屋の雰囲気に合わせて選べるようになってきました。

お客様の悩み

部屋の広さに対して、どれくらいの面積を床暖房にすればよいの?

床暖房は、居室やリビング・ダイニングはもちろん、キッチンや洗面所、廊下など暖房器具を設置しにくい場所を暖めるのにも最適です。設置する範囲は、その部屋の70%くらいが一般的で、最低でも60%以上は確保しましょう。

給湯設備

種類はいろいろだが、省エネ性能抜群の商品が目白押し！

熱源は大きく3種類ある

給湯設備とは、キッチンや浴室、洗面室などにお湯を供給するための設備の総称です。

加熱装置である給湯器には、近年、省エネタイプ（高効率）が登場し、選択肢が増えてきています。給湯器を選ぶ際には、熱源の種類や導入費、ランニングコスト、メンテナンス、省エネ性、耐用年数などを考慮しましょう。

給湯器の熱源には大きく、ガス（都市ガス・プロパンガス）、石油（灯油）、電気の3つがあります。

それぞれの特徴をつかんで選ぼう

電気温水器は深夜電力を基本とした

給湯設備の主な種類

ガス

都市ガス･LPガスを燃料に、ガスエンジンで発電する際の排熱を利用して温水をつくる。CO_2の排出量の少ないエコジョーズやエコウィルなどがある。

電気

貯蔵タンクに設置されたヒーターで水を直接温める電気温水器、ヒートポンプを使って屋外の大気の熱と少しの電気で水を温めるエコキュートなどがある。

石油

石油（灯油）によって温水をつくる。温水をつくる際の排熱を利用し、あらかじめ水を温めるエコフィールなどがある。

お客様の悩み　補助金制度があるって聞いたのですが…

省エネ性に優れた設備機器（エコキュート、エコジョーズ、エコフィール、エコウィル、エネファームなど）を導入する際は、国や地方自治体による補助金制度を利用できることがあります。対象設備や募集期間についての詳しい情報は、各自治体のHPを見たり、直接問い合わせをしたりして確認しましょう。

割安な料金制度を利用し、ランニングコストを節約します。タンク内の水は、万一の際の生活用水としても活躍します。

代表的なエコキュート（自然冷媒CO_2ヒートポンプ給湯器）は、空気の熱でお湯を沸かす電気給湯器のうち、冷媒に二酸化炭素を使用している機種のことで、オール電化住宅にはなくてはならない商品です。

一般的なガス給湯器は、浴室の自動湯張りや追い炊き機能、暖房機能つきなどの商品が普及しています。中でもエコジョーズ（潜熱回収型ガス給湯器）はガスの使用量を減らして排出するCO_2も少なくでき、家計にも環境にも優しい商品で人気を集めています。

石油給湯器は、ランニングコストの安さ（原油価格による）と、給湯能力の高さがメリットです。近年は採用される方が少なくなっていますが、高効率のエコフィール（省エネ型石油給湯器）のような商品も開発されてきています。

いずれも、それぞれの長所・利点がわが家にどのように有効かを考えて選択しましょう。

エコジョーズ、エコキュートの特徴

	エコジョーズ（24号）	エコキュート（460L）
機器	小さく、 壁掛けも可能。 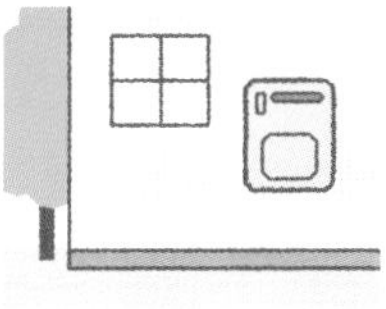	一般に、冷蔵庫とエアコン室外機程度の大きさ。 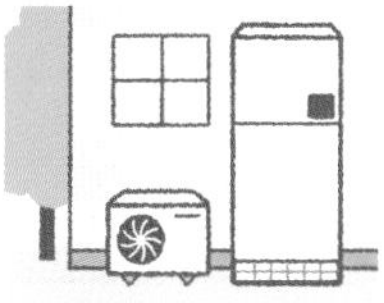
初期費用	約25万円	約76万円
年間コスト （一般的な４人家族の場合）	電気料金：約1.2万円 ガス料金：約11.3万円	電気料金：約2万円 ガス料金：　－　円
	計：約12.5万円	計：約2万円
CO_2排出量	従来型に比べ約13%減	従来型に比べ約15%減
エネルギー効率	90%	70%

※初期費用は地域差があります。また、エコジョーズはガス会社が機器を貸与している場合があります。

※東京電力エリアにて試算

専門家からひとこと！

設置の際は金利分を考えて

上表ではエコキュートの導入費（初期費用）はエコジョーズに比べて高いとありますが、住宅ローンを組む場合は、さらに金利分を考える必要があります。

35年の住宅ローンに設置費用を組み込んだ場合、支払いが完了するころには、実際には1.3～1.5倍の費用負担になります。導入は金利分も考えて決めましょう。

防犯対策

住まいの防犯性能はかなり進化している！

3つの視点で防犯対策

絶えることのない住宅への侵入犯罪。防犯対策は、家族が安全・安心に暮らすための重要なテーマです。

空き巣が目をつける家は、人目につきにくく、侵入がたやすく、発見されても逃げやすい家です。ということは、防犯対策はこれと逆のことをすればいいのです。また、警視庁のホームページによると、空き巣は侵入に10分以上かかるようだと侵入をあきらめる傾向にあるとか。

家を犯罪から守るために防犯性能を高めましょう。

■防犯性能を高める3つの視点

① 見える対策で防犯

最低限のプライバシーを確保しつつも、周囲から見通しがよく、死角が少ないことが大切。塀や植栽は低くするか、見通しのよいものを選びます。

高い塀などは一見侵入しにくそうですが、いったん侵入されると身を隠しやすいので、防犯上あまりよくありません。

② 侵入対策で防犯

侵入者は、短時間のうちに侵入できる家を狙うものです。二重ロックで開けにくかったり、窓が防犯ガラスだったり、補助錠を取り付けたりするだけでも、侵入者にとってハードルが高くなります。

また、たとえ簡単に乗り越えられる高さの門扉や塀でも、設置されているだけで心理的に侵入しにくい印象を与えます。

③ 知らせる対策で防犯

万が一のときの異常を知らせる機能を採用しましょう。家の周囲に砂利を敷くだけでも足音が侵入者を知らせてくれますし、音がすることで侵入をあきらめることもあります。夜は人が近づくと点灯するセンサーライトなどがあると安心でしょう。

近年は、カギの締め忘れを知らせてくれる「閉め忘れお知らせキー」や留守中に異常があった場合にガードマンが駆けつけてくれる「ホームセキュリティサービス」なども普及しています。

■防犯性能を高める家

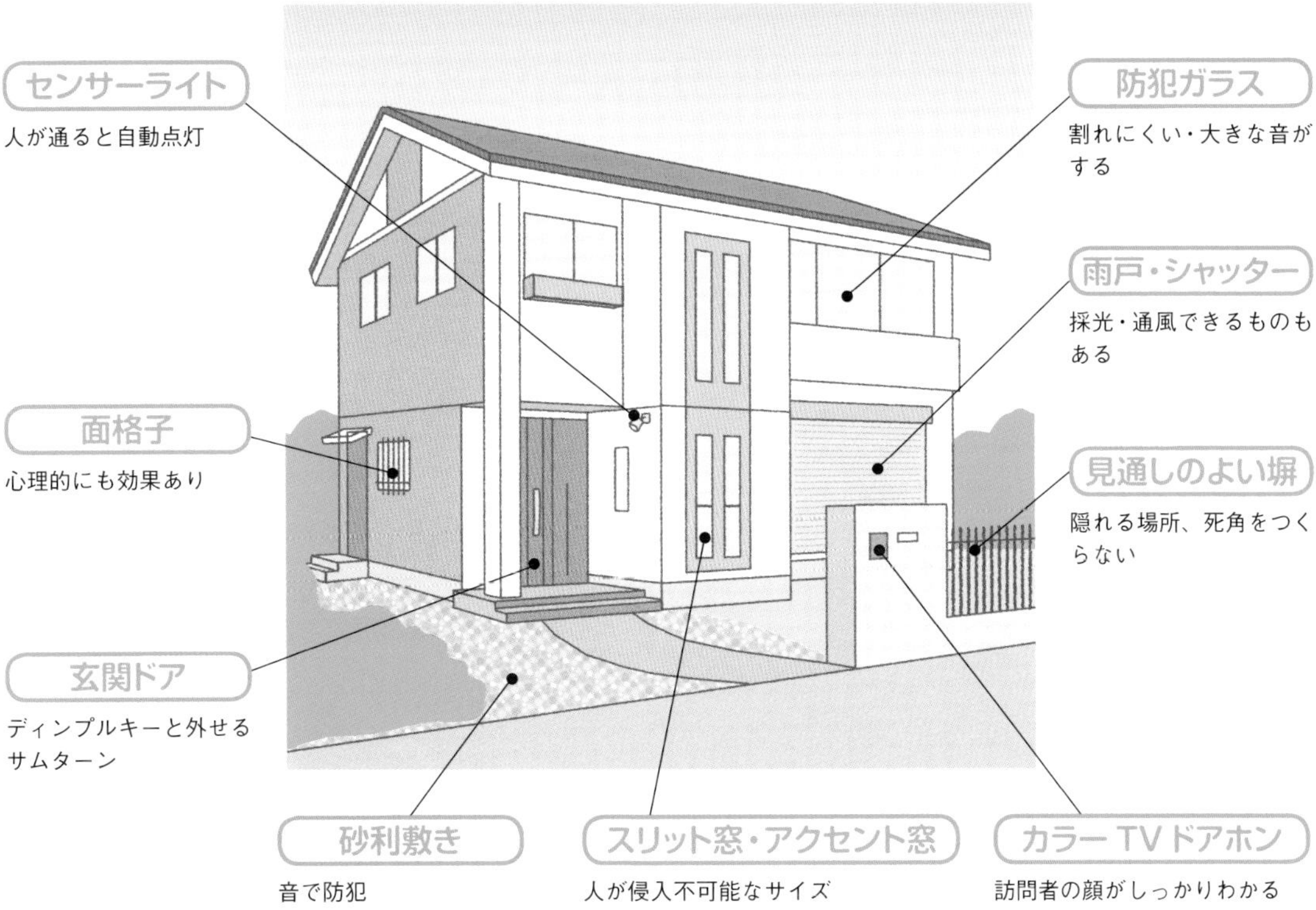

専門家からひとこと!

防犯は、近隣との交流も大切です

防犯は、機能や設備を充実させればよいというわけではなく、近隣とのかかわり方も大切です。日頃から近隣の方たちとのコミュニケーションをとり、たとえば旅行のときにはお互いに声を掛け合うような意識が、犯罪から家を守ることにつながります。

土地購入時からご近所付き合いは始まっていると考え、着工前や引越し前の挨拶は大切にしたいものです。

経験者の成功

防犯対策をして安心を買いました

新築の際、担当者さんのすすめもあって防犯対策にある程度力を入れました。まず、玄関ポーチの照明をセンサーつきにし、テレビドアホンを夜間照明つきにしました。1階の掃出し窓には、通風・採光可能なブラインドシャッターもつけました。

センサーつき照明はパッと素早く点灯するし、テレビドアホンは夜でもクリアに映り、留守中に誰が来たかが録画されるので安心です。今のところ空き巣被害にはあっていませんので、安心を買った気持ちです。

column

防火地域・準防火地域について

防火地域・準防火地域とは、都市計画法において防火のために指定された地域のことです。主要な駅周辺や密集市街地などが指定されていて、この地域内の建物は、一定の耐火建築物・準耐火建築物にしなければならないなどと定められています。

耐火建築物とは主要部分を鉄筋コンクリートなどの耐火構造とし、延焼の恐れのある開口部等には法令で定める構造の防火戸を、またその他、屋根や壁なども飛び火があっても燃え広がらないもの（防火構造）にするなど、一定の規定がある建物のことです（準耐火建築物については制限つきでの木造も認められています）。

窓は網入りガラスや防火ガラスにするか、もしくは防火シャッターや防火雨戸を付ける必要がある、玄関ドアは認定の下りた防火戸にする必要があるなど、さまざまな制約があります。

この地域に家を建てる際は通常よりも費用がかかりますので、サッシや屋根材、外壁材などを決める際には担当者や設計士とよく話し合いながら決めていく必要があります。

その土地が防火・準防火地域であるかどうかは、売買契約締結前の宅地建物取引主任者による重要事項説明で説明されます。他にも自治体のホームページなどで調べることもできます。

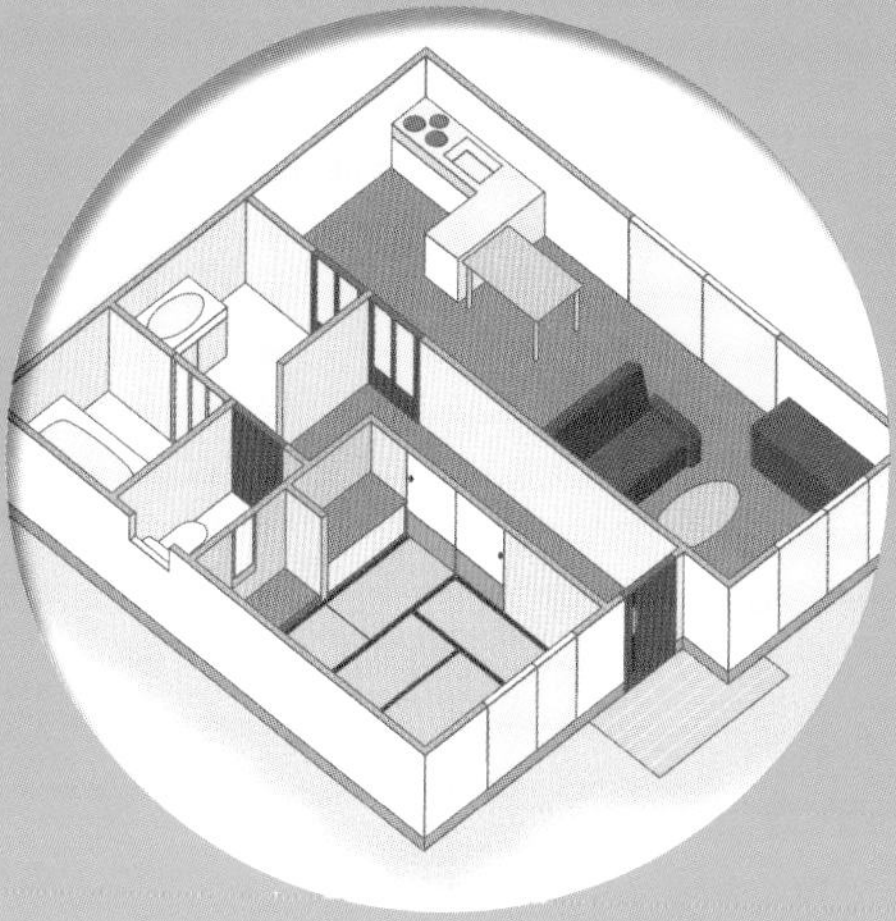

PART 9

設備設計について

空調、換気計画について考えよう

快適な室内環境のために！

温度・湿度・換気がポイント

室内の温度・湿度を適度に保ち、不純物を除いて清浄にする「空気調和」のための設備を空調設備と言います。

快適な空気環境は気温18～25℃、湿度40～65％と言われています。四季のある日本では、この数値を実現させる＝室内環境を快適にするためには温度・湿度の調節、換気などを適切に行う必要があります。

空調設備にはいろいろありますが、多く利用されているのはエアコンでしょう。近年では温度調整・除湿をするだけでなく、空気清浄や加湿をするタイプなどさまざまな機能がついたものもあります。

換気に関しては、２００３年に改正された建築基準法で、すべての新築住宅に24時間換気システムの設置が義務付けされ、重要項目となっています。

気密性で機器の選択も変わる

空調機器選びに大きく影響するのが、住宅の工法や断熱材です。

また建物の仕様や地域性、部屋の方角によっても選定機種が違ってくるので、住宅会社の担当者としっかりした打ち合わせをしながら決めていきましょう。

室内環境を調えるには

住まいは、いろいろな要素が室内環境にかかわっています。

空気中に含まれる物質
キッチン・リビングなどではニオイ・花粉・ホコリ・有害物質・結露などが気になる

室内の上下の温度差
上部は温まるが足元が冷える

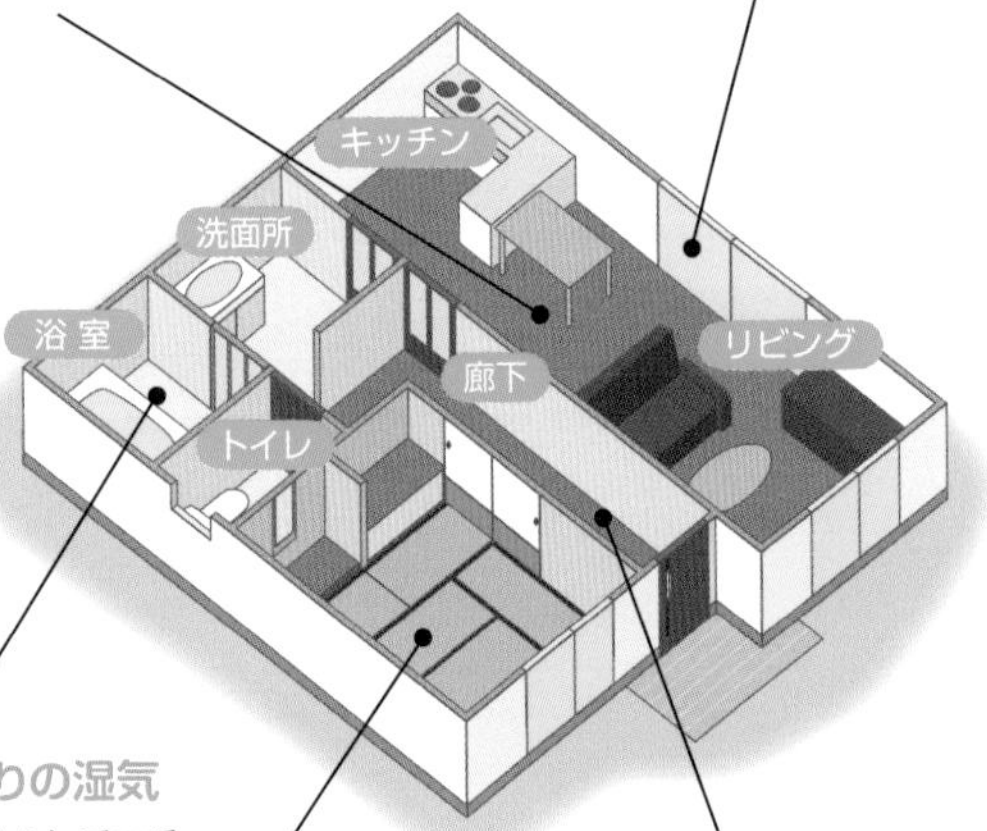

水まわりの湿気
常にジメジメしている

気密性によるすきま風
気密性の低い建物ではすきま風が入る

部屋と廊下などの温度差
部屋は暖かくても廊下・トイレ・浴室が寒い

室内の空気環境を調えるには、住まいの中の不快な部分を快適に近づけることが重要。

■住まいの主な空調設備

●エアコンの種類

一般に、住まいで採用されるエアコンには以下の２種がある。

壁掛け型	ビルトイン型
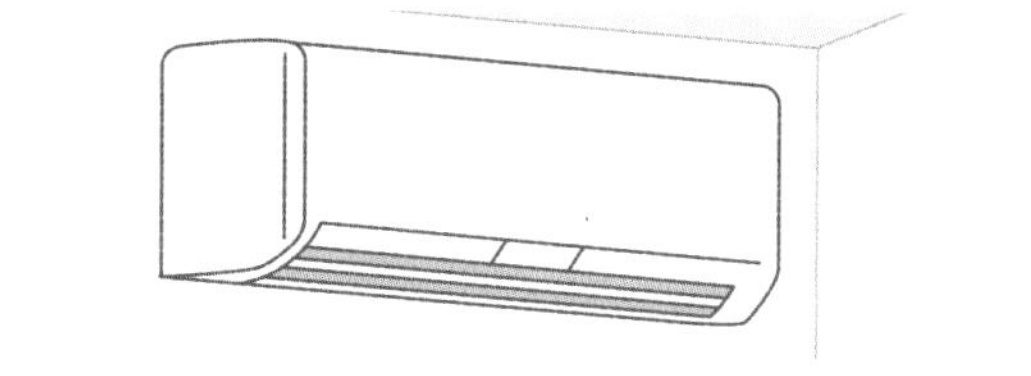	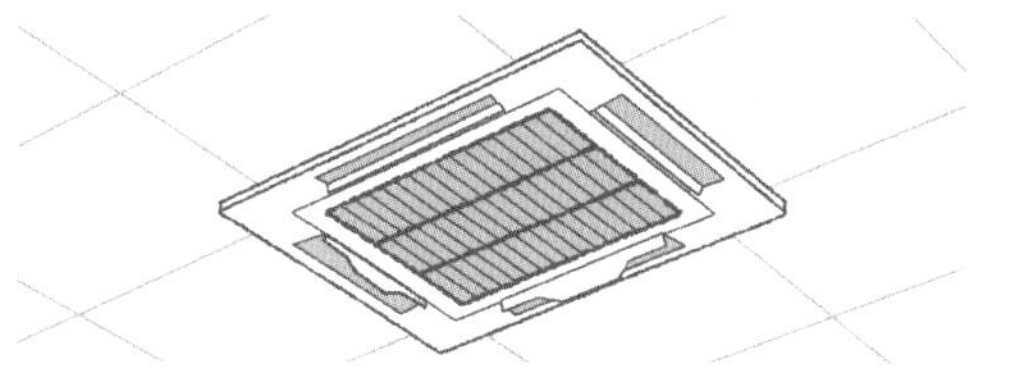
一般的なタイプ。新規導入や買い替えに便利。基本的に部屋の広さに対応したものを選択する。	壁面や天井にエアコン本体を埋め込むタイプ。設計段階の計画が必要で、リフォームに対応しにくい。

●24時間換気システム

24時間換気システムは、室内空気を機械（ファン）を使って、常に新鮮な空気を計画的に維持するためのシステム。

第１種換気

排気→換気扇
給気→換気扇

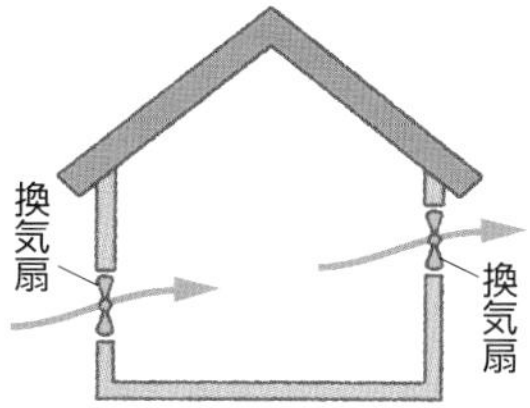

- 換気方式の中でもっとも確実な換気ができ、空気の流れを制御しやすい。
- イニシャルコスト・ランニングコストともに高くなる。

第２種換気

排気→自然排気
給気→換気扇

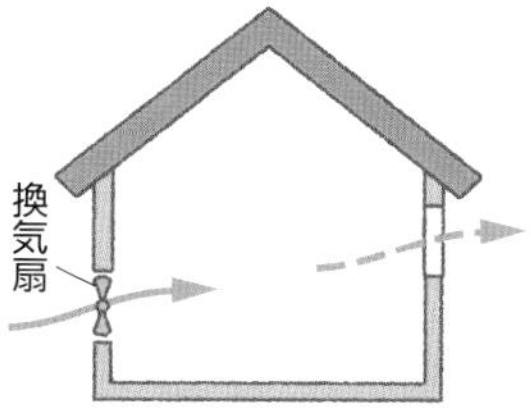

- 室内が正圧になる。給気口にフィルターを組み込み、清浄を保つことが可能。

第３種換気

排気→換気扇
給気→自然給気

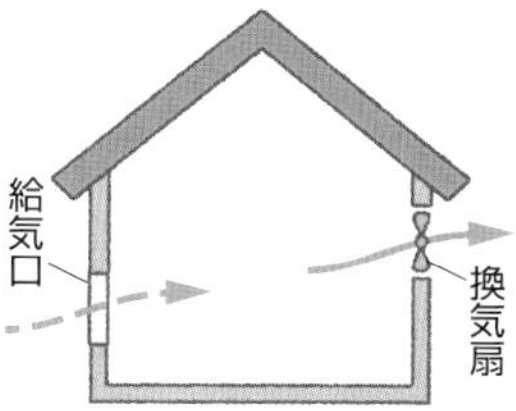

- 低コスト。ただし気密性の低い住宅では、天井や壁など給気口以外から空気が入り、換気経路が確保されなくなる場合があるので注意する。

専門家からひとこと!

蓄熱式暖房機について

蓄熱式暖房機は、深夜電力などを利用して蓄熱体にためた熱を日中徐々に送り出して部屋を暖める設備です。火をいっさい使わず、部屋の空気を汚さないので安心できます。

近年、寒い地方を中心に採用される方が増えてきました。

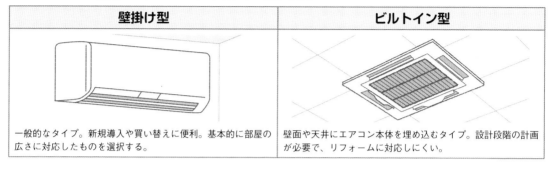

水まわり（給排水）計画について考えよう①

給排水の設備について学ぶ

給排水の図面は必ず受け取る

給排水の図面は、道路に埋設されている本管の引込み位置から建物まわりの配管や排水マス、給水メーター、バルブなど、建物内の配管経路や水栓（蛇口）の位置などを記した図面です。

住宅会社によっては施主に渡していない会社もあるようですが、この図面はメンテナンスやリフォームの際に役に立ちますので、必ずもらうようにしましょう。

ここでは、図面を見る前に給排水についての基本的なことを紹介していきます。

水道メーターについて

一般的な住宅の水道メーターは13～25㎜が多く使われています。仮に13㎜のメーターを使用するとしても、建物

■給水設備の構図

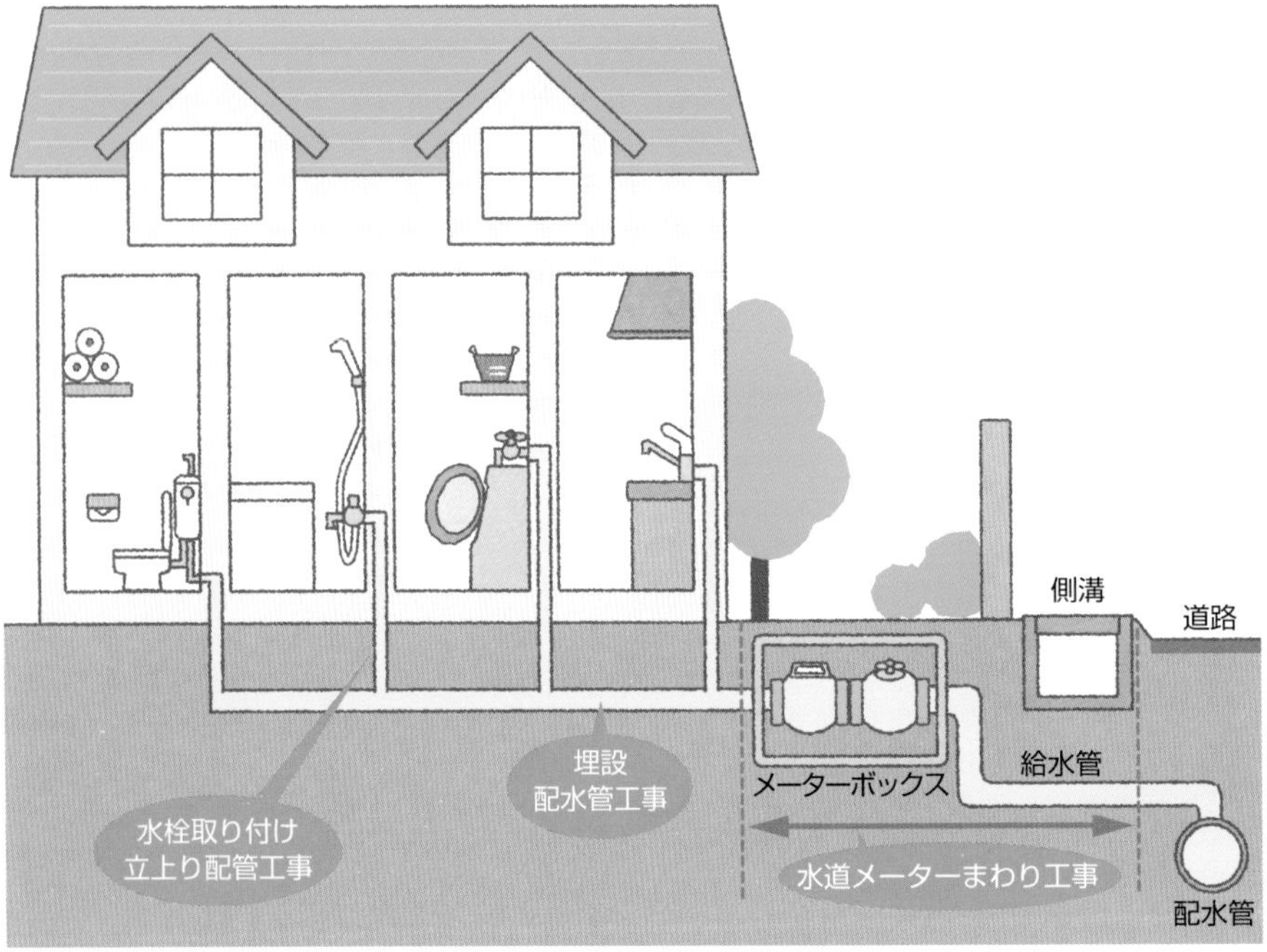

給水設備とは、市が設置した配水管から分岐して家庭まで引き込まれた給水管、給水用具のこと。配水管工事は市の負担となるが、給水装置の修理や増設など内部工事の費用は家庭の負担となる。

まわりの配管はワンサイズ上の20㎜にしておくことをおすすめします（行政の許可が下りない地域は不可です）。

そうしておくことで、将来近隣に住宅が増えたとき、水圧が下がって水の出が弱くなり口径変更が必要になった場合にも、建物まわりの配管を変える必要はなくメーターまわりの工事だけで済みます。

専門家からひとこと!

できれば施工は地元の会社で

住宅で施工される水道管の管種は、一般に「塩ビ管」や「架橋ポリエチレン管」などが多いものの、各自治体によってさまざま。しかし、住宅会社に出入りしている地元の指定工事店なら、地域指定の材料や施工方法を熟知しているので問題はないと思います。

また、水まわり部分はメンテナンスが多い部分なので、できるだけ近隣の水道工事会社に施工してもらいましょう。もし、遠方の水道工事会社が予定されているようであれば、近隣の会社をリクエストしてみましょう。

■排水設備の構図

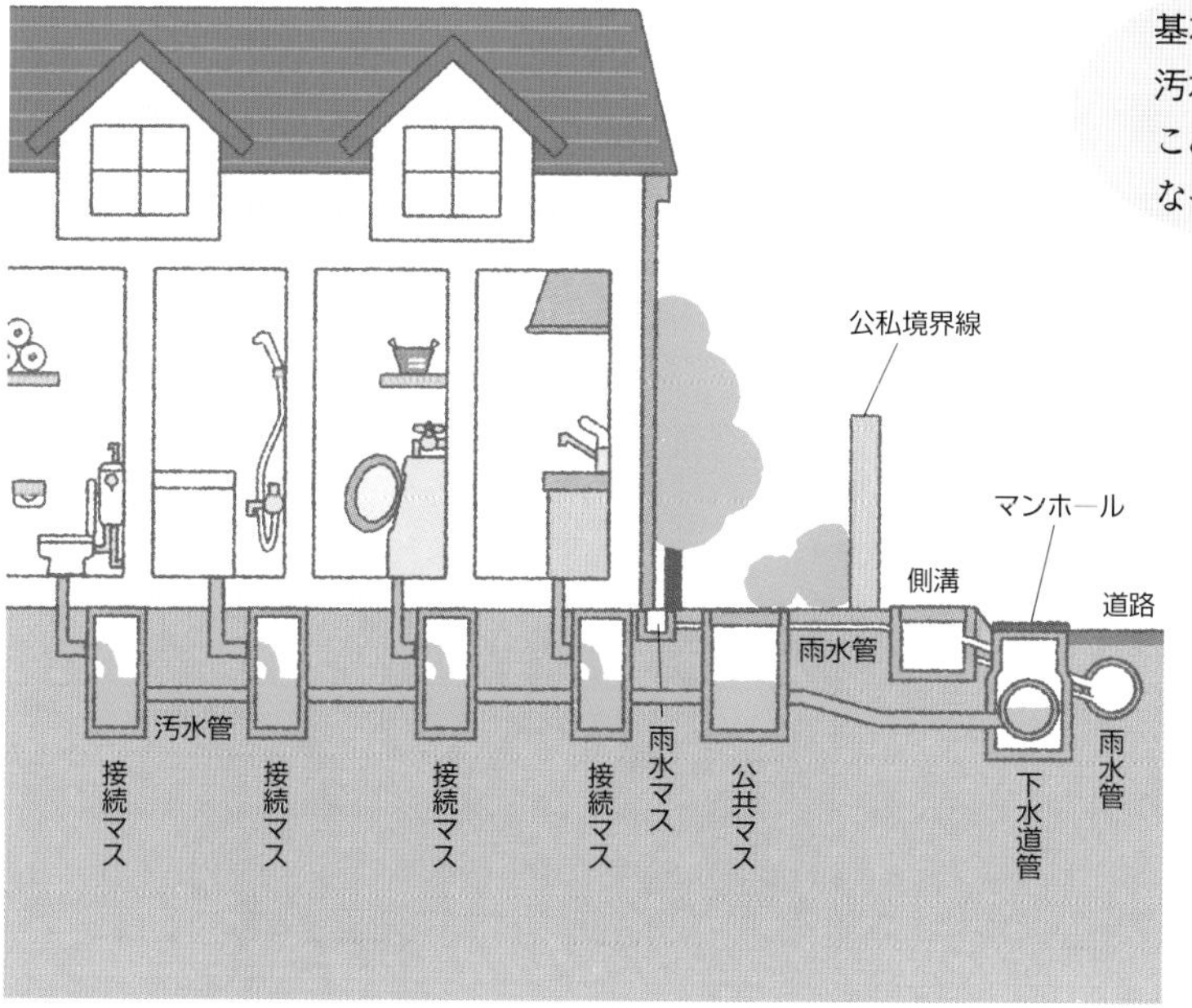

排水設備は、家庭内の汚水や雨水などを公共下水道や道路側溝に流すもの。排水は家庭の排水設備から公共下水道、処理場へと運ばれる。上図の雨水管は雨水本管に接続されているが、実際は側溝接続のエリアも多い。

●浄化槽の配置

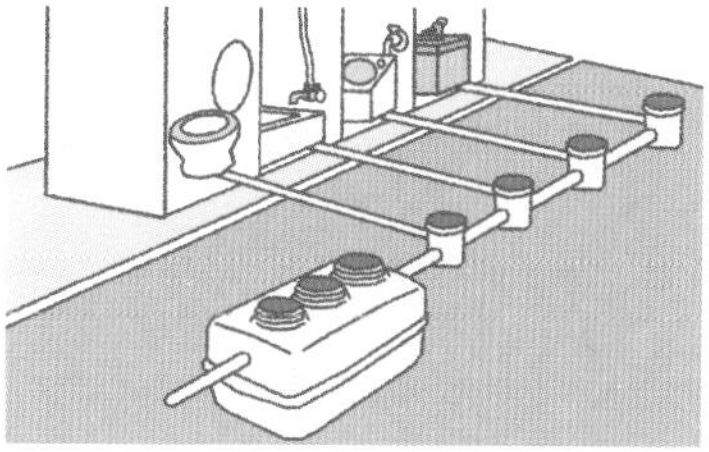

浄化槽はこれまで、し尿の処理機能のみの単独処理浄化槽が主だったが、現在は生活排水すべてを浄化する合併処理浄化槽になっている。

水まわり（給排水）計画について考えよう②

給水と排水の配管に注意する

わが家の給排水の配管を知っておこう

図面は約束事を明確にする大切な書類です。特に給排水の図面は、地域の上下水道指定工事店が着工前に行政に申請し、許可を得るためにも必要なものです。

また、後になって水漏れが発生した場合や、大きめのリフォームをする際などには配管の位置を確認するために必要なので、大切に保管しておきたいものです（ただし、工事後は市町村に保管されることになっているので、もしなくしてしまったとしても確認することはできます）。

■水まわり（給排水）計画

屋外用の水栓は、たとえば駐車場と庭が離れている場合は洗車用の水栓と水撒き用の水栓を２カ所設けることも検討したいところ。なお、埋め込みタイプの散水栓（写真右）は意外と使い勝手がよくないので、立水栓（写真左）の採用がおすすめです。

専門家からひとこと!

給排水以外の配管も知っておこう

建物まわりには、給排水管の他にも都市ガス管や雨水排水管なども埋設されるため位置取りにも注意が必要です。施工会社と話し合い、給排水の図面に他の配管も書き込んでもらうとよいでしょう。また140ページの外部設備計画も参考にしましょう。

■給排水図面の例

給水図面

敷地に面する道路から、給水管を分岐し宅内に引き込んでいる。給水メーターを取り付け、建物外周の配管から各機器へ繋いで給水している。

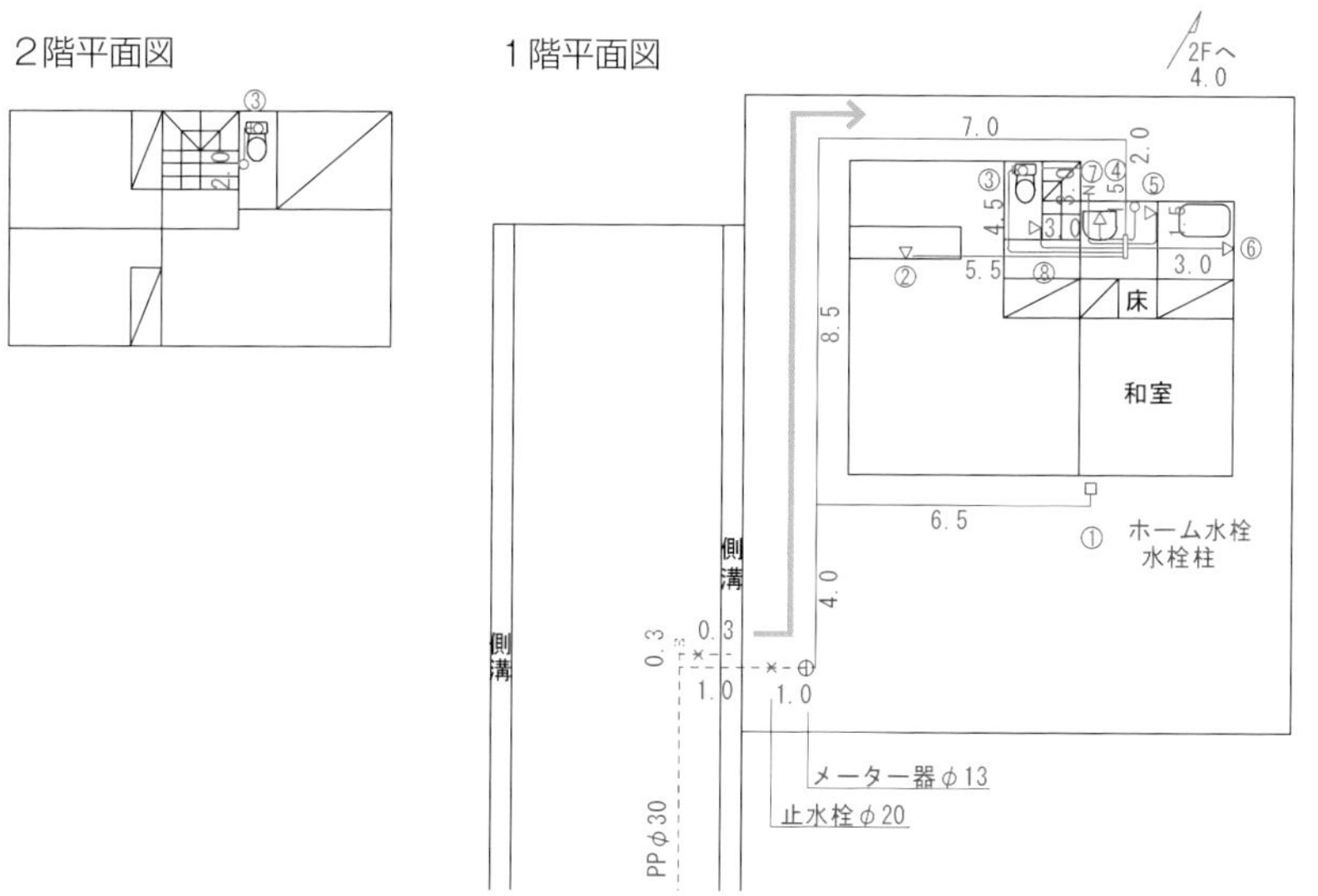

① 万能水栓・混柱
② 混合水栓・アングルバルブ
③ 自 ボールタップ・アングルバルブ
④ 自 混合立水栓ユニット アングルバルブ
⑤ 横水栓
⑥ シャワー水栓
⑦ 逆ボ弁
⑧ 手洗水栓

排水図面

各器具の排水は建物を出たところでいったん排水マスに接続し、そこから公共下水マスへ流れる。さらに、道路に埋設されている下水本管に放流される。

塩ビ管(VU)を通って公共下水マスへ流れます。そこから道路に埋設されている下水本管に放流されます。

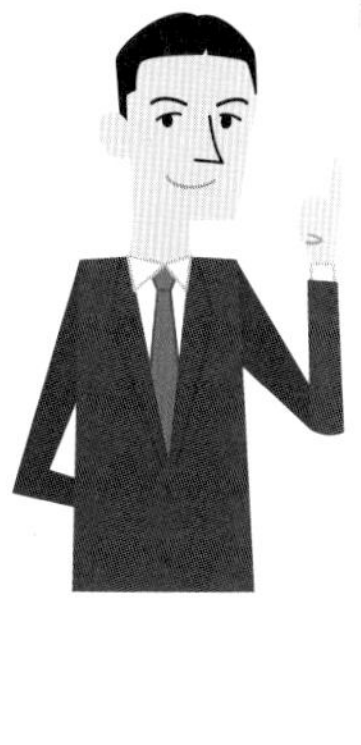

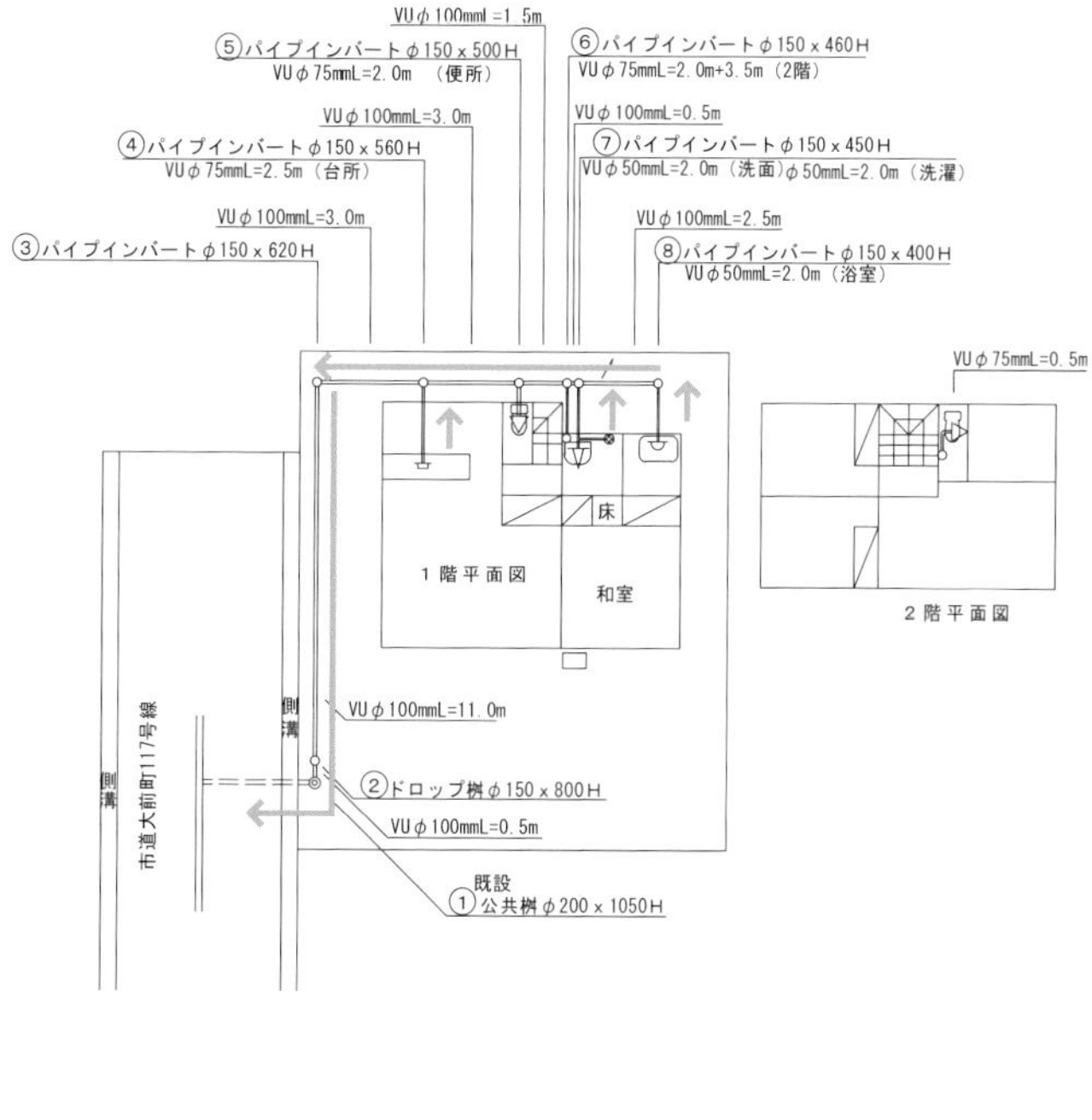

電気配線計画について考えよう①

スイッチ、コンセントの位置は重要

できれば自分の目で確認しよう

ここでは実際の電気図面を見ていきましょう。

まずは、平面的に問題ないかを考えましょう。コンセントやスイッチの一般的な高さのチェックについては243ページでも説明していますが、施工をする住宅会社にも確認してもらいましょう。また、図面に書かれている記号と写真とを照らし合わせ、実際の様子をイメージしてみてください。

上棟後、電気配線がほぼ終わったころに、現場でスイッチやコンセントの数や位置、高さを確認しましょう。この段階であれば、追加や位置の変更がまだ可能ですのでおすすめします。

■電気配線計画

●電気配線・設備の例

以下は、一般的な電気配線（電気設備）の設定。

電気設備	電源・容量	50A／16回路
	標準照明	標準照明付（居室照明有）
	スイッチ	ワイドホタルスイッチ ※階段上下階のみ3路スイッチ
	コンセント	コンセント：リビング・ダイニング4カ所／各居室2カ所　1・2階ホール　各1カ所 エアコンコンセント：各居室1カ所（ただしリビング用のみ200V） アースコンセント：洗面・トイレ各1カ所 専用回路：キッチン2カ所 冷蔵庫用コンセント：キッチン1カ所 TV端子：各居室1カ所 TEL引込口：LDK1カ所 防水コンセント：外部2カ所 ※TVアンテナは別途
火災警報器		煙感知器　各居室・2階階段ホール
換気設備		24時間換気システム（第3種局所） 給気：自然／排気：機械

※一般的に追加される電気配線工事

・テレビ周辺のコンセント

・1階廊下および2階ホールの3路スイッチ・1階廊下および2階ホールの3路スイッチ

・テレビ周辺もしくは寝室のインターネット配管および配線

【必要なアンペア数はどう決まる?】

アンペア数は、1年を通じてもっとも多く使う時期を想定し、若干の余裕をもたせて電力会社に申告して決まる。ただし、この契約アンペアによって毎月の基本料金が決まるため、余裕をもたせすぎると高額になるので注意。

＜アンペア数の計算例：冬の夕食時を想定＞

エアコン（暖房）	冷蔵庫	照明
6.6A	2.5A	2A

電子レンジ	IHジャー炊飯器	テレビ（プラズマ42型）
15A	13A	4.9A

＝44A≒50A

電気配線の図面

電気配線の図面では、電気やコンセントなどの種類や配線経路がわかる。

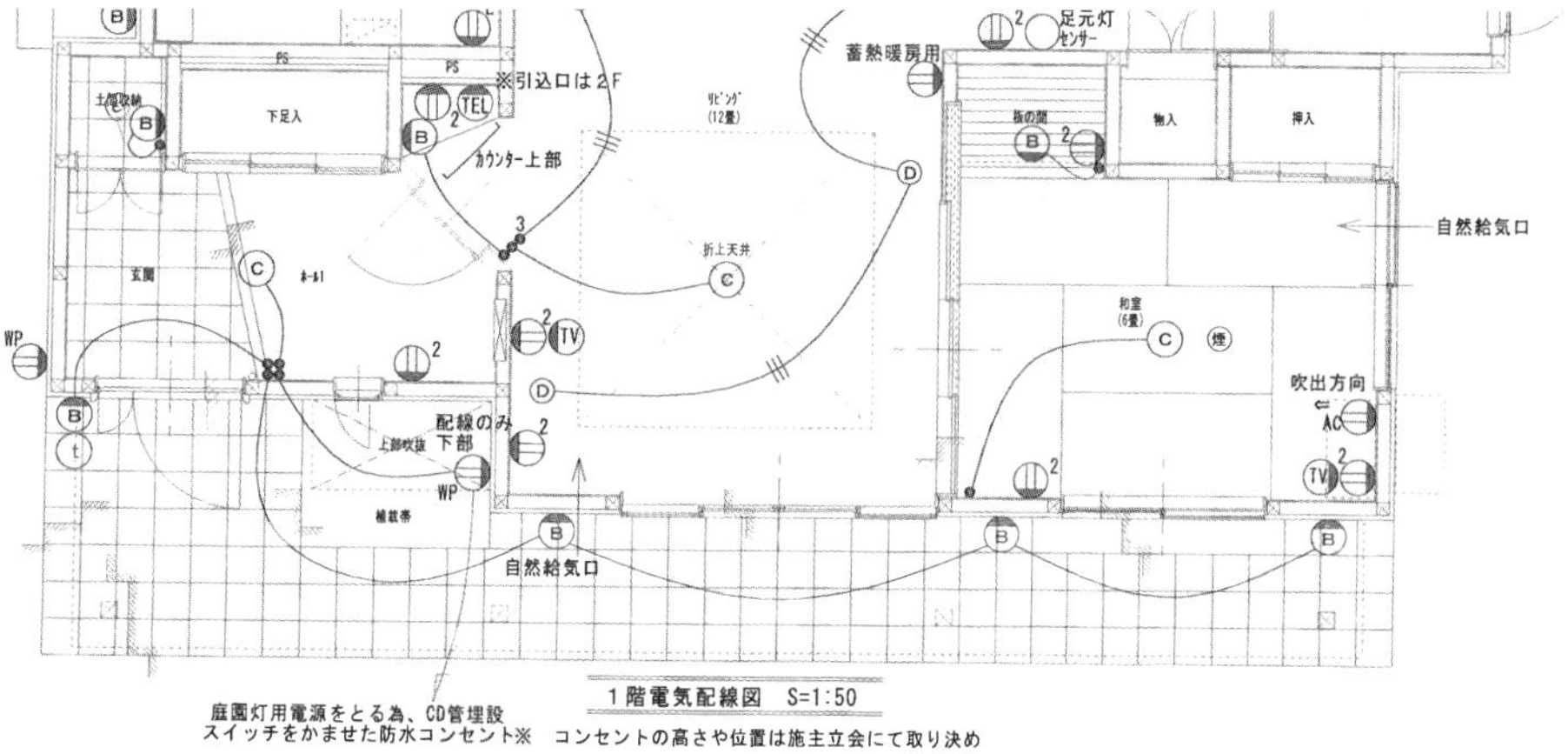

電気図面の記号

図面に記されている記号には、次のようなものがある。

2口コンセント	アース付コンセント	防水コンセント	テレビコンセント
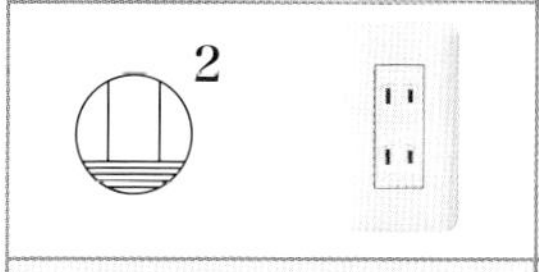	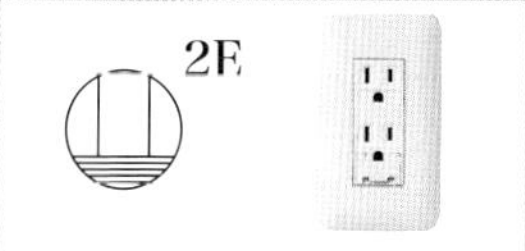	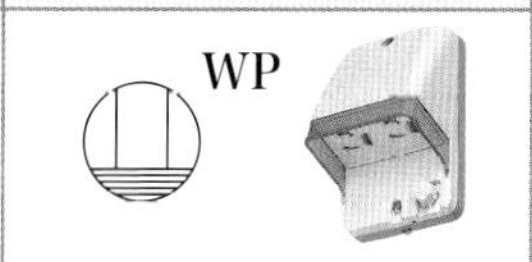	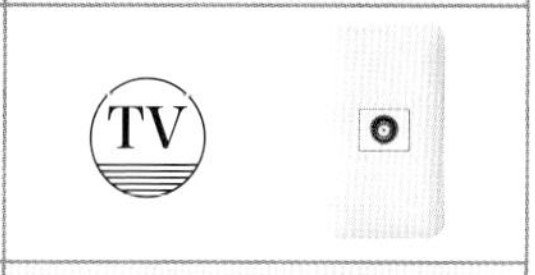
エアコンコンセント	スイッチ	電話線	インターホン
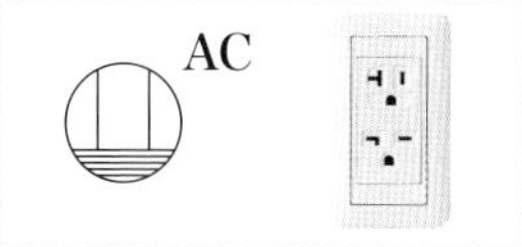	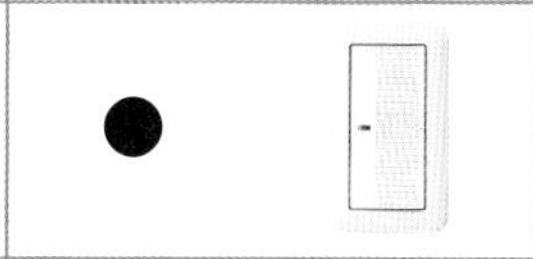		
シーリング	ダウンライト	ブラケット	蛍光灯
			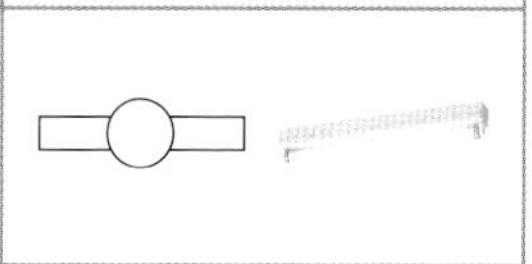
換気扇	給気口	分電盤	
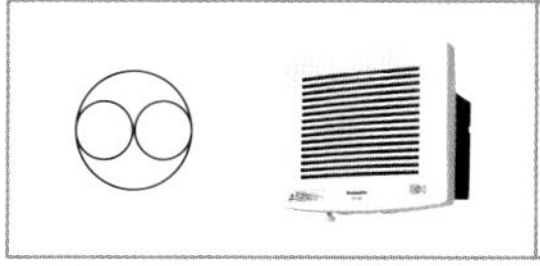	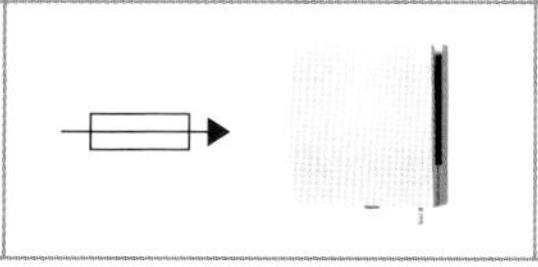	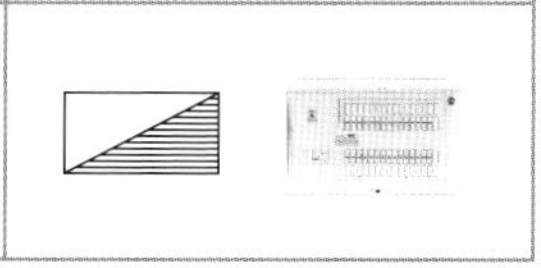	

提供／Panasonic

電気配線計画について考えよう②

電気配線は照明のためだけじゃない！

将来を見据えて考えよう

近年の電気配線の計画は、「オール電化住宅」や「スマートハウス」の登場で大きく変わりつつあります。

これまでの家庭用の電気機器では100V配線で十分でしたが、エコキュートやIHクッキングヒーター、大型のエアコンなどは200V仕様で、新築の計画段階からあらかじめ200Vの配線を計画しておく必要があります。

さらに、IT環境の進化に伴い10年、20年先を考え、インターネットやデジタル放送などに対応できる計画を立てておく必要性もあります。

近年は将来の状況に対処できるよう、住宅に入る各種情報の出入り口を情報分電盤（マルチメディアポート）1カ所にまとめ、そこから各部屋のマルチメディアコンセントなどに配線する方式（住宅情報化配線）が人気となっています。

電気の配線は、電気機器だけでなく換気・防火・水まわり関係でも必要なものがあるので、住んでから「配線が足りない」「ここにコンセントがあればよかったのに」といったことがないよう、しっかり計画しましょう。

■スイッチ、コンセントの種類

コンセントやスイッチにはさまざまな機能のついた便利なものがあります。上手く組み合わせて採用しましょう。

ホタルスイッチ	調光スイッチ	とったらリモコン	かってにスイッチ
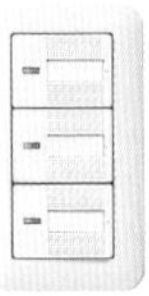	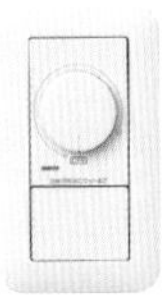		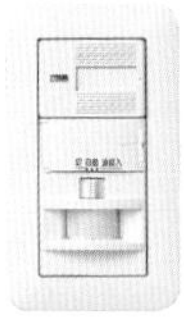
OFF時に点灯し、暗闇でも位置がわかる。	LED照明などの照度を調節できる。	白いスイッチ部は、取り外してリモコンとして使用できる。	センサーで照明をつけるため、両手がふさがっているときにも便利。
マルチメディアコンセント	**アップコン**	**屋外用コンセント**	**マグネットコンセント**
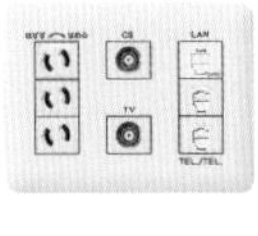			
抜け防止コンセント、テレビコンセント、モジュラコンセントが一体化したもの。	床に設置したコンセント。使用するときだけポップアップしてコンセント面を出す。	防水コンセント。外観を損なわないデザインになっている。	磁石式のコンセント。足などに引っ掛かってしまっても、簡単に外れる。

提供／Panasonic

電気配線について計画しておきたいこと

スイッチ、コンセントの高さゾーン

スイッチ、コンセントには、場所や用途によって適した高さがある。

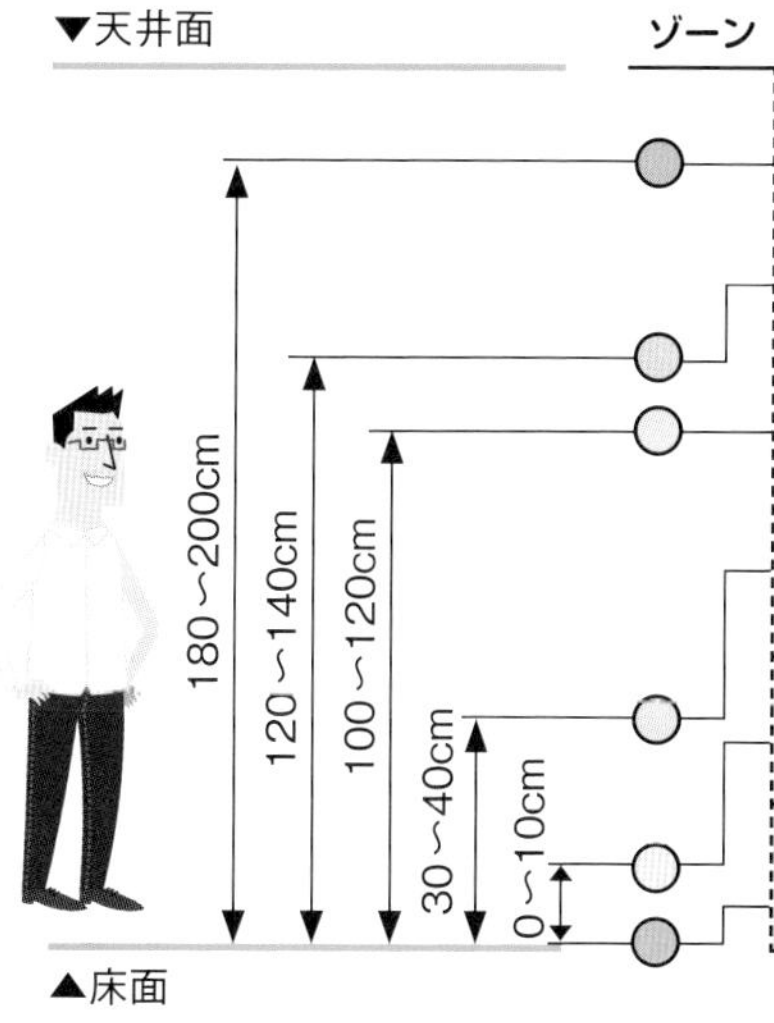

ゾーン	用途	主な使用機器	備考
	壁面の高所取り付け器具用	エアコン、換気扇	高いところに設置しなければならない機器のコンセント
	キッチンの調理台まわりや洗面室まわりで使用する機器用	炊飯器、ミキサー、オーブン電子レンジ、トースター、食器洗浄機、洗濯機、衣類乾燥機、ヘアドライヤー、電気ひげそり	主として立位で使用する機器のコンセント
	テーブルや台上で使用する機器用	トースター、ホットプレート、卓上IHクッキングヒーター、アイロン、コーヒーメーカー	食卓や作業台の上に置いて使用する機器のコンセント
	床に置いて使用する機器用(比較的移動性の高いもの)	掃除機、電気ストーブ、電気スタンド、AV機器、その他一般機器	頻繁に移動するものや、一時的に使用する機器のコンセント
	床に置いて使用する機器用(比較的据え置き性の高いもの)	冷蔵庫、電気こたつ、電気スタンド、AV機器、ホットカーペット	移動しないものや、部屋の中央部の床面に置く機器のコンセント
	部屋中央部の卓上等で一時的に使用する機器用	各種調理器	

全関東電気工事協会の資料より作成

照明のスイッチは2線式にするか3路配線にするか

照明器具のスイッチの2線式とは、1カ所でON・OFFができる配線方式のこと。これに対し3路配線(3路スイッチ)とは、階段の上と下など2カ所以上でON・OFFができる配線方式だ。費用面では大差ないので、利便性を考えて採用を検討するのもおすすめ。

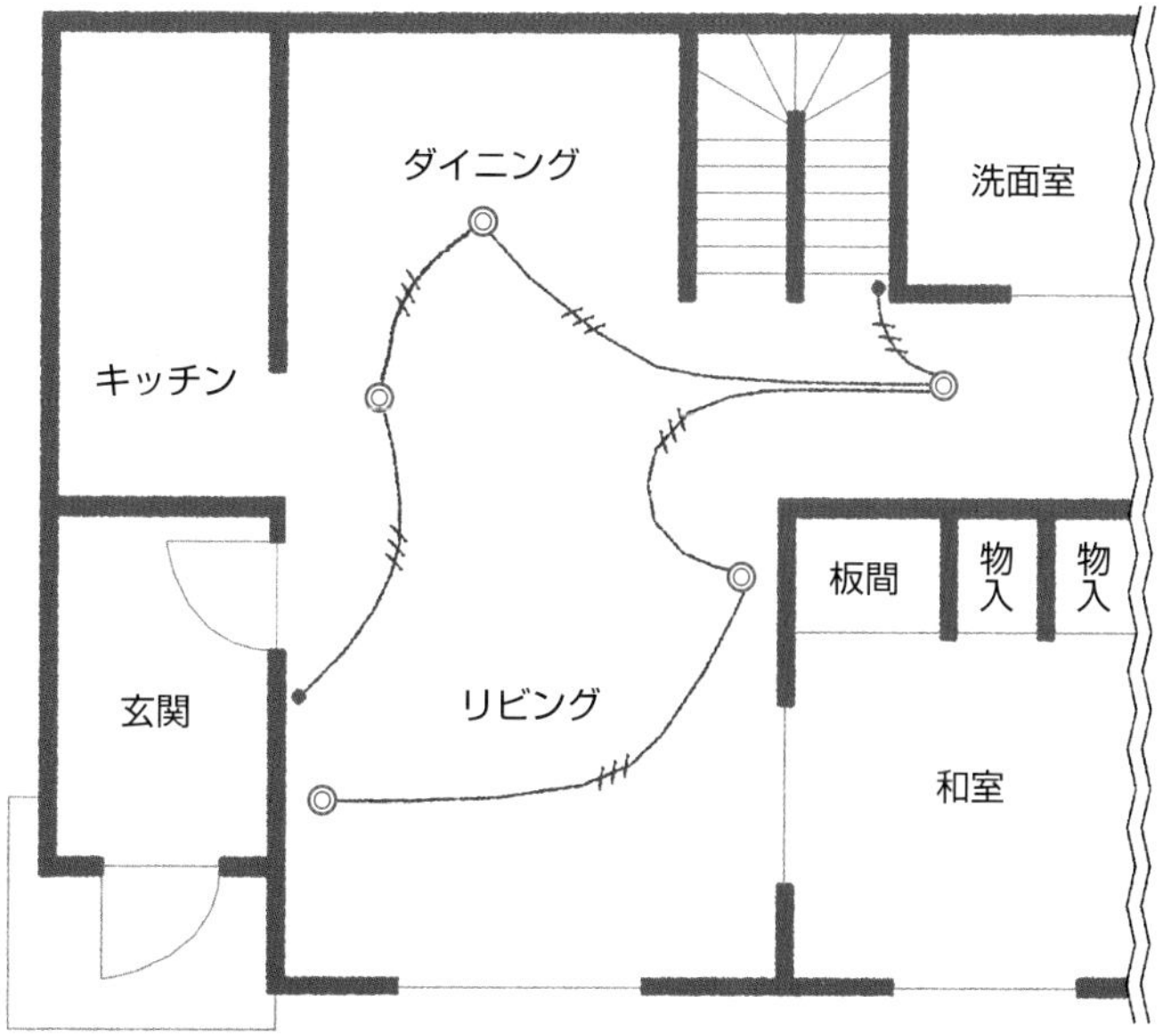

階段の1階部分と2階部分のスイッチだけにこだわらずに考えてみよう。図では、リビングの照明を3路配線にし、リビング入り口と階段昇り口の2カ所でON・OFFできるようにした例。

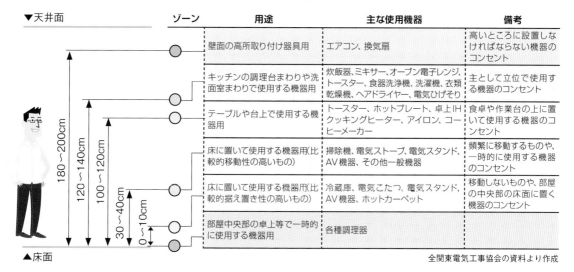

●テレビの受信アンテナはどうするか

テレビ受信用のアンテナは、新築の場合ほとんどの住宅会社でオプションになる。アンテナ受信・ケーブルテレビ・ひかりTVなど多種あるので、導入費と受信料を考慮しながら家庭に合った選択をしよう。

アンテナを立てる

- 地デジ対応のテレビを使う → → テレビの代金のみ
- 地上デジタルチューナー、もしくは地上デジタルチューナー内蔵の録画機器を使う → アンテナ 約3,000〜10,000円 工事費 約3万円〜 → チューナー 約5,000円 チューナー内蔵録画機器 約3.5万円〜

アンテナを立てない

- ケーブルテレビ受信で見る
  - ①地上デジタルチューナー、もしくは地上デジタルチューナー内蔵の録画機器、②ケーブルテレビ専用受信機を使う → ケーブルテレビへの加入 約0〜7万円 工事費 約0〜5万円 月額使用料 約3,000〜6,000円
  - デジアナ変換サービスを利用する
- ひかりTVで見る → NTTとフレッツ光回線の契約をして、ひかりTV対応チューナーを使う → 初期費用（契約・工事費） 約2.6万円 月額料金 約7,000〜1万円
  ※月額料金には月額基本料、プロバイダ利用料、チューナーレンタル料が含まれる。

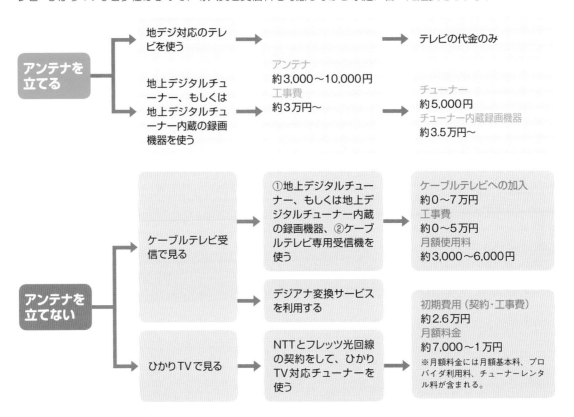

TVアンテナは、設置する位置によっては美観を損ねることもあります。アンテナを立てる場合は、そのことに注意して計画しましょう。

PART 10

建物着工から完成までの工事

全体工程表

まずは全体の流れを把握しよう

中間確認、引越し時期の目安を立てよう

住宅の新築工事は、着工から竣工まで3～4カ月が一般的ですが、坪数が大きな建物や特殊な施工方法の場合、半年以上かかる場合もあります。

工程表は、着工から竣工までの工事内容を時系列で記載したもので、スケジュールが決定したら施主にも渡されます。現場の工事内容は、天候や段取り・仕様変更などによって前後することもあります。ただ、通常の工程表には、ある程度の余裕も加味されていますので、よほどの変更やアクシデントがない限りは、竣工時期に変わりはないはずです。

この工程表を参考に、上棟式や現場の中間確認、引越し時期など、おおよその時期を予定していきましょう。

■着工から竣工までの流れの一例

地鎮祭 →290ページ

▼

地盤調査 →108ページ

▼

仮設工事（仮設トイレ・電気・水道） →248ページ

▼

地盤改良工事（地盤調査の結果にもよる） →112ページ

▼

水盛り・遣り方 →250ページ

▼

基礎工事 →250ページ

▼

配筋検査（第三者機関による）

▼

外部給排水工事

▼

プレカット搬入・土台敷き

▼

足場工事 →248ページ

▼

建て方（棟上げ） →252ページ

▼

上棟式 →290ページ

▼

屋根工事 →256ページ

▼

木工事

▼

構造躯体検査（第三者機関による）

■工程表の一例

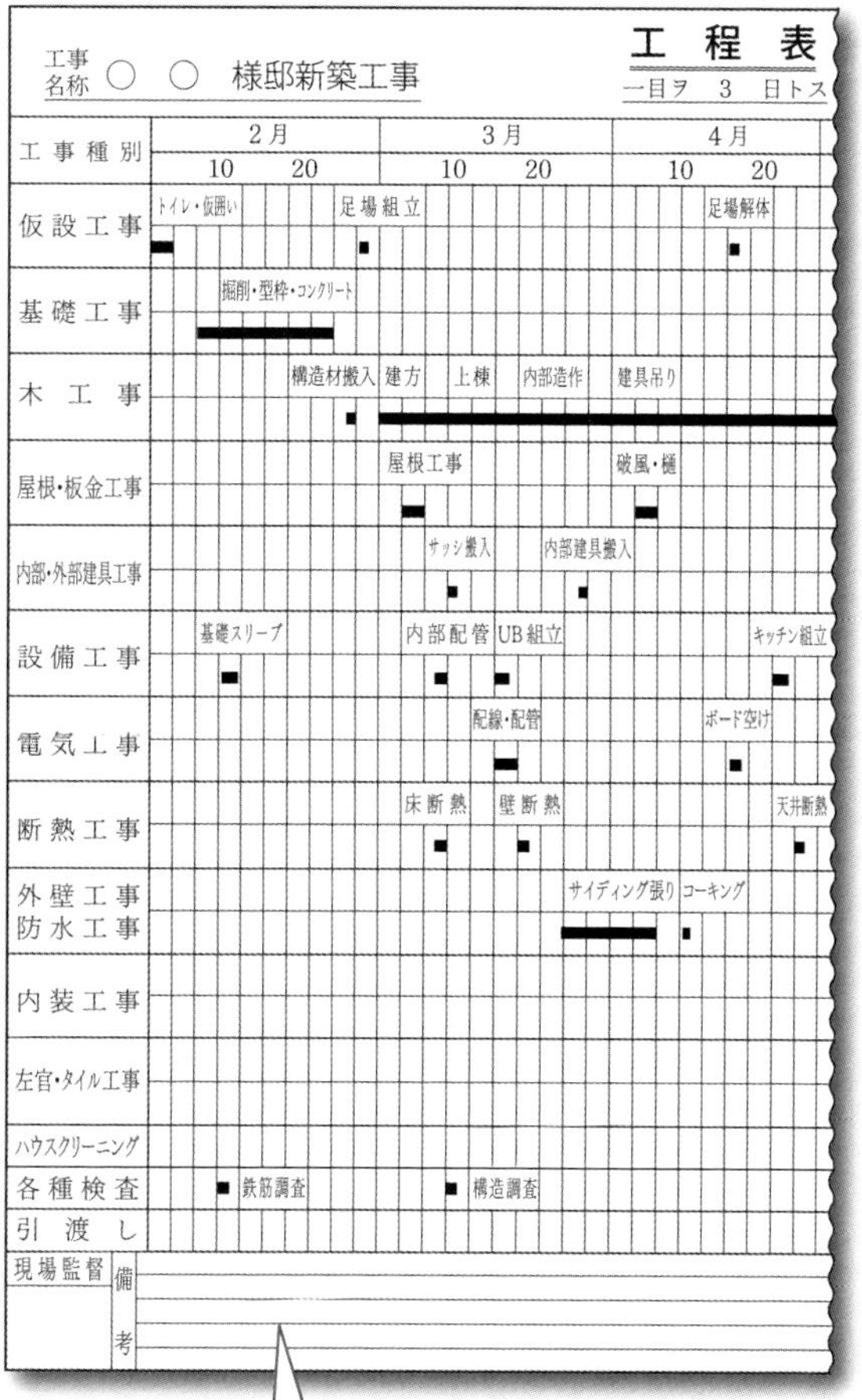

チェックポイント

- □ 基礎工事のコンクリートが固まる養生期間は1週間ほど（季節による）。
- □ 養生期間中に「外部給排水工事」が行われることもある。
- □「電気配線工事」後の施主による「中間確認」は重要。これ以降、軽微な工事変更も依頼しにくくなるのでしっかり行う。

サッシ工事

▼

電気工事 →260ページ

▼

中間確認（検査） →280ページ

▼

防水工事

▼

断熱工事 →264ページ

▼

ユニットバス工事

▼

外壁工事 →258ページ

▼

板金工事 →270ページ

▼

クロス工事 →272ページ

▼

設備器具設置工事

▼

タイル工事

▼

クリーニング工事

▼

完成検査 →282ページ

▼

竣工・お引渡し

仮設工事

一時的なものだけど必要不可欠な工事

内容と工事費の見積もりをチェック

仮設工事とは、工事をスムーズに行うために設ける一時的な設備や施設のことで、工事中は必要ですが、建物が完成すると撤去されるものです。

仮設工事と言うと、鉄のパイプを組んでつくった足場を思い浮かべる人が多いと思いますが、実は足場だけではなく、いろいろな設備があります。

住宅会社によっては、広告に掲載する建物本体価格や坪単価を安く見せるために仮設工事の費用を別途としているところも少なくありません。

しかし、仮設工事には全工事費の2～3%が費やされるとも言われていますので、しっかりとチェックし、おおよその工事内容も把握しておきましょう。

□足場工事

建物の、高所作業をするために設ける作業スペース。その多くが直径50mm程度の鉄パイプを組み合わせて立てる足場。住宅が完成する少し前に取り外される。

□ネット

足場の外側に張り巡らされる。主に材料や工具の落下防止や作業中に出るホコリの飛び散りを防ぐ。

□仮囲い

防犯、安全のために工事現場の外周を囲う柵。休日など現場に誰もいないときに、子どもが入り込んでケガをしないようゲートがしっかり締められ安全が確保されているかチェックしてみよう。

仮設工事の主な項目

□養生

材料や仕上がった部材を、キズや汚れから保護するためにかけるシートやボードなどのこと。また、現場入り口の地盤がやわらかくダンプなどの大型車両の出入りが困難な場合に施す「鉄板養生」もある。

□仮設トイレ

工事期間中に、職人や見学者が使用するためのトイレ。期間中に何度か汲み取りが発生する。しっかりした住宅会社は常に清潔にしているのでチェックしてみるのもよい。

□産廃処理

工事で発生した端材など、廃棄物の種類ごとにコンテナにまとめて処理場に運ぶ。

この廃材コンテナの管理が、きちんとされていることが近隣の評価・印象につながることが多い。

作業をしていないときに整理整頓されているか、風でゴミが飛ばされるような状態になっていないかチェックしよう。

□仮設電気

工事期間中、電動工具の使用などで使う。仮設電気料金を引越し後に請求されるケースがあるが、工事中の分（引渡し前）は住宅会社に負担してもらうようにする。

□仮設水道

工事用に使用するための水道。建て替えの場合は、工事期間の水道料金が自分たちに請求されていないかチェックする。

仮設工事は本体工事を
スムーズに行うために
大切な作業です!

基礎工事

もっとも大切な家の土台

自分の目でチェックしてみよう

頑強な家を建てるためにもっとも大切なことは、しっかりした基礎工事です。地盤調査の結果に合わせて、適切な構造の基礎をつくることが重要です。鉄筋とコンクリートでつくられる基礎の代表的な工法に「ベタ基礎工法」があります。一昔前までは「布基礎工法」も多く採用されていました（113ページ参照）が、近年は建て主の耐震強度に対する関心の高さから、かなりの少数派になっています。

ここでは、ベタ基礎工法の工程を紹介します。

チェック!

1 水盛り・遣り方

柱や壁などの位置や高さの基準を表示するための作業。建物の外周50～100cm程度のところに木杭を打ち込み、水平を出す（水盛り）。この水平ラインに合わせ、貫き板と呼ばれる板で建物位置を囲む。

↓

2 整地・砂利敷き

0～40mm程度の砕石を、平均10cm位の厚さに敷きこむのが一般的（割栗石を使用する場合もある）。敷き終わったらプレートやランマー（締め固め用の機械）で転圧する。

□砂利の転圧がしっかりとされているか？

↓

3 捨てコンクリートの打設

湿気よけフィルムの上にコンクリートを打設する。このコンクリートは強度を出すためではなく、基礎の位置を書く「墨出し」作業のためのもの。墨出しは、基礎の型枠や鉄筋の位置などをコンクリートの上に直接書く作業。

専門家からひとこと!

配筋の様子はできればチェックして

配筋工事の後には生コンクリートを打設するわけですが、その後は施工した鉄筋が見えなくなってしまいます。できれば打設の前に、鉄筋が図面の寸法通りに配置されているかを確認しましょう。打設当日は立ち会えないという場合は、配筋工事後の写真を撮っておいてもらいましょう。

■ベタ基礎工法の流れ

④ 外周部型枠工事～配筋工事

基礎の外周部分をぐるりと囲むように型枠を組み上げた後、全体に鉄筋を配置する。歪みや片寄りがなく、仕様通りの太さが、しっかり結束されているかが重要。この段階で構造部分を保証する保証会社の基礎配筋検査が入る。

□図面通りの間隔、太さでしっかり施工されているか？

↓

⑤ ベース生コンクリート打設

ポンプ車などを使って生コンクリートを15～20cmの厚さに流し込み、コテなどで平らに仕上げる。打設後、寒気や風雨・雪など悪天候が予想されるときはシート養生をする。

⑥ 内部型枠工事～立ち上がり生コンクリート打設

柱の立つ場所や土台が乗る場所に立ち上がり基礎用の型枠を組み、コンクリートを流し込む。一般には、立ち上がりの寸法は幅12～15cm・高さ30～45cm程度。柱や土台と連結させるためのアンカーボルトなどを設置する。

□アンカーボルトは真っすぐ、適正な位置に立っているか？

↓

⑦ 養生期間～型枠バラシ

養生期間がすぎたら内外部の型枠を取り外す。養生期間は一般的に夏：3日以上、冬：5日以上が目安。

↓

⑧ 玄関や勝手口、土間などのコンクリート打設

基礎工事の最終工程。玄関・勝手口・テラスなどのコンクリート打設をする。

↓

⑨ 基礎完成

コンクリートの不要なバリ（はみ出し部分）などを削り、基礎をきれいに仕上げて基礎工事完了。

□仕上がりはきれいか？　割れはないか？

建て方

いよいよ、家の形が見えてくる！

近隣への挨拶をしておこう

建て方とは木造住宅の場合、現場で主要な構造材（土台、柱、梁など）を組み立てる作業のことで、基礎工事が完了し、養生期間がすぎてから始めます。

作業はよほど大きな建物でない限り1～2日と、あっという間です。また、大きいクレーン車が入るなど、危険を伴う作業でもあるので、住宅会社が事前に近隣のお宅へ挨拶するのが通常です。

建て方では、一番高いところに棟木を上げて上棟となります。この後に行われる上棟式では、昔は大工さんなどにお弁当や飲み物をふるまう施主が多かったのですが、近年は省略される傾向にあります。地域によっても違うので、どうするかを事前に決めておきましょう。

■建て方の流れの例（在来工法）

基礎パッキンを敷く

↓

土台を置き、アンカーボルトで基礎に固定する

↓

1階の柱を立てる

↓

梁・胴差しで柱をつなぐ

↓

2階の柱を立てる

↓

梁・桁で柱をつなぐ

↓

梁に小屋束を建てて母屋を上げる

↓

一番高いところに棟木を上げて上棟

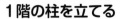

■従来工法の主な構造

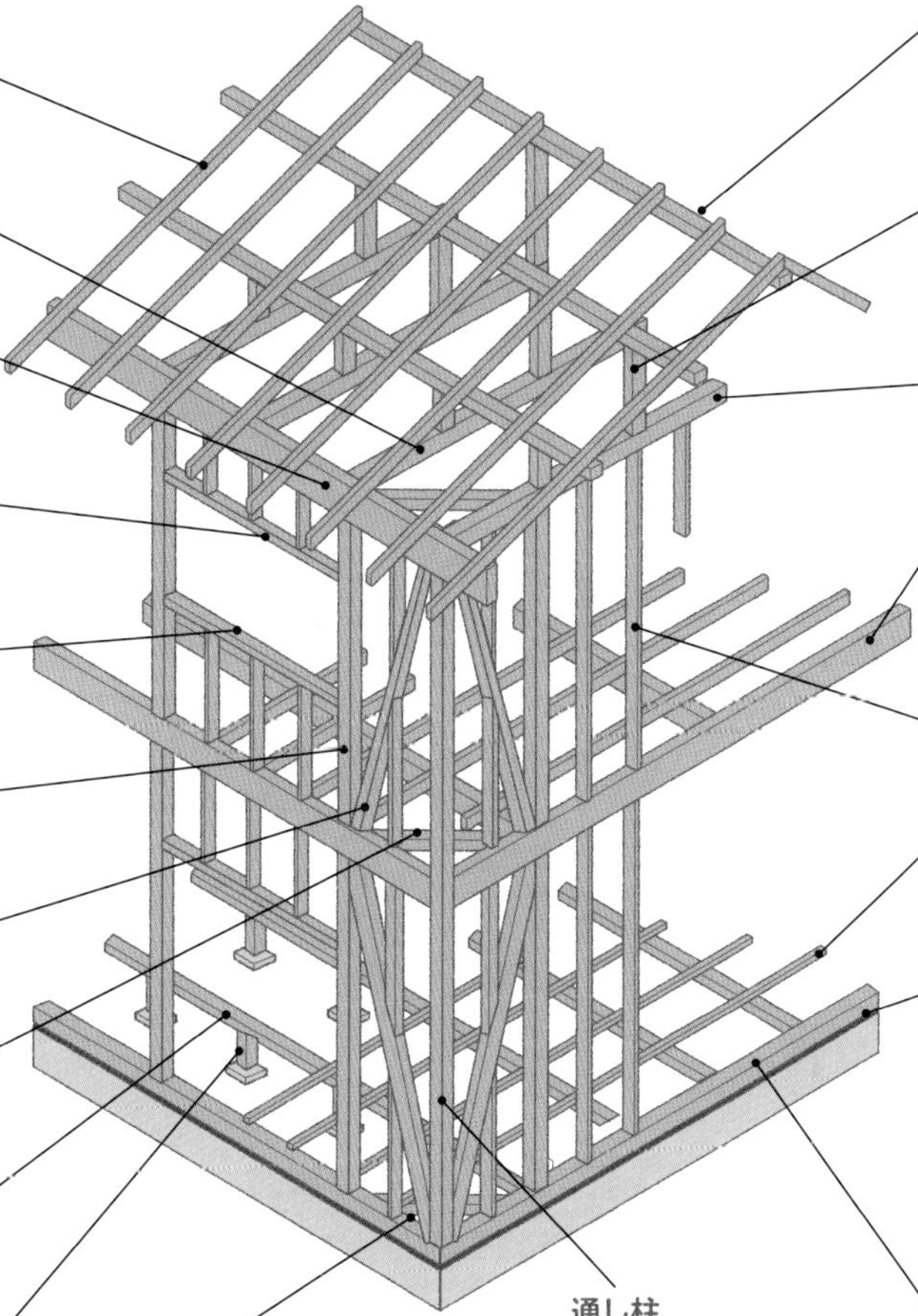

垂木（たるき）
屋根の下地材を受ける部材。棟木から軒桁に渡す。

母屋（もや）
垂木を支持する水平部材で、垂木と直行方向へ設ける。

軒桁（のきげた）
桁のひとつで、垂木からの荷重を受ける。

窓まぐさ
窓の上部に水平につく補助部材。出入り口の上につくこともある。

窓台
窓の下部に水平に付く補助部材。

管柱（くだばしら）
桁や胴差しなどの横架材で中断される柱。

筋交い（すじかい）
柱と柱の間に入れて軸組みを補強する斜材。

火打ち梁
地震や台風時による変形を防止する斜材。

大引き
1階根太などを支える部材で、端は土台に固定される。

床束（ゆかづか）
大引きを支える垂直部材。昔は木材を利用していたが、近年は鋼製のものが多く使われている。

火打ち土台
地震や台風などによる建物の変形を防ぐ斜材。

通し柱
1階の土台から2階の小屋梁まで通る柱。通常の柱よりも太い部材を使う。

土台
建物の荷重を基礎に伝える部材。基礎とアンカーボルトで固定する。

棟木（むなぎ）
棟の頂点に母屋・桁と平行に取り付けられる横架材。一般に太い部材を使う。

小屋束
2階の梁の上に立てる短い柱。母屋を支え、屋根の荷重を梁に伝える。

梁（はり）
柱に荷重を伝える横架材。棟木と直行する方向に渡す。

胴差し
2階以上の床の位置で、建物の外周をめぐる梁。2階の床をつくる部材。

間柱（まばしら）
柱と柱の間に入れる垂直材。

根太（ねだ）
床の下地材。大引きの上に、垂直方向に並べる。

基礎パッキン
基礎と土台の間に挟む、換気を目的とした複合材。基礎と土台を絶縁し、自然の風で床下を換気する通気部材。

専門家からひとこと!

基礎→建て方で印象が変わります

基礎を見たときはとても狭く小さい家のような印象だったものが、建て方の完了後に見ると「こんなに大きい家だったの！？」と、印象が変わる楽しみがあります。建て方の最中は、事前に打ち合わせの上で見学させてもらったり、危険のないよう離れた場所から見学したりするのもよいでしょう。

また、建て方は1～2日で終了しますし、構造部分は完成すると見えなくなってしまうので、写真を多めに撮っておきましょう。

素人でもチェックできる部分がある

構造部分のチェックは、素人には難しいものです。しかし現在ではJIO（日本住宅保証検査機構）などの第三者機関による検査が義務付けられていますので心配はいらないでしょう。

建て主として注意すべきは、下表のような素人目線でもチェック可能な箇所です。また、材木が搬入された後の養生や、建て方後の雨養生に加えて、高所作業をする職人さんがヘルメットをきちんと着用しているか、などの安全面は住宅会社の姿勢がわかるところですので、是非チェックしましょう。

構造材の加工

一昔前は、主要な構造材を加工する「刻み」は、大工さんが作業場で行っていましたが、近年はほとんど工場のコンピュータ制御で行う「プレカット」が採用されています。

また、金物や釘を使わずに組み立てる伝統工法など、日本の風土に合った伝統工法はかなり少なくなっています。

■建て方のチェックリスト

チェック!

構造材など	□ 木材の材質・強度・等級・サイズなどは設計通りの部材か？ □ 構造材に、大きい節・割れ・丸みがあるなど低品質のものが使われていないか？ □ 床や耐力壁に使う合板の等級・分類などは設計通りの部材か？
土台・基礎など	□ 土台は基礎からずれていないか？ □ アンカーボルトは基準通りの位置になっているか？ □ ホールダウン金物（255ページ）は正しく施工されているか？ □ 基礎パッキンはアンカーボルトの位置、土台継ぎ手部、柱下に取り付けられているか？
耐力壁	□ 位置は設計通りか？ □ 仕様（壁倍率）は設計通りか？ □ 筋交い金物は正しく施工されているか？ □ 土台・梁の継ぎ手は耐力壁部を避けて設けられているか？ □ 耐力壁を構成する柱と土台・梁は接合金物で正しく固定されているか？
柱など	□ 柱頭・柱脚の金物は同一耐力のもので施工されているか？ □ 通し柱と土台、胴差（床梁）、桁の接合金物は基準通り正しく施工されているか？
床合板	□ 床開口の補強は行われているか？
火打ち土台・火打ち梁	□ 1階の火打ち土台、2階の火打ち梁、小屋の火打ち梁は正しく施工されているか？
その他	□ 片筋交いは外側に施工されているか？ □ 防腐・防蟻処理は行われているか？ □ 化粧材は養生が行われているか？ □ 設備配管などによる構造材の欠損はないか？

プレカットの場合、図面段階での打ち合わせが構造の品質を決めるポイントとなります。プレカット図面はプロが見る図面であり、理解するのは難しいのですが、将来のリフォームのときに役立ちますので、できたらもらっておくとよいでしょう。

耐震金物とは

耐震金物は、建物の躯体を強く保つために必要不可欠な材料です。

昔の住宅は木と木を組み合わせ、金物を使わずに木組みする「伝統工法」でつくられていました。地震などの揺れに対応する構造も考えられていて、日本の気候に合った工法でした。

しかし現在では神社仏閣といった建物でしか、ほとんどお目にかからなくなっており、そういった技術をもった職人さんも少なくなっています。

現在の木造住宅の場合、さまざまな種類の材木や、違うサイズの木材を組んでいきますが、地震のときの前後左右、上下の動きの力を吸収し、繋ぎ部分のズレや浮き上がりを防ぐのに耐震金物は重要な役割をもっています。

耐震金物の種類

耐震金物

建築基準法で取り付けが義務付けられているホールダウン金物の他、各箇所に対応するさまざまな形状の耐震金物がある。

梁の両端部に使用される羽子板金物（写真上部の金物）。

通し柱と基礎を固定するホールダウン金物。

横架材の継ぎ手を補強する帯金物（短冊金物）。

筋交いと柱の接合部に使用される筋交い金物。

屋根工事（ルーフィング）

雨水の浸入をシャットアウトする施工力が必要

構造材を雨から守る屋根工事

建て方の次は屋根工事（ルーフィング）です。これによって、工事中の雨天時でも木材が濡れるのをある程度防ぐことができます。

代表的な屋根には瓦やガルバリウム鋼板、スレート葺きなどがありますが、どの仕上げ材でも「雨水の浸入を防ぐための技術と施工力」がもっとも重要になります。

勾配がきつい屋根の場合は、通常の足場にプラスして屋根足場が設置されます。また、落下物によって下で作業している人を危険にさらさないよう防護ネットが張られます。

施主が屋根に上って確認するのは難しいですが、現場の担当者に聞いたり、施工の様子を担当者を通じて職人さんに写真を撮っていただくよう頼んだりするのもいいかもしれません。

■屋根の名称

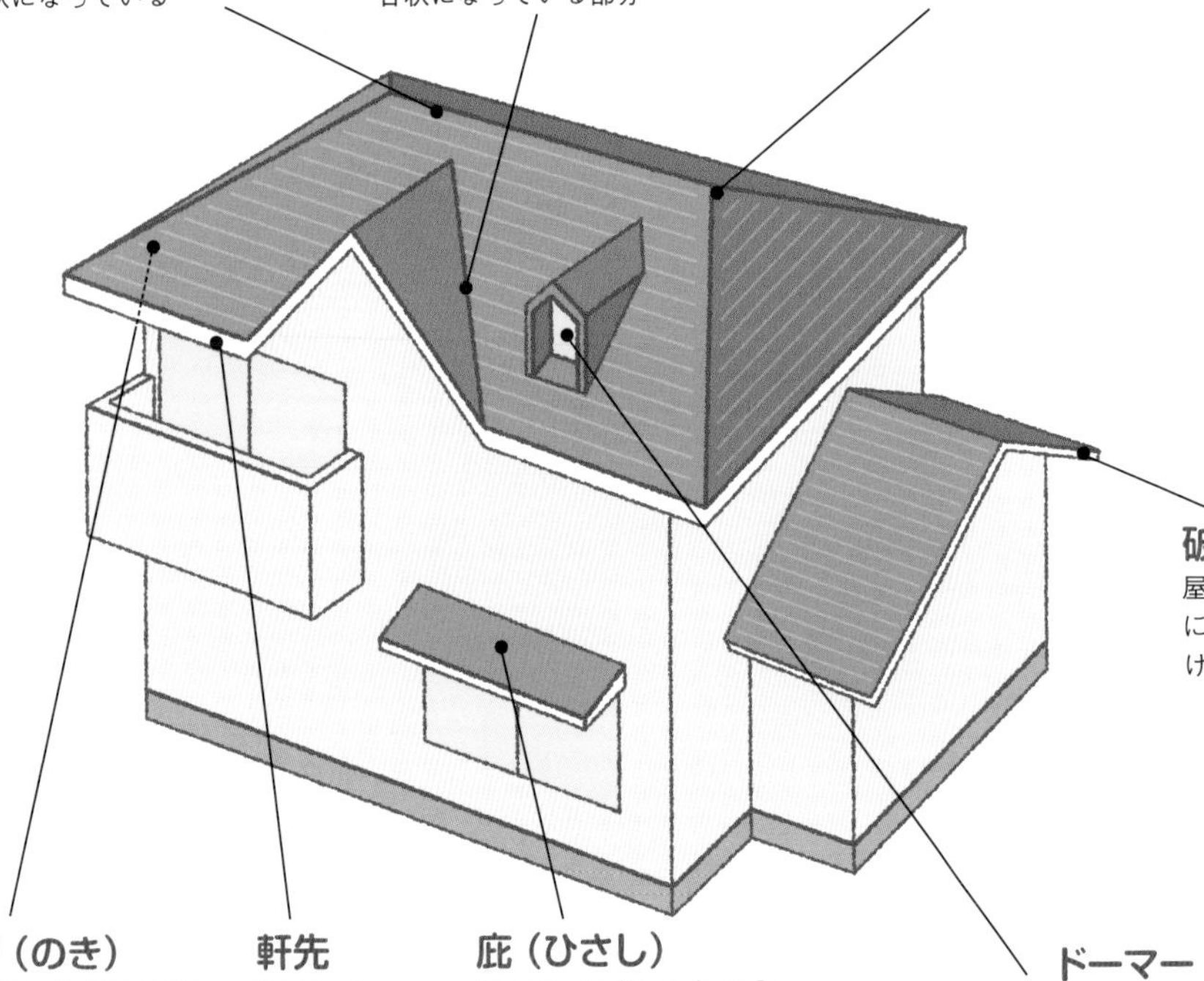

棟（むね）
屋根の頂上で、水平な直線状になっている
谷（たに）
屋根が異なる方向に重なって谷状になっている部分
隅棟（すみむね）
屋根が異なる方向に重なって山状になっている部分
破風（はふ）
屋根の妻側（棟の端）において合掌形につけられた化粧板
軒（のき）
外壁から外側に出ている屋根部分
軒先
軒の端部
庇（ひさし）
出入り口や窓の上部に設けられた小さな屋根
ドーマー
ロフトや小屋裏部屋部分に設けられた窓および屋根

■屋根工事（ルーフィング）の流れ

1 野地板の施工

垂木の上に野地板（仕上げ材の下地材）を施工する。一般的に野地板は構造用合板と呼ばれ、近年は厚さ12mmのものを使用することが多い。

構造用合板は、継ぎ目を互い違いにして力を分散する千鳥張りにする。継ぎ目が一直線に並ぶと、その部分が強度の弱点になってしまう。

垂木の状態。

下地（野地板）張り（千鳥張りの途中）。

野地板を張り終えた状態。

↓

2 下葺き材の施工

野地板の上に下葺き材を施工する。下葺き材は、仕上げ材から中へ浸入してしまう雨水を防ぐ重要な役割をもつ。最近はほとんどの住宅でアスファルトルーフィング（防水シート）が使われている。

なお、野地板から下葺き材の施工まで工程が空く場合は雨養生が必要。

下葺き材は屋根の下手から上に向かって、上下は100mm、左右・屋根の棟部は200mm以上の重ね代を確保しながら張られる。

↓

3 仕上げ材の施工

ガルバリウム鋼板の場合は、アスファルトルーフィング（防水シート）と同様に屋根の下手から施工し上側を上にして重ねていく。重ね代などの基準は各メーカーの仕様書に基づく。

瓦葺きの場合は、瓦を固定するための瓦桟を打ち付けた後、その瓦桟に瓦をステンレス釘などで打ち付けながら葺いていく。

できれば、終わったら仕上げ材に割れがないか、留め金などに不具合はないか、雪止め金具は適切に施工されているか？　などを確認したい。

ガルバリウム鋼板の施工が完了したところ。

瓦葺きの施工が完了したところ。

外壁工事

防水しながら通気する外壁

もっとも多いのはサイディング

外壁工事の代表的な例にはサイディングや土壁、漆喰、ガルバリウム鋼板、タイル張りがあります。屋根と同じく、どの仕上げ材でも重要なことは、雨水を防ぐことが第一。そのため、どの外壁材を採用するにしても防水シートを施工したりシーリング工事をしたりします。

防水シートの施工時は湿気などがこもらないよう通気を確保した工法がとられます。このとき重要なのは、通気するための入り口と出口が確保されていること。まれに通気経路が遮断されて施工されるケースもあるので、現場の担当者に確認しておきましょう。

ここでは、もっとも多く採用されているサイディング工事の流れを紹介していきます。

■外壁工事の流れ（サイディング）

1 防水シートの施工

仕上げ材の内側に万一浸入した雨水を防ぐために、透湿防水シートを施工する。ロール状のシートを、ぐるりと建物を巻くように下から張っていき、上側から重なるようにする。

シートの重ね代は100mm以上（建物の角の部分は300mm以上）とし、建物の角部分にはシートの切れ目がこないようにする、雨漏りしやすいサッシまわりは隙間のないよう丁寧な施工がなされる。

透湿防水シートは、建物を巻き包むように横方向に張られる。

サッシまわりは、透湿防水シートとサッシ枠の間の隙間を防ぐための防水テープが貼られる。

↓

2 胴縁の施工

胴縁は仕上げ材を取り付けるための板で、サイディングを横方向に張るならば縦胴縁、縦方向に張るならば横胴縁を施工する。

胴縁を施工することで、その厚みの分だけ透湿防水シートと外壁の間に空間が生まれ、空気の通り道ができる。これを「外壁通気工法」と言う。通気が確保されることで壁内結露が抑制され、結果的に建物の耐久性がアップする。

縦に施工されている木材が胴縁（縦胴縁）。

●塗り壁の場合

ラス下地*の次に防水紙（アスファルトフェルト）を施工する。その後、モルタルの剥離を防ぐためのラス網を施工し、下塗り→上塗りと仕上げていく。なお、下塗りから上塗りまでは2日〜1週間程度空けることもある。

専門家からひとこと!

デザイン性と機能性のバランスを

外壁は、「サイディング材とガルバリウム鋼板」や「塗り壁とタイル貼り」など異素材を組み合わせてデザインされる方もいらっしゃいます。技術的には問題ありませんが、雨仕舞いや耐久性、メンテナンス性で疑問点のある組み合わせの場合などもありますので、長い目で見て問題ないかを施工会社の担当者とよく打ち合わせしましょう。

タイルとサイディングの組み合わせ。

③ サイディングの施工

サイディングを張っていく。サイディングは、厚みによって『彫りの深さ』が違い、厚みのある商品のほうが価格も高くなるものの、より表情が豊かになる。

なお、厚みによって施工方法も違う。一般に、厚さ14mmの場合「釘打ち工法」が中心で、それ以上からは「金具止め工法」になり、より地震に強くなる。

金具止め工法によるサイディング施工。

④ シーリング工事

壁材と壁材の継ぎ目に雨水が入り込まないよう、しっかりとシーリング工事を行い完成。工期は約10日〜2週間程度が目安。

テープ養生後、シーリングの剥離防止のための接着剤を塗る。コーキング材を充填し、ヘラなどで隙間なく詰めながらならす。

***ラス下地**：金属製の素材でできた金網でモルタルを塗りやすくする。木製の下地板に防水紙を張り、その上にラス下地をステープルなどで取り付ける。

電気工事

中間確認を忘れずに！

電気から電話線、LANまで

住宅の建築における電気工事とは、屋内外の配線工事や照明器具、スイッチ、コンセントなどの取り付けを言います。これには電話設備やＬＡＮ、テレビ関係の工事、また換気設備やエアコンといった空調工事まで含めて言われることもあります。

電気の配線や配管は、建物が完成すると見えなくなってしまいますが、快適な暮らしを支える大きな役割を担っています。

コンセントは十分な数を

施主へのアンケートで「家を建てた後で失敗したことはなんですか？」と聞くと、「コンセントの位置を間違った」「コンセントを他の場所にもうひとつ付けておけばよかった」という意見が意外と多いようです。

新築すると、多くの場合、新しい電化製品や家具を購入します。どういったものを購入し、置き場所はどこにするのか？　ということを考え、寸法をあらかじめ図面に落とし込んで、コンセント不足や家具の後ろにスイッチやコンセントがくることがないよう計画したいものです。

コンセントは居室１部屋あたり最低２カ所必要ですが、２畳あたり１カ所（６畳間の場合：６÷２＝３カ所）といった考え方もあるので、多めに設けておくとよいでしょう。新築時にコンセントを増やすのはたやすく費用も安価ですが、完成後に増やすのはたいへんなのです。

■屋内配線は単相３線式も必要!?

家電機器には100V、200V仕様のものがあります。冷蔵庫や洗濯機、テレビなどは100Vですが、IHクッキングヒーターや大型のエアコンなどは200V仕様のものが多く、100Vに対応した配線だけでは対応しきれません。新築時には、一部の配線を単相３線式専用回路にしておくとよいでしょう。

中間確認でチェック!

上棟後、電気配線が終わったころの中間確認（280ページ参照）の際は、図面や打ち合わせ通りに施工されているか確認しますが、それ以外にも、構造材の欠損がないかもチェックしましょう。

構造材の欠損とは、電気配線や給排水などの配管、配線工事のために柱や梁、土台などの構造材を削ったり大きな穴をあけたりしている状態です。こういった状態は構造材の耐震性を弱めてしまいます。

対策としては、設計の段階からパイプシャフト（パイプスペース）やフカシ壁（配線・配管のために厚みをもたせた壁）を設けるなどして配管や配線が通るスペースを確保します。設計者にその点についても確認しておきましょう。

また、家の内外を配管が貫通する部分のチェックもしましょう。配管は円形のものが多く、きちっとした施工がされていないと隙間ができる原因になってしまうからです。

電気配線のいろいろ

IT技術の普及に伴って、電話・電気配線だけでなくLAN用配線や情報分電盤の施工がされます。

専門家からひとこと!

中間確認の際は写真を撮りましょう

電気配線は建物が完成してしまうと見えなくなってしまいますので、現場に行った際には写真を多めに撮っておきましょう。そうすれば隠れてしまった箇所がどうなっていたのかがわかり、将来増築や修理をするときに図面と照らし合わせることで役立つことがあります。

上下水道工事

地域条例などに基づいて行われる

給排水の配管から器具の取り付けまで

住宅における上下水道工事とは、屋内外の配管工事や水まわり器具の取り付けを始めとし、雨水設備工事、浄化槽工事など水まわり全般の工事のことを言います。

上下水道の引き込みがされていない敷地や、条例等の変更で管の増径が必要な場合は、隣接する道路に埋設されている上下水道本管から新たに分岐工事をすることになります。

給水工事と排水工事

給水（水道）工事は、まず道路に埋設されている給水本管から敷地内に分岐された管に止水栓を設けて給水メーターを設置します。そしてそこから給水管を建物内の各水まわり器具につなぎます。

いっぽう排水工事は、各水まわり器具から出た排水を屋外の排水マス→道路から引き込まれている公共下水マス→道路に埋設されている下水本管に放流されるように管をつなぐ工事です。

浄化槽が必要な地域では、建物から出た排水を各マスで受けてから浄化槽に接続し、浄化された排水を道路側溝などに放流します。

構造材の欠損チェックを

構造材の欠損とは、配管のために柱や梁、土台、基礎などを大きく削ったり穴をあけたりしている状態のことです。欠損は建物の耐震性・気密性・断熱性を弱めたり、シロアリなどの侵入経路になったりする場合があるのでチェックしたいところです。

施主のチェックが難しいときは、現場の担当者に下のチェック事項を伝えておくとよいでしょう。

チェック!

施主の立場でのチェックポイント

- □ 給水・排水に漏水箇所はないか？　給水は器具（蛇口）からの水漏れ、排水は洗面化粧台などの下部のパイプからの水漏れなどで判断できる。
- □ 給水メーターボックスや排水マスの設置高さは適正か？　設置は水平か？
- □ 露出箇所の給湯器やエコキュートまわりの給水・給湯管はきちんと保温工事がなされているか？（寒冷地では電気ヒーター線を使用）
- □ 給水・排水管は規定の埋設深度が守られているか？
- □ 各水まわり器具の水の出はよいか？
- □ 排水時にゴボゴボという音がしていないか？
- □ 排水マスに水がたまっていないか？

上下水道工事のポイント

給水ヘッダー配管工事

給水ヘッダー式は、配管の接続数が少なく漏水などのトラブルを低減できる工法。キッチンと浴室などの同時使用による流水変化が少なく、安定した給水・給湯が得られる。

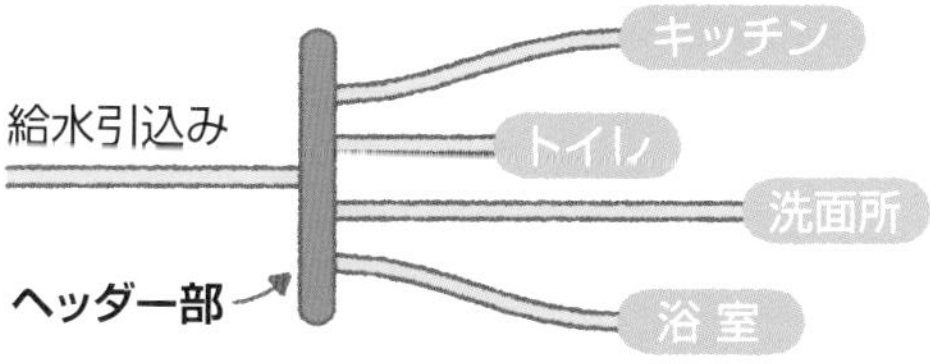

パイプシャフト（パイプスペース）の配管

青い管は給水管、グレーの管は排水管。

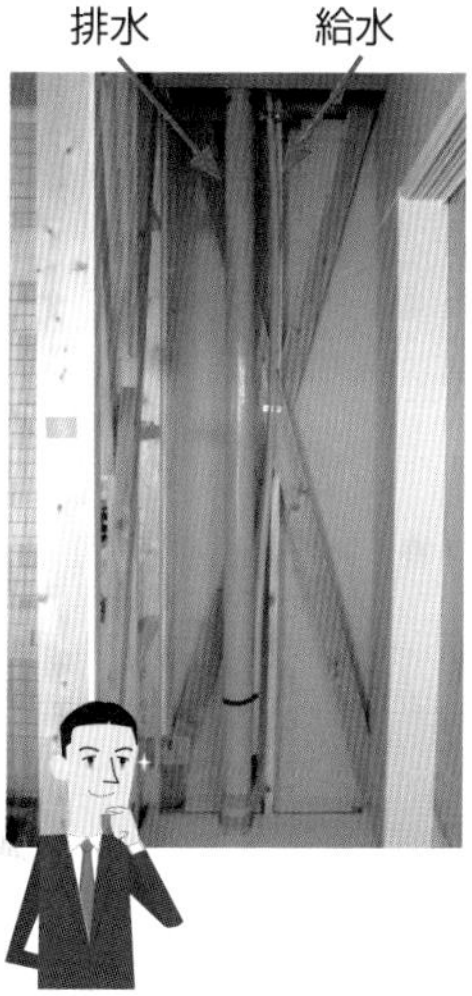

「深夜の排水音がうるさい」といったクレームがよくあります。これは、2階にある設備器具の排水音が原因。対策としては、パイプシャフト自体に防音施工する方法、2階の設備器具の排水管を防音パイプにする方法などがあります。排水管に断熱材を巻いて防音効果を上げる方法も多く行われています。

屋外排水工事

各設備器具の排水をマスで受けてから放流先へ。排水マスは、詰まったときの修理に活躍する。

浄化槽設置工事

排水を浄化するための設備。下部はコンクリートで補強される。なお、浄化槽を設置する場合、市町村で補助金を出しているケースが多いので確認を忘れないようにしたい。

給水装置の耐圧試験

一定の水圧による耐圧試験で、漏水がないことを確認する。

排水勾配チェック

配水管の勾配を、排水勾配器により確認する。

断熱工事

なにはなくても隙間のないことが絶対条件

断熱は家全体を丸ごと包む

断熱工事では、「工法をどうするか、どの材料を使うか」ということはとても大切ですが、選択した工法のメリットを１００％生かすためには、なんといっても施工業者の知識と技術力が重要です。

断熱材の施工でもっとも大切なのは、建物全体を隙間なく覆って断熱欠損のないようにすること。まれに、認識不足から浴室やロフトに断熱を施さない業者や、壁には高性能の断熱材を採用しているのに床は効果の低い材料にしているケースが見受けられます。

また、サッシまわりや給気口まわりなどの細かな施工が必要な箇所や木材が複雑に交わっている箇所などで断熱欠損が起こっているケースもあります。ほんの数センチの断熱材の隙間のせいで、窓が結露することもあります。

見た目でチェックできる

断熱材でもっともよく使われているグラスウール（ガラス繊維でできたもの）は、しっかりと固定されているかの確認が必要です。ある程度住んでからのリフォーム工事の現場で、壁を壊してみるとグラスウールがずれ落ちていることがよくあるからです。

また、板状の断熱材など切って使うタイプのものは、素材そのものの断熱性能に問題はありませんが、板状の固い素材を切って施工するために隙間ができやすいというデメリットがあるので注意したいところです。

断熱工事は、隙間なくきれいに入っているか素人でもわかりやすい工事ですので、確認させてもらいましょう。また、断熱材は建物が完成すると見えなくなってしまう場所ですので、写真を撮っておくのもよいでしょう。

チェック!

断熱のためのチェックポイント

壁部分

- □ 隙間なく詰められているか?
- □ グラスウール：下に垂れ下がっていないか?
- □ グラスウール：耳を重ねて止めてあるか?
- □ 充填タイプ：仕様通りの厚さになっているか?
- □ 窓やコンセントまわりに隙間はないか?
- □ 配管など貫通部分に隙間はないか?
- □ 配線・配管部分で破れなどが生じていないか? 生じている場合は防湿テープ・アルミテープなどで補修されているか?

小屋裏

- □ 天井断熱：隙間なく詰められているか?
- □ 屋根断熱：隙間なく詰められているか、妻側の壁にも施工されているか?

床下

- □ 隙間なく詰められているか?
- □ 垂れ下がったり、落下したりしていないか?

■断熱材の種類による施工

グラスウール

グラスウールの形状はロール状、板状、フェルト状などさまざま。いずれも壁の高さに合わせてカットし、間柱と間柱の間に隙間なく詰める。左右に並ぶグラスウール両サイドの「耳」を重ね合わせ、柱にかぶせてタッカーで止めて固定する。安価で、シロアリに強いなどのメリットがある。

専門家からひとこと!

断熱材選びは住宅会社選び

断熱材にはさまざまな種類があり、住宅会社によって採用している断熱材が異なります。施主様が使いたい断熱材があるならば、それを採用している住宅会社を探すことになります。ただ、断熱材へのこだわりがある方もそうでない方も、依頼する住宅会社の断熱工事に対するこだわりを確認しておきましょう。

充填断熱材

①天然木質系（セルローズファイバー）

綿状のセルローズファイバーを、ホースで送風しながら壁や屋根、床の中に充填する。繊維同士が接着するため安定し、経年変化が少ないメリットがあり、隅々に行きわたるのでコンセントボックスや配管まわりなどにも隙間を生じない。

提供／株式会社デコス

②硬質ウレタンフォーム

プラスチックの発泡体。ガスや水の力で発泡させながら吹きつけるタイプ。吹きつけタイプは細かい気泡で小さな隙間にも接着し、継ぎ目なく充填できるのがメリット。

提供／株式会社 日本アクア

いかに隙間なく仕上げるかが、断熱のポイントになります。

ガス工事

地域密着の会社に依頼するのがおすすめ

プロパンガスと都市ガスの二種類

住宅で利用されるガスには、一般の企業や商店が窓口となって各住戸にボンベを設置して供給する「プロパンガス（LPガス）」と、都市ガス会社（地域に一社のみ）や地方公営企業によって地域の道路に埋設されたガス本管から供給される「都市ガス」があります。

ガス工事は、建物内に配管したガス管をメーターを介してガス本管もしくはプロパンガス容器とつなぐ工事です。

地域によって、プロパンガスの配管工事は無償、給湯器（エコジョーズなど）も無償貸与であるケースがあるようです。しかし、ガス使用料金や値上げのタイミングなど、料金体系は会社ごとにまちまち。建物を依頼した会社に出入りしている業者と安易に契約せず、いろいろ確認した上で、地域に根差した会社を選ぶことが大切です。

いっぽう、都市ガスの配管工事や給湯器の費用には初期投資が必要ですが、プロパンガスに比べて一般的にガス料金は安価となっています。

■ガスの配管

プロパンガス

プロパンガスの成分は全国共通のため、屋内で使う設備は「LPガス用」と記されているものならば使用できる。

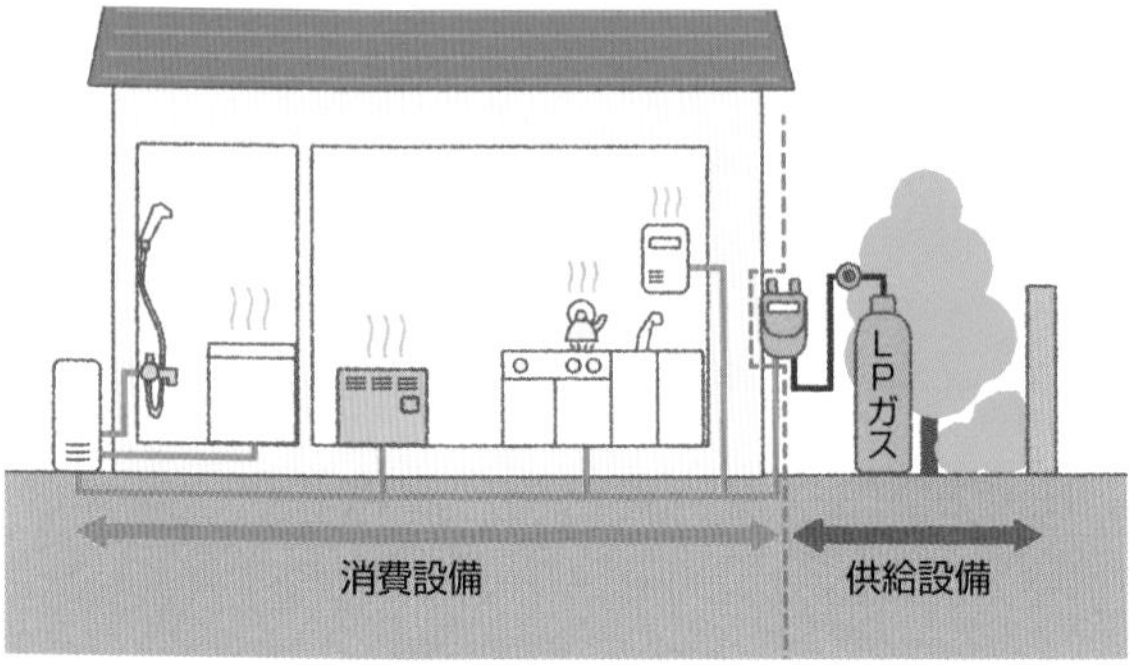

都市ガス

都市ガスは原料などによって7分類されているため、引越しするとその地域のガスの分類に合わせてガス器具の買い替えをする必要がある。

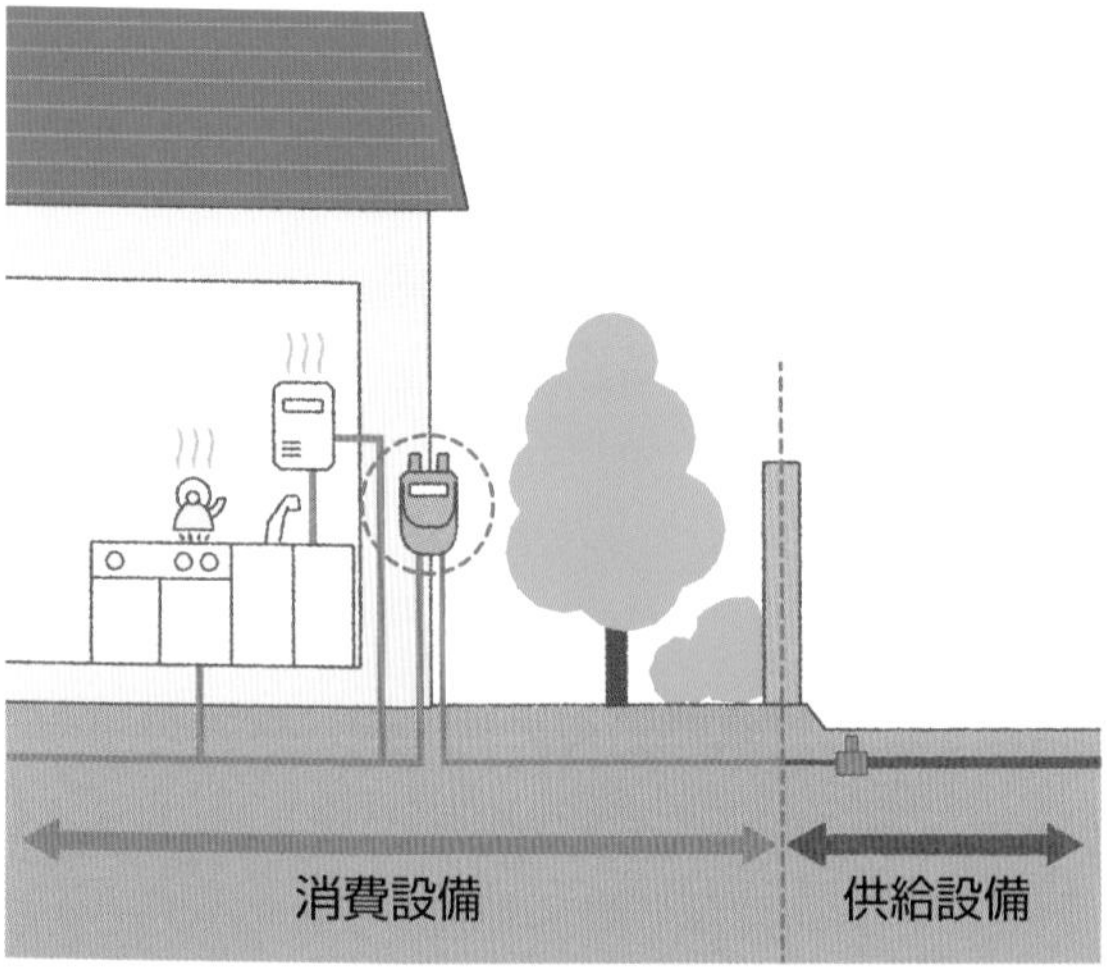

■ガス工事の流れ

1 工事の申し込み

住宅会社を通じてガス会社に申し込む。設置するガス機器、ガスメーターの設置場所、配管ルートなどの打ち合わせを行い、見積もり～契約後に工事を行う。

↓

2 スリーブ工事

管が基礎などを貫通する場合、その開口を確保するための「さや管（紙筒〔ボイド管〕や塩ビ管など）」をコンクリート打設前に設置しておく。

3 配管・設備器具の設置

屋内外の配管およびバルブ・ガス栓・ガスメーターなどを設置する。右は1階天井部の配管の様子。

↓

4 ボンベ・調整器の設置／ガス本管への接続

プロパンガスの場合は、ボンベや調整器（ガスの圧力を調整する機器）を設置する。都市ガスの場合は、敷地内の管とガス本管を接続する。

↓

5 点検・点火試験

ガス設備の点検・点火試験を行い、引渡しとなる。

専門家からひとこと!

経費節約のためのポイント

都市ガス本管の分岐のため道路の掘削工事が必要で、上下水道の取り出し工事も行う予定がある場合、同じ掘り穴で施工ができるかどうか、検討してもらいましょう。同じ線上にガス・上下水道両方の工事箇所があると舗装の復旧費など二重に払わなくて済む可能性があります。

●さまざまな安全対策

マイコンメーター

もしガス漏れがあった場合、マイコンメーター（ガスメーター）がいち早く感知し、警報・供給遮断を行うようになっている。

ガス漏れ警報器

室内には、ガス漏れや不完全燃焼により発生した一酸化炭素や、火そのものを感知し警報音や音声で知らせる装置が設置される。

ロケーティングワイヤー

埋設配管は施工時に図面と多少のズレが生じることもある。このため配管には「ロケーティングワイヤー」という電線が巻きつけられる。これに微弱な電気を流すと電波探知機が反応し、管の埋設位置・深度などを知ることができ、リフォームや外構工事の際の損傷防止につながる。

左官工事

色、仕上がりの表情も多種多様

高い機能性と自然志向の高まりで人気再燃

左官工事とは、床や壁に壁土、モルタル、漆喰、プラスター、繊維などをコテで塗ったり吹きつけたり貼りつけたりする、建物表面の装飾や保護を目的に行われる工事です。この他、タイルや石工事の下地づくり、サッシまわりのモルタル詰めなどもあります。

いずれも、左官材料を水で練って使用する湿式工法で、すべての作業が現場施工、という点が特徴です。そのため乾式工法（クロス、サイディング、石膏ボードなど）に比べて工期がやや長く、費用も高くなります。

近年、「調湿性能の高さ」「デザイン性」「耐火性」「環境に優しい（廃棄時に自然に還る）」「シックハウス症候群の原因になりにくい」などの理由から、漆喰や珪藻土などの自然素材を採用する方も多くなっています。

■左官工事の流れ

屋内壁

●京壁（ラスボード下地）の工程例

1 パテ処理

ラスボード下地のつなぎ目をパテで埋めて凹凸をなくす処理をする。

↓

2 下塗り

石膏プラスターで下塗りをする。

↓

3 中塗り

2、3日～1週間後、下塗りが乾いたら再度石膏プラスターで、下塗りのヒビを覆うように塗り重ねる。中塗りの具合で平滑度が決まる。

↓

4 上塗り（仕上げ塗り）

さらに養生期間をおき、中塗りが乾いたら仕上げ塗りを行う。仕上げ厚は材料や工程によって異なる。

外壁

1 下地づくり

胴縁の上に木ずり（小幅の板）をすのこ状に施工して、その上からアスファルトフェルトを貼り、さらにその上にラス網を貼る。

↓

2 下塗り

ラス網の上に下塗りをする。

↓

3 上塗り（仕上げ塗り）

下塗りが乾いたらファイバーメッシュを貼り、上塗り（仕上げ）にかかる。下塗り後の養生期間はまちまちで、2日程度で上塗りすることもある。

↓

4 完成

養生期間を経て完成。

いろいろな左官仕上げ

素材や仕上げ方の違いによって、多種多様な表情が生まれる。

コテ押さえ	櫛引き仕上げ	刷毛引き仕上げ
コテを使って表面を平滑にならす。	櫛目のついたコテなどを当てて模様をつける。職人によって施工精度に違いが出る。校倉（あぜくら）仕上げとも言う。	 左官刷毛などを引きながら模様をつけていく。曲線やポイント模様付けも可能。
掻き落とし仕上げ	**扇仕上げ**	**スタッコ調仕上げ**
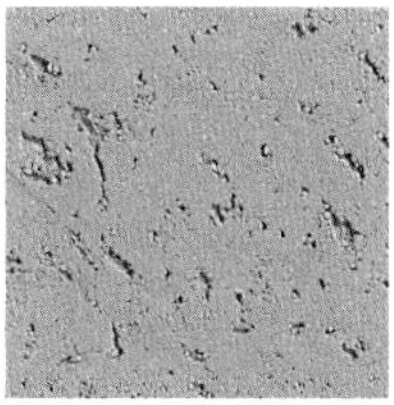 表面を剣山のようなブラシなどで掻き取り、質感を出す。	コテを使って、表面に扇形の模様をつける。	 モルタルや漆喰などを厚さ5～8mm程度に塗りつけた後、木ゴテやローラーなどで押さえて模様をつける。

板金工事

屋根・壁から細かい場所など、重要ポイントに施工

雨風から家を守り、耐久性を上げる

住宅における板金工事とは、屋根（棟や軒先）・外壁（霧除けや水切り）・雨どい・水まわりなどに金属鋼板を加工して取り付ける工事の総称です。

ステンレス板・カラー鋼板・ガルバリウム鋼板・アルミ板・銅板・チタン板などを取り付けることで雨水などの浸入を防ぎ、耐久性を上げます。

かつて板金は錺《かざり》といって、一枚の板を叩いて絵を描いたり形をつくったりしていく技術でした。

明治になると外国から薄鋼板が輸入・製産されるようになり、錺屋から板金工と呼び名が変わっていきました。現代では工場生産技術が進み、機械で大量生産されたものを取り付ける作業が主になっています。

■主な板金工事

屋根工事

金属屋根のメリットは耐水性・耐火性・加工性。近年はガルバリウム鋼板がサビに強く比較的安価で、人気がある。

棟板金

屋根の棟に板金をかぶせる。

破風板工事

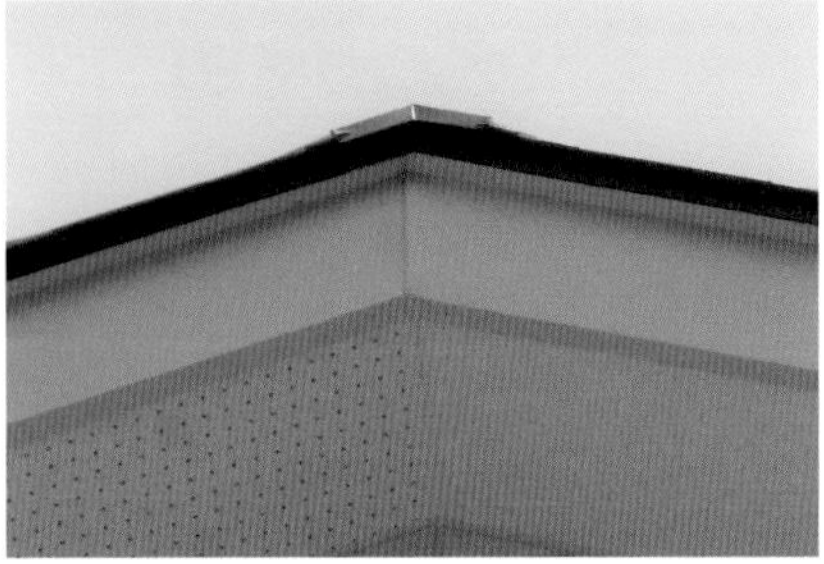

破風板《はふいた》（屋根の妻側に取り付けられた板）をガルバリウム鋼板などで覆う。耐久性に優れる。

笠木巻き板金工事

笠木は、塀や手すり、腰壁、パラペット（壁を立ち上げる形で設けられた低い手すり壁）などの上部に取り付ける仕上げ材。ここを板金で覆うことで耐久性が上がる。

雨どい工事

雨は屋根から軒先、雨どいを通って地面に流れる。雨どいの詰まりを防ぐために落ち葉ネットを取り付けるケースもある。

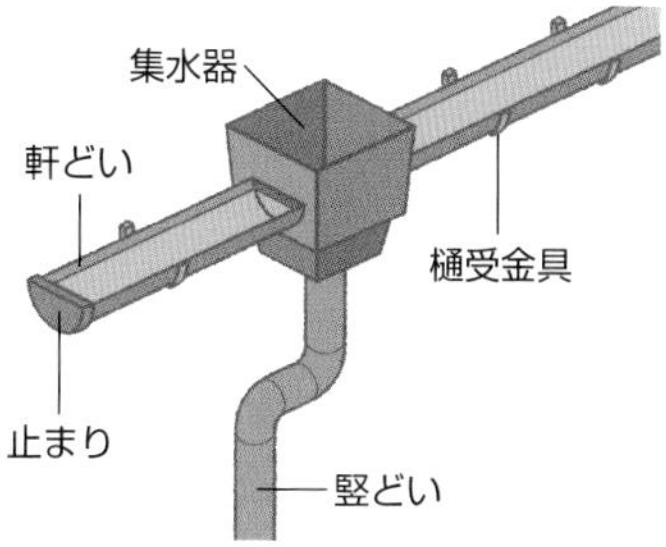

水切り工事

通気水切り。外壁をつたった雨水が土台に浸入しないように設ける。

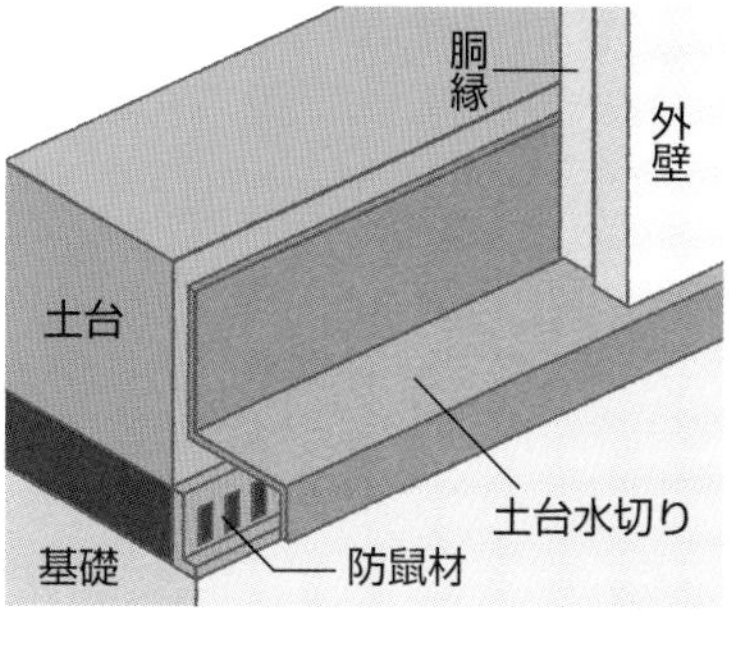

瓦屋根と外壁の取り合い（接点部分）に取り付ける水切り。雨漏りを防ぐ。

専門家からひとこと!

色合わせに注意しましょう

建物外部に施工する板金（破風や雨どいなど）は、デザインにも大きな影響を与えますので、色や材質選びに注意しましょう。たとえば外壁を2色以上にする場合は雨どいも2色使いで合わせるとよいでしょう。

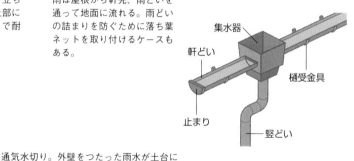

クロス工事

これが終わると、家も完成形にかなり近づく

部屋の雰囲気が一気に変わる

クロス（壁紙）は、室内の中で一番大きな面積を占め、まず視界に入ってくるものです。新築して数年は、たとえ少々雑な施工であったとしてもきれいに見えます。

しかし、きちんとした施工がされていないと、時間の経過とともにクロスの継ぎ目が剥がれてきたり、隙間ができたりします。

もっとも多く使われているビニルクロスの場合、表面は汚れや傷に強いビニル製でできています。クロス工事で大切なのは、接着前の壁の凹凸を均等にならす下地処理をしっかりと行うこと。下地処理がじょうずにできていないと、徐々に凹凸が目立つようになってしまいます。

■クロス工事の流れ

1 下地処理

窓やドアなどの枠まわりや柱などにパテや糊がつかないよう養生し、パテで下地を平滑にする。

クロス施工前の石膏ボードの状態。

石膏ボードの継ぎ目をパテで埋めて下地処理した状態。

↓

2 クロスの裁断・糊づけ

寸法に合わせてクロスを裁断し、糊づけする。

●シックハウス症候群対策

シックハウス症候群の一番の原因とされているのが、クロスを貼る際の糊。しかし近年は、フォースター（☆☆☆☆）の表示がついたものを使用することが一般的になっている。

●廻り縁と巾木

巾木は、掃除機などの衝撃からクロスを守る役目をする。巾木も廻り縁も、素材感からいうと木製のものが望ましいが、巾木は安価なビニル製、廻り縁は化粧合板のものが使われることが多い。

左は巾木、右は廻り縁を取り付けたケース。

専門家からひとこと!

クロス工事でチェックしたいこと

クロス工事では、クロスの継ぎ目をチェックしましょう。継ぎ目はできばえのよしあしが一番わかりやすい場所だからです。特に柄ものの場合、遠目には継ぎ目がわからないくらいの施工であるべきです。無地の場合は、近くで見ても継ぎ目がよくわからないくらいでなくてはいけません。

3 クロスを貼る

クロスのジョイント部分を数センチ重なるように貼り、後で重なる部分をカットして調節する。

↓

4 糊を拭き取る

はみ出た糊をスポンジなどで拭き取る。拭き残しはシミや汚れの原因になる。

↓

5 完了

養生期間をとって十分に乾燥すれば完了。

エアコン工事

外観を損なわないような配慮を！

エアコンの室内・室外機の配置・寸法には注意！

エアコンを取り付ける際の基本は、機能的に問題のないよう配置することが第一とはいえ、「いかに建物のデザインを壊さないようにするか」ということも大切。室外機や配管が視界に入ると美観を損なうことになるからです。ですから、玄関や隣接する道路から極力見えない位置に配置します。

また、室内機については「設置しようとしたら、カーテンレールと接触して予定していた位置に取り付けできない」ということもあります。これは、装飾の多いカーテンレールを後から選んでしまったための失敗です。

こうなると、エアコンの機種を換えるか、エアコンの位置を変えるか、カーテンレールを換えるか、ということになりますので、工事を行う会社に事前に確認しておきましょう。

エアコン室外機の設置場所例

エアコン室外機は一般的な大地置き、ベランダ置きの他、スペースによって下のような場所にも設置されます。

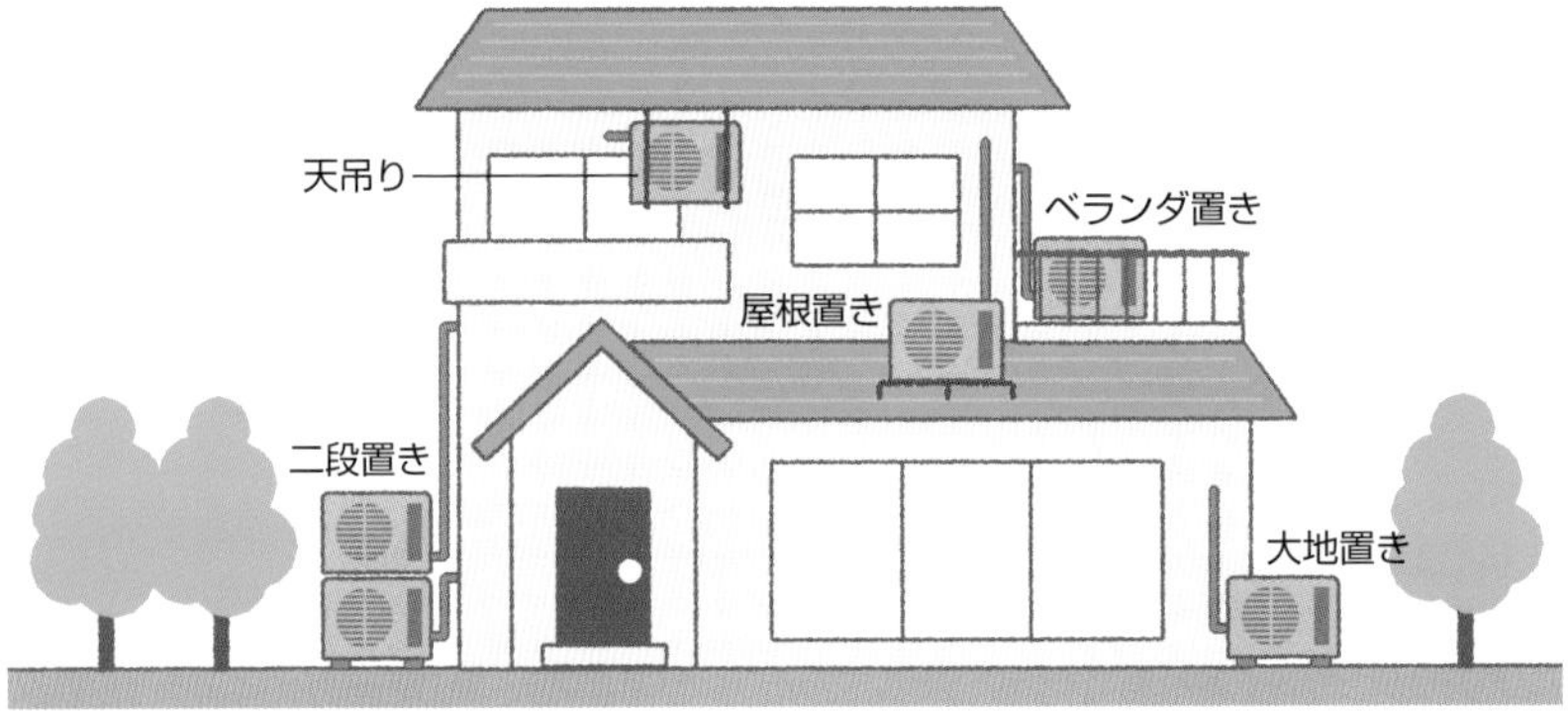

専門家からひとこと!

エアコン工事、自分で手配する？

最近では、料金の安さから施主自身が大手家電量販店でエアコンを購入し、量販店から依頼された業者が取り付けるケースも多いようです。この場合、「エアコンのボルト数とコンセントの電圧が合わない」「エアコン専用コンセントがない」などのトラブルがないようにしましょう。自身での購入を予定されているのであれば、早い段階で購入機種の型番などを打ち合わせておき、配管スリーブや隠ぺい配管（壁内に配管を埋め込むこと）は住宅会社に依頼しておく必要があります。

私の経験からは、多少の金額差であれば住宅会社に最初からまとめて依頼したほうが仕上がりもきれいで、トラブルがあったときでも責任の所在がはっきりしてよいと思います。

エアコン工事の流れ

1 取り付け版設置

室内機取り付け版を設置したところ。取り付け版の右下にある穴が配管スリーブ。

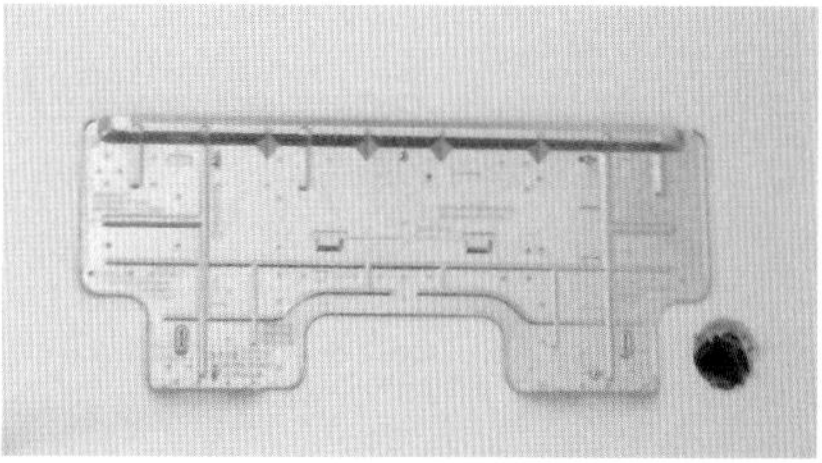

2 室内機取り付け

室内機を取り付ける。スリーブに冷媒管を通して、仮止めした室外機から出ている冷媒管と接続する。ドレンホース（排水ホース）をスリーブから室外に通す。スリーブの隙間はパテなどで埋める。

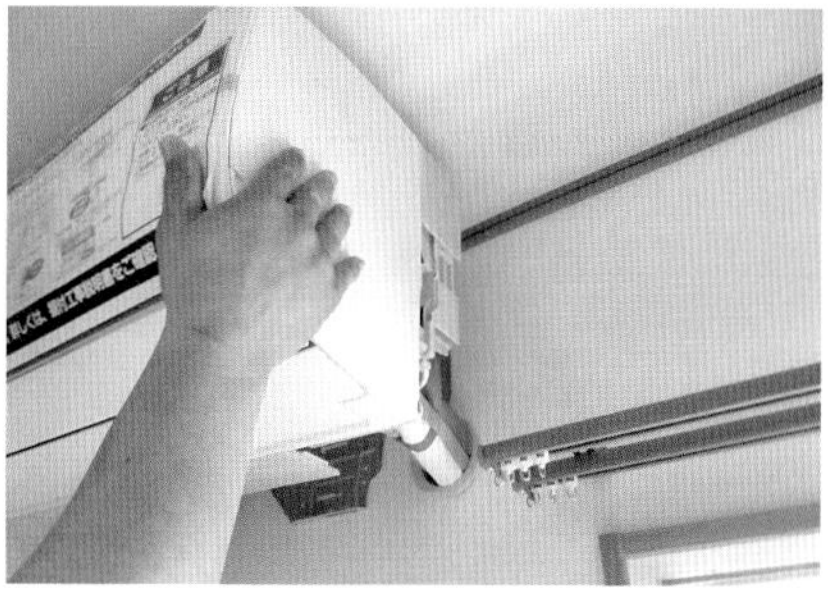

3 室外機との接続・エアパージ

冷媒管を室外機に接続し、冷媒管と室内機内部を真空にして冷媒で満たすための真空引きによるエアパージを行う。

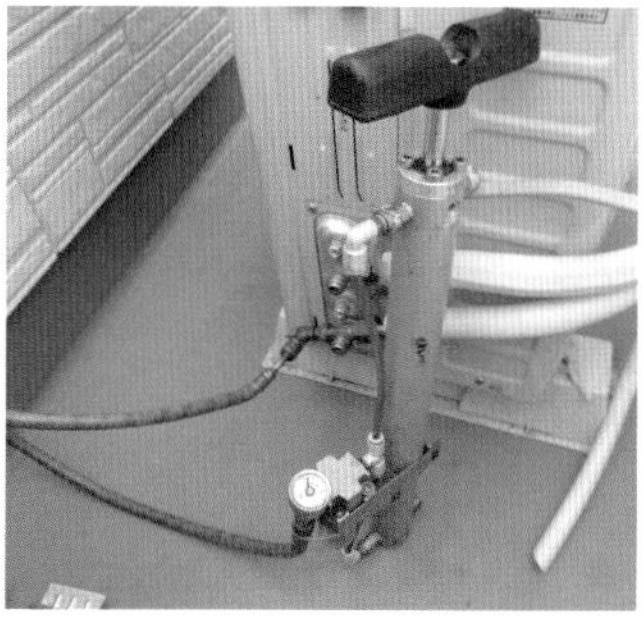

4 完了

ガス漏れ、試運転のチェックをして完了。配管は、室内・室外とも化粧カバーで覆う。

エアコン取り付けのチェックポイント

室内機

- □ スリーブ（配管用の穴）の位置は適正か?
- □ コンセントの位置は適正か?
- □ カーテンレールとの間隔はどうか?
- □ 壁内配管との位置関係は適切か?

室外機

- □ 室外機まわりに基準の空きスペースが確保できるか?
- □ 室外機の音の配慮はされているか?（防振ゴム等）
- □ エアコン配管化粧カバーの色はどうか?（外壁と色を合わせる）
- □ 配管スリーブの隙間処理・ドレンホース先の虫除けキャップなど、害虫対策はされているか?

column

マイホームづくりのQ&A

Q 「着工会」というものがあると聞いたのですが、それってなんですか?

A 着工会というのは、建物の着工前に行う施主様側と業者側（住宅会社の担当者と各施工業者の担当など）の顔合わせです。自己紹介や工事の工程などの最終確認をするわけですが、施主様側としてはどんな職人さんが施工してくれるのか、また業者側は、自分たちの建てる家にどんな人（家族）が住むのか、ということがわかりますし、お互いの安心感や信頼関係につながるなどメリットがあります。

あまりなじみのない言葉ですが、中には着工会を行っている住宅会社もありますので、行われる場合は良好な関係をつくっておけるといいですね。

Q 親から、工事中のお茶出しは必要だと言われたのですが、実際は?

A 職人さんへのお茶出しは、「何時ごろ、何人分用意すればよいか？」「作業の邪魔にならない？」など、施主様側にとって意外と悩みどころのようです。実はそれは職人さん側も同じで、ありがたい反面、場合によっては作業を中断することになるなどメリットだけではないのが実情。施工業者によっては、「お茶出しは不要です」と事前になんらかの説明をする場合もあります。

とはいえ、職人さんたちを労いたい気持ちは理解できます。そんなときは、お茶などを入れた大きめのポットに紙コップ、手軽につまめるお菓子類などを用意し、自由に飲食してもらう方法もあります。毎日でなくてもよいし、形式にこだわらなくてよいのです。無理のない形でコミュニケーションをとることができればいいと思います。

PART 11

工事着工から完成までのあれこれ

着工前にはいろいろ確定させておく

仕様がすべて確定するまでは着工しない！

綿密な仕様打ち合わせが「成功する家づくり」のカギ

家づくりを成功させるためには、「仕様がすべて確定するまでは着工しない！」ことがとても大切です。

引越し時期の関係で着工を急ぐあまり、中途半端な仕様打ち合わせで着工することはトラブルを招くもと。「予算がオーバーしてしまった」「つけたい器具がつかなくなってしまった」などという後悔はしたくないものです。

新築にかかわる図面や仕様、外構工事、追加工事（予算）はもちろん、できれば購入予定の家具にいたるまで打ち合せをしっかりして決定してから着工しましょう。

「成功する家づくり」とは、住んでからの住み心地がどうかということも大切ですが、打ち合わせから工事中にいたるまで、安心して楽しくすごせることも大きな要素です。

■仕様書の例

どこにどんな器具を使うかをまとめた一覧表。ひとつひとつについて、きちんと確認をしておきたいものです。疑問点・不明点があれば説明を受けましょう。

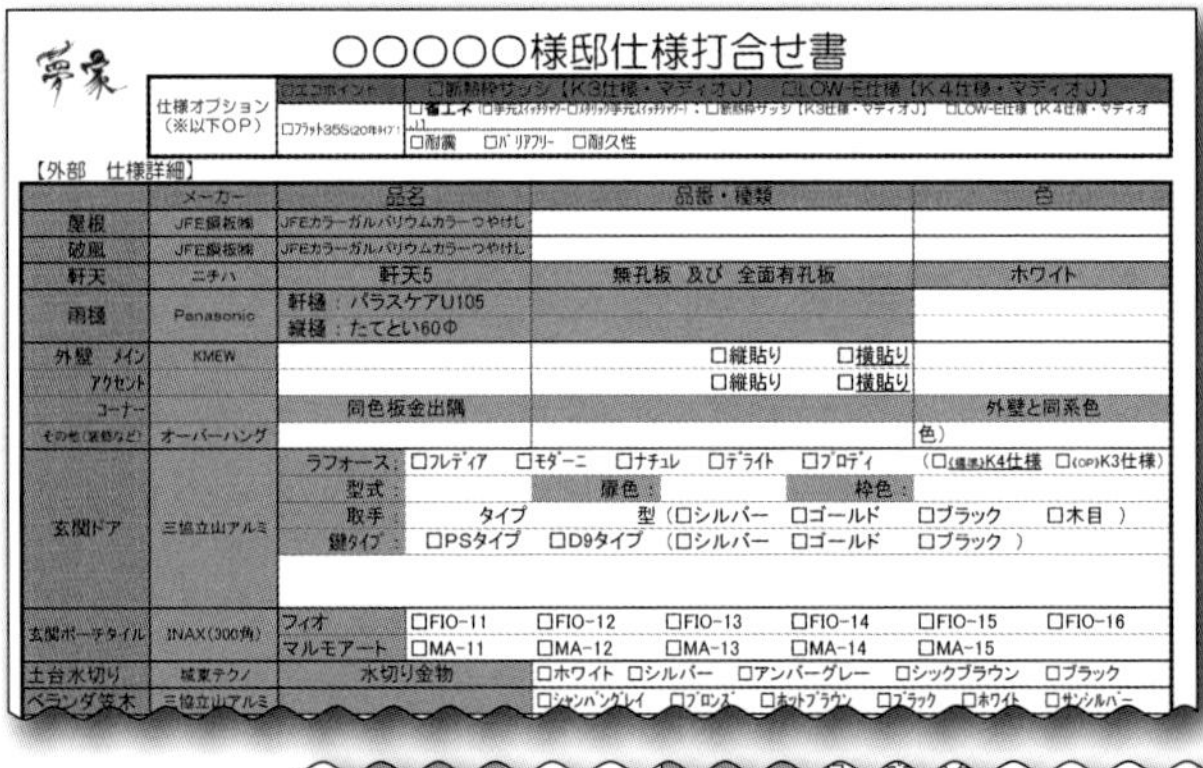

夢家

○○○○○様邸仕様打合せ書

仕様オプション（※以下ＯＰ）　□エコポイント　□新断熱サッシ【K3仕様・マディオJ】　□LOW-E仕様【K4仕様・マディオJ】
□フラット35S(20年H7')　□省エネ　□新断熱サッシ【K3仕様・マディオJ】　□LOW-E仕様【K4仕様・マディオJ】
□耐震　□バリアフリー　□耐久性

【外部　仕様詳細】

	メーカー	品名	品番・種類	色
屋根	JFE鋼板㈱	JFEカラーガルバリウムカラーつやけし		
破風	JFE鋼板㈱	JFEカラーガルバリウムカラーつやけし		
軒天	ニチハ	軒天5	無孔板　及び　全面有孔板	ホワイト
雨樋	Panasonic	軒樋：パラスケアU105 縦樋：たてとい60Φ		
外壁　メイン	KMEW		□縦貼り　□横貼り	
アクセント			□縦貼り　□横貼り	
コーナー		同色板金出隅		外壁と同系色
その他（装飾など）	オーバーハング			色）
玄関ドア	三協立山アルミ	ラフォース：□フレディア　□モダーニ　□ナチュレ　□デライト　□プロディ　（□(標準)K4仕様　□(OP)K3仕様） 型式：　扉色：　枠色： 取手：タイプ　型（□シルバー　□ゴールド　□ブラック　□木目） 鍵タイプ：□PSタイプ　□D9タイプ　（□シルバー　□ゴールド　□ブラック）		
玄関ポーチタイル	INAX(300角)	フィオ：□FIO-11　□FIO-12　□FIO-13　□FIO-14　□FIO-15　□FIO-16 マルモアート：□MA-11　□MA-12　□MA-13　□MA-14　□MA-15		
土台水切り	城東テクノ	水切り金物	□ホワイト　□シルバー　□アンバーグレー　□シックブラウン　□ブラック	
ベランダ笠木	三協立山アルミ		□シャンパングレイ　□ブロンズ　□ホットブラウン　□ブラック　□ホワイト　□サンシルバー	

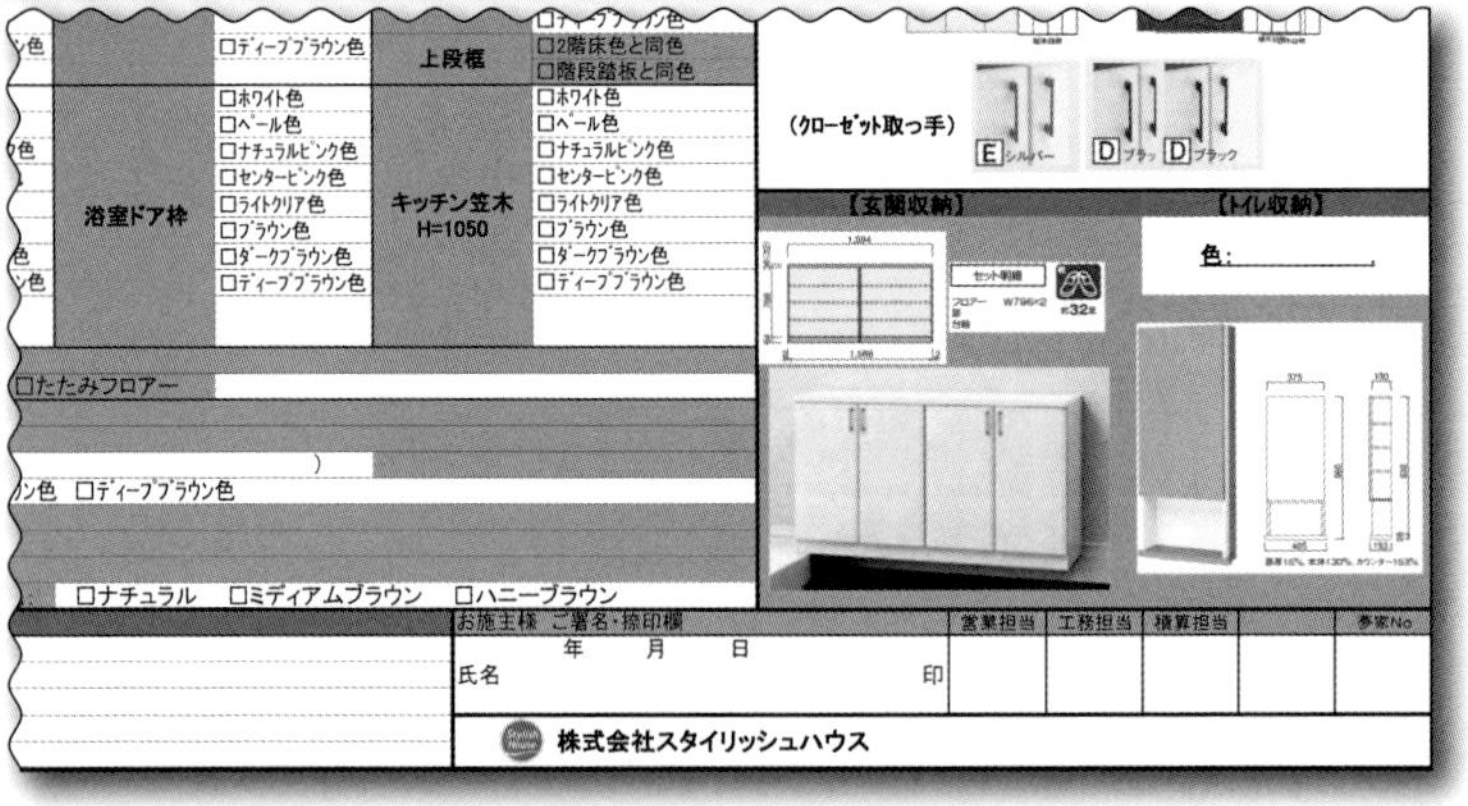

□ディープブラウン色

上段框　□ディープブラウン色　□2階床色と同色　□階段踏板と同色

浴室ドア枠　□ホワイト色　□ペール色　□ナチュラルピンク色　□センターピンク色　□ライトクリア色　□ブラウン色　□ダークブラウン色　□ディープブラウン色

キッチン笠木 H=1050　□ホワイト色　□ペール色　□ナチュラルピンク色　□センターピンク色　□ライトクリア色　□ブラウン色　□ダークブラウン色　□ディープブラウン色

（クローゼット取っ手）　E シルバー　D ブラック　D ブラック

【玄関収納】　【トイレ収納】　色：

□たたみフロアー

）

□ディープブラウン色

□ナチュラル　□ミディアムブラウン　□ハニーブラウン

お施主様　ご署名・捺印欄　年　月　日　氏名　印

営業担当　工務担当　積算担当　参家No

株式会社スタイリッシュハウス

住宅会社による建築確認申請・確認

工事の着工前には、住宅会社による「建築確認申請」がなされます。これは、新築・増築する建物が建築基準法や条例等に適合している計画であるかどうか、建築予定地の役所または民間の指定検査機関に必要な書類を提出し確認を受けるものです。

住宅会社が役所にチェックを受けるもので、建て主が建築確認申請書自体のチェックを行うことは通常はありません。建て主としては、建築確認申請書類の前段階での図面や仕様書のチェックに注力しましょう。

専門家からひとこと!

着工はすべてが決定してから

着工前のチェックでは、仕様書・工程表・予算などに未定の部分がないかどうかをよく確認してください。未定の部分がある場合は、確認がとれるまで着工してはいけません。不明点などの問題がある場合は、すべてクリアにしてから着工してもらいましょう。

■確認申請の主なチェック項目

施主が確認することはありませんが、知識として知っておくとよいでしょう。

集団規定	住宅は建てられるか?	用途地域の種類	工業専用地域は不可
	道路に接しているか?	前面道路の幅員	4m以上の道路もしくはセットバック
		接道長さ	2m以上必要
	建物の延焼や類焼の対策は設けられているか?	耐火建築物・準耐火建築物・防火構造等の対策	防火、準防火地域、法22条地域
	建物の大きさに問題はないか?	建築面積(建ぺい率)	建ぺい率(%)=建築面積/敷地面積
		延べ床面積(容積率)	容積率(%)=延べ床面積/敷地面積
		道路斜線	道路の幅員×道路斜線係数
		北側斜線	真北方向
		日影規制	
		外壁後退	
		建築協定	
		絶対高さ	
単体規定	住環境に問題はないか?	居室に自然採光	床面積の1/7以上の有効開口
		居室に自然換気	
		居室の天井高さ	2.1m以上
		居室の仕上げ材	シックハウス対策
		居室の24時間換気	シックハウス対策
	建物の危険な箇所の対策は行われているか?	落下防止策	バルコニー・階段の手すり 2階窓の腰高
		階段の安全性	有効幅、蹴上げ寸法、踏み面寸法
		火気使用室の安全	排気能力、内装制限
	建物の耐久性は問題ないか?	湿気対策	床高さ45cm以上またはベタ基礎
		床下換気	5mごと30cm^2
	建物の構造は問題ないか? (仕様規定の場合)	必要壁量	耐力壁の長さ
		耐力壁のバランス	四分割法または偏心率チェック
		柱頭・柱脚金物	仕様規定またはN値計算
		柱の太さ	横架材の相互間の垂直距離

施主による中間確認（検査）のポイント

住んでからの後悔を未然に防ぐ手段

実施していない会社でも、お願いしてみよう

中間確認（検査）は、完成すると見えなくなってしまう部分の確認で、建物の品質を守るためにとても大切なものです。また、建て主の気になっているところや現場で気になったところを指摘・修正するという目的もあります。

住宅会社によっては建て主による中間確認を行っていないところもありますが、ぜひ自ら要望して行うことをおすすめします。

変更・修正前の最後のチャンス

確認は建て方が終了して数週間後、電気配線工事があらかた終わったころに行うとよいでしょう。このころになると、各部屋の大きさや雰囲気がイメージしやすくなっています。

ここでは特にコンセントの位置や数、スイッチの高さなどをメインに確認します。このときがコンセントの位置や数を変更する最後のチャンスです。これ以降になると断熱工事が入ってしまうため、変更があると費用も多額になってしまうからです。

普段忙しくてあまり現場に行けない施主様は、この機会に中間確認のチェックとは別に次のことも確認しましょう。

・2階に上がる階段スペース（転落事故が多い箇所）などの安全対策がなされているか？
・足場に危険な場所はないか？
・現場内は整理・整頓されているか？
・構造材に欠損はないか？
・建物内外の清掃は行き届いているか？
・職人さんのマナーはどうか？
・車はきちんと駐車されているか？
・ゴミ置き場は整頓されているか？

少しでも気になるところがあれば写真に撮ったり、現場の担当者を通じて確認したりしておきましょう。

専門家からひとこと!

現場の基本的な面もチェックを！

構造部分に関しては専門的で、検査すると言ってもなかなか難しいと思いますが、仕様や打ち合わせ通りに施工されているか確認し（写真を撮っておく）、気になるところがあれば現場担当者に説明してもらいましょう。

■中間確認（検査）のチェック項目

書き込む!

（判定は、良（規定通り）…○、不良（規定外）…×、不明…△と記す）

	チェック項目	判定	備考
プレカット図	木材の仕様は設計通りになっているか？		
	各構造材のサイズと配置に問題はないか？		
	土台、梁の継ぎ手位置は、耐力壁を避けて設けられているか？		
設計図	木材の材種・強度（無垢材、集成材）・等級・乾燥材の程度などは設計通りの部材で施工されているか？		
	各構造材に節・割れ・丸みがあるなど品質の悪い材料が使われていないか？		
	各構造材のサイズと配置に問題はないか？		
	床合板・耐力壁など合板関係の等級・分類・特定建材の種別は設計通りの部材で施工されているか？		
	構造金物は設計通りで、認定材が使用されているか？		

●プレカット図と見積書

構造材のサイズや配置が図で表されているものがプレカット図、一覧表になっているものが見積書です。見積書（数枚綴り）では使用部材の仕様や等級などがチェックできます。

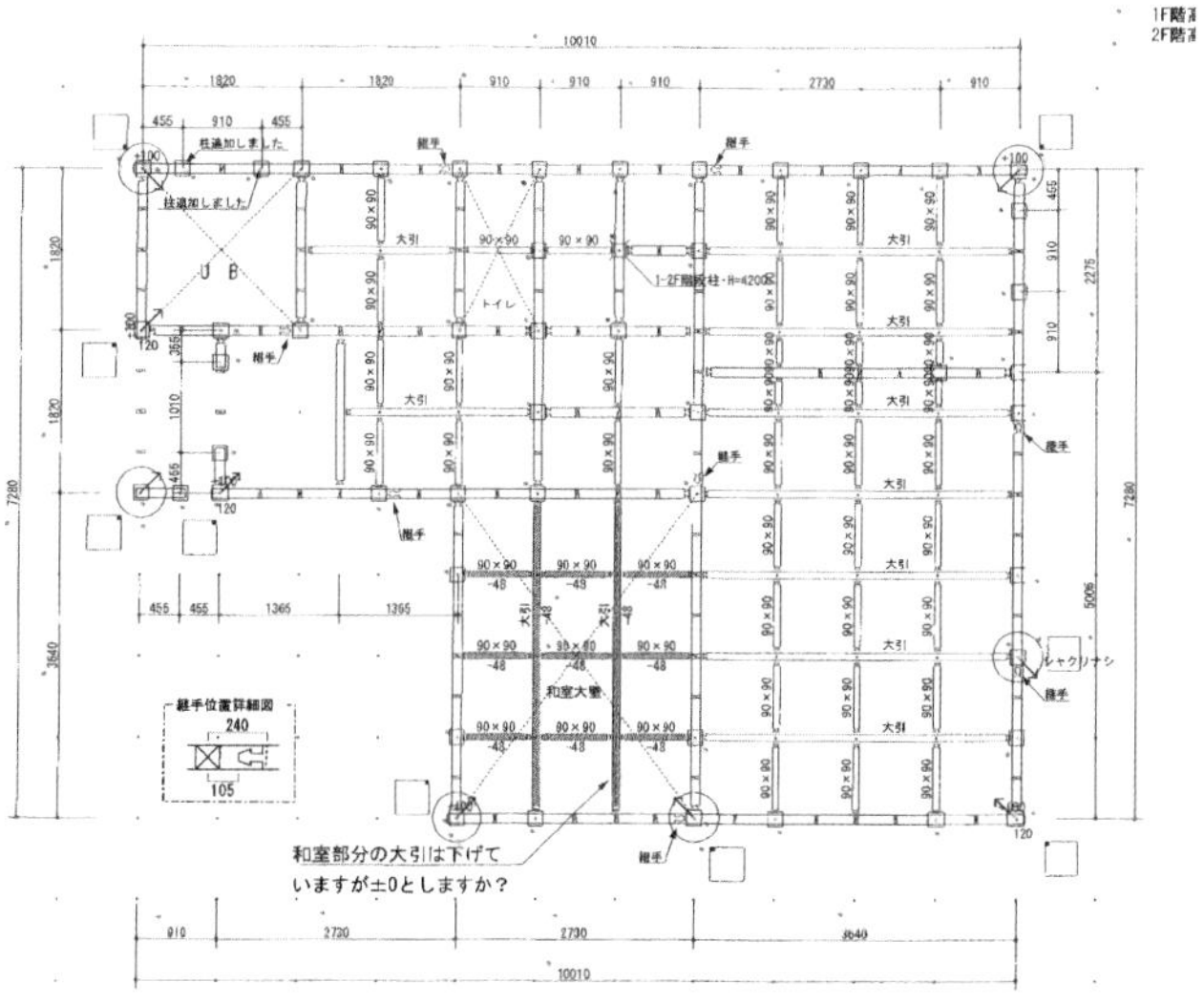

施主による完成検査のポイント

最後のチェック！ 念入りに！

施工関係者とともにチェック

役所や第三者機関が行う公的な完了検査とは別に、建て主、住宅会社、設計士の立ち会いのもとに完成検査が行われます。

完成検査時には、住宅会社の担当者といっしょに現場を見てまわり、建物が打ち合わせ通り無事にできているかどうかを検査します。

建物完成の承認のサインはすべてのことが明確になってから

住宅会社が工事を完了させるには、「建て主による建物完成の承認」が必要ですので、完成を承諾した旨の書類（完成検査書など）に建て主が署名することで完成します。

書類に署名する意味は、一般的には、建物完成の承認（工事請負契約における住宅会社の仕事内容が完了したことの承認）、補修工事内容の確認、残金支払いの確約、建物の引渡し日の確認などです。ですから、これらのことが明確になってから書類にサインをすることが重要です。

完成検査書にサインすれば、建物が完成したことを認めたことになりますので、曖昧なままにサインしてしまうのはトラブルのもとです。

検査・補修工事後に残金を支払う

完成検査後の補修工事が終わり、再チェックが済めば、残金の決済をすることになります。

もしも引渡し予定日に補修工事が完了しておらず、引渡し日も延期できない場合は、補修工事の完了まで責任をもってもらうよう、書面にサインをしてもらいましょう。

検査のポイントは次ページの表にまとめたので、参考にしてください。

専門家からひとこと！

見えない部分のチェックも大切です

床下の清掃状態チェックは必須項目です。表面的には見えない場所だけに、住宅会社の姿勢が表れる場所です。床下点検口や収納庫などを、懐中電灯などで照らして奥まで覗き込んで、清掃状態などを確認しましょう。

いよいよ最後のチェックです！
完成検査は引渡し前の大切な工程。
次ページのリストを参考に納得のいくチェックをしましょう。
完成検査が済めば、夢のマイホームでの暮らしはもうすぐそこです。

■完成検査のチェック項目

書き込む!

（判定は、良（規定通り）…○、不良（規定外）…×、不明…△と記す）

	チェック項目	判定	備考
室内の仕上げ材	設計通りの仕上げ材（床・壁・天井）で施工されているか?		
室内の仕上げ材	クロスの浮き、破れ、ちり切れ、糊跡、汚れなどはないか?		
室内の仕上げ材	床の不陸、目違い、ささくれ、傷跡、汚れ、床鳴りなどはないか?		
室内の仕上げ材	タイルの割れ、不陸、目地割れ、汚れなどはないか?		
室内の仕上げ材	クッションフロアの浮き、ちり切れ、傷跡、汚れなどはないか?		
室内の仕上げ材	キッチン前の化粧パネルの施工は問題ないか?		
室内建具	建具の仕様は問題ないか?		
室内建具	開き勝手は設計通りか?		
室内建具	建具金物は問題ないか? ⇒握り手・鍵・戸当たりなど		
室内建具	建てつけに問題はないか? ⇒開閉状態、建具の反り、建具枠の納まり、隙間、傷など		
外部建具	建具の仕様は問題ないか? ⇒サッシ・玄関扉・勝手口扉・雨戸・シャッター・面格子・飾り格子など		
外部建具	ガラスの仕様は設計通りか? ⇒サッシやガラスの種類など		
外部建具	網戸は設けられているか?		
外部建具	建てつけに問題はないか? ⇒開閉状態、傷、ビス忘れ、枠の納まりなど		
外部建具	外部にコーキングが設けられているか?		
住宅設備	玄関収納は問題ないか? ⇒据えつけ状況、扉開閉状態、傷、汚れなど		
住宅設備	洗面化粧台は問題ないか? ⇒据えつけ状況、扉開閉状態、傷、汚れ、水漏れなど		
住宅設備	システムキッチンは問題ないか? ⇒据えつけ状況、扉開閉状態、傷、汚れ、換気扇の動作、水漏れなど		
住宅設備	ユニットバスは問題ないか? ⇒据えつけ状況、扉開閉状態、傷、汚れ、水漏れなど		
住宅設備	便器は問題ないか? ⇒据えつけ状況、割れ、欠け、汚れ、水漏れなど		

	チェック項目	判定	備考
ケーシング材など	巾木の施工に問題はないか? ➡浮き、傷、汚れなど		
	廻り縁の施工に問題はないか? ➡浮き、傷、汚れなど		
	窓枠の施工に問題はないか? ➡浮き、傷、汚れなど		
	カウンターの施工に問題はないか? ➡浮き、傷、汚れなど		
	上り框（かまち）・つけ框の施工に問題はないか? ➡浮き、傷、汚れなど		
和室まわりの造作材・仕上げ材	床框・床柱・長押・欄間・鴨居などの造作材は設計通りの仕様か?		
	造作材の施工に問題はないか? ➡浮き、傷、汚れなど		
	仕上げ材は設計通りの仕様になっているか?		
	仕上げ材の施工に問題はないか? ➡浮き、傷、汚れ、床鳴り、ちり切れなど		
階段	設計図通りに施工されているか? ➡形状、寸法など		
	施工状況に問題はないか? ➡浮き、音鳴り、傷、汚れ、隙間など		
	階段手すりの施工に問題はないか? ➡浮き、傷、汚れなど		
	階段笠木の施工に問題はないか? ➡浮き、傷、汚れなど		
給排水設備	給水配管の水圧テストでの問題はないか?		
	水栓など給水箇所からの水漏れはないか? ➡キッチン・洗面脱衣室・浴室・トイレ・外部水栓など		
	排水管の接続箇所などからの水漏れはないか? ➡キッチン・洗面脱衣室・浴室・トイレ・外部水栓など		
	器具・蛇口のがたつきはないか?		
	排水マスの高さは適正か?		

	チェック項目	判定	備考
給湯設備	配管の水圧テストでの問題はないか?		
	設計通りの給湯器・給湯箇所か? ➡キッチン・洗面脱衣室・浴室・トイレ・外部水栓など		
	試運転の様子はどうか?		
電気設備	通電テストでの問題はないか?		
	設計通りの電気設備になっているか? ➡分電盤・照明器具・スイッチ・コンセント・換気扇・TEL・TV・インターホンなど		
	センサーライトのセンサーは機能するか?		
外部仕上げ材	仕上げ材(外壁・屋根・ポーチ・土間等)は打ち合わせ通りの仕様か?		
	サイディングの施工に問題はないか? ➡浮き、欠け、クラック、目違い、汚れなど		
	塗り壁の施工に問題はないか? ➡浮き、クラック、段差、汚れ、ムラなど		
	軒天の施工に問題はないか? ➡段差、汚れ、浮き、ペンキムラなど		
	屋根材の施工に問題はないか? ➡ズレ、汚れ、浮き、割れなど		
	破風板の施工に問題はないか? ➡ズレ、ペンキムラ、汚れなど		
	床タイルの施工に問題はないか? ➡割れ、汚れ、不陸、浮きなど		
	床モルタルの施工に問題はないか? ➡クラック、汚れ、不陸など		
	バルコニーの防水の施工に問題はないか? ➡クラック、汚れ、不陸など		
その他	床下は清掃されているか?		
	門柱・塀は敷地内にあるか?		
	塀・フェンスに曲がりはないか?		
	門扉の開閉はスムーズか?		
	電気・水道メーターの位置は設計図通りか?		
	建物外部はきれいに整地されているか?		

引渡し書類の確認をする

過不足のないように受け取り、大切に保管する

受け取る書類は住宅会社に確認しよう

　完成検査で建て主が承認すると、いよいよ引渡しとなります。

　引渡し時に住宅会社から受け取る書類は何種類かありますが、後々のメンテナンスやリフォームの際に必要になりますので、きちんと保管しておきましょう。

　次ページに、引渡し書類についてまとめました。住宅会社によって、また住宅ローンを組んだ場合と現金精算の場合とでは渡される書類が違うこともありますので、事前に確認しておき、足りないものがあればもらうようにしましょう。

チェックポイント

- □ 鍵はすべてそろっているか
- □ 引渡し書類の記載内容に間違いはないか
- □ アフターメンテナンスの連絡先は記載されているか
- □ 各工事（防水工事など）の保証期間は記載されているか
- □ 追加・変更工事の金額などが明確になっているか
- □ 完成検査後の補修工事の終了時期は明確になっているか
- □ 機器類の試運転、取り扱い説明は済んだか

専門家からひとこと!

引渡し時に、こんな粋なプレゼントも

　引渡し時には必要書類の他、工事の過程を記録したフォトアルバムやCD、施主様が現場見学をしている様子を記録したDVDなどをプレゼントされることもあります。基礎から建て方、外装・内装と、その家の成り立ちがわかり、施主様側に喜ばれているようです。世界に二つとない、こんなプレゼントも粋ですね。

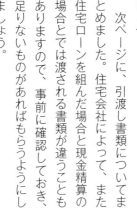

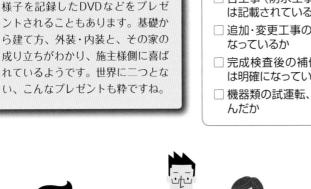

■引渡しの際に受け取る主な書類など

住宅ローンを使用する場合と現金で精算する場合とでは受け取る書類が多少違います。これらの書類を間違いなく受け取ったか、きちんとチェックしておきましょう。

書類	内容	住宅ローン	現金精算
引渡し書	工事が完了し、これにかかわったすべての人が納得した上で引渡しをする、という証書。	○	○
登記済権利書	土地・家の登記が完了したことを証明する書面。司法書士や銀行に預けられていることもあるので所在を確かめておく。	○	
建築確認申請副本	建築基準法に適合していることを証明する書類。増改築・転売する際に必要。正本は確認した確認検査機関に保存される。	○	○
中間検査済書 完了検査済書	確認申請→合格後、その建物が間違いなくその通りにできているか現場において検査・証明した書類。	○	○
鍵	玄関や勝手口などの鍵。	○	○
下請業者一覧表	工事にかかわった下請業者のリスト。大工、屋根、左官、建具、タイル、設備などすべての業者の連絡先が書かれている。		
各種保証書	10年保証をとった場合の保証書を始め防水、シロアリ、地盤改良、各種機器などの保証書がある。何か不具合が生じた場合に必要。	○	○
工事写真	工事中の構造、下地を撮影したもの。なにか問題が生じた場合に見えない部分をチェックするときに重要。		
竣工図面	図面通りに施工されていれば問題ないが、工事が始まってから変更される場合も多い。その際、実際どのようにできたのかを訂正した図面。後年のメンテナンスやリフォーム、転売する際に必要。	○	○
完成仕様明細書	最終的な施工内容の仕様明細書。工事途中での変更などが記載されているので、この明細書で正しく施工されているか確認する必要がある。	○	○
設備機器取扱説明書・保証書	取り付けられている設備の説明書および保証書。保証期間などを確認しておくとよい。	○	○
アフターサービス規約	アフターサービス規約は、保証期間や保証範囲が記載されているので確認しておく。	○	○

近隣への配慮について知っておく

ご近所付き合いに欠かせない挨拶を忘れずに

いくつかのタイミングで行う

工事中は騒音やホコリが出ますし、車の出入りも多く荷物の積み下ろしなどもあり、ご近所になにかと迷惑をかけてしまうものです。工事中に近隣住民に嫌な思いをさせると、住み始めてからの人間関係にも影響してしまいますので注意が必要です。

良好な近隣関係をつくるためには、挨拶をすること。まずは「着工前の挨拶」です。

着工前と言っても建物の着工ということではなく、盛り土や擁壁工事、上下水道引込み工事など、最初に取り掛かる工事の前という意味です。これらは地鎮祭の後に予定されることが多いのですが、地鎮祭以前に工事が入る場合はその前に挨拶したほうがよいと思います。

次に「上棟前の挨拶」です。建て方工事が行われるときは、いつにも増して大型のクレーン車や多くの人が出入りします。工事に関することなので住宅会社だけでの挨拶でもよいのですが、いずれにしても挨拶は不可欠です。

そして「完成後の挨拶」。工事が完成した後に、なにかと迷惑をかけたことのお詫びと、建物ができた報告、引越し時期の案内などを住宅会社にしてもらいましょう。きちんと挨拶してもらうことで住宅会社の印象もよくなり、ひいてはこの後住む建て主の印象もよくなると思います。

最後は「引越しの挨拶」です。引越しが終わったら改めて近隣に挨拶に伺います。このときは家族全員で伺うほうがよいでしょう。

同年代の子どもがいれば同じ学校に通うことになることもあり、共通の話題で親近感が生まれます。

挨拶は多すぎてダメということはないと思いますので、相手にもよりますが、常識の範囲内で前述以外のタイミングで挨拶してもよいでしょう。

また、引越し後は組合長さんや地域の自治会長さんなどにも挨拶に伺いましょう。

住宅会社によっては、「建て主は引越ししたときの挨拶だけでよい」という考えのところもあるようです。しかし住み始めてから近隣とお付き合いするのは建て主です。引越し後の挨拶はもちろん、着工前の挨拶も建て主自ら伺うことをおすすめします。

専門家からひとこと!

生活用品は近所で購入しましょう

引越しに際し、使用するものや生活用品は、できるだけ新居の近所で購入しましょう。そうしたほうが地域情報を得られますし、ご近所との共通の話題づくりにもなります。

近隣への挨拶

●挨拶のポイント

①挨拶する範囲

向こう三軒両隣と裏側（前側）の三軒を基本に、工事車両が通行・荷物の積み下ろしをする場所の近隣の家や組合長、自治会長など、今後付き合いの生まれる家には挨拶しておきたい。

②時間帯

常識的に忙しいであろう時間帯を避ける。午前10時以降～お昼まで、または午後3時前後くらいがよい。

③挨拶の言葉

挨拶の目的は、着工のお知らせと工事中に迷惑をかけることの謝意。「この度、○○さんの隣で新築工事をさせていただく○○と申します。○月○日から工事が始まります。工事中はなにかとご迷惑をおかけすることがあるかと思いご挨拶に伺いました。どうぞよろしくお願いします。」と伝える。

④着工まで期間が空くとき

場合によっては、土地購入から着工まで期間が空くこともある。そんなときは土地の管理（雑草の処理など）も兼ねて、土地の周囲の家にひとこと挨拶を。

住宅会社に依頼すること

工事中の音やホコリ、ゴミ置き場の管理、職人さんのマナー（挨拶、言葉づかい、身なり、タバコなど）、車の駐車、安全管理に関する苦情が起こることがある。住宅会社に気をつけてもらうようお願いしよう。

対策

- 日曜、祝日の工事はしない。
- 早朝や深夜の工事は避ける。
- 大きな音や臭気が出る工事の前は近隣に書面で通知する。
- ゴミ置き場の整理整頓や現場に隣接する道路の清掃を徹底する。
- 駐車スペースがとれない現場の場合は、近隣に駐車場を確保する。
- タバコは全面禁煙がベスト。できない場合は目立たない場所に喫煙場所を設ける。
- 職人さんのマナーに関しても徹底してもらう。
- 工事の行われない日曜日や夜は仮囲いやゲートを締め、安全管理を徹底する。
- 仮設トイレの配置に注意する（臭気対策）。

挨拶時の持参品

タオル、石けん・洗剤、お酒、お菓子などが一般的。遠方から引越す場合は、転居前の地域の名産品などもよい。予算は500～1,000円程度でOK。

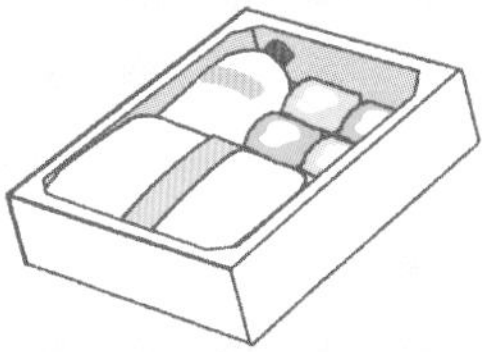

地鎮祭・上棟式は家を建てるときの2大儀式

近年は省略されるケースも多いけれど…

昔から行われてきた安全祈願の儀式

家を建てるにあたっては、「地鎮祭」と「上棟式」という2つの大きな儀式があることを知っておきましょう。

「地鎮祭」は、工事に先立ち、土地の神を祭って地を清め、工事中の安全や建物の末永いかごを願う儀式であり、一般に、大安などの良き日を選んで神主さんを主体に行われます。

一方、「上棟式」は、建前（たてまえ）とも呼ばれ、棟が無事に上がったことを祝う儀式です。今後の工事の安全を祈願すると同時に、住宅会社の協力のもと建て主が主体となって職人さんをもてなします。

近年はこれらの儀式を割愛する人も多くなってきました。行うかどうかは自由ですが、関係者の人たちが気持ちよく働けるように儀式を行う、という選択肢もあるかもしれませんね。

地鎮祭の流れ

1 斎竹（イミダケ）

神座の四隅に斎竹（イミダケ）を立て、しめ縄をめぐらし紙垂を下げる。

↓

2 神饌（シンセン）

米、塩、山の幸・海の幸・畑の幸（各3種類程度）とお神酒を飾る。

↓

3 四方祓い（シホウハライ）

お神酒、米、塩を敷地の中央と四隅にまく。

↓

4 草刈り初めの儀

その土地に生える草木を盛砂に建て、それを鎌で刈り取る所作をする。

↓

5 鎮物（シズメモノ）

神主から、建物の基礎工事のときに建物のほぼ中央に埋めてくださいと鎮物が渡される。

↓

6 直会（ナオライ）

同じ場所で、お神酒で乾杯する。

上棟式の流れ

1 上棟の儀

施主が建物の四方にお神酒、塩、米をまいてお清めをする。

↓

2 施主の挨拶

施主による上棟への感謝と職人への労いの言葉、工事の安全についてのお願いなどをする。

↓

3 住宅会社代表の挨拶

工事を担当することへの感謝と、職人への労いの言葉。

↓

4 直会（ナオライ） ※省略されることが多い

乾杯後、料理やお酒が振る舞われ、施主から工事関係者に祝儀が手渡される。ご祝儀やお弁当、お酒などを配って閉会とすることも多い。

PART 12
中古住宅を購入する

中古住宅の選び方について

信頼できるパートナーを選ぶことがなにより大切！

中古物件の情報は どの不動産業者も共通

中古住宅を購入することの最大の魅力は、なんといっても価格面でのメリットでしょう。しかしその反面、建物の状態について「欠陥はないか」「リフォームにどれくらいの費用がかかるか」などの不安が付きまといます。

一般に中古住宅の情報は、不動産業者間の指定流通機構、通称「レインズ」と呼ばれるシステムにより、どの不動産業者も共通の情報を取得できます。

そのため同じ物件情報を複数の不動産業者から紹介されることがあります。同じ物件ならば、どの不動産業者に頼んでもいいように思いますが、それは違います。家を買うというのは、物件を選んで終わりではありません。仲介だけでなく、購入からリフォーム、アフターメンテナンスまで一貫して対応できる会社を選ぶことが大切です。

信頼して任せられる 担当者を選ぶのがカギ

不動産業者を選ぶときに、もうひとつ大切になってくるのは、担当者との相性です。同じ条件で相談をしていても、担当者によって紹介される物件が違う場合は、その中からもっとも感性の合う人をパートナーに選ぶことが、中古住宅の購入には欠かせません。

中古住宅の購入でも新築住宅と同じく、パートナーの果たす役割が大きく、住宅ローンや資金計画、リフォームなどの知識に加えて、売主との交渉を誠実に遂行できるコミュニケーション力なども求められます。もちろん、パートナーに一任するだけでなく、自分でもいろいろな不動産のポータルサイトや地域の不動産情報誌などを見て、相場観を養うことも必要です。市町村で開設している「空き家バンク」などの活用も検討してください。

空き家バンク

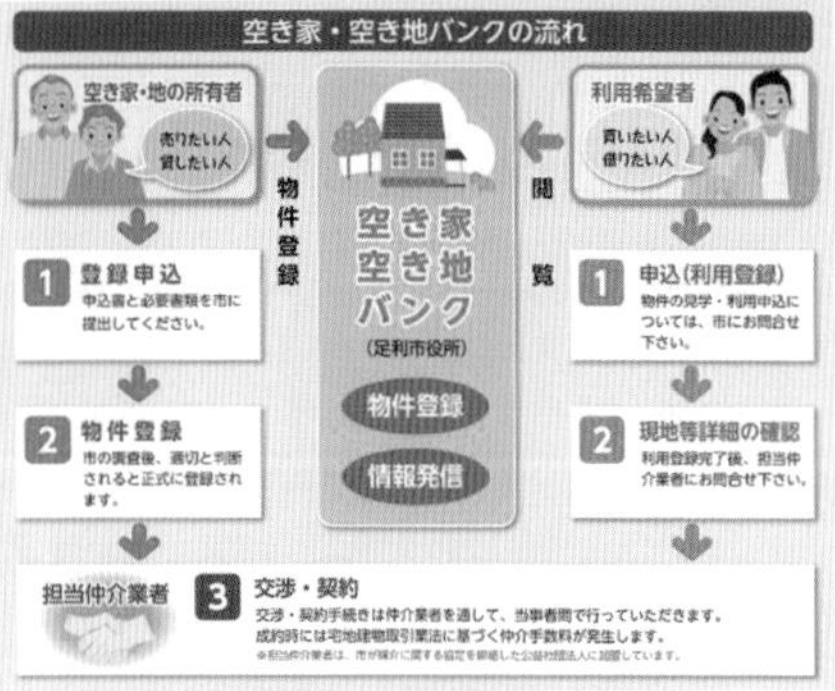

空き家・空地の売買・賃貸についての情報をまとめた市運営のポータルサイト。利用希望者が自由にアクセスして情報を取得できる。

■中古住宅を購入する際の資金計画

不動産業者の担当者に相談しながら、契約から引越しまでにかかるすべての費用を算出してみましょう。［家づくり資金計画の３本柱］（65ページ）を〔中古住宅（土地付き）・リフォーム費用・諸経費〕に変更して考えます。

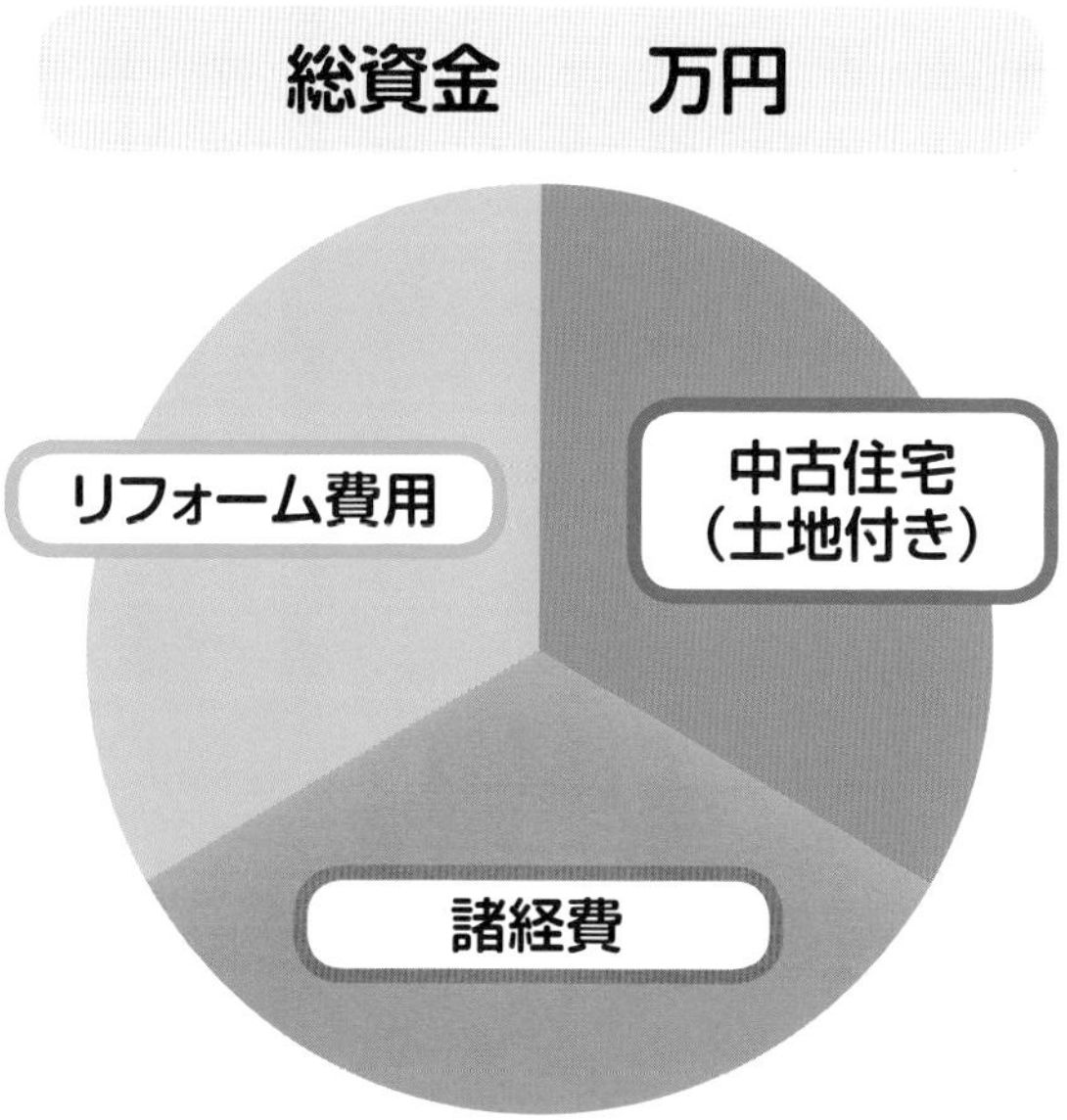

※太陽光発電がある場合は、想定売電収入を調べる。

お客様の疑問

リフォームでも「住宅ローン減税制度」が使えるの？

増築や修繕、耐震・省エネ・バリアフリーのための改修など、100万円を超えるリフォーム工事の場合には住宅ローン減税制度が利用できます。なお、住宅ローン減税制度は毎年のように変更されているので、利用前には最新の情報をチェックするようにしましょう。

専門家からひとこと!

リフォーム計画は“足し算”するかたちで

最初からすべての夢を詰め込んで、華美なキッチンやユニットバスを選定し、予算に合わせて削っていくよりも、最低限の仕様から家族みんなの夢を少しずつ“足し算”していくほうが楽しい家づくりといえます。家づくりの基本は中古住宅であっても同じです。計画段階から楽しみながら、家族の絆を深めることも大切です（136ページ参照）。

それでも、予算オーバーしてしまうことがあるかもしれません。見積りは、部位別に算出しておいてもらうほうがいいでしょう。どこならば我慢できるかを検討しやすくなります。

中古住宅を選ぶときの注意点

耐震性や周辺環境も調べておくこと！

建築年数によって耐震性が違ってくる

中古住宅は、建築時期によって耐震基準が違ってきます。

まず、おさえておきたいのは、新しい耐震基準が施行された1981年（昭和56年6月1日）以降に建築確認取得がされている物件かどうかです。これ以降であれば、一定以上の耐震性を持っていると考えられます。また、大きな耐震基準の改訂があった2000年（平成12年）もポイントとなります。もちろん、それ以前に建てられた建物であっても、耐震補強が済んでいれば安心です。

最近では、不動産業者が中古住宅を購入し、フルリフォームしてから販売している「再販物件」も多くなってきました。買い主にとっては、リフォームが完成したものを購入するため、手間がかからず安心な反面、価格が高くなるデメリットがあります。

建物だけでなく周辺環境も確認する

近年、台風の影響で床上浸水などの被害が多数報告されています。ハザードマップなどの公開情報で災害リスクを確認するとともに、地盤についてもチェックしておきましょう（96ページ・98ページ参照）。

また、周辺環境は実際に歩くなどして確認しておくことも大切です。たとえば、小さなお子さんがいる場合は、近隣の幼稚園や小中学校までの距離を含め、子育てしやすい環境かをチェックします。

さらに、スーパーや商店街、コンビニなどが近くにあるか、駅や公共施設、病院までどのくらいの距離があるのかなども調べておくといいでしょう

気に入った物件が見つかったら、平日と休日、朝、昼、晩など時間を変えて「複数回」見に行くことをおすすめします。また、雨や風が強い日に見ると、雨漏りなどの欠陥（住宅の瑕疵）が見つかるかもしれません。できるだけ、いろいろな状況で見学することをおすすめします（100ページ参照）。

専門家からひとこと！

新耐震と旧耐震の見極め方に注意！

中古住宅の耐震性は、建物が建てられた時期ではなく、建築確認が行われた時期で決まります。建築確認とは、その建物の建築を認めてもらうために行われる申請手続きのことです。つまり、1981年6月1日以降に完成した建物であっても、建築確認の日付がそれより前であれば、旧耐震基準の建物ということになります。建築時期だけでなく、建築確認取得の日付も忘れずにチェックすることが大切です。

1981年5月31日以前 「旧耐震基準」 震度5程度の地震	➡	1981年6月1日以降 「新耐震基準」 震度6～7の地震

フルリフォームの再販物件を見てみよう

BEFORE

耐震を考慮した施工をし、フルリフォームすることで新築並みの仕上がりも可能。既にリフォーム済みの建物を購入するときは、床下や天井裏など見えない部分の確認が大切になる。

AFTER

事前確認のチェックリスト

- □ 用途地域の制限はないか。
- □ 定められた建ぺい率、容積率を超えてないか。
- □ 図面は有るか。有るならば整合性を確認する。
- □ リフォーム履歴（外装など）はどうか。
- □ 建て替えできる物件か（建て替え条件）。
- □ 前の持ち主について確認する（売却理由を含む）。
- □ となり近所の家に問題はないか。
- □ 建築確認の日付はいつか。

これにより、いつの建築基準法で建てられたものかがわかり、耐震の数値をチェックできる。

■中古住宅のチェックポイント

プロと一緒に見るのが基本ですが、自分でもある程度の知識を持って見ることが大切になります。

外　観

- □ **屋根**
  屋根材のずれや破損、塗装の剥がれ、雨どいの破損がないか。
- □ **外壁**
  クラック（ひび割れ）がないか、目地に入った充填剤が劣化していないか。
- □ **軒裏**
  雨の染みや亀裂、塗装の剥《は》がれがないか
- □ **基礎**
  クラックがないか、仕上げ材の剥がれや欠損はないか。
- □ **外構**
  ブロック塀等の不良、玄関や門扉の不良や劣化がないか。
- □ 電気・ガス・水道等の各メーター、下水桝（マス）などの設置状況はどうか。
- □ **残地物**
  建物の敷地に長年のゴミが溜まっていないか。

内　観

- □ **床**
  沈みや浮き、著しいキズ、傾きがないか。
- □ **建具・窓**
  扉の開け閉めがスムーズか、がたつきはないか。
- □ **収納**
  扉の開け閉めがスムーズか、カビ臭さがないか。
- □ **壁（クロス）・天井**
  壁紙の剥がれ・めくれ、キズやひびがないか。
- □ **水廻り**
  排水管の水漏れ、排水音の異常がないか。
- □ **残地物**
  キッチン、玄関などに残地物が残っていないか。
- □ 間取り図との整合性

専門家からひとこと!

見えないところや臭いもチェック!

キッチンのシンク下や洗面台などの水廻りや押入れなどの収納スペースの扉はすべて開けてみて、下水やカビの臭いがしないか確認しましょう。

さらに、天井裏や床下は点検口などを開けて、必ずチェックしましょう。天井裏では雨漏り跡の有無や断熱材の欠損、床下の場合はシロアリなど……。表面的に見えないところほど、入念な確認が必要です。

見学時の持ち物

- ●巻尺（メジャー）
- ●水平器
- ●双眼鏡
- ●内覧用の靴下（スリッパで歩くより、床の軋みなどの不具合を発見しやすい）
- ●軍手
- ●懐中電灯
- ●筆記具
- ●メモ用紙
- ●間取り図

値引きしてもらうポイント

- ・天井や壁に雨漏りのようなシミがないか。
- ・持ち主の売却理由や売却を急いでいるかなどを参考に交渉する。
- ・傷や破損、設備器具や建具などの不具合や汚れを理由に交渉する。

●住宅診断（ホームインスペクション）とは…

中古住宅を購入するにあたり、物件に隠れた瑕疵（かし）がないか、不安に対して、近年は購入前に検査を行う「住宅診断（ホームインスペクション）が注目を集めています。

目的は、建物の状態を購入前に知ること。住宅の専門家が、建物の劣化や構造上の不具合の有無や状態を判断して、工事やメンテナンスの必要性を経験から客観的に診断します。

日本ではあまりねづいていませんが、欧米では中古市場が整っているので一般的な制度です。費用は、5～7万円くらいのところが多いようです。

住宅の瑕疵（かし） 木造（在来軸組工法）の戸建住宅の例

2階建ての場合の骨組（小屋組、軸組、床組）等の構成

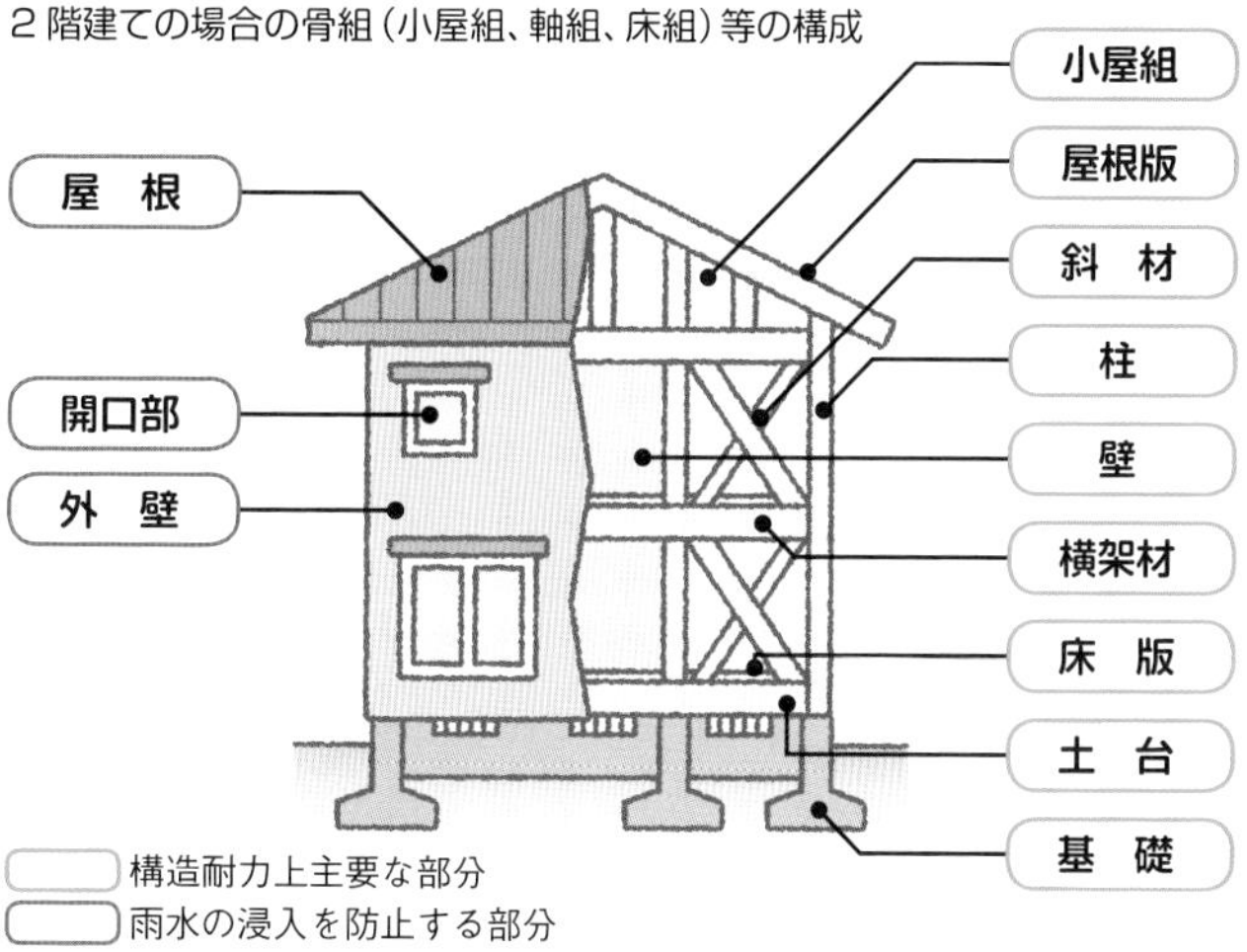

住宅の場合の瑕疵（かし）とは、構造耐力上主要な部分や雨水の浸入（漏れ）を防止する部分に重大な欠陥があることを意味する。

安心R住宅とは?

❶耐震基準等の基礎的な品質を備えていて「安心」
❷リフォームが実施済み、またはリフォーム提案が付いていて「きれい」
❸点検記録等の保管状況などの情報が開示されていて「わかりやすい」

中古住宅に対するマイナスイメージ（不安、汚い、わからない）を払拭するため、一定の基準を満たした建物に国が商標登録した「安心R住宅」のロゴマークを付けて、物件選びを安心してできるようにと創設された制度です。

このロゴマークが与えられた物件は、耐震性や構造上の不具合、雨漏りなど、購入時に不安になる部分は基本的に問題ないと言えると思います。ただし、まだあまり活用されていないため、一般化するにはもう少し時間がかかりそうです。

専門家からひとこと!

競売物件から探すのは知識がないと難しい

競売物件は同条件の中古物件より3～4割安く購入できるかもしれません。しかし現金一括支払いが条件になっているなど、さまざまな下調べが必要なため一般の方が購入するには少々ハードルが高いかもしれませんね。

中古住宅購入時の契約について

重要事項説明書と契約書を確認してから売買契約をする！

契約内容や物件について十分な説明を受けよう

中古住宅の購入を希望する場合は、まず売り主に「買付申込書」を提出します。買付申込書に法的な拘束力はありませんが、売り主が確認後、近いうちに手付け金を支払います。金額は購入金額の5～10％くらいが相場です。

売買契約の前には不動産業者から重要事項の説明があります。当日の短い時間で内容をすべて理解するのは難しいため、事前に重要事項説明書と売買契約書のコピーをもらい確認しておきましょう。

どこの会社も、内容はほとんど同じです。違うのは「特約事項」や「その他の事項」「覚書」でイレギュラーな内容が記載されていることが多いので要注意です。また、お金に関することとしては、「手付解約」や「融資特約」の期日の確認、さらに「契約不適合責任」の項目は必ず確認するようにしてください。

不動産買付申込書とは

物件名などの情報のほか、「いくらで（購入価格）」「どうやって（支払方法）」「いつ（支払日）」「どのように（融資を利用するかなど）」購入するかなどを記入します。

買付申込書の例

＿＿＿＿＿＿＿＿様　　　　××××年　月　日

買付申込書

物件名称　＿＿＿＿＿＿＿　＿＿＿＿号室
物件所在　＿＿＿＿＿＿＿＿＿＿
土地面積　＿＿＿＿＿＿＿＿＿＿
建物種別　分譲マンション・一戸建て住宅

※上記物件を下記の条件にて購入することを証明いたします。

買付条件

買付希望価格　＿＿＿＿＿＿＿＿＿＿
手付金予定　＿＿＿＿＿＿＿＿（現金・住宅ローン）
残金支払方法　＿＿＿＿＿＿＿＿（現金・住宅ローン）
ローン特約　特約あり・特約なし
住宅ローン　事前審査承認済みですか？
はい・いいえ（未審査・審査中）
契約時期　即日希望・1ヶ月以内希望・その他＿＿＿＿頃
希望引渡日　＿＿＿＿＿＿＿＿
その他条件　＿＿＿＿＿＿＿＿＿＿＿＿

買付申込人

住所　＿＿＿＿＿＿＿＿
氏名　＿＿＿＿＿＿＿印

購入を希望する場合は、売主にまず「買付申込書」を出して「仮申込み」をしたうえで、近いうちに手付金を支払います。

重要事項説明書と売買契約書

売買契約の時には「重要事項説明書」と「売買契約書」の2つの書類に署名・捺印をおこなうことになります。事前にコピーをもらって確認することをお勧めします。

重要事項説明書の例

重要事項説明書
（売買・交換）
（第一面）

年　月　日

殿

下記の不動産について、宅地建物取引業法（以下「法」という。）第35条の規定に基づき、次のとおり説明します。この内容は重要ですから、十分理解されるようお願いします。

商号又は名称
代表者の氏名
免許証番号
免許年月日

説明をする宅地建物取引士	氏名	印
	登録番号	（　）
	業務に従事する事務所	電話番号（　）　−

取引の態様（法第34条第2項）	売買　・　交換
	当事者　・　代理　・　媒介

土地	所在地			
	登記簿の地目		面積	登記簿面積 m^2 実測面積 m^2
建物	所在地			
	家屋番号		床面積	1階 m^2 2階 m^2 計 m^2
	種類及び構造			
売主の住所・氏名				

「重要事項説明書」は、物件の内容や、取引の条件などについて記載された書面です。できるだけ早い時期に受けとって、十分に検討することが大切です。

売買契約書の例

収入印紙

土地・建物売買契約書（土地実測・建物公簿用）

この契約書は（財）不動産適正取引推進機構が作成した標準契約書を参考に作成されています。

（A）売買の目的物の表示（登記簿の記載による）（第1条）

	所在	地番	地目	地積
土地	①			m^2
	②			m^2
	③			m^2
			合計	m^2

建物	所在		家屋番号	番
	種類		構造	
	床面積	1階　・　m^2、2階　・　m^2		

（現況表示・特記事項）

（B）売買代金、手付金の額および支払日（第1条）（第2条）（第3条）

売買代金（B_1）		総額	金　円
		（うち消費税）	
		（土地） （建物）	(b)
手付金（B_2）	本契約締結時に		金　円
中間金（B_3）	第1回　××　年　月　日までに		金　円
	第2回　××　年　月　日までに		金　円
	第3回　××　年　月　日までに		金　円
残代金（B_4）	××　年　月　日までに		金　円

既存住宅売買瑕疵保険とは？

既存住宅つまり中古住宅の瑕疵（かし）が認められた場合、その検査と修理等の費用を保証する保険のこと。そもそも新築住宅は、品確法（品質確保の促進等に関する法律）により、引き渡し後に瑕疵が見つかった場合には補修や損害賠償の義務（契約不適合責任という）を負っています。ところが、中古住宅の場合は品確法の適用がないため、売買時の契約内容によるものとされているのです。中古住宅にとって瑕疵担保保険が付いているか否かは重要なポイントです。

あ行

か行

さ行

ら行・わ行

ま行

や行

著者紹介

佐藤 秀雄（さとう ひでお）

株式会社スタイリッシュハウス 代表取締役社長。

栃木県足利市生まれ。建築系専門学校卒業。その後、建築設備会社に就職し、技術職、営業職を経験した後、28歳で起業し、平成8年、株式会社総合設備を設立。配管工の職人としてスタート。平成14年住宅リフォーム事業部を開設し、エンドユーザーへのダイレクト販売を開始する。平成16年、「自分の家を持つことの喜び」を心から感じていただきたい、という思いから新築部門を新設し、株式会社スタイリッシュハウス設立。現在はスタイリッシュ一級建築設計事務所他、関連会社4社の代表も務める。また、平成22年1月より一部上場企業の主催する“高品質で低価格な家”を研究する「夢家プロジェクト」をプロデュースし、全国60社以上の工務店経営者と日々情報交換を行っている。毎月スタイリッシュハウスには多数の経営者やスタッフが様々な研修を受けに訪れている。

企業理念は「『愛してる。』お客様を愛し、仲間を愛し、地域を愛し、仕事を愛しています。」
●スタイリッシュハウスHP　http://www.stylish-house.com/

協力関係者（順不同）

株式会社　スタイリッシュハウス
宮澤徹、重松洋兵、佐藤公由、飯塚栄次、小沼剛、山本義明、堀越龍也
落合秀規、久保田誠、壽命孝之、室岡拡太、松島健太、石田曜、森山絵里香
半澤幸恵、金井千秋、永田千晶、落合真智子、岡田知恵子、鈴木宏美

株式会社　総合設備
高橋博幸、岡部幸治、秋山哲、大川広行、関谷正明
佐藤拓也、老川満巳、相野谷隆子、片上典子

株式会社　総工社
赤石政美、新井稔充

株式会社　船井総合研究所
伊藤嘉彦、鶴田隼人、竹田忠功、笠谷真吾、佐山健太、原正樹、東慎也
日野信、酒見周吾、濱中亮、室伏大祐、福田寛至、阿部元春、小栗勘太
宇野智子、岩﨑航司、坂内優介、大井健太郎、荒木稜太

★ Special Thanks
株式会社スタイリッシュハウス
技術監修：久保浩一（一級建築士）
資料収集：大田有希

住宅《じゅうたく》のプロが教《おし》える
失敗《しっぱい》しない！マイホームの建《た》て方《かた》・買《か》い方《かた》　第《だい》2版《はん》

2014年12月 4日　初版発行
2021年 2月 1日　第2版発行

著　者　佐《さ》藤《とう》秀《ひで》雄《お》
発行者　田村正隆

発行所　株式会社ナツメ社
東京都千代田区神田神保町1-52 ナツメ社ビル1F（〒101-0051）
電話　03(3291) 1257(代表)　FAX　03(3291) 5761
振替　00130-1-58661
制　作　ナツメ出版企画株式会社
東京都千代田区神田神保町1-52 ナツメ社ビル3F（〒101-0051）
電話　03(3295) 3921(代表)
印刷所　ラン印刷社

ISBN978-4-8163-6948-3　Printed in Japan
＜定価はカバーに表示してあります＞
＜落丁･乱丁本はお取り替えいたします＞